Enciclopedia
de
Remedios
Caseros
Naturales

Myra Cameron

PRENTICE HALL

Datos de catalogación de la Biblioteca del Congreso de Washington, D.C.

Cameron, Myra
    [Lifetime Encyclopedia of natural remedies Spanish]
    Enciclopedia de remedios caseros naturales / Myra Cameron
       p. cm.
    Edición revisada y aumentada de: Treasury of home remedies. 1987.
    Incluye Índice.
    ISBN 0-13-020826-4; –ISBN 0-13-020827-2
      1. Hierbas – uso terapéutico.   2. Medicina – fórmulas, recetas médicas.
    3. Medicina tradicional – fórmulas, recetas médicas.   4. Terapéutica,
    Fisiología.   I. Cameron, Myra. Treasury of home remedies.   II. Título.
    RM666.H33C36   1993   93-1957
    615.8′82–dc20   CIP

Traducción de Omar Amador y Daniel González

La información presentada en este libro tiene el propósito de ayudar al lector a tomar decisiones bien informadas acerca de su salud. No tiene el propósito de sustituir al atención médica, ni debe utilizarse como manual de autotratamiento. Si usted sospecha que tiene algún problema médico, debe buscar consejo médico profesional lo antes posible.

Impreso en Estados Unidos de América

10 9 8 7 6 5 4 3 2 1

ISBN 0-13-020826-4 ISBN 0-13-020827-2 (PBK)

PRENTICE HALL
Paramus, NJ 07652

On the World Wide Web: http://www.phdirect.com

Otros libros de Myra Cameron:

HOME-STYLE MICROWAVE COOKING
THE G.N.C. GOURMET VITAMIN COOKBOOK
TREASURY OF NATURAL REMEDIES
MOTHER'S NATURE GUIDE TO
VIBRANT BEAUTY AND HEALTH

Nota de la autora

Bienvenido a la nueva edición revisada y ampliada. Cientos de lectores han escrito para darnos las gracias por la versión original en inglés de esta *Enciclopedia de remedios caseros naturales*. Esta respuesta estimulante me llevó a dedicar más tiempo y energía para descubrir nuevos consejos para la salud, medidas de emergencia de primeros auxilios y remedios antiguos olvidados para enfermedades y malestares comunes. El feliz resultado es este nuevo libro, lleno de nuevos hallazgos y la más reciente información extraída de publicaciones actuales de salud, de 120 libros publicados después de que se terminó el primer *Tesoro de remedios caseros*, y de entrevistas personales para obtener información oral sobre remedios.

Ningún otro libro disponible incluye la variedad de alternativas de autoayuda que contiene esta *Enciclopedia* para tantos problemas de salud. Las guías médicas para el hogar ofrecen definiciones y descripciones de procedimientos ortodoxos. La mayoría de los libros sobre la salud se limitan a una enfermedad o a un aspecto del cuidado de la salud (ejercicios, alimentos, reflexología, control del estrés, vitaminas o minerales). Las colecciones de remedios caseros son especializadas: alopáticas, naturopáticas o medicina popular. Esta enciclopedia tiene todo eso en un solo libro.

He reorganizado el libro para la conveniencia de los lectores. Por ejemplo, "Fiebre" e "Infecciones" están incorporadas con otras enfermedades similares; "Triquinosis" se incluye junto a "Intoxicación alimentaria"; y se omiten las "Lombrices", de las cuales se encuentran ya muy pocas y sólo en raras ocasiones. También he aumentado de 74 a 100 las secciones del libro, muchas de las cuales cubren varias enfermedades relacionadas, además del primer "Artículos de primeros auxilios" en la "Introducción" más extensa.

Al mismo tiempo, he mantenido lo mejor del original. Las secciones son fáciles de leer y de entender. Los consejos de salud procedentes de

v

curanderos, bioquímicos, expertos en nutrición y médicos holísticos están correlacionados y se presentan sin palabreo técnico ni parcialidad. Recetarios de culturas antiguas, folclore de la Edad Media, curas populares estadounidenses (tanto de la actualidad como de la época colonial), e historiales verídicos actuales, añaden interés y autenticidad.

Todos los ingredientes y suministros pueden ser obtenidos en los supermercados y las tiendas de alimentos naturales (*health food stores*). Las recetas populares no piden sustancias arcaicas o peligrosas —ni lengua de alondra, ni hierbas recogidas a la luz de la luna, ni cáñamo (marihuana india), ni láudano (opio)— y son "adaptadas" a las medidas y los métodos de preparación modernos. No se indican tratamientos potencialmente peligrosos, tales como la moxibustión (quemar una hierba directamente sobre la piel en un punto de acupuntura) ni ayunos largos. Se dan cantidades e indicaciones precisas de manera que se puedan probar todos los remedios y tratamientos, sin requerir de la ayuda de otra persona.

Las sugerencias sobre prevención, las medidas de emergencia de primeros auxilios, los tratamientos para el resfrío, etc., le ahorrarán innecesarias visitas al consultorio médico. Se incluyen también remedios que han demostrado tener éxito para una gran cantidad de problemas, desde el acné, las alergias y la artritis hasta las venas varicosas y las infecciones vaginales. Pero este libro no promete "curaciones con aceite de culebra". Recomienda atención profesional cuando sea necesaria, y los suplementos sugeridos (tomados con la aprobación del médico) a menudo mejoran el tratamiento médico de manera que se puedan reducir o eliminar los medicamentos recetados (y sus efectos secundarios), al mismo tiempo que se acelera la recuperación.

Espero que la *Enciclopedia de remedios caseros naturales* le sea tan útil como informativa, y que le resulte tan interesante de leer como lo fue para mí el compilarla.

Myra Cameron

Contenido

Introducción

Más que una sencilla colección de remedios, este manual ofrece muchas breves explicaciones, posibles medidas preventivas y consejos de primeros auxilios, y también sugerencias de "cómo hacerlo". Para incluir las numerosas facetas de mantenimiento de la salud personal, la información provista por médicos (alopáticos, holísticos, homeopáticos, naturopáticos, ortomoleculares), investigadores científicos, curanderos populares, especialistas en hierbas, nutricionistas, reflexólogos y terapeutas de acupresión, ha sido sintetizada, condensada y combinada con remedios caseros que provienen de la tradición oral. Con la excepción de las referencias a publicaciones periódicas, las fuentes de información están listadas numéricamente en la Bibliografía y nos referimos a ellas por medio de números en el texto y en la conclusión de cada segmento. Por definición, cualquier tratamiento que no ha sido proporcionado por profesionales de la medicina, entra en la categoría de "Remedios populares", pero por comodidad, cada tipo de autoayuda está delineado en esta Introducción y agrupado de esa forma, en las secciones dedicadas a enfermedades específicas.

Los remedios caseros son de un incalculable valor para hacer frente a problemas comunes y enfermedades autolimitantes, para evitar que las molestias insignificantes se conviertan en enfermedades serias, y para aumentar el cuidado médico necesario. Aunque las diferencias y reacciones individuales impiden que todas las sugerencias funcionen para todo el mundo, hay muchas opciones, y todas ellas han resultado exitosas en numerosos casos.

Nota: Las personas que padecen de cualquier trastorno físico o mental deben consultar a sus médicos antes de efectuar cambios drásticos en sus dietas, sus suplementos o sus hábitos de ejercicios, y antes de intentar cualquier método de autotratamiento. Las cantidades terapéuticas de nutrientes que se indican en este libro son para adultos y representan resultados de investigaciones científicas, no cantidades recetadas para individuos. Las dosis individuales deben ser determinadas por un profesional del cuidado de la salud; las tolerancias y las cantidades necesitadas pueden variar de acuerdo a la edad, la enfermedad, el tamaño del cuerpo y el metabolismo. Las personas que están tomando medicamentos anticoagulantes o que padecen de diabetes, de presión sanguínea alta, de hipotiroidismo o de enfermedades cardiacas de origen reumático, no deben tomar más de 100 unidades internacionales (*IU* por las siglas en inglés) de vitamina E durante varias semanas, y luego ir aumentando gradualmente la dosis después de haber consultado al médico.

Dietas y suplementos

Las indicaciones de los organismos de salud gubernamentales para una dieta saludable están formuladas para ofrecer la recomendación diaria *RDA* (por las siglas en inglés de *Recommended Dietary Allowance*, o "cantidad dietética diaria recomendada") o el *RDI* (por las siglas en inglés de *Reference Daily Intake*, o "referencia de ingestión diaria") de nutrientes esenciales para prevenir conocidas enfermedades deficitarias en los adultos sanos. Consumir de 2.000 a 2.800 calorías diarias provenientes de las seis a once porciones de pan, cereales y granos, de las cinco a nueve porciones de vegetales y frutas, y de las dos o tres porciones tanto de productos lácteos como de alimentos proteínicos (carnes rojas y blancas, carne de ave, pescado y legumbres) que se sugieren, puede lograr esta meta siempre que el consumo de grasas y dulces se mantenga limitado.

Sin embargo, como se explica en la revista *Longevity* (julio de 1992), factores tales como enfermedades o el estilo de vida (el fumar destruye, por lo menos, el doble de la recomendación diaria *RDA* de la vitamina C) aumentan las necesidades nutricionales del cuerpo. Comer una porción de yogur acidófilo todos los días mientras se está tomando antibióticos, ayuda a reemplazar la útil flora intestinal que ha sido eliminada junto con las bacterias dañinas. Otros alimentos y ajustes de la dieta pueden ser beneficiosos para determinados trastornos. Los suplementos no pueden reemplazar a los alimentos saludables, pero son el medio más accesible para ingerir cantidades terapéuticas de determinados nutrientes para ayudar a que el organismo se cure a sí mismo. Por ejemplo, el ingerir suficiente vitamina C para controlar un resfrío incipiente, requiere comer una docena de naranjas por hora. Las vitaminas, los minerales y las enzimas que están en los alimentos trabajan todos conjuntamente. A menos que se indique de otra manera, los suplementos deben tomarse junto con las comidas y se debe tomar diariamente una fórmula de multivitaminas y minerales, especialmente cuando se utilicen dosis terapéuticas de nutrientes específicos.

Vitamina A / Beta-caroteno La vitamina A preformada (proveniente del aceite de hígado de pescado) se almacena en el hígado y puede tener efectos tóxicos si se toman diariamente más de 15.000 a 25.000 unidades internacionales *IU* durante largos períodos de tiempo. A las mujeres embarazadas o las que están tomando anticonceptivos por vía oral se les aconseja que limiten su ingestión de vitamina A preformada a 5.000 *IU* diarias. El beta-caroteno (provitamina A soluble en agua, obtenida de alimentos vegetales de color verde oscuro, amarillo y anaranjado) se convierte en vitamina A dentro del organismo y no interactúa adversamente con las píldoras anticonceptivas. Sin embargo, no se recomienda para los diabéticos, porque éstos tal vez no sean capaces de convertirlo en vitamina A.[17, 98] Algunos médicos y expertos en nutrición recomiendan tomar la mitad de la dosis de vitamina A en forma de beta-caroteno y mitad en vitamina A preformada. Otros expertos en nutrición prefieren el beta-caroteno, la forma que se sugiere en este libro, para evitar la posibilidad de intoxicación. Se ha informado que el beta-caroteno produce los mismos beneficios que la vitamina A preformada y se ha visto que no es tóxico aun cuando se administre en dosis extremadamente elevadas durante períodos prolongados.[151]

Complejo B Estas vitaminas incluyen la B-1 (tiamina), la B-2 (riboflavina), la B-3 (niacina, ácido nicotínico y una forma sintética llamada niacinamida), ácido pantoténico (B-5), B-6 (piridoxina), ácido fólico (folato), B-12 (cobalamina), biotina, colina, inositol y PABA (ácido para-aminobenzoico). Aunque todas son solubles en agua y no se consideran tóxicas, debido a que los excesos se excretan y no se acumulan, las vitaminas B están tan interrelacionadas que dosis elevadas de determinadas vitaminas del grupo pueden crear deficiencias de las otras a menos que se tome diariamente un suplemento de complejo B que incluya todas las variedades.[17, 189, 190] La lecitina contiene colina e inositol; la levadura de cerveza —*brewer's yeast*— (sobre todo si se le ha añadido vitamina B-12) es una fuente excelente del complejo vitamínico B.

Vitamina C y bioflavonoides La vitamina C (ácido ascórbico) y los bioflavonoides (llamados anteriormente vitamina P, ahora incluyen bioflavonoides de cítricos, hesperidina, quercetina y rutina) funcionan sinergísticamente, son solubles en agua y no se consideran tóxicos. Los niveles personales de tolerancia se deben adaptar para evitar reacciones secundarias de gases intestinales o diarrea. Las personas que padecen de úlceras o problemas digestivos tal vez necesiten tomar la vitamina C en forma de ascorbato de calcio o acompañar cada dosis con $\frac{1}{4}$ cucharadita de bicarbonato de soda para neutralizar el ácido. Cuando se han tomado cantidades masivas de vitamina C para combatir un resfrío o una infección, reducir gradualmente la dosis permite que el cuerpo se reajuste y evite un efecto de reacción de susceptibilidad a la enfermedad.

Vitamina D La vitamina D, que es realmente una hormona producida por la acción de los rayos ultravioletas del sol sobre la piel, puede ser obtenida en cantidades minúsculas en la yema de huevo, en los pescados grasos, el hígado y la grasa de la leche. Como la vitamina D es esencial para la asimilación del calcio y también para muchas funciones del organismo, se usa para "fortificar" la leche y se incluye en suplementos multivitamínicos. Aunque las cantidades excesivas de esta vitamina soluble en grasa se acumulan en el hígado y pueden resultar tóxicas, es poco probable que dosis diarias inferiores a 1.000 *IU* causen efectos adversos.[151]

Vitamina E Los suplementos de vitamina E están disponibles en forma de D- o DL-alfatocoferol, sólo o en combinación con tocoferoles beta, delta o gamma. La "D" indica vitamina E natural; la "DL", una forma sintética.

Minerales Los 30 y tantos minerales del organismo funcionan en forma interactiva como asociados, ayudantes y/o competidores. Para evitar alterar este equilibrio cuando se usen minerales individuales en forma terapéutica, se debe tomar un suplemento multimineral, a menos que los minerales estén incluidos en una fórmula diaria de multivitaminas. El calcio, por ejemplo, necesita fósforo, magnesio y otros minerales, además de vitaminas A, C y D, para ser utilizado adecuadamente. Aunque el fósforo y el calcio cooperan en la formación y el mantenimiento de los huesos y los dientes fuertes, rara vez es necesario tomar suplementos de fósforo, ya que éste es tan abundante en los alimentos que es común que se ingiera en exceso (lo cual puede obstruir la asimilación del calcio y conducir a la osteoporosis).[190] El cobre y el zinc compiten para ser absorbidos por el cuerpo, por lo que se pueden necesitar suplementos de cobre cuando se toman dosis elevadas de zinc. Otros minerales suplementarios son el cromo y el selenio.

Aminoácidos Veinte de estos compuestos orgánicos deben estar presentes en las proporciones adecuadas para que el organismo sintetice las proteínas esenciales para el mantenimiento de la vida. El organismo puede elaborar 12 de los aminoácidos, pero el resto debe obtenerse de la dieta. Los productos de origen animal, como la leche y los huevos, son proteínas completas que proveen todos los aminoácidos esenciales; los alimentos provenientes de plantas son proteínas incompletas, porque carecen de uno o más aminoácidos, pero pueden combinarse para rectificar estas deficiencias.[17, 98]

Antioxidantes Además de llevar a cabo sus funciones básicas, ciertas vitaminas, minerales y aminoácidos ayudan al sistema inmunitario, al proteger al cuerpo de la autooxidación y de los radicales libres que se adquieren de contaminantes externos que están en el aire, los alimentos y el agua. Cuando no son controlados por los antioxidantes, los radicales libres dañan la estructura básica de las células, pueden contribuir al desarrollo de prácticamente cualquier enfermedad, desde artritis hasta venas varicosas, y son elementos sospechosos en el desarrollo del cáncer y las enfermedades del corazón. Los principales antioxidantes son las vitaminas A (sobre todo beta-caroteno), C y bioflavonoides, y E. Otros son las vitamina B-2, niacina, ácido pantoténico, B-6, ácido fólico, vitamina B-12 y PABA; los minerales magnesio, manganeso, selenio y zinc; y los aminoácidos L-cisteína y L-glutatión. Según un informe en la revista *Natural Health* (octubre de 1992), un número creciente de médicos ortomoleculares y naturopáticos está recomendando como antioxidantes, la coenzima Q10 y el ajo (provenientes de fuentes alimenticias o suplementos) y la dismutasa superóxida (*SOD* por las siglas en inglés de esta enzima).

Ácidos grasos esenciales Conocidos anteriormente como vitamina F y mencionados a menudo como *UFA* en inglés, los ácidos grasos no saturados son esenciales para muchas funciones del organismo. Están disponibles en los aceites vegetales (excepto en el aceite de coco o de palma) y el pescado, o en suplementos de Omega-3 (*EPA*, ácido eiosapentaenoico, que se encuentra especialmente en los peces de agua fría) y Omega-6 (*GLA*, ácido gamma linoleico, proveniente del aceite de prímula —*primrose*— o en el de semilla de grosella negra —*black currant*).

Sales de tejidos También conocidas como sales celulares bioquímicas, éstas son compuestos inorgánicos de los tejidos corporales. Aisladas inicialmente por un médico alemán en la década de 1870, para ser usadas en la medicina homeopática, las tabletas de sales de tejidos se producen por medio de la "trituración" de minerales naturales y la lactosa de la leche en una proporción de dilución de 1 a 1 millón por 6X, la potencia que se usa con más frecuencia. Las tabletas de tercera trituración 3X son menos potentes. Se pueden disolver una o más de las diminutas tabletas de sal de tejido debajo de la lengua o en un poco de agua para ser asimiladas inmediatamente. En este libro sólo se mencionan las 12 sales de tejidos originales que han sido usadas durante más de un siglo y que están disponibles en las tiendas de alimentos naturales (*health food stores*). En los remedios se muestran con las abreviaturas bajo las cuales se venden.

Calc. Fluor. = Calcarea Flurica = Fluoruro de calcio = Fluoruro de lima

Calc. Phos. = Calcarea Phosphorica = Fosfato de calcio = Fosfato de lima

Calc. Sulph. = Calcarea Sulphurica = Sulfato de calcio = Sulfato de lima

Ferr. Phos. = Ferrum Phosphoricum = Fosfato de hierro

Kali. Mur. = Kali Muriaticum = Cloruro de potasio = Fosfato de potasa

Kali Phos. = Kali Phosphoricum = Fosfato de potasio = Fosfato de potasa

Kali. Sulph. = Kali Sulphuricum = Sulfato de potasio = Sulfato de potasa

Mag. Phos. = Magnesia Phosphorica = Fosfato de magnesio

Nat. Mur. = Natrum Muriaticum = Cloruro de sodio = Cloruro de soda

Nat. Phos. = Natrum Phosphoricum = Fosfato de sodio = Fosfato de soda

Nat. Sulph. = Natrum Sulpuricum = Sulfato de sodio = Sulfato de soda

Silícea = Oxido o dióxido de silicio = Acido silícico

Artículos de primeros auxilios

Un botiquín bien abastecido debe incluir un folleto de primeros auxilios, con instrucciones para los procedimientos a seguir en caso de lesiones serias, y una lista de números telefónicos de emergencia si no hay un sistema de servicios médicos de emergencia comunitaria con un número telefónico de tres dígitos, como "911". El mantener juntos artículos básicos de primeros auxilios ahorra tiempo cuando se está prestando atención a lesiones menores. Es conveniente tener un equipo de estos artículos ya arreglados de antemano para viajes en barco, al campo o en automóvil; en una maleta, como botiquín auxiliar para viajeros, se puede guardar una bolsa de plástico cerrada llena de artículos de emergencia.

Materiales de vendaje Estos incluyen cinta adhesiva (rollo, caja con "curitas" de varios tamaños y "mariposas" para mantener unidos los bordes de una cortadura y reducir la cicatriz al mínimo) y gasa (un rollo de dos a tres pulgadas —5 a 8 cm— y cuadraditos de gasa envueltos individualmente). En lugar de vendaje, se puede usar esmalte transparente de uñas para pasarle por encima a una cortadura "de papel" para evitar que se irrite. Para detener el sangrado, se puede aplicar presión directa con una de las compresas de gasa. Si la sangre atraviesa la compresa, se debe dejar en ese sitio y ponerle otra encima para evitar sacar de su sitio las células de sangre que han coagulado. Las compresas de gasa se pueden sustituir por una venda limpia, pero no se debe usar algodón absorbente debido a que sus fibras se pueden adherir a la herida. La elevación de la parte dañada y/o la aplicación de hielo ayuda a desacelerar el flujo de sangre. Se debe buscar la ayuda del médico para las cortaduras grandes, las heridas causadas por pinchazos profundos, la hemorragia que no puede detenerse y el sangrado arterial de color rojo brillante y que sale a borbotones.

Bolsas de hielo Se pueden hacer bolsas flexibles de hielo de diferentes tamaños si se congelan bolsas plásticas para refrigerar alimentos con cierre *zip* llenas de una mezcla de dos tazas de agua con una taza de alcohol de frotar (*rubbing alcohol*); en casos de emergencia se puede utilizar un paquete de frutas o vegetales congelados. Para evitar el peligro de congelamiento, se debe colocar una tela entre la bolsa de hielo y la piel. En los casos de chichones y rasguños, se pueden llenar de agua, y luego guardar en el congelador, pequeñas botellas plásticas con tapa de rosca; para áreas más grandes, se puede enfriar en el congelador una esponja o una toalla mojada. Los especialistas en medicina deportiva sugieren congelar agua dentro de vasos de poliestireno (*styrofoam*), las cuales se pueden romper para usar el hielo para dar masajes, de 10 a 15 minutos, en los músculos o los esguinces donde hay dolor. Para este tratamiento, el hielo se debe mantener en movimiento constante y se debe quitar si se produce una sensación de quemadura o si la piel se enrojece.[291]

Jabones y antisépticos Para reducir al mínimo la posibilidad de infección, las cortaduras, los rasguños y las abrasiones, se deben limpiar pasándoles una gasa esterilizada o una tela limpia mojadas, o dejando caer agua del grifo sobre la lesión. A menudo se recomienda lavar la herida con jabón, pero en el *Berkeley Wellness Letter* (marzo de 1992) se advierte que el jabón puede dañar los tejidos. Los antisépticos, que eliminan ciertos organismos, también pueden dañar la piel. Cuando se prefiere un desinfectante, se recomienda por lo general usar agua oxigenada (*hydrogen peroxide*), ya que es menos irritante que el yodo (*iodine*) o el alcohol isopropil (*isopropyl alcohol*).[322] Sin embargo, se puede preparar un antiséptico contra el dolor para rociar sobre las heridas pequeñas, las rodillas peladas y otras abrasiones —combine una cucharada de yodo con ½ taza de alcohol de frotar (*rubbing alcohol*) en una botella con rociador (*espray*).[32]

Suavizadores de la piel Para las irritaciones debidas al aire seco, exposición al sol o al viento, se sugiere el uso de gel de áloe vera (acíbar, zabila) y vaselina (*petroleum jelly*). El gel de áloe vera acelera la curación y ha probado ser un remedio para quemaduras, pero no debe aplicarse sobre las heridas abiertas. La vaselina suaviza y ayuda a restaurar la piel dañada.

Botiquín de primeros auxilios Aquí se incluyen termómetros (desechables, para los viajes), tijeras (para cortar vendas y ayudar a quitar los vendajes de las heridas) bandas elásticas (para comprimir las bolsas de hielo o para vendar las muñecas o tobillos torcidos) y una tela cuadrada de 40 pulgadas (un metro) para los cabestrillos (*slings*). Si se usan analgésicos de venta libre sin receta médica, tenga en cuenta que no se debe dar aspirina a los niños ni adolescentes, ni a los adultos que padecen de úlceras; ni tampoco ibuprofeno a las personas que son alérgicas a la aspirina o que tienen una enfermedad renal.[76]

Los expertos en hierbas, los médicos holísticos y los naturópatas recomiendan incluir vitamina C (tabletas masticables o cristales que se asimilan rápidamente), pimienta de Cayena (*Cayenne pepper*) o acedera bendita (*yellow dock*) en polvo (para aplicar superficialmente a los sangrados persistentes), y cápsulas de jengibre (*ginger*) en polvo para las náuseas y el mareo. La sal de tejidos *Ferr. Phos.* puede ayudar a controlar el sangrado si se trituran tabletas y se aplican a la herida; también si las tabletas se disuelven en agua y se pasan con una esponja sobre la lesión, se puede aliviar el dolor producido por las abrasiones y los golpes.

Los practicantes de medicina popular sugieren el tiernizador de carne (*meat tenderizer*) que contiene papaína para las picaduras de abejas o de animales marinos; una pasta hecha de bicarbonato de soda para las irritaciones de la piel; una solución de azúcar y agua para aliviar las picaduras de insectos, picazones y quemaduras leves; y el humo del azúcar quemada para golpes dolorosos. Cuando Madge O. se golpeó el dedo con la puerta de su automóvil, camino a un almuerzo de negocios, se acordó de haber visto a un caballo al que se le había aplastado un casco calmarse cuando se le extendió la pata sobre el humo de azúcar que se quemaba en un balde. En medio de un intenso dolor, Madge fue directamente al *chef* del restaurante y le pidió que quemara un poco de azúcar. El *chef* la complació, usando el utensilio, parecido al soplete, que utilizaba para dorar al fuego la carne, para quemar un poco de azúcar en una lata. El dolor se alivió de inmediato, pero Madge mantuvo la mano sobre el humo ascendente durante varios minutos como medida de precaución antes de ir a almorzar y ofrecer su charla sin dolor.

En el texto, y listados en el Índice, se incluyen consejos de primeros auxilios en casos de mordeduras de animales, asma, mordeduras en la lengua, ojos morados, llagas, quemaduras, diarrea, congelación, agotamiento causado por el calor, golpes en los dientes, insectos en los oídos, sangrados por la nariz, rasguños ocurridos en el mar, mordeduras de serpientes, picaduras de arañas, esguinces, picaduras (de abejas, avispas, avispones, escorpiones, aguamalas y anémonas marinas), quemaduras de sol y dolores de muelas.

Hierbas y remedios populares

Muchos fármacos modernos están basados en antiguos remedios de hierbas. Por ejemplo, el ácido salicílico (el principal componente de la aspirina) fue originalmente aislado de la corteza del sauce (*willow*). Aunque la agencia federal estadounidense *Food and Drug Administration* (*FDA*) considera a las hierbas como alimentos que los seres humanos pueden consumir sin peligros, varias de ellas han sido retiradas del mercado y otras se están estudiando. Las hierbas pueden tener efectos significativos e interactuar adversamente con otros medicamentos; el uso terapéutico de más de una o dos cápsulas o tazas de una infusión al día debe estar bajo el control de un profesional. Cualquier persona con síntomas pronunciados o con una enfermedad seria debe contar con la aprobación de un médico, antes de probar hierbas o remedios populares. Algunos de los remedios tradicionales han sido comprobados por estudios científicos; otros, se comparten aquí sencillamente porque han sido beneficiosos para algunas personas. Las cantidades e instrucciones indicadas para todos los remedios incluidos en este libro han sido adaptadas para su uso actual, y todas las hierbas, especias y variados ingredientes se pueden obtener en supermercados, farmacias y tiendas de alimentos naturales.

Presión sobre los nervios y masajes

Acupresión (digitopuntura), presión con los dedos, reflexología, equilibrio de los reflejos, jin shin jyutsu, shiatsu y terapia de zona son terapias de presión y masaje que se usan para aliviar el dolor y promover la curación por medio de la estimulación de puntos que a menudo están muy lejos del área donde se manifiesta el malestar. Descritas a veces como acupuntura sin agujas, todas las variantes están basadas en la teoría de que corrientes invisibles corren por todo el cuerpo en líneas de energía longitudinales, senderos meridianos o zonas. Los terapeutas profesionales recomiendan el uso de la presión ejercida con los dedos o con el pulgar sobre puntos de presión determinados (receptores neurales), identificando el lugar preciso por medio de una sensación de ligero dolor o cosquilleo al tocar. Entonces, durante 20 segundos a 5 minutos, la presión puede ejercerse continuamente o como una especie de masaje que se realiza en intervalos alternados de 10 segundos de masaje, seguidos de 10 segundos de descanso, por 30 segundos de presión; o como una serie de 7 a 14 aplicaciones de presión que aumentan gradualmente en intensidad sin dejar nunca completamente de ejercer presión. Existe la teoría de que masajeando los puntos de presión con un movimiento en el sentido de las manecillas del reloj se proporciona energía al cuerpo; el masaje que va en la dirección contraria, es relajante.

Técnicas de relajación e imágenes dirigidas

El cuerpo humano reacciona a las situaciones de tensión con la misma reacción esencial de "lucha o huida" que usaba para sobrevivir en los tiempos prehistóricos. Libera hormonas que aumentan la presión de la sangre, el ritmo cardiaco y el metabolismo, y envía sangre adicional a los músculos, reduciendo otras funciones orgánicas como la digestión. La reacción de estrés o tensión es útil en una crisis, pero como el cuerpo es incapaz de discriminar entre la peligrosa cercanía de un tigre y la frustración de un embotellamiento del tránsito, esta respuesta automática por lo general debe ser revertida con una "respuesta de relajación" antes de darle golpes a un empleado testarudo o escapar de un vencimiento de pago de impuestos. Si no se elimina por medio de la lucha o la huida, la acumulación de las hormonas producidas por el estrés puede provocar sentimientos de ansiedad y depresión, aumentar la sensibilidad ante el dolor, y causar, contribuir a, o empeorar cualquier trastorno, desde acné hasta una infección vaginal. Según un informe publicado en la revista *American Health* (diciembre de 1992), los problemas de salud relacionados con el estrés son responsables de un 75 a un 90 por ciento de todas las visitas al médico.

La respuesta de relajación, definida inicialmente por el Dr. Herbert Benson,[24, 25] puede ser facilitada por técnicas para el control del estrés. La biorretroalimentación (*biofeedback*), la meditación trascendental, el yoga y el Zen requieren de ayuda profesional y entrenamiento. En libros y cintas se pueden encontrar instrucciones detalladas para el sistema Benson, la relajación progresiva, el método Silva, la autosugestión y otras técnicas para la relajación y la curación autoinducida a través de imágenes. Experimentar con estos enfoques de autoayuda puede determinar el programa más eficaz para cada persona.

Respiración controlada Respirar de una manera controlada constituye un punto básico de muchas disciplinas de relajación. Tomar unas cuantas inspiraciones profundas desde el diafragma (dejando que el estómago se expanda con cada inhalación mientras se cuenta hasta tres, exhalando después mientras se cuenta hasta seis) puede ayudar a controlar la tensión o la ira inmediata y preparar el camino hacia una relajación completa.

Ejercicios Un programa habitual de ejercicios aeróbicos puede reducir la susceptibilidad al estrés. El ejercicio físico no sólo quema las hormonas liberadas durante la reacción de "lucha o huida" en la forma en que se supone que deben ser eliminadas, sino que también produce narcóticos naturales que provocan calma y hasta, en algunos casos, euforia. Los músculos tensos debido a la irritación y frustración reprimidas pueden relajarse con unos minutos de suaves ejercicios de estiramiento antes de ir a la cama. Caminar enérgicamente cinco minutos, durante un receso en una reunión de negocios o entre clases, puede disipar reacciones de estrés si se dejan de lado los pensamientos que crean tensión y se enfoca la concentración en la cadencia de la respiración y el ritmo de los pies tocando repetidamente el piso o pavimento.[49]

Relajación progresiva Descrita por primera vez en la década de 1930 por el Dr. Edmond Jacobson, la relajación progresiva incluye en la actualidad elementos de varias disciplinas y puede usarse en conjunto con técnicas curativas.

○ Siéntese o reclínese cómodamente con los ojos cerrados en una habitación tranquila. Respire varias veces profundamente y, comenzando con los pies o con el rostro, tense y relaje cada grupo de músculos, uno tras otro.

○ Visualice un sitio tranquilo, como una playa privada, y sumérjase en ese ambiente imaginando el roce de la arena, la calidez del sol, el aroma salado del océano y los sonidos de las gaviotas que alzan el vuelo y de las olas que rompen en la orilla.

○ Seleccione una palabra ("mantra") como "paz" o "salaam" que transmita connotaciones relajantes, y repítala mentalmente con cada nueva inspiración durante 10 a 20 minutos. Si hay sonidos o pensamientos que le distraen, debe ignorarlos pasivamente y reenfocar la mente en la repetición del mantra. La práctica diaria hace posible que el uso de la palabra clave escogida sea el punto de partida para alcanzar una total relajación, sencillamente cerrando los ojos y concentrándose en la respiración profunda, durante un minuto o dos en cualquier lugar.

○ Salga del estado de relajación abriendo los ojos poco a poco y vuelva a la actividad normal.

Imágenes dirigidas y Afirmaciones positivas Estas ayudan a reprogramar al cuerpo para la curación y una mejor salud. Ambas pueden usarse durante el relajamiento con la relajación progresiva o en lugar de las repeticiones del mantra.

Contar de atrás hacia adelante de 10 a uno, mientras imagina la figura de cada número y se dice mentalmente: "Nueve, me estoy relajando cada vez más; ocho, me estoy relajando cada vez más...", puede estimular la comunicación entre ambos hemisferios del cerebro y ayudar a establecer el estado fisiológico en el cual el cuerpo puede usar su energía para reparar y curar de la misma manera en que lo hace durante breves períodos de tiempo durante el sueño profundo.[112,113]

Las autosugestiones positivas para aumentar métodos de tratamiento más tradicionales pueden ser generalizadas ("el dolor se está aliviando") o específicas ("mi codo está cómodo"). Reforzar las frases verbales con imágenes mentales aumenta los beneficios. Imaginarse mentalmente el hombro en perfectas condiciones o imaginarse vívidamente que se frota en él una poción mágica curativa, le da al subconsciente instrucciones de curación. Otras alternativas incluyen visualizar imágenes originales, como pintar las áreas donde siente molestia con una luz clara o imaginar una fila de robots en miniatura que están cosiendo un hueso fracturado.

Después de unos minutos de autosugestión e imágenes mentales, se pueden obtener beneficios adicionales añadiendo afirmaciones como: "Cuando abra mis ojos después de contar hasta cinco, me sentiré mejor que antes", reafirmando cuando llegue al tres y concluyendo cuando cuente cinco: "Cinco, estoy totalmente alerta y me siento mejor que antes".

Fuentes (vea la Bibliografía)

17, 19, 24, 25, 32, 47, 49, 58, 64, 65, 76, 86, 98, 111, 112, 113, 117, 149, 150, 151, 177, 186, 189, 190, 265, 270, 271, 291, 293, 294, 295, 308, 319, 321, 322

Acidez estomacal y Hernia hiatal

La acidez estomacal (acedía), esa sensación de ardor que comienza en la parte baja del pecho y puede extenderse hasta la garganta, se produce cuando los ácidos gástricos fluyen hacia atrás por el esfínter (el anillo de músculos) que separa al estómago del esófago. Durante el proceso digestivo, este esfínter bajo el esófago, por lo general, se abre para permitir la entrada de los alimentos al estómago, y luego se cierra rápidamente. El trastorno que permite el reflujo gastroesofágico (acidez) ocurre cuando este esfínter se ha relajado inadecuadamente o se ha debilitado por la edad, de forma que no se puede cerrar completamente, o también por la presión ejercida por ropa apretada sobre un estómago lleno, sobre el vientre de una embarazada, o en una persona obesa. A veces, la causa de la acidez es una hernia hiatal, una parte del estómago que sobresale hacia arriba a través del diafragma (la capa de músculo que divide el pecho y el abdomen). Las investigaciones muestran que por lo menos la mitad de la población tiene esta anormalidad estructural; sin embargo, pocos padecen de acidez, y muchas personas con acidez no tienen hernias hiatales.[10, 177]

En algunas personas, los antihistamínicos, los anticonceptivos orales, los tranquilizantes u otros medicamentos provocan acidez. También el beber alcohol o fumar relajan el esfínter esofágico y pueden contribuir a la acidez. Los ejercicios aeróbicos intensos pueden hacer que los ácidos gástricos se derramen en el esófago. Doblarse o acostarse después de una comida puede estimular el reflujo gástrico. Si es necesario reclinarse, se recomienda que se haga sobre el lado izquierdo. Según un estudio en la revista *American Health* (marzo de 1992), las personas que se acuestan sobre el lado izquierdo experimentan sólo la mitad de reflujo que los que lo hacen sobre el lado derecho. No es recomendable tomar un sedativo para dormir mientras se pasa el dolor, pues los ácidos que permanecen en el esófago pueden conducir a desgastes precancerosos de los tejidos internos. El fluido de reflujo debe ser neutralizado tan pronto como sea posible. Tragar saliva (la cual puede aumentarse por lo menos ocho veces, al masticar goma de mascar)[313] o beber un poco de agua puede eliminar los jugos gástricos que están fuera de lugar. Por lo general, beber un poco de leche o de jugo de papaya, o masticar una tableta de carbonato de calcio o de papaya, apaga el ardor en el esófago.

La acidez ocasional no se considera peligrosa, a menos que el malestar esté acompañado de náuseas, palidez, falta de aire o transpiración, y en este caso se necesita la atención inmediata del médico para desechar la posibilidad de un problema cardiaco. También es necesario un examen médico cuando la acidez es persistente o crónica y no responde a los remedios caseros. El uso prolongado de antiácidos puede provocar irregularidad en los intestinos, permitir la retención de líquidos, interferir con la absorción de nutrientes y medicamentos por el organismo, enmascar enfermedades potencialmente peligrosas y conducir a trastornos de los huesos o los riñones.[76, 177, 186]

Grace E. comenzó a padecer de acidez cuando se dedicó de lleno a la pintura, luego de la muerte de su esposo. Al estar trabajando siempre en algún cuadro y sin necesidad de preparar comidas en forma habitual, no se preocupaba por comer hasta que la luz se acababa al final de la tarde, y entonces comía mucho. Cuando fue al médico, se le diagnosticó una hernia hiatal y se le entregó un panfleto con sugerencias para reducir al mínimo los ataques de acidez. Los problemas durante el día desaparecieron cuando comenzó a comer varias meriendas y comidas ligeras, pero seguía teniendo molestias por la noche. En vez de pagarle a alguien para que le pusiera bloques de seis pulgadas debajo de la cama, para que la gravedad pudiera ayudar a mantener el ácido en su sitio, Grace puso guías de teléfono y almohadas debajo de la cabecera del colchón. ¡Un éxito! Ya no se despertó más con sensaciones de ardor en el pecho.

Dietas y suplementos

El comer lenta y frecuentemente comidas reducidas, en un ambiente tranquilo, ayuda a asegurar el buen funcionamiento del esfínter de la parte baja del esófago. Comer precipitadamente hace que se trague aire, lo que causa la acidez. A medida que el aire que se traga adquiere el calor del cuerpo, se expande, sube hasta la parte superior del estómago y puede llevar ácidos consigo si se eructa dentro del esófago. Por eso, los productos que provocan eructos como el bicarbonato de soda o el té de menta pipe- rita (*peppermint*), no se recomiendan para quienes padecen de acidez.[98, 112]

No beber líquidos durante los 30 minutos antes, durante o después de las comidas puede permitir que las enzimas digestivas funcionen en toda su potencia y evitar la acidez. El azúcar puede ser una fuente de irri- tación, sobre todo cuando se ingiere con el estómago vacío en forma de ca- ramelos o refrescos. Algunos alimentos —especialmente los jugos cítricos, la col (repollo, *cabbage*), la cebolla y el tomate— pueden provocar acidez en algunas personas; las causas usualmente pueden ser identificadas a través de la experiencia, para luego ser evitadas.

Una dieta rica en fibras evita el estreñimiento y el esfuerzo para eva- cuar, los cuales pueden empujar el estómago hacia arriba, empeorar la her- nia hiatal y contribuir a la acidez. Los alimentos bajos en grasa y ricos en proteínas, como los frijoles (alubias, habichuelas, habas, judías) secos, el pescado, el pollo o la pechuga de pavo sin pellejo, y la leche descremada, mejoran el tono muscular del esfínter.[186] Las comidas con grasa aumentan la producción de ácido, demoran la digestión y promueven la liberación de hormonas que abren la válvula esofágica.[47, 111] Los licores para después de la cena, las mentas, los caramelos de chocolate y las bebidas que contie- nen cafeína pueden relajar aún más un esfínter flojo y provocar el ardor es- tomacal.

Para todo tipo de acidez, sobre todo cuando el dolor se refleja en la es- palda, tome dosis frecuentes de tres tabletas de *Ferr. Phos. 6X* y *Nat. Mur. 6X* (tres de *cada uno*).

Remedios populares

Entre las cosas que pueden hacer a la hora de la comida para prevenir la acidez, las personas que son propensas a ella, se encuentran: el comer todas las mañanas una porción de guisantes (arvejas, chauchas, chícharos, *peas*), o un tazón de avena (*oatmeal*) o de sémola de alforjón (*buckwheat groats*) cocidos; o beber en cada comida un vaso de agua que contenga dos cucharaditas de vinagre de sidra de manzana —*apple cider vinegar*— (se le puede echar dos cucharaditas de miel, si se desea); o beber un vaso de leche antes o después de las comidas.

Para aliviar el malestar de la acidez, los curanderos populares sugie- ren masticar bien e ingerir una cucharadita de cáscara de cítrico seca y ra- llada; un palito de zanahoria o apio crudos, o un kiwi; una cucharada colmada de hojuelas de avena sin cocinar; o una tostada de pan de pasas, caliente y enmantequillada, espolvoreada con cardamomo y canela (*cinnamon*). Otras alternativas incluyen beber "agua de lechuga", que se prepara mezclando dos hojas de lechuga tipo *iceberg* con $\frac{3}{4}$ de taza de agua; tomar dos cápsulas de jengibre (*ginger*) en polvo; comer una cucharadita de azúcar morena o blanca o un pedazo de caramelo de marrubio (*horehound*); o beber un poco de infusión de anís, de alcaravea (*caraway*), de menta piperita (*peppermint*) o de olmo norteamericano (*slippery elm*). Se dice que beber lentamente $\frac{1}{2}$ taza de agua con una cucharadita de jugo de limón o tragar una cucharada de jugo de limón o vinagre de sidra de manzana (*apple cider vinegar*), detiene la acidez en aquellas personas cuyos estómagos no producen ácido suficiente; a veces se recomienda tomar tabletas de clorhidrato de betaína (*betaine hydrochloride*) después de las comidas para compensar por la falta de ácidos estomacales.[17]

Presión sobre los nervios y masajes

Presione o masajee el punto a una pulgada (2 cm) a la izquierda del centro del pecho durante 10 segundos, suelte durante 10 segundos y repita tres veces.

Fuentes (vea la Bibliografía)

10, 17, 28, 29, 42, 47, 49, 64, 75, 76, 87, 98, 109, 111, 112, 135, 148, 150, 152, 164, 171, 177, 186, 201, 202, 203, 214, 240, 254, 255, 262, 287, 294, 300, 304, 305, 306, 312, 313

Acné

Los factores determinantes en la selección de sus víctimas que hace el acné son los defectos genéticos en los poros, no las preferencias alimenticias ni las prácticas sexuales de esas personas. Los alimentos nutritivos son importantes para una buena salud y, sólo en casos de alergia o glotonería, las comidas rápidas son las causantes de la presencia del acné. Como la producción de sebo (una sustancia que lubrica la piel y que segregan las glándulas sebáceas) aumenta durante la adolescencia, los orificios de los poros pueden obstruirse y pueden desarrollarse comedones, granos, espinillas blancas (o acné miliar) si están debajo de la piel y espinillas negras si se abren y adquieren color oscuro. Las pústulas del acné vulgaris se deben al desarrollo de bacterias dentro de las espinillas. El estrés mental a menudo estimula el surgimiento de espinillas juveniles y acné en los adultos; las reacciones alérgicas a los cosméticos, los alimentos o los medicamentos son otros causantes potenciales.

Es posible que, al quitar cuidadosamente la gotita de pus de un grano, se pueda acelerar su curación, pero si se lo aprieta con fuerza contribuirá a hacer que se formen cicatrices y obligará a que la bacteria se esparza por los tejidos vecinos, lo que expande el acné. Para los hombres que padecen de acné, el afeitado es un problema especial. Vito L., que ha afeitado a tres generaciones de clientes, ofrece estas sabias palabras: "No se afeite si no tiene que hacerlo. Si lo hace, aféitese en la dirección del vello, no contra él; no es tan importante lograr un afeitado totalmente liso. Si se afeita con navaja, enjabónese con sus manos, pues las cerdas de una brocha de afeitar tomarán los gérmenes de los granos y los dispersarán por toda la cara, de modo que ésta nunca se sanará".

Dieta

Una dieta natural y baja en grasa, con énfasis en frutas y vegetales frescos y granos enteros, ayuda a controlar el acné. Se ha informado que dos porciones de remolacha (betabel, *beet*), o de jugo de remolacha, a la semana, y/o dos vasos de jugo de zanahoria al día (mezclado con jugo de pepino, lechuga o espinaca, si se desea) ha mejorado el acné en pocas semanas.[36, 144, 218] Evitar ciertos alimentos alivia a muchas víctimas del acné. Los que más daño hacen son, comúnmente, el chocolate, el azúcar procesado, las grasas saturadas, el alcohol y la cafeína. Puede que el eliminar todos los posibles agresores durante dos semanas, y luego volver a comerlos, uno por uno, ayude a identificar las causantes individuales.

Entre los remedios herbarios para el acné se incluyen la bardana (*burdock*), la oreja de ratón (pamplina, *chickweed*), el diente de león (*dandelion*), la equinácea, el trébol rojo o morado (*red clover*), la corteza de roble blanco (*white oak*), la valeriana (*valerian*) y la acedera bendita (*yellow dock*). Se puede tomar una o dos cápsulas al día de cualquiera de estas hierbas, o una o dos tazas de su infusión; también se puede pasar con una esponja un poco de ese líquido sobre las lesiones del acné. Los tés de chaparro (*chaparral*) y de consuelda (*comfrey*) se consideran excelentes enjuagues faciales.

Suplementos (vea la nota en la página xii)

Vitamina A En forma de beta-caroteno, de 10.000 a 25.000 unidades internacionales *IU* una o dos veces al día (bajo supervisión médica, hasta 100.000 *IU* diarias durante un mes).

Complejo B Una tableta al día, además de hasta 300 miligramos de vitamina B-6, niacina y ácido pantoténico (300 de cada uno), en dosis diarias separadas, durante no más de un mes. La vitamina B-6, tomada en pequeñas dosis a lo largo del mes, resulta especialmente eficaz para el acné que surge durante los períodos menstruales.

Vitamina C y bioflavonoides De 1.000 a 3.000 miligramos de vitamina C y de 200 a 1.000 miligramos de bioflavonoides en dosis diarias separadas ayudan a la curación y retrasan la propagación.

Vitamina E De 100 a 800 unidades internacionales *IU* diarias, para evitar que la vitamina A se destruya dentro del cuerpo.

Calcio Si se ha limitado la ingestión de leche y sus derivados, 800 miligramos de suplementos de calcio al día, ayudan a mantener el equilibrio ácido/álcali necesario para tener un cutis terso.[98]

Zinc De 30 a 50 miligramos, todos los días durante las erupciones. Además de ser un supresor de bacterias eficaz, el zinc ayuda a la curación y es esencial para el funcionamiento de las glándulas de grasa.

Acidophilus Una o dos cápsulas o una porción de yogur acidófilo con cada comida son especialmente importantes si se han recetado antibióticos.

Levadura de cerveza (*brewer's yeast*) Una o dos cucharadas al día. Muchos casos de acné se han resuelto al mezclar la levadura con leche descremada y tomarla junto con dos cápsulas de lecitina.[58]

Carbón En pruebas clínicas se han obtenido asombrosos resultados al tomar dos tabletas de carbón activado (*activated charcoal*) después de cada comida durante dos semanas; después, se toman dos tabletas al día[143], pero no se debe continuar durante períodos prolongados porque el carbón puede interferir en la absorción de nutrientes.

Sales de tejidos El remedio que se sugiere para el acné en los adolescentes son tres tabletas de *Calc. Phos. 6X* de tres a cuatro veces al día. Si la piel está inflamada, se pueden añadir dosis alternas de *Calc. Sulph.*, *Ferr. Phos.*, *Kali. Sulph.*, *Nat. Phos.* y *Silícea* (todos de 6X). Cuando el acné demora en curarse, el *Nat. Sulph.* puede ser beneficioso.[55, 64, 65]

Limpieza y tratamiento

La limpieza cuidadosa es un componente esencial para el tratamiento del acné. Lavarse la cabeza con frecuencia, ayuda a evitar que el acné se extienda al cuero cabelludo. Para la piel afectada por acné, el método más aceptado es lavarse dos veces al día con jabón suave, enjuagarse bien con agua tibia y luego secarse dándose golpecitos con una toalla. Para quienes prefieren no usar jabón, existen líquidos de lavar opcionales como leche (la leche cortada puede secarse sin hacerse un enjuague), jugo de limón diluido, la solución de una parte de alcohol con 10 de agua, o té de papaya y menta (*mint*) muy fuerte.

Los herbolarios sugieren las saunas faciales. Cúbrase la cabeza con una toalla e inclínese sobre un tazón de infusión humeante, ya sea una mezcla de trébol morado o rojo (*red clover*), lavanda (*lavender*) y hojas de fresa; también pueden mezclarse dos porciones de flores de saúco (*elder*) con una de hojas de eucalipto. Como alternativa, se puede aplicar a las áreas afectadas un emplasto de chaparro (*chaparral*) molido, diente de león (*dandelion*) o raíz de acedera bendita (*yellow dock*) mezclado con agua caliente y enfriado; se deja allí durante varias horas y luego se enjuaga con agua templada.

Los alimentos cargados de nutrientes pueden usarse como tratamientos externos, colocándolos sobre las áreas afectadas y permitiendo que penetren durante 20 minutos antes de enjuagarlos.

Zanahorias Cocínelas con la menor cantidad de agua posible, luego hágalas puré y déjelas enfriar.

Pepino Pélelo si tiene una capa de cera, luego rállelo o córtelo en rebanadas muy finas y remójelo en ron.

Yema de huevo Bátala con una cucharada colmada de agua.

Avena (*oatmeal*) Cocínela en leche, hasta que se espese; enfríela antes de aplicarla.

Tomate y avena Bata un tomate maduro y picado en una batidora eléctrica, con una cucharada de avena seca y una cucharadita de jugo de limón.

Opciones no comestibles Los curanderos populares sugieren aplicar una pasta hecha de bicarbonato de soda mezclado con agua, enjuagarse inmediatamente con agua, luego enjuagarse (o aplicarse con atomizador) vinagre diluido de sidra de manzana, y después terminar un enjuague con agua limpia. O pásese el aceite de una cápsula de vitamina E, espere 30 minutos, luego aplíquese una fina capa de clara de huevo ligeramente batida y deje que se seque antes de enjuagarse.

Tratamientos de manchas

La antigua práctica de frotarse las lesiones producto del acné con ajo fresco varias veces al día se considera segura y sin duda eficaz; ¡por lo menos impide que nadie se acerque lo suficiente como para notar los defectos! Barbara B. prefiere leche de magnesia, el remedio casero al que le atribuye la eliminación de su acné juvenil; se la pone antes de irse a la cama, encima de cada grano de acné que le sale. Otra alternativa es una capa de pasta dental, toda la noche. Gerald y Jerry T., padre e hijo que padecen de acné, preparan su propio medicamento, se lo ponen sobre los granos y lo dejan toda la noche: una cucharada colmada de maicena (fécula de maíz, *cornstarch*) que forma una pasta al mezclarse con alcohol de frotar.

Presión sobre los nervios y masajes

Para controlar el acné, los reflexólogos aconsejan estimular una vez al día cualquiera o todos los puntos siguientes:

○ En cada hombro, presione y masajee el borde exterior de la cavidad que está justamente debajo de la clavícula.

○ Doble el brazo izquierdo en un ángulo de 45 grados. Use el pulgar derecho para apretar el punto donde termina el doblez del codo, en la parte externa del brazo. Repita con el brazo derecho.

○ Cierre el puño izquierdo, dejando el pulgar extendido contra el dedo índice. Con el pulgar derecho, presione o masajee la protuberancia formada entre el pulgar y el dedo índice. Repita con la otra mano.

Fuentes (vea la Bibliografía)

6, 13, 17, 32, 36, 41, 42, 44, 53, 55, 57, 58, 64, 65, 75, 80, 81, 82, 86, 87, 89, 98, 111, 112, 121, 122, 137, 143, 144, 156, 159, 161, 166, 176, 190, 193, 205, 218, 226, 233, 234, 256, 260, 278, 281, 282, 283, 286

Aftas
(llagas en los labios)

Conocidas médicamente como llagas aftosas o *aftovirus* (*canker sores* en inglés), las llagas en los labios han atormentado a la humanidad desde tiempos inmemoriales. Hipócrates las bautizó con el otro término médico con que se conocen: *aphthous stomatitis*, en el siglo IV a.C. A pesar de que una predisposición hereditaria podría influir en la frecuencia de sus apariciones, se considera que la causa oficial de los dolorosos cráteres dentro de la boca es un mal funcionamiento temporario del sistema inmunitario[254] que puede ser ocasionado por heridas leves dentro de la boca, fatiga, tensión psicológica, enfermedades con fiebre, ciclos menstruales, deficiencias nutricionales o sensibilidad a ciertos alimentos. Las aftas, con sus centros blancos abiertos y bordes enrojecidos, pueden aparecer solas o en grupos, pueden ser tan pequeñas como la cabeza de un alfiler o tan grandes como una moneda y generalmente persisten entre cuatro y 20 días. Las aftas que no sanan en tres semanas deberían recibir atención médica para evitar una infección bacteriana. Los remedios caseros podrían aliviar el dolor, acelerar la curación y reducir la posibilidad de reincidencia.

Dieta y suplementos (vea la nota en la página xii)

Entre los alimentos que pueden provocar llagas bucales, los primeros en la lista son las cerezas, el chocolate y otros dulces, las frutas cítricas, las nueces, la piña, las ciruelas y los productos con tomate. Eliminar a todos los alimentos sospechosos durante un mes, y luego reincorporarlos uno a la vez, cada tres o cuatro semanas, podría ayudar a identificar al culpable. Durante un acceso, se puede evitar irritar las aftas mediante una dieta suave sin frutas ácidas, nueces, comidas saladas o muy condimentadas, ni dulces. Mantener un trago de leche en la boca durante unos momentos sobre las llagas, antes y varias veces durante las comidas, alivia las molestias al comer.

El consumir yogur puro es especialmente beneficioso para las aftas. Como medida preventiva, tomar dos a cinco cápsulas de *Lactobacillus acidophilus* con cada comida resulta eficaz en algunas personas. Lilly E. prefiere las tabletas de *acidophilus* masticables. Sufriendo frecuentemente de úlceras bucales, ella evitó los causantes conocidos —piña y tomates crudos— y tomó cápsulas de *acidophilus* o yogur para tratar las aftas que aparecían a intervalos irregulares. Después de experimentar con las tabletas de 500 miligramos, Lilly descubrió que tomar dos de ellas cada mañana y cada noche previene los ataques de origen desconocido. Y al disolver dos tabletas adicionales en la boca antes de comer, puede disfrutar de tomates y piña sin reacciones adversas.

Una dieta nutritiva, bien balanceada, puede ser un factor importante en el control de las úlceras bucales. Existen estudios que indican que el 15 por ciento de las personas con aftas bucales padecen de una deficiencia de hierro y vitaminas B.[50] Tomar suplementos individuales además de una multivitamina con minerales, con frecuencia acorta la duración de las aftas y ayuda a prevenir su reaparición.

Vitamina A En forma de beta-caroteno, 50.000 unidades internacionales *IU* diariamente durante una semana, luego 25.000 *IU* diarias durante dos semanas para estimular la curación.

Complejo B Una a cuatro tabletas de alta potencia por día han reducido la duración activa de las llagas ulcerosas hasta 48 horas, cuando las vitaminas B estuvieron acompañadas por un suplemento de calcio y magnesio.[301] Tomar de 25 a 100 miligramos de niacina o niacinamida con cada comida, frecuentemente corrige o previene las llagas.[87, 313] Diversos estudios indican excelentes resultados cuando se toman 2.000 microgramos de vitamina B-12 sublingual y ácido fólico dos veces por día, con el estómago vacío.[17]

Vitamina C con bioflavonoides De 500 a 1.000 miligramos a la primera señal de úlceras bucales, y cada hora durante el primer día, luego de 1.500 a 5.000 miligramos en dosis diarias divididas hasta que la curación sea completa.[186]

Vitamina E Cuando una llaga aparece, aplíquele vitamina E de una cápsula pinchada y repita el procedimiento frecuentemente.

Sales de tejidos De tres a cuatro veces por día, disuelva dosis alternadas de *Kali. Mur. 6X* y *Kali. Phos. 6X*, cuatro tabletas de cada una, debajo de la lengua.

Zinc De 30 a 60 miligramos diarios, o una tableta de zinc disuelta en la boca cada tres horas durante dos días, para acelerar la curación y mejorar la función inmunológica.

Remedios populares

Los remedios populares modernos sugieren mantener una bolsita de té húmeda sobre las úlceras, disolver una tableta de antiácido en la boca, o proteger las áreas sensibles enjuagándose con leche o magnesia para aliviar el dolor. Tratamientos más antiguos incluyen comer una manzana después de cada comida, dar unos toques ligeros con un gel de áloe vera (acíbar, zabila) sobre las llagas, o diluir el gel para hacer un enjuague bucal que se usará varias veces al día. Una variedad de otras opciones a continuación:

Bicarbonato de soda o sal de mesa Para aliviar momentáneamente el dolor y estimular la curación, utilice una fuerte solución de bicarbonato o de sal, con agua, como enjuague bucal.

Melaza (*blackstrap molasses*) Varias veces al día, mantenga un poco de esta substancia curativa en la boca, cerca de las llagas.

Hierbas La aplicación de un toque de tintura de mirra —*myrrh*— (un remedio de 2.000 años de antigüedad, disponible en la mayoría de las farmacias) en el centro de la herida, o mantener una pequeña cantidad de mostaza en polvo o mirra en la llaga durante cinco minutos, resulta momentáneamente doloroso, pero se dice que cura las úlceras en dos días.[149, 312] Se cree que una solución hecha de una cucharada de cáscara de granada (*pomegranate*) deshidratada y rallada, hervida en una taza de agua, hasta que reduzca a la mitad es igualmente eficaz.[144] La cura básica de la medicina popular para las aftas es un enjuague frecuente con cualquiera de estas infusiones, preparadas con triple concentración: bardana (*burdock*), manzanilla (*chamomile*), botón de oro (hidraste, *goldenseal*), frambuesas rojas (*red raspberries*), salvia (*sage*) o fresas (frutillas, *strawberry*).

Agua oxigenada (*hydrogen peroxide*) Coloque una gota de peróxido al tres por ciento en cada llaga, o diluya el peróxido en agua y enjuague la boca con la solución antes de escupirla.

Fuentes (vea la Bibliografía)

6, 17, 42, 49, 50, 65, 75, 87, 98, 109, 112, 135, 144, 148, 149, 165, 166, 176, 202, 207, 254, 256, 281, 283, 293, 300, 301, 312, 313

Alergias

La asociación médica estadounidense (*AMA*, por las siglas en inglés de *American Medical Association*) describe las alergias como reacciones inadecuadas o exageradas del sistema inmunitario. Los investigadores creen que una tendencia genética a crear cantidades de un anticuerpo productor de histamina mayores de lo normal es la causante de respuestas anormales ante sustancias generalmente inofensivas. El estrés, la falta de sueño, las infecciones o una dieta deficiente pueden predisponer al organismo a reacciones alérgicas. Para las personas susceptibles, cualquier cosa, desde inhalar polen transportado por el aire hasta ser picado por un insecto, puede desencadenar respuestas que se manifiestan en problemas que van desde el asma hasta las espinillas.

La base del control de la alergia es el identificar y evitar sus causantes. Es necesario ir al alergista para hacerse pruebas y buscar tratamiento cuando se producen reacciones potencialmente mortales, como irregularidades cardiacas o serias dificultades para respirar. A menudo, las reacciones menos serias pueden autotratarse. Alergenos fácilmente detectables crean reacciones obvias, por ejemplo, la manifestación de salpullido después de comer fresas, o estornudar y tener los ojos lacrimosos cuando se toca un perrito. Hacen falta más dotes detectivescas para descubrir alergias sutiles. Puede que su causa se esconda en cosméticos comunes o en detergentes, y hasta en productos hipoalergénicos. La solución puede radicar en cambiar de marca. El formaldehído que está en las telas *permanent press* que se arrugan poco al lavarse, puede causar problemas cuando se libera, debido al calor y la humedad del cuerpo. El lino, la seda, los sintéticos puros y las telas sanforizadas son alternativas sin formaldehído. Los ácaros del polvo (animales microscópicos que viven en las telas caseras) que provocan síntomas pueden ser reducidos al mínimo si en vez de alfombras de pared a pared se usan alfombras de área sobre pisos desnudos.

Las temperaturas extremas son alergenos que pueden provocar ataques de asma. La alergia al frío es más común entre los niños; la alergia al calor, entre los adultos. Para detectar la del frío: coloque un cubito de hielo sobre la piel durante uno o dos minutos. Si la piel se inflama o se produce urticaria, existe la alergia al frío. La alergia al calor se confirma si aparecen ronchas rojas después de remojar las manos en agua a 100° F (38 C°) durante unos minutos.

Alergias a los alimentos

Las reacciones alérgicas a los alimentos han afligido a los mortales desde tiempos inmemoriales. La afirmación de Lucrecio, en el siglo I a.C., cuando dijo: "Lo que es alimento para unos, puede ser un veneno feroz para otros", sigue siendo verdad, pero el consejo del Talmud de Babilonia para curar las alergias a los alimentos desarrollando una tolerancia por medio de la ingestión de pequeñas cantidades (dos granos al día de un alergeno, como el trigo) ya no se considera viable. En muchos casos de alergia a los alimentos, se ha descubierto que la inmunoterapia consistente en inyectar una o dos gotas de un alergeno más bien refuerza y no insensibiliza[204], pero por lo general es eficaz para combatir las alergias producidas por los gatos. Y según un informe en la revista *In Health* (junio de 1991), la terapia profesional de la ponzoña procedente de insectos casi siempre da buenos resultados.

Puede que los trastornos gastrointestinales que se experimentan después de ingerir productos lácteos no sean una alergia. Si la dificultad se debe a una carencia genética de la enzima lactasa, la cual es esencial para la digestión de la lactosa azucarada de la leche, el problema puede corregirse al tomar suplementos de lactasa sin tener que eliminar la leche. Además de los colorantes y los conservantes químicos, los alimentos que más comúnmente pueden causar alergia son el chocolate, los cítricos, el maíz, los huevos, el maní (cacahuetes), los guisantes (arvejas, chauchas, chícharos, *peas*), los camarones, las fresas (frutillas, *strawberry*), los tomates y el trigo. Las autopruebas casi siempre identifican a los causantes.

    ❍ Si se sospecha de un alimento, evítelo durante una o dos semanas, luego cómalo de nuevo para ver si los síntomas reaparecen. Para una prueba precisa, los alergistas recomiendan que se tome el pulso antes de comer el alimento y, nuevamente, 20 minutos después; un aumento de 10 pulsaciones por minuto indica una respuesta alérgica.[17] Ese alimento debe ingerirse como parte de una comida, pues comerlo sólo, con el estómago vacío, puede empeorar significativamente la reacción.

○ Si no se sospecha de un alimento en específico, pruebe primero sus alimentos favoritos. El deseo de comer alergenos puede ser una forma de adicción: la compulsión subconsciente puede llevarle a tratar de alcanzar esa "exaltación" temporaria que se produce antes de que aparezca cualquier reacción desagradable.

○ Es posible que sea necesario convertirse en un superdetective cuando las alergias ligeras son provocadas por una mezcla de alimentos. Mabel J. descubrió que su reacción alérgica ocasional de diarrea inmediata después de una comida, no era una respuesta a ningún alimento en específico, sino a una combinación de varios alimentos a los que ella era sólo ligeramente alérgica, como por ejemplo, el huevo y la naranja. Podía desayunar sin problemas huevos con un vaso de jugo de arándano; jugo de naranja con un tazón de avena (*oatmeal*) resultaba aceptable; pero un huevo con el jugo de naranja, la hacía ir corriendo al baño. Los guisantes, los camarones y los tomates estaban también entre los alimentos que no podía combinar en una comida.

Dietas y suplementos (vea la nota en la página xii)

El tomar una o dos cucharaditas de gránulos de polen de abeja ha prevenido y corregido los trastornos alérgicos en algunas personas. En otras, esos síntomas se han aliviado al acompañar cada comida con dos cápsulas de *acidophilus*, una porción de yogur, o un vaso de agua mezclado con dos cucharaditas de vinagre de sidra de manzana (*apple cider vinegar*) y dos de miel. Entre las hierbas que tienen poderes antihistamínicos se encuentran la bardana (*burdock*), la consuelda (*comfrey*), el diente de león (*dandelion*), la eufrasia (*eyebright*), el fenogreco (*fenugreek*), el botón de oro (hidraste, *goldenseal*) (a menos que se sea alérgico a la ambrosía), la lobelia y el cardo de Santa María.

Vitaminas B Tomar de 50 a 100 miligramos de ácido pantoténico tres veces al día durante unos cuantos días, estimula dentro del cuerpo la producción de cortisona, que combate la alergia. Una tableta diaria de vitaminas del complejo B, junto con vitamina B-12 sublingual, también puede resultar útil.

Vitamina C Esta vitamina actúa como agente desintoxicante y antihistamínico y ayuda a regular las respuestas del sistema inmunitario. La vitamina C, que es más eficaz cuando se toma antes de exponerse al alergeno, o cuando se combina con terapia de vitamina B si ya han aparecido los síntomas, debe tomarse en dosis de hasta 1.000 miligramos cada hora durante los ataques serios.[87]

Vitamina E Es esencial para el funcionamiento inmunitario normal y sus propiedades antialergénicas son más eficientes cuando se toman de 100 a 800 unidades internacionales *IU* durante varios días, antes de exponerse a los alergenos.[234]

Fuentes (vea la Bibliografía)

6, 17, 33, 41, 44, 45, 46, 62, 72, 75, 87, 89, 98, 109, 111, 112, 122, 148, 159, 162, 172, 176, 183, 204, 207, 234, 239, 256, 264, 278, 281, 282, 283, 293, 302, 316, 317

Anemia

El hierro es un componente esencial de las moléculas de hemoglobina necesarias para que la sangre transporte el oxígeno a todas las partes del cuerpo. La insuficiencia de hemoglobina o la reducción en el número de glóbulos rojos produce síntomas de anemia: fatiga, pérdida del apetito, palidez, manos frías. La anemia profunda puede debilitar el sistema inmunitario, impedir la curación de las heridas y causar mala coordinación y confusión mental.

Dieta

La recomendación diaria *RDA* (por las siglas en inglés de *Recommended Dietary Allowance*) de hierro es 10 miligramos para los hombres de todas las edades y para las mujeres de más de 51 años; y 15 miligramos para las mujeres durante sus años de capacidad procreadora. Aunque la dieta promedio estadounidense contiene 6 miligramos de hierro por cada 1000 calorías, la deficiencia de hierro es común, sobre todo debido a problemas de absorción.

Del 15 al 30 por ciento del hierro heme orgánico que se encuentra en la carne de res, las aves, los pescados y los mariscos es asimilado por el organismo; sólo se asimila alrededor de un 5 por ciento del hierro no heme (inorgánico) que se encuentra en los productos lácteos, las frutas, los vegetales y los granos (y las sustancias que se usan para enriquecerlos). Aunque todos los granos, los vegetales y las frutas contienen hierro no heme, también contienen sustancias que obstaculizan su asimilación. Los alimentos ricos en fibras contienen fitatos, sustancias que se pueden combinar con el hierro, de modo que el organismo no lo puede absorber. Todos estos alimentos ricos en hierro, la espinaca (3,2 miligramos por cada media taza recién cocida), los anacardos (4,1 miligramos por cada media taza de anacardos asados) y otras nueces y granos, contienen ácido oxálico, el cual interfiere con la absorción del hierro. Los aditivos de fosfato que se usan en los panes y dulces, la cerveza, los refrescos, los caramelos, el helado y muchos alimentos envasados reducen la absorción del hierro, como asimismo el cadmio en las personas que fuman. Estudios publicados en la revista *Longevity* (febrero de 1991) muestran que los polifenoles del café y los taninos del té reducen, de un 40 a un 90 por ciento, la cantidad de hierro que se asimila de los alimentos cuando ellos se toman junto con una comida (beber café o té entre comidas no tiene efecto sobre el hierro). Para aumentar la absorción del hierro:

○ Acompañe las comidas, sobre todo cuando no come carne, con alimentos ricos en vitamina C, tales como tomate y cítricos. Beber un vaso de jugo de naranja con el cereal en el desayuno duplica o triplica la cantidad de hierro que se absorbe.

○ Incluya alimentos que contengan hierro heme con comidas sin carne. Añadir unos cuantos camarones a una ensalada de pasta, o pedacitos de carne de res o pollo a los frijoles colorados aumenta hasta 10 veces la absorción del hierro no heme.

Fuentes alimenticias de hierro *			
Hierro heme (orgánico) por porción de 3 onzas (90 g)	Mg.	**Hierro no heme (inorgánico)**	Mg.
Almejas (*clams*)	5,2	1 cda., melaza (*blackstrap molasses*)	3,2
Ostras (*oysters*) crudas	4,8	$\frac{1}{2}$ taza, frijoles cocidos (*baked beans*)	3,0
Cerdo magro	3,3	1 papa mediana asada con piel	2,8
Carne de res magra	3,0	$1\frac{1}{2}$ onza (30 g), albaricoques (damascos, *apricots*) secos	2,0
Pollo, carne oscura	2,5	$\frac{1}{2}$ taza, habas blancas (*lima beans*) cocidas	2,0
Pescado	1,0	3 cdas., mantequilla de cacahuete (maní, *peanut butter*)	0,9
* Recopilado de *Nutritive Value of Foods*[130] y *Wellness Encyclopedia*[300]			

Restringir la ingestión del colesterol de la carne roja y aumentar el consumo de fibras y de otros contribuyentes a la buena salud, hace que la adquisición adecuada de hierro se convierta en una tarea un poco más compleja que antes, pero puede lograrse. Antiguamente, los médicos introducían una espada en el vino o el agua y luego hacían que el paciente anémico se bebiera el líquido para absorber la fuerza de la espada. Los curanderos populares aconsejan beber en cada comida un vaso de agua combinado con una cucharadita de vinagre de sidra de manzana (*apple cider vinegar*), o con dos cucharaditas de vinagre de sidra de manzana y dos cucharaditas de (*blackstrap molasses*). Para los vegetarianos, las personas con dietas bajas en calorías y otros que tienen riesgos de padecer de anemia, los expertos en nutrición sugieren de uno a dos vasos diarios de cualquier combinación de los siguientes jugos de frutas y vegetales: albaricoque (damasco, *apricot*), remolacha o betabel (el jugo de las remolachas frescas ha constituido un remedio para los síntomas de la anemia desde la Edad Media), arándano azul (*blueberry*), zanahoria, apio, arándano agrio (*cranberry*), pepino, uva, ciruela pasa o espinaca. Los expertos en hierbas recomiendan una o dos tazas diarias de cualquiera de estas infusiones: alfalfa, consuelda (*comfrey*), diente de león (*dandelion*), fenogreco (*fenugreek*), gordolobo (verbasco, *mullein*), ortiga (*nettle*) o frambuesa roja (*red raspberry*). El antiguo té tónico es una alternativa interesante. Ponga en infusión una onza (30 g) de hojas de manzanilla (*chamomile*) y una cáscara de naranja molida con ½ cucharadita de jengibre (*ginger*) molido en dos tazas de agua hirviendo. Deje enfriar y cuele, añada luego ½ taza de brandy, y tómese media taza varias veces al día.

Suplementos (vea la nota en la página xii)

No se recomienda autodiagnosticarse y autotratarse con suplementos de hierro. Estudios publicados en la revista *American Health* (diciembre de 1992) señalan que el exceso de hierro aumenta los peligros de un infarto. Si se receta hierro, tomar los suplementos por la noche con el estómago vacío, con un vaso de jugo de naranja, aumenta al máximo la asimilación del hierro, al tiempo que se reducen los problemas estomacales. Es necesario un diagnóstico profesional, ya que la anemia por deficiencia de hierro puede ser causada por hemorragia interna, lo cual requiere de atención médica inmediata. Algunas personas son susceptibles a la intoxicación con hierro, debido a que sus organismos no pueden regular la absorción del hierro; y hay formas de anemia que no pueden curarse con suplementos de hierro.

La anemia perniciosa (anemia macrocítica) es una enfermedad consistente en una deficiencia de vitamina B-12 que ocurre por lo general cuando el sistema digestivo es incapaz de absorber la B-12 de los alimentos. El tratamiento normal consiste en una inyección mensual de vitamina B-12. Sin embargo, según un estudio publicado en la revista *Longevity* (julio de 1991), dosis orales de 1000 microgramos han resultado eficaces para el 40 por ciento de los pacientes. Los vegetarianos estrictos, los alcohólicos y los ancianos son blanco de la anemia megaloblástica debido a la falta de B-12 y/o de ácido fólico. Este tipo de anemia puede remediarse por medio de la dieta y de suplementos orales, pero es esencial tener supervisión médica, ya que cantidades elevadas de ácido fólico pueden ocultar la anemia perniciosa.

Complejo B Una tableta diaria que incluya todas las vitaminas del complejo B, además de vitaminas B individuales, según lo indique el médico. Además de las anemias por deficiencia de vitamina B-12 y ácido fólico, hay otros tipos de anemia que responden sólo a 100 miligramos al día, ya sea de vitamina B-2 o B-6.

Vitamina C De 500 a 1.500 miligramos en dosis divididas, con las comidas, para aumentar la absorción del hierro.

Vitamina E De 100 a 600 unidades internacionales *IU* diarias. La anemia hemolítica puede producirse cuando una deficiencia de vitamina E causa la reducción de glóbulos rojos.

Polen de abeja Para las personas que no son alérgicas al polen de abeja, una cucharadita de gránulos o su equivalente en tabletas, todos los días. Las pruebas demuestran que el polen de abeja estimula la producción de hemoglobina en el organismo.[302]

Sales de tejidos Para aumentar el número de glóbulos rojos y su contenido de hemoglobina, los médicos homeopáticos sugieren tomar tres tabletas, tres veces al día, de una o de todas estas sales de tejidos: *Calc. Phos. 6X, Calc. Sulph. 6x, Ferr. Phos 6X.*

A Frieda G. le resultó beneficiosa una combinación de dieta y de suplementos. Ella estaba aún en la cama una tarde cuando una vecina vino a visitarla. "No estoy enferma; es sólo que hoy no me sentía bien como para levantarme de la cama", le aseguró Frieda a su preocupada amiga, pero aceptó ir a hacerse un examen médico. Los únicos problemas descubiertos fueron poco ácido estomacal (ácido hidroclórico, esencial para disolver el hierro y para que éste pueda ser asimilado) y principio de anemia. "Bueno, no me he preocupado de cocinar comidas fuertes desde que Josh murió", admitió Frieda, de 78 años, cuando le preguntaron acerca de su dieta, "pero sí como. Cada vez que tengo hambre, como una merienda y una taza de té". Su nueva y sencilla dieta necesitó varios cambios: cereal y jugo, en lugar de té y tostada en el desayuno; las meriendas dulces fueron sustituidas por comidas ligeras preparadas con ensaladas compradas y comidas congeladas; y suplementos de la tienda de alimentos naturales (*health food store*): 250 miligramos de vitamina C y una tableta de 324 miligramos de clorhidrato de betaína (*betaine hydrochloride*) después de cada comida, además de una pastilla diaria de multivitaminas y minerales, 800 miligramos de ácido fólico y 1.000 microgramos de vitamina B-12. En pocas semanas, el letargo de Frieda se convirtió en energía y ahora se pasa las tardes haciendo visitas, no durmiendo.

Presión sobre los nervios y masajes

Se cree que ejercer presión y masajear las cavidades a cada lado de la espina dorsal, en la base de la nuca; o masajear el borde externo de la mano izquierda entre la base del dedo meñique y la muñeca, y/o el borde externo de la planta del pie izquierdo entre el centro del arco y el dedo meñique del pie, ayuda a incrementar la producción de glóbulos rojos en el organismo.

Fuentes (vea la Bibliografía)

2, 6, 17, 26, 39, 50, 59, 72, 75, 81, 86, 87, 92, 98, 106, 111, 126, 130, 138, 143, 148, 151, 156, 162, 163, 171, 173, 179, 186, 190, 204, 205, 218, 222, 226, 234, 262, 282, 283, 300, 302, 315

Arrugas

La vida deja huellas faciales de líneas de expresión y de arrugas. Los hombres, debido a que tienen la piel más gruesa y más glándulas productoras de grasa, y las personas de piel morena, cuyas células pigmentarias les brindan protección contra el sol, tienden a arrugarse diez años más tarde que las mujeres de piel clara. Con la edad, se demora más la renovación celular, los tejidos de apoyo (colágeno y elastina) se deterioran y es menor la cantidad de humedad interna que llega a la superficie. La piel se hace más seca, más fina, menos resistente y es propensa a arrugarse. La mala nutrición, el cuidado inapropiado de la piel y las condiciones del medio ambiente pueden acelerar este proceso que, por lo general, es gradual.

Muchos dermatólogos creen que la luz solar es la causa principal del arrugamiento prematuro del rostro. Los rayos ultravioleta del sol o las lámparas de bronceado causan envejecimiento al destruir las fibras fortificadoras que hacen que la piel vuelva a adquirir su forma luego de haberse estirado al sonreír o de haberse estrujado cuando se frunce el ceño. El usar diariamente una crema protectora contra el sol evita el daño adicional y permite que la piel, por lo menos en forma parcial, se autorrepare. Aplicar humectantes (vea "Piel seca") ayuda a conservar los suministros internos que se van reduciendo y rellena la epidermis, de forma que las líneas superficiales parecen desaparecer.

Las líneas de expresión y los pliegues —dobleces horizontales en la frente, líneas verticales y arrugas en los ojos producto de fruncir el entrecejo, de reír o de torcer la vista— son el producto de años de movimientos habituales que dependen del control de la persona.

○ Mantenga un espejo cerca del teléfono para que vea cómo son sus hábitos faciales inconscientes, para tener una oportunidad de practicar la relajación de los músculos tensos y de ensayar la

23

creación de una sonrisa como un rasgo permanente de su rostro: los extremos de los labios ligeramente hacia arriba hacen que el rostro luzca más joven de lo que es. Cuando esté solo o sola, aplanar las líneas que se producen al fruncir el entrecejo pegándose en ellas una cinta de celofán es una forma de acordarse, gracias al ruido que hace la cinta, de no arrugar el rostro.

○ Use gafas de sol y lentes de graduación, si los necesita, cada vez que salga al aire libre para evitar las patas de gallo y aliviar la tensión de los ojos al entrecerrarlos.

○ A la hora de dormir, no empuje el rostro contra la almohada para evitar las arrugas que se forman así, y use fundas de satín que no se peguen a la piel y que no absorban tanta humedad como las fundas de algodón.

Dietas y suplementos (vea la nota en la página xii)

La buena nutrición es vital para controlar las arrugas. Las células de la piel mueren y son reemplazadas más rápidamente que la mayoría de las células del cuerpo, por lo que se necesita un constante suministro de nutrientes para tener una epidermis lisa. Las dietas en que se baja de peso rápidamente, a menudo le quitan a la piel sus alimentos esenciales y hacen que pierda elasticidad. Las dietas de sube-y-baja promueven arrugas al encoger y estirar la piel para cubrir repetidamente las libras que se pierden y ganan. Se considera que, cuando se esté bajando de peso, el límite lógico es de dos libras (un kilo). Una pastilla diaria de multivitaminas y minerales, además de otros suplementos opcionales, ayuda a mantener la integridad de la piel y a prevenir o demorar la pérdida de elasticidad.[206]

Vitamina A En forma de beta-caroteno, 25.000 unidades internacionales *IU* diarias para demorar las arrugas, a través de la conservación de los tejidos de apoyo y los de superficie.

Complejo B Una tableta (que contenga todas las vitaminas del complejo B) al día para beneficiar al colágeno y la elastina, al contrarrestar los efectos dañinos del estrés.

Vitamina C con bioflavonoides De 1.000 a 3.000 miligramos, en dosis diarias divididas, para conservar el colágeno y aumentar su producción. El fumar no sólo reduce el flujo nutritivo de sangre hacia la piel, sino que también quema entre 500 a 5.000 miligramos de vitamina C por cada cajetilla de cigarrillos.[273] Otros destructores de la vitamina C que requieren de suplementos adicionales son el alcohol, los antibióticos, los barbitúricos y los analgésicos de venta libre.[189]

Vitamina E De 200 a 400 unidades internacionales *IU* al día para mantener las membranas celulares y ayudar a proteger la piel de sustancias del medio ambiente que promueven el arrugamiento prematuro.[276]

Minerales Sobre todo el magnesio, el manganeso, el selenio y el zinc son de importancia en el desarrollo celular y en la producción de colágeno.[40, 206]

Sales de tejidos Tres tabletas al día de *Calc. Phos. 3X* para ayudar a devolver tonicidad a los tejidos debilitados, y de *Kali. Sulph. 3X* para promover la asimilación, por parte de los tejidos, del oxígeno que proviene del torrente sanguíneo.[65]

Ejercicios

Existen estudios que muestran que un programa de ejercicios aeróbicos comunes (caminar, nadar, ciclismo) ayuda a demorar el arrugamiento al hacer que la sangre circule mejor, llevando así más nutrientes a la piel, y al estimular la producción de las fibras elásticas de apoyo.[108, 294]

Masaje facial

El valor del ejercicio facial es discutible. Los músculos del rostro están más adheridos a la piel que a los huesos, a diferencia del resto del cuerpo, y el ejercicio podría reforzar las líneas existentes creadas por la repetición de movimientos.[45] El masaje suave, sin embargo, ayuda a estimular la circulación de la sangre y relaja los músculos faciales para aumentar así el efecto de otras técnicas de relajación (vea la Introducción) que ayudan a reducir al mínimo las arrugas inducidas por el estrés. Sobre el rostro limpio (si lo desea, con una capa ligera de aceite vegetal), use la punta de los dedos o los nudillos para dar masajes en círculos pequeños en las siguientes áreas:

○ Dos puntos directamente sobre el centro de los ojos, en el nacimiento del cabello, luego directamente debajo, en el medio de la frente.

○ Los huesos debajo del final de las cejas, junto a la nariz, luego los huesos en el extremo exterior de los ojos.

○ La hondura central entre la nariz y el labio superior, a $\frac{1}{2}$ pulgada fuera de las esquinas de la boca, y a medio camino entre el labio inferior y el centro de la punta de la barbilla.

Remedios caseros

Un papiro egipcio, que data del año 2900 a.C., habla de una poción que elimina todas las líneas del rostro, pero no indica la fórmula. Los productos modernos para eliminar las arrugas, Retin A (un derivado de la vitamina A) y los ácidos frutales (ácidos alfahidróxidos de manzana, cítricos, uva, leche agria y azúcar de caña), pueden adquirirse sin receta médica. Se ha dicho que un tratamiento de varios meses con Retin A reduce las arrugas finas, pero aumenta la sensibilidad al sol y a veces causa inflamación de la piel. Los ácidos alfahidróxidos, que actúan como exfoliantes naturales y también trabajan debajo de la superficie, puede que sean más eficaces para las arrugas profundas.[151, 184]

Los promotores de cosméticos prometen una piel eternamente joven a partir de aplicaciones externas de productos que contienen colágeno y elastina; los científicos sostienen que la estructura molecular impide su absorción. Ursula O., de setenta años, no tiene interés en esa discusión. Ella atribuye su carencia de arrugas a la atención que dedica a su piel siempre seca, aplicándose de todo, e incluye en el programa de cuidado del rostro, colágeno y elastina (de la tienda de alimentos naturales). Todas las mañanas, Ursula se unta gel de elastina después de limpiarse el rostro y antes de ponerse el humectante; por la noche, usa el gel de colágeno antes de aplicarse el humectante. La Madre Naturaleza tiene un amplio suministro de otros moderadores para las arrugas.

Levadura de cerveza (*brewer's yeast*) Además de ser una excelente fuente de vitaminas B cuando se ingiere, se ha visto que la levadura de cerveza aumenta la producción de colágeno y ayuda a alisar las arrugas cuando se mezcla con agua, aceite de germen de trigo (*wheat germ*) o yogur; se unta sobre las líneas con palmaditas suaves y se deja secar antes de enjuagarse.[151, 184, 312]

Aceite de castor Extienda el aceite sobre la delicada área de alrededor de los ojos.

Mantequilla de cacao (*cocoa butter*) o aceite de aguacate (*avocado oil*)   Todos los días, masajéelos suavemente sobre arrugas recién lavadas; se dice que esto hace a las líneas menos evidentes en dos semanas.[151]

Huevos   Para hacer que las líneas más finas desaparezcan durante unas horas, únteles una capa de clara de huevo batida, o use un pincel puntiagudo para llenar las arruguitas, y luego déjelas secar cuidadosamente antes de cubrirlas con maquillaje. También se disfrazan las arrugas al ponerse una máscara de clara de huevo batida hasta que tenga una consistencia firme, dejándola endurecer y enjuagándola luego. Para hacer una máscara rejuvenecedora: bata una yema de huevo con una cucharada de aceite de oliva, úntela en la cara con una brocha o dándose palmaditas, déjela secar durante 10 minutos antes de aplicarse el merengue hecho con la clara.

Uvas   Para tonificar y estirar la piel, se pueden cortar por la mitad uvas blancas sin semilla, pasarlas alrededor de los ojos y la boca, y dejar que el jugo se seque antes de aplicarse el maquillaje. Para un tratamiento facial que afirme la piel, bata un puñado de uvas en la mezcladora, úntatelas con suaves golpecitos sobre el rostro y enjuáguese a los 20 minutos. El champán de calidad, que se aplica con una bolita de algodón y se deja secar, es un tratamiento favorito de las francesas para estirar las bolsas debajo de los ojos y la piel flácida del cuello.

Miel   Suavice la piel y ayude a eliminar las arrugas con miel. Cada mañana, échese agua tibia sobre el rostro y el cuello, luego cúbralos con miel y espere cinco minutos antes de enjuagarse. Para aumentar los beneficios, mezcle vinagre de sidra de manzana (*apple cider vinegar*), granos de polen de abeja o crema batida espesa, con la miel.

Crema liviana (*light cream*) y jugo de limón   Después de la cena, mezcle dos cucharadas de crema liviana tibia con $\frac{1}{2}$ cucharadita de jugo de limón, cubra la mezcla y déjela reposar durante dos o tres horas. A la hora de dormir, masajéela en la piel, acabada de lavar, y déjela secar; luego enjuáguese con agua tibia y úntese una delgada capa de aceite de oliva. Use lo que queda de la mezcla por la mañana. Si se repite todos los días, este tratamiento tiene fama de hacer las arrugas menos evidentes en pocas semanas.[150, 313]

Mayonesa Enriquecida con una yema de huevo por cada cuarto de taza, y aplicada varias veces al día durante varios meses, se dice que la mayonesa quita las arrugas de aquellas personas con "rostros de ciruelas pasas".[74]

Vitamina E La vitamina E, extraída de cápsulas exprimidas, puede penetrar la piel, y si, todos los días, se unta con golpecitos suaves debajo de los ojos y se extiende por labios que han sido quemados por el sol, puede reducir las arrugas en menos de un mes.[266, 267]

Fuentes (vea la Bibliografía)

40, 45, 53, 65, 74, 98, 99, 108, 109, 111, 112, 150, 151, 177, 184, 189, 206, 218, 254, 266, 267, 273, 276, 293, 294, 302, 312, 313

Arterioesclerosis y Ateroesclerosis

La ateroesclerosis (depósitos de grasa en las paredes arteriales) es el tipo más común de arterioesclerosis, un grupo de trastornos que causan el engrosamiento de las arterias y la pérdida de elasticidad. La ateroesclerosis comienza cuando franjas de colesterol se adhieren al interior de las arterias. A medida que la sangre fluye a mayor presión a través de los canales que se han estrechado, las plaquetas (partículas de la sangre que ayudan a la coagulación), los lípidos (grasas) adicionales y los desechos celulares se amontonan sobre las placas de grasa. Como se obstaculiza la circulación, los depósitos de calcio pueden endurecerse sobre las placas y causar "endurecimiento de las arterias", o una porción de la placa puede desprenderse para formar un coágulo sanguíneo que obstruye aún más el flujo de sangre y que puede provocar una apoplejía (derrame cerebral) o un infarto cardiaco (ataque al corazón).

Una historia familiar de enfermedades cardiacas también puede aumentar la probabilidad de desarrollar ateroesclerosis. La hipertensión (presión alta de la sangre), la incapacidad para metabolizar eficientemente el azúcar, los carbohidratos procesados o las grasas, y la hipercolesterolemia familiar (colesterol anormalmente elevado) pueden tener origen genético. La inactividad física, el fumar, las reacciones causadas por el estrés sin alivio, los niveles de colesterol elevados, los excesos o deficiencias alimenticias y la obesidad son factores de riesgo que pueden modificarse para reducir la probabilidad de desarrollar ateroesclerosis y, en muchos casos, hasta limpiar arterias parcialmente obstruidas. Los ejercicios (30 minutos de caminata firme o su equivalente aeróbico tres veces por semana) fortalecen el corazón, mejoran la circulación y contribuyen a consumir las hormonas adrenales que produce el estrés. La ansiedad, la cólera y otros tipos de estrés utilizan nutrientes que se necesitan para metabolizar las grasas, y cuando no se alivian por medio de las técnicas de relajación descritas en la Introducción, liberan hormonas que pueden crear pequeñas lesiones en las paredes de las arterias y hacerlas más susceptibles a las placas arteriales.[98]

Dieta

La asociación estadounidense *American Heart Association* recomienda limitar las grasas de la dieta a un 30 por ciento de calorías al día, y de ellas no más de un tercio derivado de las grasas saturadas que se encuentran en las carnes y los productos lácteos; el resto debe provenir de grasas vegetales poliinsaturadas y monoinsaturadas. Deben evitarse los aceites de coco y de palma (que son los más altamente saturados entre las grasas naturales). Se recomiendan los aceites exprimidos en frío (la extracción al calor altera su estructura química); hidrogenar los aceites para obtener manteca (*shortening*) sólida o margarina produce un tipo de grasa que puede ser más dañina que la grasa saturada naturalmente.[308] Los aceites poliinsaturados (como los de maíz, de alazor y de soja) contienen ácido linoleico, que es esencial para que el organismo pueda utilizar la grasa; el aceite de oliva o de canola monoinsaturada mejora ligeramente la proporción de colesterol "bueno" *HDL* frente al colesterol "malo" *LDL*, el cual obstruye las arterias.

Según se publicó en *Atherosclerosis* (febrero de 1990), los investigadores ahora especulan que el bajo nivel de infartos de los esquimales tal vez se deba tanto a la alta proporción (58 por ciento) de monoinsaturados que hay en las ballenas y otros animales marinos, como a los ácidos grasos omega-3, saludables para el corazón, que se encuentran en el bacalao y el arenque que comen en sus dietas altas en grasas. Con nueve calorías por gramo de grasa, el límite diario establecido de grasa de una dieta de 2.000 calorías equivale a 60 gramos —una cucharada de aceite vegetal contiene 14 gramos de grasa, aproximadamente 120 calorías. Aprovechando la vasta gama de productos sin grasa y colesterol, y horneando, asando, cocinando en el microondas o hirviendo alimentos naturales, una dieta baja en grasa no conlleva privación alguna.

El bróculi, las coles (repollitos) de Bruselas, el melón cantalupo, la zanahoria, la calabaza *pumpkin*, la batata (boniato, camote, papa dulce *sweet potato*) y la espinaca, se consideran especialmente buenos en proveer los nutrientes necesarios para la salud arterial. Todos los jugos de vegetales y

frutas frescas —hasta dos vasos diarios de cualquier combinación de remolacha (betabel, *beet*), zanahoria, apio, cítricos, perejil y espinaca— resultan beneficiosos. El alcohol que no se utiliza para energía inmediata se
transforma en grasa saturada, igual que las cantidades excesivas de azúcar
y de carbohidratos procesados, por lo que estas sustancias deben limitarse.
Como sustitutos de las bebidas que contienen cafeína, la cual puede contribuir a la ateroesclerosis, los expertos en hierbas sugieren infusiones de pimienta de Cayena (*Cayenne pepper*), oreja de ratón (pamplina, *chickweed*),
consuelda (*comfrey*), trébol rojo (*red clover*), escaramujo (*rose hip*) y salvia
(*sage*).

Suplementos (vea la nota en la página xii)

El endurecimiento y estrechamiento de las arterias no es una enfermedad nueva. La momia de un egipcio que murió a los 40 años, hace 2.100
años, muestra placa ateroesclerótica. Y la enfermedad se está haciendo
más común. Autopsias realizadas a soldados muertos en Corea y en Viet-
nam mostraron que un 77 por ciento de esos saludables jóvenes tenía algo
de arterioesclerosis, mientras que en estudios semejantes, llevados a cabo
durante las guerras mundiales Primera y Segunda, se revelaron pocos o
ningún síntoma de la enfermedad. Como todos los soldados estaban activos físicamente, comían aproximadamente las mismas cantidades de colesterol y grasas, y estaban expuestos al mismo estrés, se han investigado
una serie de explicaciones para este cambio de la salud arterial. El aumento del consumo de azúcar, junto a la carencia de fibra en las comidas
procesadas, se consideran responsables en parte. Sin embargo, la información científica indica cada vez más que los antioxidantes podrían ser la
clave crucial para el secreto de las arterias sanas. Basándose en la teoría del
Dr. Passwater[221] de que las arterias obstruidas son causadas por la acumulación de células mutantes que están en los aditivos e insecticidas que se
echan a los alimentos, se está investigando en estudios clínicos, el control
de los radicales libres por medio de vitaminas antioxidantes. El beta-
caroteno y las vitaminas C y E (los mayores antioxidantes) aparentemente
ayudan a impedir los depósitos de grasa sobre las paredes arteriales, ca-
zando y eliminando los radicales libres producidos dentro del cuerpo, in-
halados o ingeridos de fuentes externas.

Vitamina A En forma de beta-caroteno, de 15.000 a 50.000 unidades
internacionales *IU* diarias por sus propiedades antioxidantes.

Complejo B Una tableta que contenga todas las vitaminas del complejo B, una o dos veces al día. Las vitaminas B ayudan a metabolizar la grasa. Bajo supervisión médica, se han usado de 100 a 3.000 miligramos de niacina en dosis divididas para dilatar las arterias pequeñas y reducir el colesterol.

Vitamina C y bioflavonoides De 500 a 5.000 miligramos de vitamina C y de 300 a 600 miligramos de bioflavonoides, todos los días, en dosis divididas. Además de ser eliminadores de los radicales libres, el ácido ascórbico y los bioflavonoides ayudan a conservar la salud de las paredes arteriales de forma que sean menos susceptibles a las lesiones ateroescleróticas.

Vitamina E Cien unidades internacionales *IU* al día, aumentando gradualmente hasta 400 a 1.000 *IU*. Además de su capacidad antioxidante, la vitamina E ayuda a eliminar las cicatrices arteriales, lo que impide la formación de depósitos ateroescleróticos, ayuda a disolver coágulos sanguíneos ya existentes y, según se publicó en el *Journal of the American College of Nutrition* (octubre de 1991), reduce en un 80 por ciento la capacidad que tienen las plaquetas para adherirse a las paredes arteriales.

Calcio y magnesio De 500 a 1.500 miligramos de calcio, más 300 a 750 miligramos de magnesio, en dosis diarias divididas. El calcio es esencial para el funcionamiento de los nervios y los músculos, así como para fortalecer el esqueleto. Cuando existe una deficiencia de calcio, el organismo lo extrae de los huesos (lo cual puede conducir a osteoporosis), y parte del calcio extraído se adhiere a las paredes arteriales antes de ser llevado a las áreas donde se necesita.[151] El magnesio es necesario para la asimilación del calcio y para impedir que las células se calcifiquen. Aunque se aconseja una proporción de calcio y magnesio de dos a uno,[190] algunos asesores en nutrición creen que las proporciones deben revertirse, de manera que se provea más magnesio que calcio.

Selenio De 100 a 200 microgramos al día. El selenio ayuda a que las vitaminas C y E protejan contra las placas arteriales.

Zinc De 10 a 30 miligramos al día. Cantidades adecuadas de zinc reducen la probabilidad de que las grasas se depositen en las arterias, y ayudan a la limpieza de las arterias que ya están obstruidas.

Lecitina Dos cápsulas con cada comida, o una o dos cucharadas de gránulos todos los días. La lecitina emulsiona las grasas de la sangre de manera que puedan ser utilizadas por el organismo y se cree que ayuda a desintegrar las placas que están en las paredes arteriales.

Sales de tejidos Pueden tomarse tres o cuatro veces al día, para compensar por la disminución circulatoria que ha sido provocada por el endurecimiento o la obstrucción de las arterias, tres o cuatro tabletas de estas sales de tejidos: *Calc. Phos. 6X*, si siempre se siente frío en los pies y las manos; *Silícea 6X*, para los enfriamientos internos; y si éstos van acompañados de frío en las extremidades, añada *Nat. Mur. 6X*.

Presión sobre los nervios y masajes

Una o dos veces al día, presione y masajee hacia adentro y hacia arriba, contra la articulación de la mandíbula, justamente enfrente de las orejas.

Fuentes (vea la Bibliografía)

2, 14, 15, 17, 57, 64, 75, 78, 82, 87, 98, 105, 111, 151, 155, 157, 164, 177, 186, 190, 203, 205, 207, 215, 218, 223, 224, 228, 248, 254, 264, 268, 281, 283, 285, 293, 294, 300, 301, 303, 308, 314, 316, 317, 320

Artritis

Los esqueletos prehistóricos revelan que los dinosaurios padecían de artritis; esto también le sucedía al hombre de Java. En la antigua Roma, los artríticos no tenían que pagar impuestos... un plan poco práctico para Estados Unidos, donde más de 37 millones de personas padecen de esa enfermedad.[174] Dos formas de osteoartritis son las más comunes de entre sus más de 100 tipos diferentes. La osteoartritis primaria (enfermedad degenerativa de las articulaciones) afecta hasta cierto punto a casi todas las personas mayores de 40 años, ya que los cartílagos de las articulaciones que más se usan y la parte baja de la espina dorsal se desgastan gradualmente y producen rigidez, dolor y, a veces, un exceso de crecimiento del hueso. La osteoartritis secundaria puede ocurrir como resultado de infecciones o de una enfermedad tal como la diabetes, o como producto de una lesión en una articulación, o por el estrés físico causado por la obesidad o la mala postura. La artritis reumatoide, que por lo general ataca entre los 20 y los 40 años, comienza con la inflamación de las membranas que revisten las articulaciones; poco a poco, erosiona el cartílago; puede involucrar los vasos sanguíneos, los músculos y, prácticamente, todos los órganos del cuerpo, produciendo a largo plazo una deformidad de las articulaciones.[281] Los trastornos autoinmunes, las infecciones bacterianas, el estrés emotivo o las reacciones a ciertos alimentos se asocian a menudo con el comienzo de la artritis reumatoide, o con su reaparición después de una etapa de remisión.

El diagnóstico médico es esencial y, si se han recetado medicamentos antiinflamatorios y analgésicos, se debe obtener la aprobación del médico antes de experimentar con cambios significativos en la dieta o la ingestión de vitaminas. La única "cura segura" para la artritis es el reemplazo quirúrgico de articulaciones, pero se puede hacer mucho en el hogar para aliviar el malestar, mejorar la flexibilidad y, tal vez, retardar el progreso de la enfermedad.

Dieta

Durante más de 65 años, las clínicas europeas han tratado la artritis con una dieta de alimentos crudos y jugos naturales. Incluso con la dieta "normal" baja en grasa y en sodio que recomienda la *Arthritis Foundation* de Estados Unidos, el beber diariamente uno o dos vasos de una combinación de jugos frescos de alfalfa, remolacha (betabel, *beet*), zanahoria, apio, pepino, perejil o papa, puede ser beneficioso. La piña (ananá, *pineapple*) fresca contiene bromelina, una enzima que se cree que reduce la hinchazón y la inflamación en las articulaciones artríticas si se toma con regularidad. Aumentar el consumo de peces de agua salada con gran contenido de grasas, como la caballa (*mackerel*), el salmón y la sardina, ricos en ácidos grasos omega-3, o tomar cápsulas de aceites de pescado omega-3, produjo una mejoría en un 63 por ciento de los casos incluidos en una encuesta.[49] Un tazón al día de col (repollo, *cabbage*) y cebollas cocidas ha aliviado la rigidez en muchas personas.

Las alergias a los alimentos desconocidas pueden ser la causa de éxitos individuales con dietas restrictivas, tales como la del Dr. Collin H. Dong[95], la cual no permite carne, ni productos lácteos, ni yema de huevo, ni tampoco frutas (incluido el tomate) ni sus jugos. Estudios recientes han mostrado que inclusive tomar cápsulas sin saber que éstas contienen productos lácteos, arroz o miembros de la familia de las solanáceas (pimiento o ají verde, berenjena, tomate, tabaco, papa blanca) provoca ataques de artritis en algunas personas y que el abstenerse por completo de estos agresores provee una remisión y cura aparente.[272]

La mayoría de los artríticos pueden obtener resultados beneficiosos tan sólo con mejorar sus dietas con muchas frutas, vegetales y granos enteros; con reducir las grasas; con limitar o eliminar el alcohol y los dulces concentrados; y con la incorporación de los suplementos adecuados.

Suplementos (vea la nota en la página xii)

La artritis, o los medicamentos recetados para su tratamiento, pueden interferir con la utilización que hace el organismo de los nutrientes y causar deficiencias que provocan problemas de salud adicionales, tales como los que experimentó Dorothy W., de 70 años. Ella se puso distraída y llorosa, "descansaba" casi todo el tiempo y no podía caminar más que unos cuantos pasos a pesar de los medicamentos que tomaba para combatir la artritis. Cuando su médico le ofreció recetarle un antidepresivo, Dorothy prefirió los suplementos alimenticios que le sugirió un experto en nutrición. El médico se sintió escéptico, pero estuvo de acuerdo en que una pastilla diaria de multivitaminas y minerales, una tableta de vitaminas del complejo B, vitaminas adicionales C y E, y una cápsula de calcio antes de irse a la cama no podían hacer ningún daño. En pocas semanas, Dorothy comenzó a recuperar su vibrante energía y, con la cooperación del médico, comenzó a dejar poco a poco los medicamentos para la artritis.

Expertos que se orientan hacia la nutrición a menudo aconsejan suplementos individuales tales como las vitaminas antioxidantes A, C y E, además de selenio, para reducir el daño celular que contribuye a la artritis.

Vitamina A De 10.000 a 35.000 unidades internacionales *IU* (al menos la mitad en forma de beta-caroteno), sobre todo si se está tomando cortisona, aspirina u otros medicamentos antiinflamatorios que pueden aumentar el riesgo de infección y retardar la curación de las heridas.

Complejo B Una tableta al día que incluya todas las vitaminas B, además de vitaminas B opcionales, con la supervisión médica si se toman cantidades mayores. La vitamina B-2 en cantidades de 50 a 100 miligramos, o 15 a 600 miligramos de ácido pantoténico, estimulan al organismo a producir cortisona para combatir la artritis.[87] Los medicamentos que suprimen el sistema inmunitario, y la aspirina y otros salicilatos, pueden crear una deficiencia de ácido fólico, el cual, junto con la vitamina B-12, es necesario para evitar que los nervios se dañen; con orientación profesional, la vitamina B-12 y el ácido fólico sublingual, junto con dosis elevadas de otras vitaminas B, han reducido el dolor y la rigidez de algunas personas.[17, 98]

Vitamina C y bioflavonoides De 500 a 5.000 miligramos de vitamina C, además de 100 a 1.000 miligramos de bioflavonoides en dosis diarias divididas. La inflamación y/o los medicamentos antiinflamatorios agotan los suministros de vitamina C del organismo, la cual es necesaria para la formación de cartílago y para evitar la descomposición capilar que hace posible la inflamación y el dolor de las articulaciones.[294] Los bioflavonoides estimulan la absorción de la vitamina C y fortalecen los capilares.

Calcio y magnesio Estos minerales tienen propiedades para aliviar el dolor y ayudan a prevenir el desarrollo de la osteoporosis causada por la merma del calcio en el esqueleto, debido al agrandamiento de las articulaciones artríticas.[17, 98] Se sugiere tomar, en dosis diarias divididas, de 500 miligramos de cada uno, hasta 1.500 miligramos de calcio más 750 miligramos de magnesio, o 2.000 miligramos de magnesio y 1.000 miligramos de calcio. Se debe consultar al médico para que determine la dosis apropiada para cada persona.

Vitamina E De 100 a 1.000 unidades internacionales *IU*, más 150 a 250 microgramos de selenio, actuarán como eliminadores de los radicales libres que contribuyen a la artritis. También se cree que la vitamina E ayuda a estimular la producción de cortisona, que tiene propiedades antiinflamatorias y que reduce el dolor, sobre todo cuando se acompaña de aplicaciones superficiales de aceite de vitamina E.

Suplementos menos tradicionales también han dado resultados para aliviar la artritis. En algunos casos, tomar tres tabletas de yuca con cada comida, o dos cápsulas de aceite de prímula nocturna (*primrose*) dos veces al día ha sido beneficioso. Nora J. tiene confianza absoluta en la levadura de cerveza (*brewer's yeast*). Su médico le explicó que no tenía por qué preocuparse por el dolor de sus nudillos, que eso era un proceso natural de la artritis degenerativa en las articulaciones gastadas por el uso; así que ella aceptó como algo inevitable las punzadas de dolor que a veces se extendían hasta las muñecas, los codos y los hombros. Luego, siguiendo el consejo de una amiga, Nora comenzó a beber todas las mañanas un vaso de leche con dos cucharadas de levadura de cerveza. A las dos semanas, el dolor y la rigidez de sus articulaciones eran mucho menos notables. Poco a poco, este experimento convenció a Nora de que la levadura de cerveza la ayudaba a aliviar sus malestares artríticos.

Dismutasa superóxida (*superoxide dismutase* o *SOD*, por las siglas en inglés) De 200 a 800 miligramos al día. Ahora están disponibles —en lugar de inyecciones— tabletas y pastillas sublinguales de esta enzima, que ayuda a desactivar los radicales de peróxido y alivia la rigidez, el dolor y la inflamación de las articulaciones, pero en la actualidad se está cuestionando la efectividad de los suplementos por vía oral.[17, 98]

Sales de tejidos Para problemas crónicos; tres tabletas de *Silícea 3X* dos veces al día. Si se siente peor en climas húmedos, añada tres tabletas de *Nat. Sulph. 3X* durante los días de lluvia. Para restaurar la flexibilidad: una tableta *Calc. Fluor. 3X* por la mañana y por la noche, más una tableta de *Silícea 6X* tres veces al día. Si no se mejora en unas semanas, se puede tomar una tableta de *Nat. Phos. 6X* con cada dosis de *Silícea*.

Ejercicios

La inactividad debilita los músculos en los que se apoyan las articulaciones y aumenta la rigidez y el dolor artrítico. Si se realizan habitualmente, los ejercicios ayudan a mantener, o al menos a restaurar parcialmente, el movimiento de las articulaciones. En una encuesta reciente, el 95 por ciento de 836 artríticos que hacían ejercicios indicó tener mayor flexibilidad en las articulaciones con problemas y un notable alivio del dolor.[272]

Los estiramientos cuidadosos tonifican los músculos, sirven de precalentamiento para otros ejercicios y pueden ser realizados en la cama o en una bañera llena de agua tibia cuando hay dolor de las articulaciones. Los ejercicios de resistencia (con pesos para la muñeca, el tobillo u otros pesos) fortalecen los músculos para compensar el daño sufrido por las articulaciones. Los ejercicios isométricos, que no requieren movimiento de las articulaciones, son una alternativa durante las etapas de dolor. Los ejercicios aeróbicos, como caminar, mejoran la buena condición general del cuerpo; no se recomiendan actividades que ponen presión sobre las articulaciones, tales como trotar. La natación es excelente, pues el agua sostiene el peso del cuerpo de forma que se reduce el dolor y permite ejercicios con una amplia gama de movimientos. Se debe obtener la aprobación del médico antes de comenzar cualquier programa de ejercicios, y las personas que tienen serios problemas de artritis deben seguir las instrucciones de un terapeuta físico que les diseñe ejercicios individualizados.

Existen tres guías básicas para hacer ejercicios seguros y eficaces, ya sea apretando una pelota de espuma de goma, levantando pesas o nadando en la piscina.

○ Comience cualquier programa lentamente y aumente las repeticiones de manera gradual.

○ Deténgase cuando sienta dolor y descanse entre los períodos de actividad, pero ejercítese todos los días.

○ Haga calentamiento antes de comenzar y al terminar con movimientos suaves.

Terapia caliente y fría

Una ducha tibia ayuda a aliviar la rigidez matinal y relaja los músculos antes y después de los ejercicios. Un cómodo baño caliente es uno de los métodos más antiguos para reducir el dolor. Practicar una técnica de relajación (vea la Introducción), mientras se está dentro del agua, alivia el estrés, el cual no sólo provoca los ataques de artritis, sino que también puede empeorar el dolor al mantener tensos los músculos. Para aumentar los beneficios terapéuticos del agua, eche una taza de sal de Epsom o de sal de mar en la bañera, sumérjase en ella durante media hora y luego enjuáguese con una ducha tibia. Para el dolor de manos o pies: disuelva una libra (450 g) de sal de Epsom en una caldera grande de agua caliente, remójese en ella durante cinco minutos, frótese suavemente las manos o los pies y luego remójese en ella nuevamente durante 10 minutos. Después de enjuagarse con agua tibia, dese un masaje con aceite de maní en las áreas afectadas. Louisa L., una experta en eficiencia laboral jubilada, tiene una solución práctica para la rigidez de sus dedos por las mañanas. Deja para ese momento el fregado de los platos del día anterior, lavándolos en agua caliente y jabonosa antes del desayuno.

La cera caliente se ha usado durante generaciones para aliviar el dolor de las manos artríticas. Un remedio casero: una vez al día, introduzca las manos en parafina derretida (nunca la caliente a más de 125° F. —52° C) y deje durante media hora la capa de esa sustancia sobre sus manos, para luego quitársela y echarla de nuevo al recipiente para que vuelva a derretirse. Si desea, se puede añadir $\frac{1}{2}$ taza de aceite mineral a cada dos tazas de parafina.

El frío es útil para el alivio del dolor agudo. Puede aplicarse un paquete de hielo, envuelto en tela, durante 15 a 20 minutos; se quita durante 10 a 15 minutos, y este proceso de quitar y poner el hielo se repite cuantas veces sea necesario. El alternar el calor con el frío a veces eleva al máximo los beneficios de ambos. Entre aplicaciones de frío, se puede aplicar a la articulación dolorida una bolsa de agua caliente, una almohadilla de calor o una toalla mojada en agua caliente y exprimida.

Remedios populares

Se dice que Oliver Wendell Holmes llevaba una castaña dentro de un bolsillo de su abrigo y una papa en el otro para protegerse del reumatismo, el término que usan la mayoría de los remedios populares para referirse a la artritis.

Vinagre de sidra de manzana (*apple cider vinegar*) Cuatro veces al día, beba un vaso de agua que contenga una cucharadita o una cucharada de este vinagre.

Melaza (*blackstrap molasses*) Una vez al día, beba una mezcla de una cucharada de melaza con ½ taza de jugo de manzana o de uva.

Ajo Coma ajo crudo machacado y frótese las áreas afectadas con ajo o aceite de ajo.

Tés de hierbas Beba dos tazas (o tome dos cápsulas) diarias de alfalfa, angélica (*dong quai*), cimifuga negra (*black cohosh*), arraclán (*buckthorn*), semilla de apio, consuelda (*comfrey*), matricaria (*feverfew*), ortiga (*nettle*), perejil, menta piperita (*peppermint*), romero (*rosemary*), zarzaparrilla, escutelaria (*skullcap*), olmo norteamericano (*slippery elm*), gayuba (*uva ursi*), valeriana, semilla de sandía o sauce (*white willow*). El tomar dos cápsulas de pimienta de Cayena (*Cayenne pepper*) tres veces al día con leche o jugo de manzana ha disminuido el dolor de la artritis reumatoide en algunas personas.[150]

Ungüentos Licúe ½ taza de rábano picante (*horseradish*) preparado en una mezcladora eléctrica, luego mezcle allí una cantidad igual de parafina derretida; o combine ⅓ taza de mostaza seca y un ⅓ taza de parafina derretida.

Emplastos y compresas Aplique compresas de aceite de castor tibio, humedecidas con una infusión de hojas de consuelda (*comfrey*), o papa cruda rallada; o eche ¼ taza de pimienta de Cayena (*Cayenne pepper*) y cuatro cucharaditas de semillas de mostaza ligeramente machacadas en una pinta (½ litro) de whisky; cocine a fuego lento durante unos minutos y luego aplique compresas de tela saturada en el líquido.

Presión sobre los nervios y masajes

Para los brazos artríticos: presione y masajee la punta de cada hombro donde termina el hueso, la punta de cada codo y el interior de cada muñeca. Para las piernas artríticas: masajee en círculo alrededor de la parte externa de cada rodilla, luego presione y masajee la cavidad de la parte de atrás y apenas debajo de cada hueso del tobillo.

Fuentes (vea la Bibliografía)

2, 5, 6, 9, 13, 14, 17, 27, 30, 38, 42, 49, 57, 61, 62, 64, 72, 82, 86, 87, 89, 92, 95, 98, 105, 111, 112, 115, 116, 119, 135, 144, 150, 159, 162, 171, 174, 177, 182, 186, 190, 193, 200, 202, 204, 205, 207, 218, 221, 224, 225, 233, 257, 264, 266, 267, 272, 275, 281, 283, 284, 293, 294, 300, 304, 305, 306, 311, 317

Asma y Enfisema

La herencia genética puede ser la causante de la supersensibilidad de los conductos respiratorios de los asmáticos y de cuán fácilmente se debilitan las bolsas de aire (alveolos) de las personas que padecen de enfisema. Las dos enfermedades a veces coexisten en los adultos y, juntas, son clasificadas como "enfermedad de obstrucción pulmonar crónica" o *COPD* (por las siglas en inglés de *chronic obstructive pulmonary disease*). El asma bronquial puede aparecer en cualquier momento, pero con frecuencia se presenta por primera vez en la infancia y, en un tercio de los casos, se supera antes de llegar a los 21 años. Los ataques de asma pueden ser provocados por caspa de los animales, trastornos de las glándulas adrenales, aire frío o seco, contaminantes del medio ambiente, alimentos y otros alergenos, bajo nivel de azúcar en la sangre, estrés físico o emocional e infecciones respiratorias. El enfisema raras veces se manifiesta antes de los 45 años, cuando los cilios (filtros bronquiales semejantes a vellos) se recargan y permiten que las sustancias irritantes lleguen a los alveolos y reduzcan su elasticidad, de manera que esas bolsitas ya no pueden expandirse con las inhalaciones y contraerse con las exhalaciones para expulsar el monóxido de carbono. El fumar cigarrillos, la exposición a la contaminación del aire, varios tipos de polvos, el asma y la bronquitis son factores que contribuyen al comienzo del enfisema y a la falta de aire cuando se hacen ejercicios.

La enfermedad de obstrucción pulmonar crónica no es una consecuencia de la civilización moderna. La efedrina y varios otros broncodilatadores fueron desarrollados a partir de remedios usados en India y China desde hace 2.000 años. Varios trastornos respiratorios requieren de evaluación y tratamiento médico. Pero además de dejar de fumar, hay muchas maneras de aumentar el cuidado profesional, reducir las repeticiones periódicas y su severidad, y demorar o detener el progreso del enfisema. Las

reacciones causadas por el estrés pueden modificarse a través de los métodos de relajación descritos en la Introducción. Los filtros domésticos de
aire, junto con una gran cantidad de plantas, ayudan a purificar el aire del
hogar. Los humidificadores ayudan a lubricar los conductos respiratorios
y licúan el moco para hacer más fácil la expulsión bronquial; un remedio
popular ruso consiste en aspirar el vapor del agua donde se hierven papas.
Algunos asmáticos han recurrido a pasar ocho horas encerrados en una
tienda de campaña con un vaporizador para poder dormir bien.

Dieta

Los médicos ortomoleculares aconsejan una dieta parecida a la que se
usa para los casos de bajo nivel de azúcar (vea "Hipoglucemia") —alta en
carbohidratos complejos y proteínas, pero desprovista de azúcar.[98] Aún
cuando existan alergias, los niveles de azúcar en la sangre pueden ser el
factor decisivo para un ataque de asma. Las comidas frecuentes y reducidas, que son parte de una dieta para el bajo nivel de azúcar en la sangre,
también evitan las dificultades respiratorias que se producen cuando un
estómago lleno ejerce presión contra el diafragma.

Los alimentos específicos que se recomiendan a quienes tienen enfermedades respiratorias son manzanas, albaricoques (damascos, *apricots*),
col (repollo, *cabbage*), zanahorias, apio, cerezas, frutas cítricas, ajo, judías
verdes (chaucha, ejote, vainita, *green beans*), cebollas, melocotón (durazno,
peach), pimiento (ají), nabo (*turnips*) y hojas tiernas de nabo (*turnip greens*).
Se sabe que comer pescado dos veces por semana y tomar dos cápsulas de
aceite de pescado antes de las comidas mitiga la fuerte "segunda respuesta" que a menudo ocurre varias horas después de haberse expuesto a
un alergeno y luego del ataque asmático inicial.[47] El rábano picante (*horseradish*), untado en *sandwiches* o mezclado con miel o jugo de limón, y tomado a cucharadas, ayuda a disolver el moco acumulado. Conservantes
como los sulfitos que se usan en los vegetales que se sirven en restaurantes
y en la cerveza, el vino, los pepinos encurtidos *pickles*, las papitas fritas
(*chips*) y muchos alimentos congelados son estimulantes de reacciones que
deben ser evitadas si es posible. Inclusive oler los alimentos a los que una
persona es alérgica puede provocar un ataque de asma.[293]

Aunque las bebidas demasiado calientes o demasiado frías pueden
iniciar espasmos bronquiales en casos muy raros, beber grandes cantidades de líquido ayuda a controlar el moco y humedece los conductos respiratorios. Los expertos en hierbas sugieren tomar antes del desayuno una

taza de té tibio hecho con semillas de anís, manzanilla (*chamomile*), pimienta de Cayena (*Cayenne pepper*), consuelda (*comfrey*), equinácea, fenogreco (*fenugreek*), jengibre (*ginger*), ginseng, cola de caballo (*horsetail*), bayas del enebro (*juniper berries*), orozuz (*licorice*), lobelia, mejorana (*marjoram*), gordolobo (verbasco, *mullein*), romero (*rosemary*), olmo norteamericano (*slippery elm*) o tomillo (*thyme*). También el jugo o una sopa clara de manzana puede ser igualmente eficaz para protegerse de los problemas respiratorios.

Consejo de primeros auxilios Para ayudar a prevenir la constricción de las vías respiratorias cuando, al inicio del ataque, no esté disponible el medicamento recetado: el beber una taza de té común o de café negro, fuertes y calientes; la teobromina, una sustancia química natural que se encuentra en las plantas de té y de café, tiene efectos broncodilatadores parecidos a los de la teofilina, uno de los medicamentos más usados. O coloque en la boca varias gotas de extracto de lobelia (disponible en las farmacias). O tome 750 miligramos de magnesio.[17, 112, 256]

Suplementos (vea la nota en la página xii)

Todos los antioxidantes (vea la Introducción) se recomiendan para ayudar a controlar los radicales libres que son causantes en parte de los problemas respiratorios. Las combinaciones de suplementos son eficaces en circunstancias individuales. Los primeros recuerdos de Kevin J. tienen que ver con su lucha para poder respirar, y sus momentos más vergonzosos eran aquellos en que tenía que quedarse a un lado de la cancha, con el rostro gris y luchando por tomar aliento, mientras sus compañeros de equipo continuaban jugando. Kevin aceptó sus limitaciones físicas y, cuando tenía alrededor de 45 años, tuvo la suerte de tener un horario de trabajo como maestro que iba de acuerdo con las temporadas de sus ataques. Cuando otra persona, aquejada por los mismos problemas, le detalló con entusiasmo los beneficios de los suplementos vitamínicos, Kevin se sintió escéptico, pero estuvo dispuesto a probarlos. Comenzó a tomar pastillas de multivitaminas y minerales de potencia más alta, añadió una tableta de vitaminas del complejo B y 400 unidades internacionales *IU* de vitamina E, y tomó 500 miligramos de vitamina C con bioflavonoides cuatro veces al día. Al final del siguiente curso escolar, Kevin comenzó a preguntarse si alguna vez había tenido asma, pues ya no había sufrido más ataques.

Vitamina A En forma de beta-caroteno, de 10.000 a 35.000 unidades internacionales *IU* diarias para mantener sanos los tejidos del conducto respiratorio y disminuir los síntomas del asma y el enfisema.

Complejo B Una tableta con todas las vitaminas B todos los días, además de vitaminas B específicas, según se indique. Los asmáticos a menudo se benefician con entre 50 y 300 miligramos de vitamina B-6 al día.[190] Tomar 100 miligramos de ácido pantoténico, 30 microgramos de vitamina B-12, y 50 miligramos de vitamina B-15 ha aliviado los síntomas en numerosos casos.[98]

Vitamina C y bioflavonoides De 500 a 5.000 miligramos de vitamina C y de 200 a 1.000 miligramos de bioflavonoides, en dosis diarias divididas, para fortalecer las frágiles bolsas de aire y ayudar a prevenir las reacciones alérgicas.

Vitamina D Al menos 400 unidades internacionales *IU* diarias para asegurar la absorción de la vitamina A y el calcio.

Vitamina E 32 unidades internacionales *IU* diarias para los niños; de 100 a 1.000 *IU* diarias para los adultos. La vitamina E es un importante ingrediente del fluido que protege las diminutas bolsas de aire de los pulmones; una insuficiencia allí podría permitir que los alveolos desarrollaran cicatrices, perdieran su elasticidad y que, al cabo del tiempo, murieran.[204]

Calcio y magnesio De 1.000 a 1.500 miligramos de calcio, más entre 500 y 750 miligramos de magnesio al día. El calcio facilita la respiración al relajar los músculos que rodean los conductos bronquiales. A menudo, tomar una o dos tabletas de calcio cada hora, durante los ataques de asma, reduce su severidad. Casi siempre hay una deficiencia de magnesio, que es esencial para la asimilación del calcio, en los pacientes con enfermedad de obstrucción pulmonar crónica.[17]

Manganeso Algunos médicos europeos han obtenido buenos resultados con pacientes de asma a los que se les ha administrado 5 miligramos dos veces a la semana, durante 10 semanas.[57]

Sales de tejidos Una tableta de *Kali. Mur. 6X* y/o una tableta de *Kali. Phos. 6X* disueltas debajo de la lengua cada 20 minutos durante un ataque; luego, una vez cada tres horas durante el resto del día.

Remedios populares

En la década de 1880, comer un ajo crudo machacado o tomarse una cucharada de ajo cocido con vinagre y azúcar antes del desayuno todas las mañanas, era una cura para el asma. Aquí hay otras sugerencias de curanderos populares.

Plan de mantenimiento preventivo diario Esparza miel sobre tajadas finas de cebolla colocadas sobre un plato, déjelas cubiertas toda la noche y luego tómese una cucharadita del líquido cuatro veces al día. O tome cinco gotas de aceite de anís mezclado con una cucharadita de miel antes de cada comida. O tome una cucharada de semillas de mostaza ligeramente machacadas y mezcladas con melaza (*blackstrap molasses*) o agua, todas las mañanas y las noches. O tome dos cucharaditas de gránulos de polen de abeja (o su equivalente en tabletas) todos los días.

Para el jadeo asmático y la falta de aire Vierta agua hirviendo sobre tajadas de manzana, déjelas enfriar, cuélelas y tómese, sorbo a sorbo, una taza durante 30 minutos (en vez del líquido de manzana, puede usar 1 cucharada de vinagre de sidra de manzana —*apple cider vinegar*— o dos cucharadas de arándanos agrios —*cranberries*— cocidos y aplastados, disueltos en un vaso de agua). O combine una cucharada de miel, una de jugo de limón y una de whisky, y tome esto durante los ataques. Si no le han recetado *ACTH* ni cortisona, tome $\frac{1}{2}$ cucharadita de sal y $\frac{1}{2}$ de bicarbonato de soda disueltos en un poco de agua, luego bébase un vaso de jugo de naranja o leche. Aplíquese un emplasto de miel y polen de abeja alrededor de la garganta, o una compresa de tela saturada en aceite de castor, alrededor de los pulmones y los riñones, cubra el área para mantenerla tibia y déjelo allí durante dos o tres horas.

Ejercicios

Aunque le parezca extraño a alguien que está luchando por respirar, el ejercicio es esencial para todos los que tienen problemas respiratorios.

Ejercicios respiratorios La respiración superficial, que introduce y extrae aire en la zona superior de los pulmones, deja el monóxido de carbono y el moco atrapados en los tubos bronquiales. La respiración profunda, que expande el estómago al inhalar y lo recoge al exhalar, expela todo el aire y fortalece los músculos para crear resistencia a ataques futuros. Exhale aire en el doble de tiempo del que le ha demorado inhalarlo y luego simule que sopla una vela, tres veces seguidas; esto desaloja el aire estancado; lo mismo sucede cuando se infla un globo.

Ejercicios pasivos La fuerza de la gravedad puede ayudar a que salga el moco atrapado si se envuelve la parte superior del cuerpo y se tira, boca abajo, sobre la cama, transversalmente, con la cabeza descansando sobre las manos, que están sobre el piso.

Postura Una postura encorvada comprime el diafragma y reduce la cantidad de aire disponible. No se aconseja tener la rigidez de un cadete militar, pero la postura erecta mejora la capacidad respiratoria. Pararse contra una pared, con los hombros, las caderas y los talones bien separados, y mantener esa posición mientras se aleja de la pared caminando, establece una postura correcta. La imaginación puede ayudar a mantener los hombros relajados, la cabeza erecta, la espalda recta y el andar ágil. Si no le gusta simular que es un títere que cuelga de una cuerda o caminar con un globo con una pesa sobre la cabeza, entonces la revista *Men's Health* (octubre de 1991) sugiere que se imagine que una enorme ave le tiene agarrado por los cabellos y está revoloteando en el aire para soportar su peso.

Ejercicios aeróbicos Caminar, el ejercicio ideal para las personas con enfermedad de obstrucción pulmonar crónica, fortalece los músculos y hace que éstos necesiten menos oxígeno, y condiciona los conductos bronquiales para que reaccionen menos. En el aire frío, respirar por la nariz o usar una máscara de gasa ayuda a entibiar el aire antes de que llegue a los pulmones. Si el aire exterior está excesivamente frío, los centros de compra, las bicicletas estacionarias en la casa, las máquinas de esquiar y las esteras eléctricas (*treadmills*) son alternativas seguras para el ejercicio.

Presión sobre los nervios y masajes

Para aliviar la falta de aire:

○ Use un utensilio para aplastar la lengua o el mango de una cuchara, presione hacia abajo sobre la parte inferior de la boca, en la base de la lengua, luego sobre la superficie de la lengua, tan atrás como le sea posible sin causar espasmos. Vea la Introducción para cuándo es mejor hacerlo.

○ Use el dedo índice para presionar y masajear hacia adentro y hacia abajo en la concavidad externa de la garganta, entre las clavículas.

○ Apoye la espalda contra el marco de una puerta y presione para masajear el área que va desde justo debajo de los hombros hasta la base del costillar, a tres pulgadas a cada lado de la columna vertebral.

○ Masajee el dorso y el revés de las manos y los pies, a alrededor de una pulgada debajo del segundo y el tercer dedo de cada uno.

Fuentes (vea la Bibliografía)

1, 2, 3, 5, 6, 14, 17, 26, 29, 42, 47, 50, 57, 58, 59, 60, 63, 75, 87, 89, 98, 112, 123, 144, 164, 168, 171, 173, 176, 177, 190, 202, 203, 204, 205, 239, 244, 255, 256, 257, 281, 283, 293, 302, 304, 305, 316, 321

Boca y Lengua – problemas

Los malestares en la boca pueden ser una señal temprana de advertencia de deficiencias nutritivas (vea la nota en la página xii) o pueden ser causados por una variedad de factores tales como la alergia, la gingivitis o la piorrea (vea "Enfermedad periodontal"), deficiente higiene bucal o dentaduras postizas que no están bien ajustadas. Entre los enjuagues suaves para la boca están el jugo de áloe y el té de hierbas de raíz de angélica, semillas de anís, manzanilla (*chamomile*), nébeda (*catnip*), clavos de olor (*cloves*), consuelda (*comfrey*), toronjil (melisa, *lemon balm*), malvavisco (*marshmallow*) o corteza de roble blanco (*white oak*). Para inhibir la bacteria, se puede agitar en la boca durante 30 segundos, un día sí y un día no, una mezcla de mitad y mitad de agua oxigenada (*hydrogen peroxide*) y agua.[293]

Sensaciones de ardor El problema puede corregirse al tomar una tableta de vitaminas del complejo B, más 50 a 100 miligramos diarios de vitamina B-6. Es útil tomar vitamina B-2 adicional en algunos casos. Las encías que arden o pican (lo que a menudo se relaciona con las dentaduras postizas) pueden responder a la ingestión de más cantidades de frutas, vegetales y proteína en la dieta, además de 2.000 miligramos de vitamina C tomados en dosis divididas cada día. Si la boca le arde mucho por haber comido pimiento picante, bébase lentamente un vaso de leche, mantenga cada buche en la boca durante varios segundos. Según el *Berkeley Wellness Letter* (abril de 1992), la caseína de la leche neutraliza la capsaicina, el componente del pimiento que causa el picor. Los curanderos populares sugieren comer una tajada de queso frío, masticar un bocado de pan blanco o enjuagarse la boca con una mezcla de ½ taza de agua fría y una cucharadita de jugo de limón.

Lengua blancuzca Si no se debe a excesos o a deshidratación, la lengua con una capa blancuzca o "sucia" puede ser consecuencia de la destrucción de beneficiosas bacterias intestinales a causa de un tratamiento con antibióticos. El problema por lo general se termina cuando se acompaña cada comida con un suplemento de vitaminas del complejo B y yogur del tipo *Lactobacillus acidophilus* (o cápsulas de *acidophilus*). Una lengua vellosa —con una especie de "pelo" color amarillo, marrón o negro que crece en la lengua— puede deberse a causas parecidas o a una mala higiene bucal. Entre las medidas preventivas se encuentran: tomar *acidophilus* junto con antibióticos y cepillarse la lengua cada vez que se cepille los dientes. Otros remedios son rasparse la lengua una vez al día con un raspador de lengua o una cucharilla para quitar las bacterias y el alimento fermentado que queda atrapado entre sus grietas, enjuagarse la boca con agua oxigenada (*hydrogen peroxide*) y evitar sustancias irritantes como el alcohol y el tabaco.

Grietas en las esquinas de la boca También se le llama boquera y queilosis angular y ocurre generalmente a causa de una deficiencia de vitamina B-2. Debido a que la falta de hierro y de otras vitaminas B está implicada en un alto porcentaje de los casos, se recomienda tomar diariamente multivitaminas y minerales junto con una tableta de 50 miligramos de vitaminas del complejo B en cada comida.[190]

Sequedad en la boca Este problema puede ser un efecto secundario de medicamentos tales como antidepresivos, antihistamínicos, medicinas para la presión, diuréticos o tranquilizantes. Muchos diabéticos e hipoglucémicos padecen de sequedad en la boca debido a un desequilibrio del azúcar en la sangre. Puede resultar beneficioso el beber líquidos a intervalos frecuentes (el jugo de manzana o el té tibio estimulan la producción de saliva) y tomar 25.000 *IU* de betacaroteno más una tableta de vitaminas del complejo B todos los días. Se puede obtener alivio inmediato con la goma de mascar sin azúcar, al hacer gárgaras con miel y agua, o mascar suavemente la lengua y pasarla sobre los dientes durante 20 segundos. La sequedad crónica de la boca (xerostomía) debe ser evaluada por el médico para desechar la posibilidad de infecciones o del mal de Sjögren (un trastorno autoinmune que acarrea sequedad bucal y ocular, y dolor en las articulaciones).

Inflamación de la boca También se conoce como estomatitis; este trastorno incluye aftas o llagas en los labios (vea "Aftas") y el mal de Vincent —llamado a veces "boca de trinchera" debido a lo común que fue durante la Primera Guerra Mundial— y se produce a veces durante las épocas de estrés. Los factores de predisposición incluyen la falta de aseo bucal y la irritación que causan el alcohol y el tabaco. La inflamación desaparece a menudo cuando se toman a diario 25.000 unidades internacionales *IU* de beta-caroteno, una tableta de vitaminas del complejo B de alta potencia y al menos 1.000 miligramos de vitamina C. Se aconseja incluir en la dieta jugo de naranja o tomate y levadura de cerveza (*brewer's yeast*). También puede traer beneficios practicar técnicas de relajación (vea la Introducción) y enjuagarse la boca cada media hora con una solución de una cucharadita de bicarbonato de soda o $\frac{1}{2}$ cucharadita de sal en un vaso de agua, una mezcla de dos a uno de agua oxigenada (*hydrogen peroxide*) y agua, o un té de hojas de fresa (con o sin una pizca de alumbre). Si los remedios caseros no resultan eficaces, el mal de Vincent debe tratarse profesionalmente para evitar su extensión a los márgenes de las encías y el interior de las mejillas.

Pérdida del sentido del gusto Esto puede deberse a la edad, a alergias, infecciones, ciertos medicamentos, pólipos nasales, daño en los nervios o deficiencias de vitaminas B y zinc. Las papilas gustativas de la lengua detectan las cuatro sensaciones básicas: amargo, salado, agrio y dulce; los olores de los alimentos que pasan a través de la parte posterior de la garganta identifican los matices de sabores. Para normalizar la precisión de la sensibilidad gustativa se puede tomar una tableta de vitaminas del complejo B y 50 miligramos de zinc todos los días durante unas semanas, y luego reducir la dosis de zinc a 15 miligramos para el mantenimiento habitual.

Dolor en la boca y las encías Estos problemas pueden deberse a reacciones alérgicas a marcas específicas de pasta dentífrica o enjuague bucal. Cepillarse los dientes con demasiado vigor o usar el palillo de dientes puede causar sensación de dolor al roce en las encías y rastros ligeros de sangre en las encías, lo cual no estaría relacionado con la gingivitis. Las placas (un conglomerado de bacterias y residuos de alimentos) pueden acumularse en las encías y causar malestar en quienes usan dentaduras postizas, si las encías no se cepillan suavemente y no se enjuaga la boca todos los días cuando se quitan las dentaduras. Se puede prevenir el encogimiento de las mandíbulas y la incomodidad de las dentaduras si se añaden a la dieta 1.000 miligramos de calcio y 500 miligramos de magnesio todos los días (algunos investigadores aconsejan estas proporciones). Para acelerar la curación y aliviar el dolor causado por semillas o partículas de alimento atrapadas debajo de la dentadura, úntese vitamina E (tomada de una cápsula abierta) en las encías y en el interior de la dentadura. Una cura alternativa funcionó para Grant W. luego de que el cacahuete (maní) que masticaba le produjera un área dolorosa debajo de su dentadura inferior. Tomaba 25.000 unidades internacionales *IU* de beta-caroteno, dejaba que se le disolviera en la boca una vitamina C masticable, luego tomaba una pastilla de zinc, y seguía alternando la vitamina C con el zinc hasta haberse tomado media docena de cada uno. A la mañana siguiente, Grant podía ponerse su dentadura sin sentir molestia.

La medicina popular confía en las hierbas para aliviar el dolor en la boca y acelerar la curación. En algunos casos, se pueden frotar las encías con gel de áloe vera, tintura de mirra (*myrrh*) y una gota de aceite de clavos de olor (*cloves*) o de la planta del té; o con nébeda (*catnip*) en polvo, botón de oro (hidraste, *goldenseal*) o mirra. Para aplicar hierbas en polvo a las llagas en los tejidos bucales, el médico antropólogo John Heinerman[150] sugiere espolvorear la hierba sobre un pedacito de pan al que se le ha untado mantequilla de cacahuete (maní, *peanut butter*). Se puede hacer un enjuague bucal con $\frac{1}{2}$ taza de agua más $\frac{1}{4}$ cucharadita de bicarbonato de soda y $\frac{1}{4}$ de botón de oro; con $\frac{1}{2}$ taza de agua mezclada con $\frac{1}{4}$ cucharadita de tintura de mirra; o hacer un té de doble concentración con chaparro (*chaparral*), botón de oro, mirra, salvia (*sage*) o tomillo (*thyme*). Para aumentar los beneficios de combatir los gérmenes que tienen las infusiones, remoje las hierbas secas en vodka, con graduación de 80, durante una semana, cuélelo y luego dilúyalo con una cantidad igual de agua destilada.

Dolor y/o inflamación en la lengua También se llama glositis y puede ser causada por reacciones alérgicas, dentaduras postizas mal ajustadas, fumar en exceso o ingerir demasiado alcohol o alimentos picantes, pero por lo general indica una deficiencia de vitaminas B. La lengua roja y con dolor puede ser una señal de insuficiencia de vitamina B-12 o de niacina; la lengua lisa y brillante, insuficiencia de vitamina B-12 o ácido fólico; y la lengua agrandada y con dolor podría ser el resultado de falta de las vitaminas B-1, B-2, B-6 o de ácido pantoténico. Si el problema no se resuelve tomando una tableta de vitaminas del complejo B de 50 miligramos tres veces al día, se debe consultar al médico. Un dolor persistente en la lengua puede ser una indicación de trastornos en otras partes del cuerpo.

Consejo de primeros auxilios Si se produce mucho sangrado debido a una herida autoinfligida, apriete contra la lengua una bolsita húmeda de té, para que el tanino que contiene pueda estimular la coagulación de la sangre.[29]

Placas blancas en la lengua o en el tejido bucal También se llama leucoplasia o *thrush*; estos parches por lo general se producen después de un tratamiento de radiación o de una terapia larga con antibiótico, pero pueden ocurrir por fumar en pipa o por el roce de una pieza dental áspera, o, en los ancianos, debido a un engrosamiento de los tejidos. Las placas indoloras a menudo desaparecen cuando se toman, en cada comida, una tableta de vitaminas del complejo B y cápsulas de *acidophilus*. Los remedios populares para la leucoplasia (una infección con hongos) incluyen enjuagarse la boca con jugo de áloe o con una mezcla de dos cucharadas de vinagre de sidra de manzana (*apple cider vinegar*) y dos de agua, más una pizca de pimienta de Cayena (*Cayenne pepper*); o con té hecho de botón de oro (hidraste, *goldenseal*), mirra (*myrrh*), frambuesa roja (*red raspberry*) o corteza de roble blanco (*white oak*). Otras opciones son enjuagarse la boca con aceite de ajo diluido o secarse las áreas blancas con una tela mojada en una solución de bórax mezclado con glicerina (*glycerin*), miel o agua.

Fuentes (vea la Bibliografía)

29, 41, 42, 53, 75, 77, 87, 98, 111, 113, 129, 150, 151, 173, 176, 177, 190, 202, 206, 234, 254, 255, 256, 281, 286, 293, 312, 313

Bronquitis

La bronquitis aguda, que es por lo general una infección viral acompañada, o resultado, de un resfrío o de la gripe, es una inflamación temporaria de la parte superior de los conductos respiratorios. Podría esperarse que la tos incesante durara hasta un mes, pero si se presenta fiebre, aunque sea baja, durante más de cinco días, debe consultarse al médico para investigar la posibilidad de que haya una infección bacteriana, o para eliminarla con antibióticos. La bronquitis crónica se desarrolla poco a poco a partir de la irritación causada por ataques repetidos de bronquitis aguda y/o el fumar, y dura más cada vez que se presenta. Al cabo del tiempo, los conductos respiratorios se estrechan y se obstruyen parcialmente con un exceso de mucosidad que debe ser expulsado con la tos. Si la bronquitis crónica no se atiende, puede convertirse en enfisema.

Durante un ataque de bronquitis, quedarse adentro y usar un humidificador o vaporizador puede aliviar la congestión, sobre todo si se añade vinagre de sidra de manzana (*apple cider vinegar*) u hojas de eucalipto al vaporizador. Deben evitarse los cigarrillos, ya que el humo del tabaco puede paralizar los filtros pelosos (cilios) de los conductos bronquiales hasta hacerlos incapaces de ayudar a empujar la mucosidad a lo largo de su ruta normal de expulsión. En lugar de supresores de la tos, se deben usar expectorantes. Acostarse boca abajo, con la cabeza más baja que el pecho durante unos minutos, ayuda al drenaje y facilita la expulsión del esputo.

Tal vez sea necesario adoptar posiciones extrañas al dormir. George C. había tosido hasta quedar exhausto, pero no podía relajarse para dormir. Cuando se acostaba, se le hacía la respiración más difícil. Tampoco ayudaba que se sentara en la cama apoyado en almohadas, ni que se reclinara en la butaca reclinable. Llenaba la bañera de agua caliente e inhalaba el vapor, mientras se imaginaba que estaba respirando profundamente en el claro umbroso de un bosque, pero la incomodidad seguía impidiéndole dormir. Desesperado, se sentó en el piso a mirar la televisión, de frente a la butaca reclinable, y se inclinó hacia adelante, poniendo la cabeza sobre una almohada que colocó encima del apoyo donde se colocan los pies en la butaca reclinable. Al despertarse varias horas después debido al sonido de señal de cierre de transmisión del televisor, George se dio cuenta de que había descubierto una solución para poder dormir un poco durante los ataques de bronquitis.

Dieta

Desde los tiempos antiguos, se han usado los alimentos picantes para tratar los problemas pulmonares: la capsaicina, que proviene del pimiento (ají) rojo picante, tiene una composición química semejante a la de un ingrediente que está en la mayoría de los medicamentos modernos para la tos y el resfrío. El ingrediente que hace que la lengua pique y que salgan lágrimas al comer pimiento picante, *curry*, rábano picante (*horseradish*) y mostaza, también estimula a las glándulas bronquiales a liberar un flujo de "lágrimas internas" que hacen menos espesa la mucosidad, alivia la constricción bronquial y expulsa las sustancias que irritan. Las cebollas provocan la misma clase de secreciones acuosas, lo cual puede ser la base del remedio popular de comer varias tajadas de cebolla con tomate y ajo machacado todos los días. El ajo es un antioxidante, un regulador de la mucosidad y un descongestionante cuando se combina con vitamina C. Los médicos polacos han usado el extracto de ajo para curar a los niños aquejados de bronquitis crónica, y la sopa de pollo con ajo (15 dientes de ajo por cada litro o cuarto de galón de caldo) a la que se ha echado pimienta negra y/o polvo de *curry* ha sido un remedio para la bronquitis desde que fuera recomendado por los médicos ingleses en la década de 1880.[56] La dieta que se recomienda es comer todos los días una comida picante, o beber un vaso de agua o de jugo de tomate, con 10 a 20 gotas de salsa de pimiento picante. Si el estómago no tolera los alimentos picantes, hacer gárgaras con el agua picante puede aumentar la expectoración y ayudar a limpiar los conductos respiratorios.

Todo tipo de frutas y vegetales y sus jugos (sobre todo albaricoques, remolachas, zanahorias, apio, frutas cítricas, pepinos, pimientos verdes, papayas, piñas y tomates) son beneficiosos, si no producen reacciones alérgicas. El beber diariamente por lo menos dos litros (2 cuartos de galón) de líquido afecta favorablemente la viscosidad de la flema para que pueda ser expulsada. No se recomiendan las bebidas alcohólicas o que contengan cafeína, ya que el efecto diurético causa pérdida de fluidos en el cuerpo. En momentos de emergencia, el café o té fuerte pueden ser excepciones, ya que el efecto broncodilatador de ambos es parecido al de la teofilina, ese antiguo medicamento.[29] Para expulsar del cuerpo la mucosidad, los expertos en hierbas sugieren beber cada hora una taza de infusión de semilla de fenogreco (*fenugreek*) durante el primer día, y luego cuatro tazas al día. Otras infusiones que se consideran beneficiosas son las de manzanilla (*chamomile*), pimienta de Cayena (*Cayenne pepper*), achicoria (*chicory*), consuelda (*comfrey*), diente de león (*dandelion*), equinácea, eucalipto, jengibre (*ginger*), orozuz (*licorice*), gordolobo (verbasco,*mullein*), perejil, menta piperita (*peppermint*), escaramujo (*rose hip*), romero (*rosemary*), azafrán (*saffron*), salvia (*sage*), ajedrea (*savory*), olmo norteamericano (*slippery elm*) y milenrama (*yarrow*).

Suplementos (vea la nota en la página xii)

Vitamina A 25.000 unidades internacionales *IU* en forma de betacaroteno dos veces al día durante un mes, y luego 25.000 *IU* al día para ayudar a curar y proteger el tejido pulmonar.

Complejo B Una tableta con todas las vitaminas del complejo B al día para activar las enzimas que se necesitan para la curación.

Vitamina C y bioflavonoides De 3.000 a 5.000 miligramos de vitamina C y de 200 a 600 miligramos de bioflavonoides, en dosis diarias divididas, combaten la infección y estimulan la curación.

Vitamina E De 100 a 400 unidades internacionales *IU* dos veces al día para protegerse contra el daño producido por los radicales libres, evitar la oxidación interna de la vitamina A y mejorar la respiración.

Zinc 50 miligramos al día para acelerar la curación.

Polen de abeja 1.000 miligramos o una cucharadita de gránulos al día.

Sales de tejidos Una tableta de *Ferr. Phos. 12X* y una de *Nat. Mur. 12X* dos veces al día durante los ataques de bronquitis, además de: para la fiebre, tome una tableta de *Ferr. Phos. 6X* cada media hora hasta que la temperatura se normalice; para el dolor en la laringe o el pecho, tome tres tabletas de *Ferr. Phos. 6X* cada cuatro horas, y tres tabletas de *Calc. Sulph. 6x* entre esas dosis.

Remedios populares

Bebidas Licúe una lata de espárragos en una batidora eléctrica y refrigere. Todas las mañanas y las noches, mezcle $\frac{1}{4}$ taza de espárragos con agua caliente o fría.[2] O hierva arándanos agrios (*cranberries*) frescos en agua durante 10 minutos y luego agítelos en una mezcladora junto a la misma cantidad de jugo de pera; beba varios vasos al día. O hierva cuatro higos picados con dos tazas de agua durante seis minutos, cubra hasta que se enfríe y luego refrigere y beba a sorbos media taza del líquido por la mañana y por la noche. O agite una o dos cucharadas de miel pura en una taza de leche calentada, sin llegar a hervir, y bébala a sorbos para aliviar el malestar bronquial.

Ungüentos y emplastos Entibie una cucharada de vaselina (*petroleum jelly*) con cuatro dientes de ajo machacados; dé masajes en el pecho mientras esta mezcla todavía esté tibia. O mezcle dos cucharadas de aceite de castor tibio con una de trementina (*turpentine*), frote con esto el pecho antes de irse a la cama y cúbralo con una tela de franela; en los casos serios, aplique la mezcla varias veces al día. O use hojas de laurel (*bay leaves*) hervidas o cebollas picadas fritas en manteca de cerdo como un emplasto a la hora de dormir.

Presión sobre los nervios y masajes

Como alivio temporario para el malestar bronquial, presione o masajee (intermitente o permanentemente) cada área de 30 segundos a dos minutos.

○ Presione el puente de la nariz con los dedos (incluido el pulgar) y luego presione hacia adentro y arriba, debajo del hueso donde se asientan las mejillas, encima de las fosas nasales.

○ Con el pulgar y el resto de los dedos, pellízquese la parte de atrás del cuello, hacia arriba y hacia abajo.

○ Presione contra cada lado del esternón, entre la clavícula y la primera costilla; luego presione y masajee el centro del pecho.

○ Extienda el brazo izquierdo, con la palma hacia arriba. Presione y masajee el área que está a una pulgada (2 cm) hacia el centro de la mano a partir del doblez interior del codo y a una pulgada hacia el exterior del brazo, en el mismo lado del pulgar; repita con el brazo derecho. Luego, apriete ambos lados de la falange superior del dedo pulgar de cada mano con el pulgar y el dedo índice de la mano opuesta.

○ Presione un área del ancho de una mano, directamente encima del ombligo.

○ Agarre el pie derecho con la mano izquierda y use la mano derecha para frotarse el área que está directamente debajo del pulpejo de los dedos gordos de los pies. Comience debajo del dedo gordo y si siente algún dolor al tocarse, masajéese hacia afuera con un movimiento circular. Repita con el pie izquierdo.

Fuentes (vea la Bibliografía)

2, 6, 17, 26, 29, 42, 50, 56, 57, 59, 60, 64, 89, 98, 135, 144, 148, 150, 153, 159, 164, 166, 173, 176, 179, 186, 202, 203, 204, 205, 218, 228, 233, 247, 256, 264, 281, 282, 285, 293, 302, 304, 306, 312, 313

Bruxismo (rechinamiento de dientes)

El rechinamiento de dientes ocurre mientras se duerme o como una costumbre inconsciente durante el día. La causa puede ser problemas de estrés (el apretar los dientes es una reacción instintiva de cólera o de tensión emotiva), el intento de los músculos de la mandíbula de tratar de emparejar, frotando los dientes, la protuberancia de una corona o un empaste demasiado alto, hipoglucemia (relacionada a una mala función adrenal), o deficiencias en la dieta. El bruxismo continuo puede gastar el esmalte de una pieza dental, aumentar la sensibilidad del diente al frío o al calor, aflojar las piezas dentales, contribuir a enfermedades periodontales, causar dolores de cabeza matinales, provocar dolores en los músculos de la mandíbula y al masticar, y puede conducir eventualmente al síndrome de la articulación temporomandibular (*TMJ*, por las siglas en inglés de *temporomandibular jaw syndrome*) al hacer que la mandíbula pierda su ajuste.

Si se duerme de espaldas se evita la presión antinatural que se ejerce sobre la mandíbula y las piezas dentales. Cuando se duerme de lado, colocar debajo del rostro una almohada de espuma de goma que se adapte a la forma de la cara, y otra debajo del brazo que queda libre, ayuda a reducir la tensión sobre los músculos del cuello y la mandíbula. Un protector de dientes suave (que se vende en las tiendas de artículos deportivos) puede usarse temporalmente para evitar que los dientes se dañen durante el sueño,[293] pero si los remedios no alivian el problema, se debe consultar a un dentista para asegurarse de que los dientes se ajusten de manera adecuada y, si es necesario, diseñar un mordedor plástico.

Dieta y suplementos (vea la nota en la página xii)

Los expertos en nutrición aconsejan reducir el consumo de cafeína y de carbohidratos procesados, tales como caramelos y productos de harina blanca. Muchos médicos creen que el bruxismo es un problema de nutrición que puede corregirse con suplementos junto a suplementos diarios de multivitaminas y minerales.[98]

Tomar una tableta de vitaminas del complejo B, una o dos veces al día, de 3.000 a 5.000 miligramos de vitamina C en dosis diarias divididas y 50 miligramos de zinc, a menudo ayuda a compensar y a reducir las reacciones causadas por el estrés.

Las deficiencias de calcio y ácido pantoténico se han relacionado con el rechinamiento de dientes. En muchos casos de bruxismo ha ayudado tomar de 1.200 a 1.500 miligramos de calcio (para ayudar a regular los movimientos musculares involuntarios), de 500 a 750 miligramos de magnesio (para ayudar a la asimilación del calcio) y de 100 a 1.000 miligramos de ácido pantoténico (en dosis diarias divididas para la coordinación muscular).[17, 301] A veces todo lo que se necesita es calcio, magnesio y un poco de proteína adicional. Jason A., de cinco años, pudo aliviar su rechinamiento nocturno de dientes después de que su madre empezara a darle, como una golosina para después de la comida y antes de ir a la cama, obleas masticables de calcio. Cuando mezcló una tableta pulverizada de magnesio con mantequilla de cacahuete (maní, *peanut butter*) para hacer un medio *sandwich* antes de acostarse, el rechinamiento de dientes de Jason cesó por completo.

Ejercicios

Los dientes sólo tienen que tocarse cuando se mastica o cuando se traga. El ejercicio pasivo de colocar la lengua contra la parte superior de la boca, detrás de los dientes de adelante, ayuda a mantener los dientes ligeramente separados mientras los labios siguen juntos.

○ Para aliviar la tensión del cuello y los hombros, que a veces experimentan las personas con bruxismo, encoja cada hombro varias veces al día, durante unos segundos, y luego encoja ambos hombros al mismo tiempo; gire la cabeza suavemente, en el sentido de las manecillas del reloj, y luego hacia el otro lado varias veces; termine manteniendo la barbilla en alto y virando la cabeza lentamente para mirar sobre cada uno de los hombros, diez veces con cada uno.

○ El estirar los músculos de la mandíbula por la mañana puede aliviar la tensión facial y el dolor producto de una noche de rechinamiento de dientes. Con la boca muy abierta, vire lentamente la mandíbula de un lado al otro y luego deje caer la mandíbula inferior. Repita tres veces.

○ Los músculos bucales superactivos pueden calmarse al hacer el ejercicio de comer una manzana fresca, coliflor o zanahoria cruda justo antes de acostarse.

Control del estrés

Los problemas de bruxismo a menudo están relacionados con el estilo de vida apresurado de la actualidad. Cuando no se puede cambiar de trabajo, ni de cónyuge ni de hijos, tomar tres inhalaciones profundas y practicar cualquier técnica de relajación (vea la Introducción) puede ayudar a superar el rechinamiento de dientes. Puede ser útil incluir una afirmación como: "los músculos de mi boca están relajados. Voy a dormir profundamente, sin hacer ruido, toda la noche".

Fuentes (vea la Bibliografía)

17, 41, 42, 47, 49, 75, 80, 98, 108, 111, 186, 207, 234, 281, 283, 293, 301, 312

Bursitis

Las articulaciones del cuerpo están rodeadas de bolsas diminutas y llenas de fluidos (*bursae*) para garantizar que no haya fricción en los movimientos. La bursitis tiene lugar cuando una de las 156 bolsas se inflama y duele a consecuencia de una lesión, de exceso de uso, o debido a la irritación de los depósitos de calcio en las paredes de las bolsas. El estrés, el cual previene la asimilación adecuada de los nutrientes, puede contribuir a este problema. Los hombros, los codos, las caderas y las rodillas son sus lugares más comunes. Los juanetes, que pueden ser heredados a través de los genes o producidos por zapatos que quedan demasiado pequeños, son una forma de bursitis que puede necesitar una corrección por medio de cirugía.

Durante la fase aguda de la bursitis, debe dejarse en reposo la articulación afectada, aunque sin que quede totalmente inmovilizada. Se recomiendan analgésicos antiinflamatorios como la aspirina o el ibuprofeno.[111] Si la articulación se siente caliente al tocarla, para ayudar a aliviar el dolor aplique una compresa de hielo durante 10 minutos y quítela durante otros 10 minutos (para hacer compresas caseras, que se adapten a la articulación, vea "Artículos de primeros auxilios" en la Introducción). Si la articulación no se siente caliente, las compresas tibias pueden promover el alivio. Si el dolor persiste después de algunos días, puede que se haga necesaria la atención médica para el tratamiento de una infección oculta o para la eliminación quirúrgica de los depósitos de calcio. Tan pronto como el dolor desaparezca, los ejercicios moderados ayudan a evitar la formación de franjas fibrosas de tejido (adhesiones) que pueden limitar permanentemente el movimiento de la articulación.

Dieta y suplementos (vea la nota en la página xii)

Algunos médicos que están a favor de los tratamientos nutritivos, recomiendan un aumento del consumo de proteína, una reducción de las purinas (vea "Gota"), comer seis comidas pequeñas al día y acompañarlas

62

con acidófilos en forma de yogur o en cápsulas. También puede resultar beneficioso incluir cantidades generosas de zanahorias, frutas cítricas, tomates, verduras y alimentos que contengan calcio, y tomar diariamente multivitaminas con minerales junto a suplementos adicionales.

Vitamina A En forma de beta-caroteno, hasta 60.000 unidades internacionales *IU* al día durante un mes; 50.000 *IU* durante dos semanas; luego, 25.000 *IU* al día para acelerar la curación y fortalecer el sistema inmunitario para ayudar a prevenir una reaparición.

Complejo B Una tableta de alta potencia al día, más 1.000 microgramos de vitamina B-12 sublingual durante 10 días, luego la misma cantidad, un día sí y un día no, durante tres semanas para aliviar el dolor, ayudar a la reparación del tejido y mejorar la absorción de nutrientes. El acompañar la vitamina B-12 con una tableta de vitamina B-1 de 50 miligramos a menudo la hace más eficaz.

Vitamina C con bioflavonoides 1.000 miligramos cada una o dos horas durante los primeros días, luego de 2.000 a 5.000 miligramos, en dosis diarias divididas, durante varias semanas, para ayudar a aliviar la inflamación y fortalecer el sistema inmunitario.

Calcio y magnesio 1.500 miligramos de calcio más 750 miligramos de magnesio en dosis diarias divididas. El calcio requiere magnesio para poder ser utilizado por el organismo, y se pueden formar depósitos en los tejidos a partir del calcio que ha sido extraído de los huesos para compensar por la deficiencia de ese mineral.[86, 317]

Vitamina D De 400 a 600 unidades internacionales *IU* diarias durante el período agudo para ayudar en la absorción del calcio.

Vitamina E De 400 a 1.000 unidades internacionales *IU* diarias como agente antiinflamatorio durante la fase dolorosa, luego de 100 a 400 *IU* al día para ayudar a prevenir la formación de depósitos de calcio o de tejido cicatrizal en la articulación afectada.

Sales de tejidos Durante la etapa aguda, se puede tomar tres tabletas de *Nat. Mur. 3X* tres veces al día con un vaso de agua en el que se ha puesto una cucharadita de vinagre de sidra de manzana (*apple cider vinegar*). Para ayudar a dispersar el fluido acumulado en la articulación, deben tomarse dosis alternas de *Nat. Sulph.* Para la bursitis que demora en curarse, disuelva tres tabletas de *Silícea 3X* debajo de la lengua tres veces al día.

Ejercicios

Los siguientes son dos ejercicios sencillos para la bursitis del hombro. (1) Párese en una esquina y "haga caminar" los dedos a lo largo de las paredes, hacia arriba, tan alto como le sea posible sin estirarse en exceso. (2) Mientras esté de pie, inclínese hacia adelante y deje que el brazo oscile hacia atrás y adelante como un péndulo, aumentando gradualmente el arco. Bertha A. estaba en cama debido a otro problema de salud y no podía hacer ninguno de esos ejercicios. Para evitar que la bursitis le inutilizara el hombro, su hijo pegó una columna en forma de T, hecha con una tubería hueca, a la cabecera de su cama, con cómodas agarraderas atadas a una cuerda que pasaba a través del transversal del tubo. Sirviéndose de las agarraderas, Bertha usó su brazo bueno para elevar poco a poco el brazo enfermo y ampliar sus posibilidades de movimiento.

Remedios populares

Para acelerar la recuperación, los curanderos populares aconsejan mantener la articulación afectada más caliente de lo habitual por la noche, envolviendo la rodilla en franela o durmiendo con un suéter.

Vinagre de sidra de manzana y miel Revuelva dos cucharaditas de vinagre de sidra de manzana (*apple cider vinegar*) y dos de miel pura en un vaso de agua y tómelo con cada comida; se cree que esto corrige la precipitación de calcio que estimula la bursitis.

Hierbas Para los que padecen de bursitis, se sugiere una taza o dos al día de cualquiera de estas infusiones: alfalfa, bardana (*burdock*), manzanilla (*chamomile*), chaparro (*chaparral*), fenogreco (*fenugreek*), lobelia, paja de avena (*oat straw*), sauce (*white willow*), milenrama (*yarrow*) o yuca. Para alivio externo, hierva una cucharada de pimienta de Cayena (*Cayenne pepper*) en dos tazas de vinagre de sidra de manzana (*apple cider vinegar*) durante 10 minutos, y use el líquido para una compresa tibia. Los emplastos proveen más opciones: humedezca con agua hirviendo consuelda (*comfrey*), linaza (*flaxseed*) machacada o gordolobo (verbasco, *mullein*), échele una cucharada de aceite vegetal, luego esparza la pasta entre trozos de gasa y aplíquelos al área con dolor después de haberle untado aceite de oliva para proteger la piel.

Aceites Esparza aceite de castor sobre la articulación afectada, cubra con una franela y manténgala tibia con toallas calientes o una almohadilla de calor (*heating pad*). Cuando el dolor ya no sea tan agudo, una vez al día masajee la articulación con aceite de oliva entibiado para aliviar el dolor y ayudar a prevenir la reaparición de la bursitis.

Jugo de papa Rebane en tajadas muy finas una papa bien lavada y déjela remojar en un vaso grande lleno de agua entre 8 y 12 horas. Cuele y bébase el líquido con el estómago vacío. Si prefiere, se puede hacer en una juguera eléctrica jugo de papa y diluirse con la misma cantidad de agua.

Agua de mar Beber de dos a tres cucharaditas de agua de mar embotellada todos los días durante seis a nueve meses, ha solucionado algunos casos de bursitis crónica.[128]

Presión sobre los nervios y masajes

Para la bursitis en cualquier articulación Presione y masajee la palma de cada mano o la planta de cada pie, a partir del pulpejo del pie hasta el comienzo del talón.

Para la bursitis en los hombros o los brazos Presione y masajee un área de tres pulgadas a través del centro del borde superior de la clavícula, en ambos lados, y justo debajo de los extremos de las clavículas, donde éstas se encuentran con los hombros. Luego presione o masajee cada palma justo debajo del pulpejo del dedo meñique o la planta de cada pie justo debajo del pulpejo del dedo chiquito.

Para la bursitis en la cadera o la pierna Masajee un área de dos pulgadas en el dorso de cada mano, en el exterior, justo arriba de la muñeca o en el borde exterior de la parte de arriba del pie, entre el hueso del tobillo y el comienzo de la almohadilla del talón.

Fuentes (vea la Bibliografía)

2, 6, 17, 27, 42, 63, 65, 75, 80, 82, 86, 87, 98, 111, 128, 144, 148, 159, 164, 171, 172, 176, 186, 200, 201, 206, 244, 256, 262, 264, 281, 283, 293, 301, 317

Calambres en las piernas y los pies

Las contracciones dolorosas e involuntarias de los músculos de las piernas y los pies pueden ser provocadas por varios factores: deshidratación, fatiga, esfuerzo físico excesivo, deficiencias de nutrición, o ropa demasiado apretada que restringe la circulación. La causa de un calambre es a menudo un golpe en una pierna o un estirón fuerte durante la actividad física.

La claudicación intermitente (dolor en la pierna al caminar que se alivia cuando se descansa) que se siente como un calambre, pero a menudo viene acompañada por una sensación de pesadez, puede ser un síntoma de endurecimiento ateroesclerótico de las arterias, y se empeora debido a la presión alta, el colesterol elevado, la diabetes y el fumar cigarrillos. Cuando se repite en varias ocasiones la claudicación o un calambre acompañado por entumecimiento o frialdad de una extremidad, se debe buscar evaluación médica para determinar y corregir lo que lo causa.

A los calambres de piernas y pies que interrumpen el sueño y a veces se alternan con crispaciones espasmódicas y estirones involuntarios de los músculos, se les llama "síndrome de pierna inquieta". Los problemas nocturnos de las piernas pueden resolverse mediante arreglos ambientales. El elevar ya sea el pie o la cabecera de la cama, puede prevenir los calambres causados por la acumulación de líquido en las extremidades inferiores.[254] Colocar una almohada entre las rodillas cuando se duerme de lado o debajo de las rodillas cuando se duerme boca arriba, ayuda a prevenir los calambres causados por esfuerzos musculares excesivos. Aflojar el extremo inferior de las colchas o colocar una tabla o una almohada al pie de la cama ayuda a reducir esa presión sobre los pies que produce calambres. Usar calcetines de dormir, para mantener los pies tibios, puede ayudar. Unos zapatos nuevos fue la solución para Rose B. Sus calambres en las piernas por la noche comenzaron poco después de que ella se jubilara de su cargo como ejecutiva de cuentas y regresara a su primer amor: la pintura. Contenta de no tener que andar con tacones y medias, Rose usaba sandalias de suela muy baja todo el día, mientras estaba de pie frente al caballete; de noche, caminaba para "tratar de quitarse" los calambres en las piernas. Entonces compró un par de zapatos deportivos tan cómodos que los usó, en lugar de las chancletas, mientras pintaba. A la tercera noche, los calambres nocturnos ya no molestaron a Rose.

Una compresa tibia o una almohadilla de calor (*heating pad*) puede relajar los músculos acalambrados. Si siente calambres en la pantorrilla, esto podría traerle alivio inmediato: agárrese los dedos de los pies y hálelos hacia la rodilla con una mano mientras se masajea hacia arriba, desde la pantorrilla hasta la rodilla; el proceso puede acelerarse si frota el área con hielo envuelto en una tela.

Dieta y suplementos (vea la nota en la página xii)

El beber pocos líquidos (se aconsejan ocho vasos de agua al día) puede reducir el volumen de la sangre y conducir a problemas circulatorios que causan calambres. Los calambres musculares que ocurren cuando se hacen ejercicios fuertes se pueden prevenir si se comen unos cuantos bocados de alimentos salados y se bebe por lo menos medio vaso de agua antes, cada 20 minutos durante, e inmediatamente después de hacer ejercicios. Se recomienda comer bastantes bananas (plátanos), frijoles (alubias, habichuelas, habas, judías), vegetales frescos y granos enteros, todos ricos en potasio; los suplementos de potasio se deben tomar solamente con la aprobación del médico. Una dieta balanceada, junto con multivitaminas y minerales todos los días, por lo general satisface las necesidades musculares, pero es posible que se requieran suplementos adicionales para compensar por las irregularidades de azúcar en la sangre, las restricciones de la dieta o las deficiencias minerales creadas por el sudor excesivo o los diuréticos.

Complejo B Una tableta al día que contenga todas las vitaminas del complejo B, además de un máximo de 50 miligramos de niacina tres veces al día para mejorar la circulación, y de 50 a 150 miligramos de vitamina B-6 para prevenir los calambres nocturnos de las piernas. También pueden ser beneficiosas cantidades adicionales de vitamina B-1 y ácido pantoténico.

Vitamina C con bioflavonoides De 1.000 a 3.000 miligramos en dosis diarias divididas para reducir las contracciones musculares, mejorar la circulación y fortalecer los tejidos conectivos. Tomar vitamina C antes, durante (cada hora) e inmediatamente después de una actividad física poco habitual, a menudo evita la rigidez y los calambres posteriores.

Calcio y magnesio De 800 a 1.500 miligramos de calcio, además de entre 500 y 750 miligramos de magnesio en dosis divididas. Algunos investigadores sugieren de 500 a 1.000 miligramos de calcio, además de entre 1.000 y 2.000 miligramos de magnesio. Las deficiencias de estos dos minerales son una causa común de los calambres nocturnos en piernas y pies. El calcio es esencial para la contracción normal de los músculos; el magnesio ayuda a regular el calcio y el potasio.[17, 49, 317]

Vitamina E De 300 a 800 unidades internacionales *IU* diarias (comenzando con 300 *IU* y aumentando gradualmente) para mejorar la circulación y los problemas de claudicación, y para aliviar los calambres y la inquietud de las piernas durante la noche. [98, 151, 301]

L-carnitina Para la claudicación intermitente, de 900 a 1.600 miligramos al día. Varios estudios muestran que los suplementos de este aminoácido pueden mejorar en un 75 por ciento la capacidad de caminar sin sentir dolor.[151]

Sales de tejidos Para un alivio inmediato para la inquietud en las piernas y los calambres nocturnos, disuelva tres tabletas de *Mag. Phos. 6X* debajo de la lengua. Para los calambres musculares posteriores a los ejercicios, *Calc. Fluor.*, *Calc. Phos.* y *Mag. Phos.* (todos *6X*) cada 20 minutos durante dos horas. Para evitar los calambres nocturnos de las piernas, tome tres tabletas de *Silícea 6X* además de suplementos de calcio, magnesio y vitamina B-6 antes de irse a la cama.[64, 65]

Zinc 50 miligramos al día, para ayudar con la absorción del calcio y la acción de control nervioso de las vitaminas B.

Ejercicios

Los ejercicios habituales mejoran la tonificación muscular, ayudan con la absorción del calcio y disminuyen la tendencia a sufrir calambres. Parte del tratamiento de la claudicación intermitente es caminar hasta que se sienta molestia, descansar mientras el dolor desaparece y luego repetir la secuencia. Entre los ejercicios sencillos para estirar los músculos de las pantorrillas a fin de mantener la flexibilidad y reducir los calambres, se encuentran: el pararse a un brazo de distancia de una pared e inclinarse hacia adelante, apoyando el peso del cuerpo en ambas manos, mientras se mantienen las piernas rectas y los talones sobre el piso; o, sentado, estirar las piernas, extender los talones y doblar los dedos en dirección al cuerpo.

Remedios populares

Entre los remedios preventivos favoritos se encuentran: el beber con las comidas un vaso de agua mezclada con dos cucharaditas de vinagre de sidra de manzana (*apple cider vinegar*) y dos de miel, o caminar en el lugar durante tres minutos con los pies metidos en seis pulgadas (15 cm) de agua fría dentro de la bañera, todas las noches. La quinina, un antiguo remedio cuya efectividad ha sido demostrada por los estudios modernos, se puede conseguir ahora sin receta médica, pero se aconseja consultar al médico. En muchos casos, tomar de 200 a 300 miligramos de sulfato de quinina una noche sí y una no, durante una o dos semanas, ha eliminado los calambres nocturnos de las piernas durante períodos largos.[151, 186, 254] Si le ataca un calambre a medianoche, frótese el área con la parte protuberante de una cuchara de metal; se dice que esto produce alivio a los 30 segundos. Los expertos en hierbas sugieren alfalfa, pimienta de Cayena (*Cayenne pepper*), cola de caballo (equiseto, *horsetail*) u hojas de frambuesa roja (*red raspberry*) para los calambres de las piernas. El extracto de ginkgo biloba aumenta la circulación sanguínea y, como lo han demostrado estudios europeos, brinda una mejoría notable a los pacientes con claudicación intermitente.[151]

Presión sobre los nervios y masajes

Para un alivio inmediato al comienzo de un calambre en la pierna o el pie, pellízquese con firmeza la piel entre la nariz y el centro del labio superior, durante 20 segundos. Para el dolor de rodilla cuando camina o corre, apriétese un punto a tres pulgadas por encima de la rodilla y a tres pulgadas hacia el interior del muslo; mantenga firme la presión entre 30 y 90 segundos. Si le queda algún dolor en la pierna cuando se la toca, presione y masajee un punto a unas ocho pulgadas por encima del hueso externo del tobillo en la pierna que le duele. Otras opciones para aliviar los calambres son:

○ Presione y masajee la base de ambos pulgares, por dentro, a través de interior de las muñecas y en los dorsos de las manos, encima del hueso de la muñeca.

○ Presione y masajee el área que está a una pulgada por debajo de la piel que se extiende entre el dedo gordo del pie y el siguiente, en las plantas de ambos pies, de un lado al otro a través de la mitad de la planta almohadillada de los talones y, en el pie derecho, el borde exterior, desde una pulgada por debajo del dedo pequeño del pie hasta el centro del arco.

Fuentes (vea la Bibliografía)

6, 14, 17, 26, 40, 47, 49, 59, 60, 64, 65, 98, 106, 108, 109, 111, 133, 148, 151, 159, 162, 172, 176, 177, 186, 202, 228, 244, 250, 254, 255, 256, 262, 265, 291, 293, 294, 300, 301, 308, 312, 313, 317

Cálculos en los riñones y Problemas de la vejiga

Los cálculos o piedras en los riñones (cálculos renales) se desarrollan en la orina, a partir de cristales de sales minerales; del 60 al 80 por ciento consiste en oxalato de calcio y/o fosfato, del 5 al 10 por ciento son piedras de ácido úrico que generalmente afectan a las personas con gota, y hasta un 20 por ciento se origina en infecciones del tracto urinario (*UTI*, por las siglas en inglés de *urinary tract infections*).[75] Ocasionalmente, se forman cálculos en la vejiga como resultado de una obstrucción en el flujo de orina o *UTI* recurrentes. Los cálculos renales, que afectan más a los hombres que a las mujeres, podrían no mostrar síntomas durante años, y súbitamente causar un dolor de gran intensidad al pasar hacia el tracto urinario, alojarse en el uréter o pasar hacia la vejiga, causando goteo o dolor al orinar.

Las *UTI* (también conocidas como infecciones de la vejiga o cistitis) son más comunes entre las mujeres que entre los hombres debido a que la uretra femenina es más corta (la uretra es el tubo a través del cual se elimina la orina), y eso deja a la vejiga más accesible a la contaminación de bacteria como la *E. coli*, que normalmente habita en los intestinos. Las mujeres que son propensas a repetidas infecciones de la vejiga deberían llevar ropa interior con un forro de algodón en la entrepierna, utilizar toallas sanitarias en lugar de tampones, evitar utilizar el diafragma como control de natalidad y limpiarse de adelante hacia atrás después de una evacuación de los intestinos para evitar la contaminación vaginal producida por las bacterias del colon. Las reacciones alérgicas e infecciones vaginales a veces presentan síntomas parecidos a los de las *UTI*; otros causantes son los contactos sexuales, la orina infectada que llega del riñón a la vejiga, y en los hombres, una glándula prostática agrandada o infectada.

La herencia desempeña un papel importante en la selección de las víctimas de los cálculos o de las *UTI*, y ambas dolencias tienden a repetirse en las personas susceptibles, a menos que se tomen medidas de precaución. Todas las enfermedades del sistema urinario deberían ser diagnosticadas por un médico, sobre todo si hay sangre en la orina, o si se presenta fiebre. A pesar de que muchos cálculos renales y de la vejiga salen espontáneamente, para aliviar el dolor intenso es necesaria la ayuda profesional, y los cálculos de mayor tamaño podrían requerir medicamentos recetados, fragmentación mediante ondas de sonido o de choque, o extracción quirúrgica. Todos los cálculos que hayan "pasado" deberían ser analizados químicamente para determinar el tratamiento adecuado y evitar una reincidencia.

Jugo de arándanos agrios y agua

Existen estudios científicos que indican que el jugo de arándanos agrios (*cranberries*), el remedio popular preferido para los problemas de la vejiga, no solamente acidifica la orina impidiendo la formación de cálculos renales y la proliferación de bacterias dañinas, sino que también tiene otras propiedades incluso más beneficiosas. Investigaciones recientes han descubierto que el arándano agrio contiene compuestos que evitan la adhesión, evitando que las bacterias se adhieran a los tejidos del cuerpo en el tracto urinario, y que beber de tres a seis onzas (100 a 200 ml) de este jugo podría prevenir la reincidencia de *UTI*.[186, 298] En estudios clínicos de pacientes con infecciones agudas de vejiga, el 70 por ciento mostró una mejoría entre moderada y excelente después de tres semanas de tomar una pinta (medio litro) diario de jugo de arándanos como único tratamiento.[29] El dejar en remojo una cucharadita de raíz de botón de oro (hidraste, *goldenseal*) en polvo en una taza de jugo de arándanos agrios hirviendo podría ayudar a destruir las bacterias dañinas. Si durante un ataque severo el jugo agrava la irritación del tracto urinario, los expertos recomiendan beber un vaso de agua con $\frac{1}{4}$ a 1 cucharadita de bicarbonato de soda, dos o tres veces al día.[132, 201]

El principal preventivo y tratamiento para las dolencias urinarias, sin embargo, consiste en beber grandes cantidades de agua, de ocho a diez vasos por día. La orina bien diluida impide la formación de cálculos al eliminar los cristales en formación y al ayudar al paso de piedrecillas muy pequeñas, y la copiosa orina producida también lava las bacterias que causan infecciones. Para irrigar el tracto urinario y disminuir las probabilidades de contraer una infección, a las mujeres se les recomienda beber un vaso de agua y orinar antes y después de tener relaciones sexuales.

Dieta

Aparte de la importancia de beber líquidos y del valor preventivo de acidificar la orina, las relaciones entre la dieta y los trastornos del tracto urinario son controversiales. Para algunas personas, los alimentos que estimulan la emisión de histaminas, o que contienen grandes cantidades de aminoácidos, podrían provocar o aumentar las sensaciones de ardor durante la urinación. Experimentar con la eliminación de ciertos alimentos podría identificar a los causantes entre un grupo que incluye quesos añejados, alcohol, aguacates (*avocados*), chocolate, café, frutas (excepto bayas, peras y sandía), alimentos picantes o en salmuera (*pickled*), tomates y vinos.[132]

Los cálculos biliares, renales o urinarios, tienden a reincidir —el 60 por ciento de los pacientes tratados por un cálculo desarrollan otro en un lapso de siete años.[75] Análisis de sangre y del cálculo que pasó, ayudarán a determinar la dieta más adecuada para evitar otra formación. Como los nutrientes de todos los grupos son esenciales para la salud total, las siguientes recomendaciones son para una limitación moderada, no una renuncia total.

Productos lácteos Podría ser aconsejable la restricción de productos lácteos ricos en calcio y los antiácidos. Se pueden recomendar suplementos para las personas que tienden a absorber demasiado calcio, o que lo han consumido en exceso. Sin embargo, para las personas que ingieren menos de los 900 miligramos que contienen tres vasos de leche al día, que no son físicamente activas, o que consumen cantidades excesivas de sal o azúcar, la reducción de calcio podría provocar la formación de cálculos renales debido a que cualquiera de esos factores puede desviar el calcio necesario para los huesos hacia la sangre o la orina.[3, 147, 186, 300]

Oxalatos Pese a que el organismo procesa casi todos (el 98 por ciento) sus oxalatos, podría ser beneficioso disminuir el consumo de alimentos ricos en oxalatos, como frijoles (alubias, habichuelas, habas, judías), remolachas (betabeles, *beets*), bebidas con cafeína, chocolate, verduras de hojas verdes, nueces (almendras, anacardo —*cashews*—, cacahuete —maní—), pimientos y ajíes, té y germen de trigo (*wheat germ*), debido a que los oxalatos son generalmente un componente de los cálculos basados en calcio.[147, 186, 234]

Proteínas Las cantidades excesivas de proteína animal dan trabajo adicional a los riñones y aumentan la pérdida de calcio en el cuerpo. Para las personas con cálculos compuestos principalmente de cisteína o ácido úrico, es aconsejable un consumo diario total de seis onzas de queso, pescado, carnes y pollo, y la limitación de las frutas cítricas, las uvas y el café.[186, 254]

Fibra Existen estudios que indican que el aumentar la cantidad del consumo de fibra a 18 gramos, incluyendo dos cucharadas de salvado de arroz (*rice bran*) con cada comida (o consumir dos *muffins* de salvado de maíz o de trigo al día), reduce considerablemente la cantidad de oxalatos y calcio de la orina, y disminuye la probabilidad de que se vuelvan a formar cálculos.[51, 186]

Suplementos (vea la nota en la página xii)

Se recomienda una tableta de multivitamina con minerales para compensar por el consumo de líquido necesario, que puede eliminar vitaminas y minerales solubles en agua.

Vitamina A En forma de beta-caroteno, 25.000 unidades internacionales *IU* diariamente para ayudar a la curación, mantener la salud de la cubierta interior del tracto urinario e impedir el desarrollo de los cálculos renales.

Complejo B Una tableta diaria. Existen estudios clínicos que indican que una adición de 10 a 150 miligramos de vitamina B-6, en dosis divididas, reduce la cantidad de ácido oxálico en la orina e impide la formación de cálculos renales.[47, 201]

Vitamina C De 1.000 a 5.000 miligramos diarios en dosis diarias divididas para combatir las *UTI* y acidificar la orina para prevenir infecciones recurrentes. Sin embargo, los individuos que tienen predisposición a formar cálculos renales no deberían tomar dosis masivas de vitamina C sin la aprobación del médico; para algunas personas, más de tres o cuatro gramos aumenta la producción de oxalatos. Los que tienden a formar cálculos de ácido úrico deberían utilizar formas no ácidas de vitamina C, como el ascorbato de calcio.[17, 98, 151, 293]

Calcio y magnesio De 800 a 1.000 miligramos de calcio (pero no la variedad rica en fósforo, porque el exceso de fósforo conduce a la formación de cálculos en algunas personas) y con la aprobación del médico, si tiene predisposición a los cálculos, además de 500 a 750 miligramos de magnesio (hasta 2.000 miligramos con la venia del médico) con las comidas. Pese a que la mayoría de los cálculos renales están formados por calcio, no existe evidencia de que su formación esté relacionada con el consumo de calcio.[151] El magnesio regula la circulación del calcio entre las células y se une al oxalato para frenar el desarrollo de los cálculos. Muchos estudios indican que la combinación de suplementos de magnesio y vitamina B-6 puede reducir la reincidencia de cálculos desde un 68 hasta un 90 por ciento.[151, 293]

Sales de tejidos Para las *UTI* con urinación frecuente y sensación de ardor, tome tres tabletas de *Ferr. Phos. 6X* y *Nat. Mur. 6X*. Si no hay mucha emisión de orina, tome *Silícea 6X*. Para el dolor de pasar la arenilla de los riñones, tome tres tabletas de *Nat. Phos. 6X* y *Nat. Sulph. 6X*.

Remedios populares

Se dice que se pueden prevenir infecciones en el tracto urinario bebiendo un vaso de agua con dos cucharaditas de vinagre de sidra de manzana (*apple cider vinegar*) y dos de miel pura con cada comida. El comer tres dientes de ajo al día (o tomar el equivalente en cápsulas) es un remedio para la cistitis. Un antiguo remedio alemán para deshacerse de los cálculos renales en dos días consiste en beber cuatro o cinco botellas de cerveza negra, calentada casi hasta el hervor.

Las hierbas recomendadas para los cálculos renales y los problemas de la vejiga son tés de nébeda (*catnip*), barbas de maíz (*cornsilk*), perejil, trébol morado o rojo (*red clover*), gayuba (*uva ursi*) y semillas de sandía. Se piensa que el buchú, la bardana (*burdock*), o una mezcla de bardana y nébeda, disuelven los cálculos renales. Para calmar la sensación de ardor que acompaña a la cistitis, té de olmo norteamericano (*slippery elm*) o, según el número de octubre de 1992 de *Natural Health*, cuatro cucharaditas de raíz de malvavisco (*marshmallow*) remojadas toda la noche en un cuarto de galón (un litro) de agua, para beber durante el día.

Las compresas calientes o las cataplasmas podrían ayudar a calmar el dolor de los cálculos renales. Las opciones incluyen paños mojados en agua caliente y escurridos, o en un litro de agua en la que se ha hervido una onza de jengibre (*ginger*) fresco durante cinco minutos; o cataplasmas de salvado de trigo y agua caliente, o cebollas picadas calientes con vino blanco.

Los remedios vegetales para disolver los cálculos renales incluyen beber $\frac{1}{4}$ taza de puré de espárragos mezclado con agua caliente dos veces al día, dos tazas diarias del agua en que se han cocido pastinacas (*parsnips*), o $\frac{1}{2}$ taza diaria de vino tinto en el que se han licuado dos rábanos (*radishes*) rojos.

Presión sobre los nervios y masajes

Para todos los problemas de la vejiga y los riñones Presione o masajee cada pómulo justo frente a la parte superior de las orejas, y la pequeña depresión que se encuentra una pulgada (2 cm) más abajo de la punta del esternón.

Para la cistitis Masajee el centro interior de cada muñeca, luego el borde interior de cada pie, cerca del talón.

Para los cálculos renales Masajee el centro de las palmas, luego frote hacia atrás y hacia adelante desde el centro de las palmas hasta las muñecas. O masajee los dedos pulgares, índice y medio de cada mano. O masajee el arco de cada pie, luego atrás y hacia adelante hacia el talón.

Fuentes (vea la Bibliografía)

2, 3, 5, 6, 10, 16, 17, 21, 26, 29, 37, 47, 49, 50, 51, 59, 60, 64, 65, 75, 98, 113, 132, 135, 143, 144, 147, 148, 150, 151, 164, 168, 171, 186, 201, 202, 223, 234, 254, 255, 293, 294, 298, 300, 304, 306

Callos

Los callos, que son producto de la fricción y la presión constantes, pueden salir encima de los dedos de los pies o entre ellos, y también, para proteger la piel encima de las protuberancias óseas, en forma de engrosamientos de la piel en las plantas de los pies y los talones. Las verrugas (*plantar's warts*) que salen en las plantas de los pies tienen una superficie dura parecida a la de los callos, pero contienen vasos sanguíneos y terminaciones nerviosas, por lo que requieren ser eliminadas por un profesional. Es demasiado peligroso rebajar callos de los dos tipos con una navaja u hoja de afeitar; los podíatras advierten que los medicamentos anticallos (*corn medications*), que se venden sin receta médica, contienen un ácido que puede causar ulceraciones potencialmente peligrosas en los tejidos sanos. Usar zapatos cómodos y aplicar compresas de molesquina (*moleskin*) alrededor de los callos brindan un alivio temporario. Los remedios naturales ofrecen una eliminación permanente.

Dieta y suplementos (vea la nota en la página xii)

El comer en abundancia alimentos ricos en potasio, tales como bananas (plátanos) y vegetales de hojas, y suplementar la dieta con 25.000 unidades internacionales *IU* de beta-caroteno y de 100 a 600 *IU* de vitamina E brinda prevención y también tratamiento. Puede resultar beneficioso beber todos los días un vaso de jugo de manzana o de arándano agrio (*cranberry*), o una mezcla de agua con dos cucharaditas de vinagre de sidra de manzana (*apple cider vinegar*) y dos de miel pura; o tomar dos tabletas de sales de tejidos *Kali. Mur. 3X* y *Silícea 3X*, tres veces al día.

Remedios populares

Entre las curas antiguas comprobadas se encuentran masajear los callos dos veces al día con gel de áloe vera, aceite extraído de cápsulas de vitamina A o E, aceite de castor, una pasta hecha de bicarbonato de soda y agua, o un bálsamo preparado con partes iguales de jabón suave y cebollas asadas.

Baños para los pies El agua tibia, en forma natural o jabonosa, alivia el dolor y suaviza los callos. Para lograr un efecto más pronunciado, use agua en la que se haya cocido avena (*oatmeal*) o añada una de estas sustancias al agua: bicarbonato de soda, infusión de manzanilla (*chamomile*), mostaza seca, sal de Epsom o sal de mesa.

Eliminación de callos Después de remojarse los pies en agua, puede pasarse por los callos piedra pómez (*pumice stone*), una lima para callos, un cepillito de uñas, una toalla rasposa o un puñado de sal húmeda. Para facilitar la caída de la piel muerta, aplique una capa de glicerina (*glycerin*) antes de usar la piedra pómez o la lima para callos. Después de enjuagarse y secarse, úntese crema para las manos, vaselina (*petroleum jelly*), manteca vegetal blanca (*white vegetable shortening*) o una mezcla de dos cucharaditas de aceite vegetal y una de vinagre de sidra (*cider vinegar*).

Para acelerar la desaparición de los callos, frótelos con una mezcla de dos cucharaditas de jugo de limón, una de manzanilla (*chamomile*) y un diente de ajo machacado. Cubra con una bolsa de plástico durante cinco minutos, enjuague con agua tibia y quite la capa de piel muerta con una piedra pómez.

Callos en los dedos Los callos en los dedos de los pies pueden requerir un tratamiento especial. La vanidad y el malestar fueron los que promovieron el remedio casero para los callos de Valerie D. Usar sandalias de tacón alto le había producido callos en la planta de los dedos gordos de sus pies. Los callos le seguían doliendo aun cuando usaba zapatos más sencillos. Para eliminarlos, Valerie mezcló dos tabletas trituradas de aspirina con $\frac{1}{2}$ cucharadita de jugo de limón y $\frac{1}{2}$ de agua, se untó esa pasta sobre los callos, se cubrió los dedos de los pies con bolsas plásticas de *sandwiches*, se puso un par de calcetines de nailon para mantenerlas en su sitio y luego metió los pies debajo de una almohadilla de calor eléctrica puesta en *bajo*. Diez minutos después, se quitó cuidadosamente la piel muerta con un cepillito de uñas, se lavó los pies y se frotó en los dedos, ya suavizados, el contenido de una cápsula de vitamina E.

Talones con callos y agrietados Antes de irse a la cama, páseles un cepillito de uñas después de remojarlos, frótelos con aceite de vitamina E en las grietas, añada una capa de vaselina (*petroleum jelly*) y póngase calcetines de algodón para ir a dormir.

Callos suaves entre los dedos de los pies Elimínelos untándoles aceite de castor, vaselina o alcohol de frotar; envuelva los dedos vecinos con una tela de lana saturada en trementina (*turpentine*) o tiras de tela empapadas en aceite de castor.

Callos protuberantes Estos han atormentado a los humanos desde que los egipcios inventaron los primeros zapatos hechos de tallos de cañas tejidos, hace 4.000 años. En 1929, *American Frugal Housewife*[69] afirmó que si se ponía una mitad de arándano agrio (*cranberry*) sobre un callo todas las noches, éste se sanaría en menos de una semana. En la edición de 1886 de *Dr. Chase's Recipes: Information for Everybody*[66] se recomienda atar un algodón sobre el callo y saturarlo tres veces al día con trementina (*turpentine*).

Otros tratamientos directos incluyen vendarse el callo durante toda una noche con una pasta de migajas de pan (*bread crumbs*) y vinagre de sidra de manzana (*apple cider vinegar*), levadura de cerveza (*brewer's yeast*) y jugo de limón, o de greda blanca (*white chalk*) y agua; una mezcla de mitad de bicarbonato de soda y vaselina (*petroleum jelly*); un pedazo de ajo crudo, cebolla empapada en vinagre, o papaya o piña fresca; o la pulpa de una tajada de limón fina.

Los métodos más complejos requieren remojar los pies en aceite de castor entibiado o en un baño de mostaza seca y agua; luego se satura el callo con vinagre de sidra de manzana o se rodea con vaselina y se aplica un toque de yodo sobre el callo.

Fuentes (vea la Bibliografía)

2, 46, 53, 64, 66, 69, 85, 92, 98, 109, 111, 135, 144, 150, 159, 166, 172, 179, 186, 202, 203, 206, 207, 234, 256, 284, 293, 304, 306, 312, 313, 317

Calor – problemas

En condiciones normales, el efecto refrescante de la transpiración, que se evapora de la piel, disipa el exceso de calor del organismo. La exposición excesiva al calor externo, sobre todo si se complica con el calor interno generado durante la actividad física, puede causar deshidratación y disminución de la cantidad de mineral debido al sudor excesivo, y puede producir calambres de calor o agotamiento por calor. Si falla el sistema de regulación del calor del organismo, puede ocurrir un choque de calor o insolación potencialmente mortal.

Guía de prevención

❍ Si se muda a o si visita una zona de clima más cálido, déle al organismo tiempo para adaptarse. Son necesarias de una a tres semanas de exposición gradual y creciente para aclimatarse por completo.[75]

❍ Evite el esfuerzo físico durante la parte más calurosa del día, sobre todo si el aire está húmedo. Los diabéticos, los ancianos y las personas obesas o que toman betabloqueantes, diuréticos o tranquilizantes están en peligro de sufrir problemas relacionados con el calor,[186, 254] y se les aconseja que alternen períodos de 30 minutos para refrescarse, con la misma cantidad de tiempo de exposición al calor.

❍ Use ropa liviana y floja para permitir la circulación del aire; un sombrero de ala ancha y colores claros que reflejen el calor, si se encuentra bajo el sol. Como se sugiere en la revista *American Health* (febrero de 1992), en los días calurosos y secos, póngase un pañuelo mojado debajo de un sombrero ventilado para refrescar la cabeza.

○ Beba mucho líquido. Aumente el consumo de sal, a menos que tenga usted propensión a la presión alta. En circunstancias normales, el organismo pierde y necesita reemplazar, de dos a tres litros (2 a 3 cuartos de galón) de agua al día; más de un cuarto puede perderse a través de la transpiración durante una hora de actividad en un ambiente caluroso.[291]

Dieta y suplementos (vea la nota en la página xii)

El sudor se lleva consigo electrolitos (minerales disueltos como calcio, magnesio, potasio y sodio). Una dieta balanceada, con énfasis en frutas y vegetales frescos y suplementada con multivitaminas y minerales todos los días, ayuda a reemplazarlos. Los alimentos que contienen sal proveen sodio. No se recomiendan las tabletas de sal, pues retienen los fluidos en el estómago en vez de liberarlos para la producción del sudor.[293]

Se ha visto que los alimentos picantes preferidos por los nativos de las regiones de clima cálido mejoran la tolerancia al calor. La pimienta de Cayena (*Cayenne pepper*) y otros ajíes picantes primero estimulan y luego desensibilizan los detectores internos del calor de manera que bajan la temperatura del cuerpo. Masticar panal de abeja (*honeycomb*), o morder de vez en cuando un trozo de miel granulada envuelta en gasa, y colocada dentro de la mejilla como si fuera tabaco de mascar, es otro remedio para refrescar el organismo que ha sido verificado por estudios científicos.[150]

Para ayudar a evitar trastornos causados por el calor durante una actividad física en un día caluroso, beba antes de exponerse al calor uno o dos vasos de agua o de un líquido sin alcohol ni cafeína; varias onzas (unos 200 ml) adicionales cada 20 minutos mientras se expone al calor; y otro vaso mientras se refresca. La rápida metabolización del alcohol eleva la temperatura del cuerpo y, como la cafeína, el alcohol es un diurético moderado que acelera la deshidratación.[47] El jugo de fruta o de tomate ayuda a reemplazar los electrolitos perdidos, lo que también se logra con la adición de ¼ cucharadita de sal a cada vaso de agua durante una exposición prolongada al calor.

Calambres causados por el calor

Debido a la pérdida excesiva de fluido a través de la transpiración, los calambres de calor atacan generalmente las piernas, los brazos o el abdomen durante o poco después de hacer ejercicios enérgicos en un ambiente caluroso. Esos paroxismos dolorosos les suceden a los bomberos y a los esquiadores que usan vestimentas aislantes, y también a quienes trabajan al aire libre y a quienes hacen deportes en su tiempo libre. Para aliviar los espasmos, relájese en un sitio fresco mientras bebe a sorbos $\frac{1}{2}$ taza de un líquido fresco cada 15 minutos durante una hora. La recuperación aumenta si se añade $\frac{1}{4}$ cucharadita de sal a ocho onzas de jugo de fruta o de tomate. Dar masajes suaves y estirar los músculos acalambrados puede traer un alivio inmediato.

Agotamiento por calor

El agotamiento por calor, conocido antiguamente como postración por calor, se produce debido a la carencia de fluido en el cuerpo. Las señales de que se acerca pueden incluir náuseas ligeras, fatiga o propensión al desmayo, o puede atacar en toda su potencia hasta media hora después de que el cuerpo se haya expuesto al calor. Los síntomas característicos son piel pegajosa con mucho sudor, mareos, visión borrosa, respiración superficial, náuseas y dolor de cabeza. Si se trata a tiempo, el agotamiento por calor es casi siempre temporario, pero si los síntomas empeoran o duran más de una hora, se debe buscar ayuda médica.

Consejo de primeros auxilios Acuéstese en un sitio fresco con los pies elevados. Refresque el cuerpo aplicando paños fríos y mojados o dándose un baño con agua fresca. Se aconseja no tomar bebidas que contengan alcohol o cafeína, pero se debe tomar a sorbos $\frac{1}{2}$ taza de líquido frío (aunque no demasiado) cada 15 minutos durante una hora: los expertos en hierbas recomiendan una infusión de raíz de ginseng, de raíz de orozuz (*licorice*) o de menta piperita (*peppermint*). Para reemplazar los electrolitos perdidos así como los fluidos, revuelva de $\frac{1}{4}$ a una cucharadita de sal en ocho onzas (225 ml) de agua; o $\frac{1}{4}$ cucharadita de bicarbonato de soda y $\frac{1}{8}$ de cucharadita de sal en un vaso de limonada; o beba jugo de fruta o de tomate. Los practicantes de la homeopatía aconsejan tomar tres tabletas del tejido de sal *Nat. Mur. 12X* con cada una de las media tazas de líquido. Para mejorar la respiración, se sugiere alternar con dosis de *Ferr. Phos.* de la misma potencia.

Insolación (golpe de calor)

Una insolación (*heat stroke*) de riesgo mortal, ya sea precedida por síntomas de agotamiento por calor o presentada de repente, puede ocurrir cuando no funciona bien el mecanismo de enfriamiento interno del organismo. Se detiene la transpiración, se eleva la temperatura interna y la piel se calienta y se seca. Es posible que la transpiración continúe, sin embargo, en los casos de insolación durante el ejercicio de la que a veces son víctimas los atletas. El pulso y la respiración se aceleran. Puede que haya náuseas y vómitos, confusión mental y, si no se trata, posibles daños cerebrales.

Se debe obtener ayuda médica tan pronto como sea posible. Entretanto, se debe mantener la cabeza elevada; se debe reducir la temperatura del cuerpo desprendiéndolo de las ropas y colocando compresas o bolsas de hielo en el cuello, las axilas y la ingle; la piel debe refrescarse frotándola con alcohol o colocando paños fríos y mojados. Si la temperatura por el recto indica más de 106° F (41° C), se recomienda sumergir todo el cuerpo en agua fría y dar masajes sin parar, para así lograr que llegue sangre más fresca al cerebro. Las aplicaciones frías deben detenerse cuando la temperatura baja a 101° F (38.3° C) y repetirse si la temperatura sube de nuevo.[148] Si la víctima está consciente, se le debe dar de tomar a sorbos líquidos frescos, igual que para el agotamiento por calor.

Fuentes (vea la Bibliografía)

42, 47, 53, 63, 64, 65, 75, 108, 111, 148, 149, 150, 159, 184, 186, 254, 255, 281, 291, 293, 294, 322

Caspa

Aunque hasta ahora nadie ha fallecido por causa de caspa mortal, las partículas blancas sobre los hombros hacen pasar vergüenza delante de los demás. Sus causas incluyen reacciones alérgicas, deficiencias en la dieta, estrés emocional, residuos de champú o laca para el cabello, fluctuaciones hormonales, enfermedad, falta de limpieza, exceso de sequedad o grasa en el cuero cabelludo, o una cabeza tostada por el sol. La caspa seria que no responde a remedios caseros ni a técnicas de relajación (vea la Introducción), requiere que se visite al dermatólogo y posiblemente un tratamiento para combatir la dermatitis seborreica, esa erupción escamosa y con picazón que también puede aparecer en el rostro, el pecho y la espalda.

Dieta y suplementos (vea la nota en la página xii)

Los carbohidratos complejos que se encuentran en las frutas, los vegetales y los granos enteros suministran los nutrientes esenciales para la salud del cuero cabelludo. Los estudios muestran que muchos casos de caspa se relacionan con las dietas con un alto nivel de grasas saturadas, azúcar y carbohidratos procesados.[98] Tomar diariamente multivitaminas y minerales, además de suplementos opcionales, a menudo elimina los problemas de caspa.

Vitamina A En forma de beta-caroteno, de 25.000 a 35.000 unidades internacionales IU diarias durante un mes para prevenir la sequedad del cuero cabelludo y la acumulación de células muertas de la caspa.

Complejo B Una tableta que contenga todas las vitaminas B una o dos veces al día. El consumo de entre 100 a 300 miligramos de *PABA* ha solucionado casos de caspa persistente que se había extendido a las cejas y los lados de la nariz.[301]

Vitamina E y aceite vegetal Tomar entre 20 y 400 unidades internacionales *IU* de vitamina E más una cucharada de aceite de canola o de oliva con la dieta diaria puede eliminar la caspa seca y escamosa.

Lecitina (*lecithin*) Una cucharada de gránulos al día o dos cápsulas con cada comida protege y fortalece las membranas celulares del cuero cabelludo.[17]

Selenio (*selenium*) De 50 a 100 microgramos al día aumenta el efecto de la vitamina E y ayuda a prevenir el endurecimiento de los tejidos que puede traer como consecuencia la caspa escamosa.

Sales de tejidos Dos dosis diarias de *Kali. Sulph. 12X* y dos de *Nat. Mur. 12X* durante dos o tres semanas.

Zinc De 30 a 50 miligramos, o el equivalente en pastillas de zinc disueltas en la boca a intervalos, diariamente, durante una semana. En algunos casos, los suplementos de zinc han detenido el escozor y la escamosidad de la caspa en menos de siete días.[42]

Tratamientos "prechampú"

Aunque el exceso de grasa en el cuero cabelludo puede estimular la caspa, un tratamiento ocasional con aceite ayuda a aflojar y suavizar las escamas. Déle masajes al cuero cabelludo con aceite tibio de castor, maíz u oliva, o con vaselina (*petroleum jelly*), y cúbralo con una toalla caliente y húmeda durante 30 minutos antes de aplicarse el champú. Para aliviar el escozor y las partículas blancas de una caspa fuerte, aplique aceite de vitamina E al cuero cabelludo dos veces a la semana, antes de irse a la cama, y luego lávese con champú a la mañana siguiente.

○ Quince minutos antes de aplicarse el champú, déle masajes al cuero cabelludo con cualquiera de estos destructores de la caspa: una mezcla mitad y mitad de vinagre y agua (es mejor si añade una cucharada de gránulos de polen de abeja —*bee pollen granules*— por taza); partes iguales de infusión de romero (*rosemary*) y de salvia (*sage*) con concentración triple; una infusión de una cucharada de menta seca hervida a fuego lento con $\frac{1}{2}$ taza de agua y $\frac{1}{4}$ taza de vinagre, colada luego de haberse enfriado. O déle masajes al cuero cabelludo con aceite de cacahuete (maní, *peanut oil*) calentado, y luego con jugo fresco de limón; o use sólo el jugo de limón.

○ Antes de irse a la cama, frote gel de áloe vera (acíbar, zabila) en el cuero cabelludo. O exprima raíz de jengibre (*ginger*) rallada a través de una estopilla (gasa, *cheesecloth*) y combine el líquido con una cantidad igual de aceite de ajonjolí (*sesame oil*) antes de frotarlo en el cuero cabelludo. Cubra cualquiera de los dos tratamientos con una toalla o una gorra de dormir y lávese la cabeza con champú a la mañana siguiente. Repita dos o tres veces a la semana hasta que la caspa desaparezca.

Vinagre de sidra de manzana (*apple cider vinegar*) Verter vinagre tibio sobre el cabello y envolverlo con una toalla durante una hora antes de aplicarse champú, dos veces a la semana durante un mes, ha solucionado muchos casos de caspa intratable.[42]

Sal Combine $\frac{1}{2}$ taza de sal con bastante agua como para hacer una pasta. Frótela en el cuero cabelludo, espere cinco minutos y luego enjuáguela. A Whitney B. le gustaba usar suéteres oscuros para acentuar su piel clara y su pelo rubio, pero no le agradaban las partículas blancas que le caían sobre los hombros. Un viejo remedio popular resolvió su problema. Dos veces a la semana revolvía una cucharada de sal con un huevo crudo, se frotaba la mezcla en el cuero cabelludo y se la dejaba allí durante cinco minutos antes de enjuagarse con agua tibia y aplicarse champú normalmente. Ahora que se ha librado de la caspa, Whitney sigue usando el tratamiento de huevo con sal una vez por semana para evitar que vuelva el problema, y porque le encanta el cuerpo y el brillo que le da al cabello.

Champús y enjuagues

A muchas personas les ha resultado mejor lavarse la cabeza a diario con champús suaves disueltos en cantidades iguales de agua, que con productos ásperos y con sustancias medicinales. Si se usan acondicionadores o cremas de enjuague, se deben aplicar sólo al cabello, no al cuero cabelludo. La caspa que se produce debido a un exceso de álcali puede corregirse al añadir una cucharada de jugo de limón o de vinagre al enjuague final, o al usar uno de estos enjuagues de remedios populares:

○ Antes del enjuague final, masajee el cuero cabelludo con una combinación de $\frac{1}{4}$ taza de vinagre de sidra de manzana (*apple cider vinegar*), una cucharada de hamamelis (olmo escocés, *witch hazel*) y dos aspirinas trituradas; o con una mezcla de una cucharada de hamamelis y una de agua, más una cucharadita de jugo de limón.

○ Para un enjuague final, use un té de concentración doble hecho de manzanilla (*chamomile*), nébeda (*catnip*), semilla de apio, chaparro (*chaparral*), cebollinos (*chives*), ortiga (*nettle*), romero (*rosemary*) y menta, salvia (*sage*), tomillo (*thyme*), o gaulteria (*wintergreen*). Los beneficios pueden aumentarse si se agrega una cucharada de vinagre.

Tónicos

Para combatir la caspa entre una lavada con champú y la siguiente, pase por el cuero cabelludo una bolita de algodón empapada en una de estas mezclas: una cucharadita de vinagre de sidra de manzana (*apple cider vinegar*) revuelta en una taza de agua; glicerina (*glycerin*) y agua de rosas (se vende en las farmacias); mitad y mitad de infusiones de romero (*rosemary*) y salvia (*sage*), de concentración doble (si se desea, se puede disolver una cucharadita de bórax en cada taza); una mezcla de partes iguales de hamamelis (olmo escocés, *witch hazel*) y cualquier enjuague bucal comercial; o una solución de una cucharada de hamamelis o jugo de limón en ¼ taza de agua.

Fuentes (vea la Bibliografía)

6, 17, 32, 41, 42, 53, 64, 74, 75, 82, 87, 89, 98, 135, 144, 150, 159, 176, 177, 186, 196, 203, 205, 207, 219, 225, 256, 262, 293, 300, 301, 304, 305, 312, 313

Cataratas

Hace siglos, el nombre de "catarata" fue acuñado basándose en la idea de que la visión borrosa y las pupilas blancas se debían a una especie de cascada que descendía del cerebro. Los bebés pueden nacer con cataratas como resultado de una enfermedad hereditaria; las lesiones oculares o los esteroides pueden estimularla a cualquier edad; la diabetes o la exposición a los rayos X contribuyen a su formación. Las cataratas de la senilidad, sin embargo, son las más comunes. Hasta cierto punto, afectan a la mayoría de las personas mayores de 65 años, pero en muchos casos la opacidad se reduce al borde del cristalino, donde no afecta la visión.[75]

Las cataratas, que antes se aceptaban como un problema normal del envejecimiento, ahora se consideran una enfermedad degenerativa, sólo en el sentido de que el engrosamiento y nubosidad del cristalino transparente del ojo a menudo surge como resultado de la acumulación del daño sufrido por las células oculares, tras años de exposición a los rayos ultravioleta del sol. Usar gafas para sol calificadas como Z80.3 o espejuelos con graduación con una película protectora para bloquear los rayos ultravioleta reduce el peligro de las cataratas y demora su desarrollo.[186] Las cabinas de bronceado intensifican el riesgo debido a que usan radiaciones *UVA* en lugar de los menos dañinos rayos *UVB*, que son más propensos a producir quemaduras en la piel.[300] Cuando los problemas de la vista lo exigen, actualmente es posible eliminar la catarata por medios quirúrgicos a través de un procedimiento que no requiere hospitalización, pero la postergación, el retraso o la regresión de la catarata son opciones preferibles.

Dieta y suplementos (vea la nota en la página xii)

Aunque no hay un nutriente específico que sea eficaz para retardar el envejecimiento ocular y derrotar las cataratas, se han logrado respuestas favorables cuando se han suplido las necesidades dietéticas esenciales. La "fórmula del desayuno" del Dr. Rinse (creada por un químico como cura para complicaciones ateroescleróticas y difundida en los años 70) ha demostrado resultar beneficiosa para prevenir y corregir algunas cataratas.[222] Para una versión simplificada de la fórmula, combine una cucharada de levadura de cerveza (*brewer's yeast*), una de gránulos de lecitina y una de germen de trigo (*wheat germ*) crudo, con una cucharadita de calcio en polvo y un poquito de leche. Revuelva todo con cereal caliente o frío y/o yogur, añada fruta y endulce al gusto con azúcar morena o miel, y luego acompáñelo con multivitaminas y minerales, 500 miligramos de vitamina C y 100 unidades internacionales *IU* de vitamina E. Los expertos en nutrición de esa década aconsejaban tomar dos vasos de jugos vegetales al día —ocho onzas (225 ml) de jugo de zanahoria mezclado con cualquier combinación de remolacha (betabel, *beet*), apio, pepino, perejil y espinaca—, e incluir en la dieta melón cantalupo, frutas cítricas, vegetales de hoja verde y roja anaranjada, aceites no saturados y granos enteros.[173, 218, 226]

Para 1985, los oftalmólogos holísticos no sólo prevenían y retardaban las cataratas, sino también revertían algunos casos con una dieta baja en grasa con énfasis en pescado, aves y frutas y vegetales frescos, con suplementos de multivitaminas y minerales, una tableta de vitaminas del complejo B, 500 miligramos de vitamina C, 400 unidades internacionales *IU* de vitamina E y 20 miligramos de manganeso y 20 de zinc.[43, 177] En 1988, Gary Price Tod, M.D., declaró en *Eye Talk* que al tomar suplementos nutritivos, el 50 por ciento de sus pacientes con cataratas habían podido restaurar su vista sin necesidad de someterse a una cirugía.[17]

Estudios recientes verifican estos primeros éxitos. Las vitaminas B, sobre todo la vitamina B-12, han demostrado proteger el lente cristalino del ojo.[151] Un estudio mencionado en *American Journal of Clinical Nutrition* (enero de 1991) demuestra que las personas que ingieren por lo menos 4 porciones diarias de frutas y vegetales, tienen casi seis veces menos posibilidades de desarrollar cataratas que quienes consumen grandes cantidades de alimentos ricos en vitamina C y carotenoides tales como beta-caroteno y vitamina E. Otro estudio, mencionado en *Archives of Ophthalmology* (febrero de 1991), reveló que los adultos que toman multivitaminas son 37 por ciento menos propensos a tener cataratas que quienes no usan suplementos, y que el consumo elevado de vitaminas B-1, B-2, niacina, C y E, además de hierro y beta-caroteno, reduce el riesgo de desarrollar cataratas.

Según el *Berkeley Wellness Letter* (enero de 1993), todas esas vitaminas, junto con el selenio, son antioxidantes que combaten los radicales libres que dañan los tejidos y nublan los ojos, los cuales son creados por la exposición a los rayos ultravioleta, el fumar cigarrillos y otros peligros medioambientales, y por el propio organismo. Muchos oftalmólogos recomiendan "vitaminas para los ojos" que se venden sin receta y que contienen estos antioxidantes, además de zinc, para sus pacientes de cataratas.[124] Thelma O. había experimentado complicaciones después de que le operaron una catarata de un ojo y temía someterse a la próxima cirugía luego de haberse mudado hacía tan poco tiempo desde la zona central del país hasta Boston. Cuando su nuevo médico le sugirió que tomara todos los días, durante seis semanas antes de la operación y durante un mes después, una multivitamina más 1.000 miligramos de vitamina C, 400 unidades internacionales *IU* de vitamina E y una vitamina para los ojos de venta libre, Thelma se dispuso a probar el experimento y quedó encantada con los resultados. No hubo problemas en esta ocasión y la curación fue tan rápida que muy pronto ya leía cómodamente con lentes de contacto.

Con la aprobación del médico, y junto a una multivitamina, los expertos en nutrición y los doctores en naturopatía recomiendan los siguientes suplementos diarios:

Vitamina A en forma de beta-caroteno De 100.000 a 200.000 unidades internacionales *IU* durante un mes; luego de 50.000 a 75.000 *IU*.

Complejo B Una tableta con todas las vitaminas B, más 50 miligramos de las vitaminas B-1, B-2 y B-6; y de 100 a 500 miligramos de ácido pantoténico.

Vitamina C con bioflavonoides De 500 a 6.000 miligramos en dosis divididas.

Vitamina E De 100 a 600 unidades internacionales *IU*.

Calcio y magnesio 1.000 miligramos de calcio más 500 miligramos de magnesio.

Selenio De 50 a 200 microgramos.

Zinc De 30 a 50 miligramos.

Sales de tejidos Cuatro tabletas de *Calc. Fluor. 6X*, más dos de *Silícea 6X*.

Remedios populares

La antigua práctica de untar en los párpados una mezcla de miel y heces fecales de buey para corregir las cataratas ha sido abandonada, pero los curanderos populares siguen utilizando la miel. Se dice que se logra una mejoría en menos de dos meses si se coloca una gota de miel en la esquina de cada ojo todas las noches; y se cree que el desarrollo de la catarata se puede retardar o revertir si se bebe a sorbos una mezcla de dos cucharaditas de miel y dos de vinagre de sidra de manzana (*apple cider vinegar*) en un vaso de agua con cada comida. He aquí otros remedios caseros que han sido aplicados con éxito.

Aceite de hígado de bacalao o aceite de linaza (*flaxseed*) Coloque dos gotas de aceite de hígado de bacalao en el ojo afectado todas las noches durante un mes. Si no se nota mejoría, use una gota de aceite de linaza (de una farmacia).

Sal de Epsom Disuélvala en agua tibia y úsela en una solución poco concentrada como lavado ocular.

Hierbas El jugo de áloe vera (acíbar, zábila) puede usarse como gotas para los ojos. Los expertos en hierbas aconsejan infusión de manzanilla (*chamomile*) o de eufrasia (no tintura) filtrados, dos veces al día, como lavado de ojos. Se dice que los beneficios aumentan si se toman cuatro o cinco cápsulas de eufrasia (*eyebright*) por la mañana y por la noche.[176, 312] Beber una taza de té de pimienta de Cayena (*Cayenne pepper*) todos los días se cree que retrasa el desarrollo de las cataratas. Otras hierbas que se consideran beneficiosas son el arrayán (*bayberry*), el perifollo (*chervil*), el botón de oro (hidraste, *goldenseal*) y la frambuesa roja (*red raspberry*).

Papa Esparza una papa cruda, pelada y rallada, entre pedazos de gasa y colóquela sobre el párpado durante una hora o más todos los días.

Agua de mar Coloque dos gotas de agua de mar embotellada en el ojo, por la mañana y por la noche; luego tome una cucharada de esa agua.

Presión sobre los nervios y masajes

○ Una o dos veces al día, presione cada uno de estos puntos durante 30 segundos: presione hacia arriba, debajo de las cejas, a cada lado del puente de la nariz; presione la pequeña protuberancia en el hueso que rodea al ojo, alrededor de $\frac{1}{4}$ de pulgada hacia la nariz, desde el borde externo inferior del ojo; luego, use los dedos índices para presionar debajo de cada oreja, por detrás de la mandíbula, halando hacia adelante.

○ Una vez al día, en el lado en que esté la catarata, masajee el área que está debajo del segundo dedo del pie y el que le sigue, así como la base de los dedos índice y del medio de la mano. Luego, presione y masajee la planta de cada pie entre el pulpejo del pie y el comienzo del arco.

Fuentes (vea la Bibliografía)

2, 6, 17, 26, 43, 45, 46, 47, 49, 59, 60, 64, 72, 75, 82, 86, 87, 89, 98, 112, 124, 146, 150, 151, 164, 172, 173, 176, 177, 186, 190, 213, 218, 222, 226, 256, 262, 281, 283, 294, 300, 303, 312, 316

Colesterol elevado

El colesterol, que desde el punto de vista químico es un lípido (grasa), es una sustancia suave y cerosa que está en todos los tejidos de los animales. Es esencial para la vida y es un constituyente importante de las células del cuerpo que se usa como aislante alrededor de las fibras nerviosas, y está involucrado en la formación de los ácidos digestivos y de ciertas hormonas, así como en el transporte de las grasas. Para satisfacer estas necesidades, el organismo (sobre todo el hígado) utiliza grasas saturadas y carbohidratos procesados para producir cerca de 1.000 miligramos de colesterol todos los días, además del colesterol consumido procedente de la alimentación. Para distribuir el colesterol a través del torrente sanguíneo, el hígado lo combina con proteína y triglicéridos (grasas "malas" derivadas directamente de los alimentos o fabricadas por el organismo) en paquetes moleculares llamados lipoproteínas. Las lipoproteínas de baja densidad (colesterol "malo" o *LDL*, por sus siglas en inglés) transportan el colesterol a través de todo el organismo y dejan en el torrente sanguíneo el colesterol que no se necesita, donde se puede acumular sobre las paredes arteriales. Las lipoproteínas de alta densidad (colesterol "bueno" o *HDL*, por sus siglas en inglés) transportan menos cantidad de colesterol que el *LDL* y, a medida que viajan a través de la sangre, el *HDL* recoge el colesterol que está circulando o que se ha adherido a las arterias y lo transportan de regreso al hígado para ser reprocesado o expulsado.

Niveles de colesterol

La *American Academy of Pediatrics* sugiere que se les haga pruebas de colesterol a los niños solamente si hay un historial familiar de enfermedades cardiacas. A todos los adultos se les aconseja que se hagan pruebas de colesterol como una medida de precaución, aun cuando las mujeres que no han llegado a la menopausia raras veces son víctimas de infartos. Los hombres deben volver a examinarse cada cinco años, durante su período de alto riesgo entre las edades de 40 y 60 años. Las pautas establecidas por los *National Institutes of Health* señalan un nivel total de colesterol en la sangre inferior a 200 miligramos de colesterol por decilitro de sangre (200 mg/dl) como un nivel sin peligro; entre 200 y 240 comienza el nivel de colesterol alto.[111] Estudios recientes han mostrado que la cantidad proporcional de *HDL* es un indicador más preciso del riesgo de enfermedad cardiaca o de otros trastornos relacionados con el colesterol, tales como cálculos biliares, presión sanguínea alta, impotencia e incapacidad mental. Las personas que tienen niveles de colesterol elevados puede que no estén en peligro si sus niveles de *HDL* son altos; aquellos con un total por debajo de 200 puede que estén en peligro si el nivel de *HDL* es bajo. Existen estudios que indican que los niveles de *HDL* por encima de 70 protegen contra las enfermedades cardiacas; los inferiores a 35 constituyen un factor de riesgo.[75, 300] Son deseables niveles de *LDL* por debajo de 130; aquellos superiores a 160 significan una señal de peligro. Para una óptima protección cardiovascular, los niveles de triglicéridos deben ser de 120 o inferiores; los niveles por encima de 200 se consideran peligrosos. Si los resultados de las pruebas son elevados, el *National Cholesterol Education Program* sugiere obtener un promedio de una o dos lecturas adicionales de diferentes laboratorios antes de comenzar una dieta estricta de emergencia o medicamentos para bajar el colesterol.

Los niveles de colesterol están influidos por la herencia; las dietas ricas en grasas saturadas, colesterol y carbohidratos procesados; las enfermedades metabólicas tales como la diabetes; la obesidad (el exceso de peso estimula al hígado a producir más triglicéridos y eleva los niveles de colesterol); el fumar (los fumadores que dejan el hábito han elevado su *HDL* en 10 puntos en un mes);[50] y la falta de ejercicio (caminar con firmeza durante 30 minutos tres veces a la semana aumenta el *HDL* y reduce los triglicéridos).[47] Una cuantas personas tienen la fortuna de poseer genes protectores que se adaptan al colesterol alto y les permiten comer, beber y fumar en exceso, y evitar el ejercicio durante 80 ó 90 años, sin que esto les traiga consecuencias nocivas. Por el contrario, otras personas tienen genes defectuosos que producen demasiado colesterol y deben someterse a una terapia medicamentosa para eliminar ese exceso. Para la mayoría de las personas activas, las alteraciones de la dieta pueden controlar los niveles de colesterol.

Dieta

Las comidas abundantes estimulan la producción de una enzima que aumenta la producción de colesterol por parte del hígado; dividir las calorías del día en comidas frecuentes y moderadas, en lugar de las dos o tres habituales, puede ayudar a reducir los niveles de colesterol.[50] Muchos expertos recomiendan reducir el consumo alimenticio de colesterol del promedio de 500 miligramos al día, a 100 miligramos por cada 1.000 calorías, y poner un límite de 200 a 300 miligramos.[294, 312] Los alimentos provenientes de plantas no contienen colesterol, pero todos los que provienen de animales contienen un poco. Los que más contienen son las carnes provenientes de órganos animales (dos tajadas de embutido de hígado tienen 89 miligramos de colesterol); yemas de huevo (una yema grande provee aproximadamente la cuota para todo un día, aun cuando su contenido de colesterol se calcula ahora en 213 miligramos, no 274 como se pensaba antes); y productos lácteos como la leche entera tienen 33 miligramos por taza; la mantequilla, 31 miligramos por cucharada; y el queso *cheddar*, 30 miligramos por onza.

Las bebidas pueden afectar los niveles de colesterol. Se necesitan por lo menos ocho vasos de agua o jugo al día para hacer que la materia fibrosa que absorbe al colesterol fluya por todo el cuerpo. Los expertos en hierbas sugieren infusiones (o cápsulas) de pimienta de Cayena (*Cayenne pepper*), raíz de achicoria (*chicory*), consuelda (*comfrey*), fenogreco (*fenugreek*), espino (*hawthorn*), menta, trébol morado o rojo (*red clover*), escaramujo (*rose hip*), escutelaria (*skullcap*) o cúrcuma (*turmeric*) para mejorar los niveles de colesterol. Estudios dados a conocer por la *American Heart Association* en junio de 1991 muestran que el café hervido o hecho en cafetera aumenta el dañino *LDL*, pero que hasta seis tazas diarias de café normal o descafeinado, hecho con papel de filtro, no influyen negativamente en el colesterol de la sangre. Tomar uno o dos tragos de bebidas alcohólicas al día aumenta el colesterol "bueno" *HDL* y reduce el colesterol "malo" *LDL*,[254] pero tanto el exceso de alcohol como el de azúcar que no se utiliza para crear energía, se transforma en grasa saturada. Según un informe en la revista *American Health* (diciembre de 1992), el jugo de uva morada contiene casi tanto de la sustancia que baja el *LDL* como la que contiene el vino tinto.

Grasas

Muchos expertos consideran que la cantidad total de grasa en una dieta tiene un impacto mayor sobre los niveles de colesterol en la sangre que el que tiene la cantidad de colesterol de la dieta. La grasa saturada (que se encuentra principalmente en los productos de origen animal, pero también en los aceites de coco, de palma y de semilla de algodón) estimula al hígado a producir más *LDL* e interfiere con su capacidad para eliminar el colesterol de la sangre. La grasa monoinsaturada (aceites de canola, de oliva y de maní; aguacates, nueces y aceitunas) mantiene o eleva los niveles del protector *HDL*, al tiempo que reduce la cantidad de colesterol transportado por el *LDL*. Los aceites poliinsaturados (alazor o *safflower*, girasol o *sunflower*, maíz) ayudan a reducir el colesterol en general. El proceso de hidrogenar los aceites vegetales para convertirlos en manteca sólida o margarina, transforma sus propiedades saludables en un tipo de grasa que es potencialmente más dañina que la grasa saturada en forma natural.[177]

La dieta Pritikin, que permite sólo un 10 por ciento de calorías diarias provenientes de grasa, ha reducido los niveles de colesterol en un 25 por ciento durante un mes.[237] Otros expertos en nutrición han descubierto que una dieta menos rigurosa, que permita obtener de las grasas un tercio de las calorías, puede reducir el colesterol total y los niveles de *LDL* aún más eficientemente, siempre y cuando una amplia proporción de las grasas sea monoinsaturada.[293] La *American Heart Association* recomienda un total de consumo de grasa de 30 por ciento de la dieta, con no más del 10 por ciento proveniente de grasa saturada, y el resto de fuentes no saturadas. A nueve calorías por gramo de grasa, el 30 por ciento de las 2.000 calorías diarias que consume la mujer promedio equivale a 67 gramos de grasa; las 2.700 calorías del hombre, a 90 gramos de grasa.

Un plan sencillo para reducir la grasa de la dieta requiere comer carne rojas tres veces por semana (una porción de tres onzas de carne de res magra tiene 205 calorías con 12 gramos de grasa; 4,9 de ellos son de grasa saturada), con pescado, ave o legumbres ricas en proteínas en los días alternos. Tres onzas de salmón horneado equivalen a 140 calorías y cinco gramos de grasa, incluidos dos gramos de grasas saturadas; la misma cantidad de pechuga de pavo equivale a tres gramos de grasa, 0,2 de ellos saturados; y los frijoles (alubias, habichuelas, habas, judías) secos cocidos tienen solamente un gramo de grasa por taza. Leyendo las etiquetas y aprovechando los productos con reducción de grasa, o sin grasa alguna, que están disponibles, una dieta baja en grasa no tiene por qué privarle de los alimentos que le gustan.

Fibra

La pectina soluble en agua (de frutas, vegetales, legumbres y nueces) y la fibra soluble presente en el salvado (o cáscara del grano) del maíz y el arroz, así como en el salvado de avena, reducen el *LDL* y el colesterol total sin reducir los niveles del útil *HDL*. La fibra insoluble del salvado del trigo protege contra el cáncer del colon, pero no afecta el colesterol. La fibra soluble no sólo se adhiere al exceso de colesterol y lo saca fuera del organismo, sino que se cree que también interrumpe la síntesis del colesterol en el hígado.[48]

El aumentar con 10 gramos adicionales de fibra soluble una dieta balanceada de 30 por ciento de grasa puede traer como resultado la reducción de los niveles de colesterol hasta un 19 por ciento en menos de un mes.[300] Una porción de cereal de salvado de avena (*oat bran*) contiene cinco gramos de fibra; una pera, seis gramos; una manzana, tres; una taza de frijoles (alubias, habichuelas, habas, judías) secos cocidos contiene tanta fibra soluble como dos tercios de una taza de salvado de avena.[47] Otras fuentes buenas recomendadas para la reducción del colesterol son: manzanas, bananas (plátanos), bayas, brócoli, col (repollo, *cabbage*), zanahoria, coliflor, maíz, frutas cítricas, dátiles, berenjena, higos, pasas, ciruelas pasas, batata (boniato, camote, papa dulce, *sweet potato*), nabo (*turnips*) y calabacita italiana (calabacín, *zucchini*). El ajo y la cebolla también contienen compuestos de azufre que afectan de manera significativa la biosíntesis del colesterol y los triglicéridos. Existen estudios que muestran que una cebolla al día aumenta el *HDL* en un 30 por ciento, al tiempo que reduce el *LDL* y los triglicéridos.[150, 151] Otros estudios clínicos mencionados en *Prevention* (enero de 1992) mostraron que tomar de 600 a 900 miligramos de cápsulas de polvo de ajo todos los días, durante tres o cuatro meses, redujo los niveles de colesterol del 14 al 21 por ciento, y los de triglicéridos del 18 al 24 por ciento.

Suplementos (vea la nota en la página xii)

No se debe dar comienzo a cambios drásticos en la dieta o los suplementos sin antes consultar con el médico, pero como algunos nutrientes al azar pueden ser expulsados junto con el colesterol cuando la fibra limpia el organismo, por lo general se recomienda tomar diariamente multivitaminas y minerales.

Antioxidantes Estos desempeñan un papel vital en el control del colesterol. Los científicos creen que el colesterol debe oxidarse antes de que pueda adherirse a las paredes arteriales, y según un estudio mencionado en *Atherosclerosis* (junio de 1990), las vitaminas C y E detienen esta oxidación dentro del organismo. Otros estudios han mostrado que 500 unidades internacionales *IU* de vitamina E al día pueden aumentar notablemente los niveles de *HDL*,[293] y que 1.000 miligramos de vitamina C todos los días reducen poco a poco el colesterol alto hasta niveles normales sin que se reduzca el protector *HDL*.[29] Algunos expertos en nutrición recomiendan hasta 5.000 miligramos de vitamina C diariamente para aumentar el poder que tiene la pectina para reducir el colesterol.

Vitaminas B Estas vitaminas ayudan en la metabolización de la grasa. Además de una tableta de vitaminas del complejo B al día, se ha visto que los suplementos individuales son beneficiosos. En especial a los fumadores se les aconseja tomar 100 miligramos de vitamina B-6 diariamente para elevar los niveles de *HDL*.[312] Estudios clínicos han demostrado que tomar 30 miligramos de vitamina B-15 (ácido pangámico) tres veces al día durante 20 días redujo en un 90 por ciento los niveles de colesterol de las personas que participaron en los estudios.[98] Se cree que la lecitina, que contiene altas concentraciones de colina e inositol, emulsiona las grasas y el colesterol para poder ser utilizados por el organismo o expulsados del organismo. La dosis sugerida es de una a seis cucharadas de gránulos de lecitina al día, o dos o más cápsulas de 1.200 miligramos con cada comida. Bajo supervisión médica, cantidades terapéuticas de B-3 (niacina, no niacinamida) pueden ser tan eficaces como los medicamentos recetados para las personas que no son diabéticas, ya que aumentan el *HDL* al mismo tiempo que reducen el *LDL* y los triglicéridos. El Dr. Matt escogió este método natural para corregir su colesterol elevado. Comenzó con 100 miligramos de niacina con dos comidas al día, y aumentó gradualmente la dosis hasta llegar a tomar 1.000 miligramos con cada una de tres comidas al día. En vez de usar niacina de acción retardada, la cual por lo general no produce rubor en la piel, aunque tal vez es potencialmente dañina para el hígado, disminuyó la reacción de comezón en la piel al tomar una aspirina media hora antes de cada comida hasta que su organismo se adaptó a la niacina. Al combinar este régimen con una dieta baja en grasa y alta en fibra, el Dr. Matt pronto logró que su colesterol bajara a un nivel saludable.

Minerales Un estudio demostró que tomar 1.000 miligramos de carbonato de calcio al día durante dos meses redujo el colesterol en general en un 4,8 por ciento. Otros estudios han indicado que tomar 2.000 miligramos de carbonato de calcio al día durante un año redujo los triglicéridos y bajó el colesterol en un 25 por ciento.[177, 294] Se recomiendan por lo menos 500 miligramos de magnesio cuando se toman suplementos de calcio. El cromo (en tabletas o en la levadura de cerveza —*brewer's yeast*) reduce el colesterol total y aumenta los niveles de *HDL*. Un estudio, mencionado en *Longevity* (junio de 1990), mostró que el consumo diario de 200 microgramos de picolinato de cromo produjo cambios positivos en seis semanas, la mitad del tiempo que se requiere por lo general para mejorar por medio de la terapia con medicamentos.

Carbón activado (*activated charcoal*) Una alternativa no nutritiva que se adhiere al colesterol y lo saca eficazmente fuera del organismo consiste en $\frac{1}{4}$ onza de carbón tres veces al día; esto ha reducido los niveles de *LDL* en un 41 por ciento y ha elevado los de *HDL* en un 8 por ciento. Pero como el carbón puede pegarse a otras sustancias tanto como al colesterol debe tomarse una hora antes o después de las comidas, suplementado con una multivitamina con minerales, y sólo con la aprobación del médico si se han recetado otros medicamentos.[151]

Psilio Esta fibra soluble procedente de las vainas de las semillas del llantén (*plantain*) puede obtenerse en las tiendas de alimentos naturales (*health food stores*) o en forma de laxantes comerciales. Cuando se toma junto a una dieta baja en grasas, una cucharadita de psilio más ocho onzas de agua tres veces al día han aumentado el *HDL*, reducido el *LDL* y producido un descenso del 35 por ciento en el colesterol total después de sólo seis meses.[112]

Fuentes (vea la Bibliografía)

17, 28, 29, 40, 45, 46, 47, 48, 50, 75, 98, 99, 109, 111, 112, 130, 150, 151, 176, 177, 186, 237, 248, 254, 266, 268, 281, 283, 293, 294, 300, 303, 308, 312, 313

Colitis e Inflamación intestinal

T odos los tipos de enfermedad inflamatoria de los intestinos (*IBD*, por las siglas en inglés de *inflammatory bowel disease*) producen dolor abdominal y retortijones, un deseo urgente de defecar y accesos de diarrea. Para identificarla con precisión es necesaria la evaluación médica, la cual se debe obtener si los síntomas persisten durante más de cinco días. Por definición, la *colitis* es inflamación del colon (intestino grueso); *enteritis* es inflamación del intestino delgado o de todo el conducto intestinal; *ileítis* es inflamación de la parte inferior del intestino delgado; *colitis ulcerativa* es inflamación continua con úlceras sangrantes en la pared interior del colon hasta el ano; y la *enfermedad de Crohn* se identifica por secciones inflamadas del colon por encima del recto.

La colitis provocada por infecciones, tratamientos antibióticos o deficiencias de la nutrición responde generalmente a remedios caseros.[75] La colitis ulcerativa o la enfermedad de Crohn ataca por lo general en los primeros años de la vida adulta y se presenta en intervalos que van desde unos cuantos meses hasta unos cuantos años. Los síntomas pueden incluir sangre y pus en heces fecales líquidas, fiebre y pérdida de peso, por lo que exige atención médica inmediata, además de un control frecuente. Parece que existe una relación entre una historia familiar de colitis y la enfermedad de Crohn o la colitis ulcerativa, pero también influye mucho en esto una dieta inadecuada, y el fumar aumenta el riesgo de *IBD*. Aunque la relación entre el estrés y la *IBD* no ha sido totalmente comprendida, se ha establecido que la ansiedad y el estrés emotivo pueden precipitar un ataque y que el grado de estrés influye en la gravedad de la colitis, haciendo que el cerebro genere una sustancia que ataca las células intestinales y activa la inflamación y el dolor que actúan como defensas.[204] Además de practicar algunas de las técnicas de relajación descritas en la Introducción, establecer un programa de ejercicios hechos con regularidad puede ayudar a evitar las consecuencias del estrés.

Dieta

Consumir comidas reducidas, bajas en grasas y ricas en proteínas a intervalos frecuentes, y masticar bien todos los alimentos ayuda a evitar la irritación de los intestinos causada por la comida que llega al colon sin haber sido adecuadamente digerida. Puede que las víctimas de *IBD* sean sensibles solamente a ciertos alimentos como la levadura, el trigo o los productos lácteos (los suplementos de lactasa pueden prevenir que se agrave el problema causado por no poder digerir la lactosa de la leche). Los alimentos ricos en grasa o fritos empeoran la diarrea; los alimentos muy picantes, las nueces y las semillas pueden irritar un colon inflamado. Una alteración en el metabolismo de los carbohidratos puede conducir a una colitis. En algunos casos, con sólo evitar todas las formas de azúcar se soluciona el problema.[42, 162]

Para el primer día de un ataque de diarrea, puede ser beneficiosa una dieta de caldo, gelatina, jugos de frutas diluidos y refrescos sin cafeína (vea "Diarrea"). Aunque algunos médicos todavía ordenan una dieta blanda y baja en residuos para quienes padecen de colitis crónica, la mayoría de los gastroenterólogos aconsejan aumentar poco a poco las cantidades de fibra soluble (goma, pectina y algo de hemicelulosa) para ayudar a mover la materia a lo largo del intestino delgado sin forzar al colon.[186] Entre las fuentes buenas se encuentran las manzanas, la cebada (*barley*), el arroz moreno (*brown rice*), las coles de Bruselas (*brussels sprouts*), las zanahorias, las legumbres, el salvado de avena (*oat bran*) y las batatas (boniatos, camotes, papas dulce, *sweet potatoes*). La tapioca granulada y de preparación instantánea puede combinarse con gelatina sin sabor y almíbar de arce (*maple syrup*), y luego se aumenta con merengue hecho de claras de huevos batidas para hacer un pudín que tiene fama de producir un efecto curativo en el conducto intestinal, si se come con regularidad.[150] La pectina, que también se puede conseguir en forma de suplemento, ofrece beneficios adicionales: alivia las membranas inflamadas y acelera la curación al nutrir a las células de la pared interior del colon.[45] Si se puede tolerar el salvado de trigo no procesado (*unprocessed wheat bran*), incorpore gradualmente de dos cucharaditas a ½ taza de esta fibra insoluble con sus comidas diarias para ayudar a regular la actividad intestinal, ya que absorbe cerca de ocho veces su propio peso en agua.

Para llevar a cabo esta función, la fibra debe acompañarse con entre seis a ocho vasos de líquido al día. Los expertos en nutrición recomiendan jugos de manzana, remolacha (betabel, *beet*), bróculi, col (repollo, *cabbage*), melón cantalupo, zanahoria, papaya y fresas (frutillas, *strawberry*), así como el jugo de las hojas de verduras, debido a que las enzimas de las frutas y los vegetales frescos se absorben rápidamente para ayudar a reconstruir el revestimiento de colágeno del conducto intestinal. Las infusiones naturales de alfalfa, manzanilla (*chamomile*), consuelda (*comfrey*), diente de león (*dandelion*), matricaria (*feverfew*), papaya, trébol morado o rojo (*red clover*) y olmo norteamericano (*slippery elm*) han demostrado ser beneficiosas; así como el remedio popular de dos cucharaditas de vinagre de sidra de manzana (*apple cider vinegar*) y dos de miel mezcladas en un vaso de agua y tomadas antes de las comidas.

Al fortalecer la flora benéfica (la cual puede ser destruida por los antibióticos) e inhibir las bacterias que provocan la inflamación de los intestinos, el *acidophilus* (en cápsulas o en yogur) puede ser inapreciable para las víctimas de colitis. Sheldon A. y una serie de médicos habían combatido sin resultados durante años contra su colitis ulcerativa. Cuando los retortijones y la diarrea con sangre regresaron unos cuantos meses después de que se le hubiera extirpado un pedazo de su colon, Sheldon optó por una terapia alimenticia en lugar de otra serie de medicamentos por receta. Consumir yogur acidófilo todos los días le suministró bacterias *lactobacillus* para proteger sus intestinos, y tomar suplementos de pectina de manzana, glucomanana (*glucomannan*) y psilio aparentemente curó el IBD de Sheldon... por lo menos no se le han presentado más síntomas.

Suplementos dietéticos (vea la nota en la página xii)

La colitis obliga a los nutrientes a bajar por el conducto intestinal antes de que hayan sido adecuadamente absorbidos. Una multivitamina con minerales diaria, un suplemento mineral que contenga calcio, magnesio y zinc, además de suplementos de vitaminas específicos, pueden ayudar a prevenir las deficiencias alimentarias y promover la curación. Para acelerar la recuperación, los médicos holísticos sugieren tomar tabletas de alfalfa (por la clorofila y la vitamina K) y cápsulas de ajo (por la acción antibiótica) con cada comida.[17]

Vitamina A En forma de beta-caroteno, 25.000 unidades internacionales *IU* para ayudar a prevenir la infección y ayudar a la reparación del tejido.

Complejo B Una tableta que contenga todas las vitaminas B. Durante los ataques, tomar 50 miligramos adicionales de vitamina B-6 y ácido pantoténico, más 1 a 5 miligramos de ácido fólico. La enfermedad de Crohn puede requerir también suplementos de vitamina B-12.

Vitamina C con bioflavonoides Entre 1.000 y 5.000 miligramos de una forma no ácida, como el ascorbato de calcio, en dosis divididas para fortalecer los tejidos y ayudar a combatir las toxinas que inflaman el conducto intestinal.

Vitamina E y ácidos grasos no saturados Aceites vegetales exprimidos en frío o cápsulas de aceite de prímula (*primrose*), más 100 a 400 unidades internacionales *IU* de vitamina E, proveen los ácidos grasos insaturados esenciales para la formación celular y la reparación de tejidos.

Presión sobre los nervios y masajes

O Presione y masajee la punta de los huesos de las mejillas próxima a las orejas.

O Comenzando debajo del pulpejo del dedo meñique, use el pulgar contrario para masajear a través de la palma de cada mano, prestando atención especialmente a los puntos que duelen cuando se tocan.

O Masajee las espinillas (canillas) de ambas piernas, desde justo debajo de las rodillas hasta la mitad de las pantorrillas.

O Masajee justo debajo de cada hueso externo del tobillo y luego masajee ambas plantas de los pies desde la parte inferior de los talones hasta la parte exterior del pie.

Fuentes (vea la Bibliografía)

6, 10, 17, 42, 44, 45, 50, 58, 59, 60, 75, 87, 98, 101, 112, 150, 162, 164, 176, 186, 190, 201, 204, 207, 244, 255, 256, 279, 281, 283, 296, 300, 305

Congelación, Sabañones e Hipotermia

Cuando el cuerpo se expone al frío intenso durante períodos largos, almacena calor, para mantener en funcionamiento a los órganos vitales, al reducir la circulación de la sangre hacia las extremidades, lo que deja la nariz, las mejillas, las orejas y los dedos de los pies y las manos vulnerables a la congelación (*frostbite*). Al principio, las áreas afectadas se enrojecen, cosquillean o duelen, y se sienten frías. Luego, a medida que la piel, la sangre y los tejidos internos se congelan, el área se endurece, se entumece y se pone de color blanco grisáceo. Los sabañones (pernio, *chilblains*) son áreas hinchadas e inflamadas de la piel que pican o arden luego de haberse congelado o como resultado de una exposición frecuente al frío que no ha sido tan grave como para causar congelación.

La hipotermia (un problema en el que la temperatura del cuerpo desciende por debajo de los 95° F ó 35° C) ocurre con más frecuencia en las personas ancianas que viven en hogares mal calentados, pero puede ser causada por una caída en agua helada o por usar ropas húmedas en un ambiente frío, y puede venir acompañada de congelación. Los síntomas de la hipotermia incluyen mareo, visión borrosa, desequilibrio físico, confusión mental y, eventualmente, inconsciencia.

Prevención

Varios estudios muestran que tomar dosis masivas de vitamina C con bioflavonoides (al menos 1.500 miligramos por cada 65 libras o 30 kilos de peso corporal) en dosis diarias divididas ayuda al organismo a mantener su temperatura normal para prevenir la hipotermia y la congelación.[98, 233]

El vestirse abrigado evita la mayoría de los problemas causados por un medio ambiente frío. Se recomiendan los gorros para dormir y los que

104

se usan durante el día, que protegen las orejas y la parte de atrás del cuello, pues por lo menos un tercio del calor que se pierde del cuerpo, se pierde por la cabeza.[254] Los esquiadores se protegen con máscaras para el rostro y gafas (las córneas de los ojos pueden congelarse), y un par adicional de pantalones cortos o *shorts* puede impedir la congelación del pene que experimentan algunos ciclistas y corredores.[111, 300] Los calcetines absorbentes de humedad y la ropa interior cubierta por una capa exterior a prueba de agua reducen los peligros de la pérdida de calor debido a la humedad de la ropa y la sensación térmica de frío. Los mitones mantienen las manos más calientes que los guantes, pero ambos ofrecen protección contra el contacto con metales congelados, el cual puede formar inmediatamente cristales de hielo y destruir las células de los tejidos. No se recomienda fumar mientras se está expuesto al frío ya que el tabaco reduce la circulación y constriñe los vasos sanguíneos. Si no es posible escapar del frío, al primer aviso de enfriamiento, se puede ayudar a restaurar la circulación al cubrirse el rostro o las orejas con las manos enguantadas, moviendo los dedos y metiéndolos debajo de las axilas o saltando de arriba a abajo.

Consejo de primeros auxilios La congelación y/o la hipotermia requieren de atención médica inmediata. No se debe aplicar fricción de ningún tipo a las áreas congeladas —mucho menos con el remedio arcaico de frotar con nieve— y las partes congeladas no se deben exponer al fuego ni a un calentador de radiador. Se debe envolver a la víctima en colchas (frazadas) o abrigos, se le deben dar bebidas tibias y no alcohólicas, o sopa (el alcohol proporciona una falsa sensación de calor, pero restringe la circulación de la sangre), y debe llevarse al centro médico más cercano.

Remedios populares

Después del tratamiento profesional, los remedios caseros pueden acelerar la recuperación y aliviar el malestar de la congelación o los sabañones:

Gel de áloe vera (acíbar, zabila) Este antiguo remedio para las quemaduras ha demostrado reducir el daño causado por la congelación.[49, 111]

Alumbre A la hora de ir a la cama, disuelva una cucharada de alumbre en una palangana de agua caliente. Aplíquese en los sabañones o las áreas congeladas, toallas mojadas en la mezcla y exprimidas; o sumerja allí las manos o los pies durante 20 minutos y luego cúbralos con guantes y calcetines durante el resto de la noche.

Aplicaciones líquidas Pase en las áreas afectadas, una esponja mojada con ácido bórico diluido, infusión de olmo norteamericano (*slippery elm*), hamamelis (olmo escocés, *witch hazel*) o vinagre tibio y mezclado con sal. Con una brocha suave, se puede untar una capa de aceite de germen de trigo (*wheat germ*) para aliviar el dolor y acelerar la curación de las ampollas. Un tratamiento para los sabañones, que se aplica antes de irse a la cama, consiste en ponerse compresas frías y calientes alternadamente durante 20 minutos, y mantenerse bien abrigado durante la noche. Para aliviar el dolor punzante, el antropólogo médico John Heinerman[150] sugiere este líquido (que se prepara de antemano) usado en las regiones frías del interior de Mongolia: remoje, durante una semana, dos cucharadas de pimienta negra integral, una cucharada de rábano picante (*horseradish*) rallado y una de raíz de jengibre (*ginger*), en $1\frac{1}{4}$ taza de vino blanco. Cuélelo y guárdelo en un frasco bien tapado.

Vegetales Para la congelación o los sabañones, aplique las caras interiores de cáscaras de pepino, asegúrelas sobre los sabañones durante toda la noche, o use el agua en la que se han hervido papas para pasarla con una esponja por esas áreas o para lavarse las manos o los pies. Frótese suavemente la piel congelada con tajadas de cebolla o papas crudas, o con rábanos (*radishes*) crudos licuados; se dice que cubrirse el área con puré de papas o de nabos (*turnips*) a temperatura ambiente ayuda a aliviar el dolor.

Presión sobre los nervios y masajes (no se aplican sobre las áreas congeladas–*frostbitten*)

❍ Para ayudar a restaurar el calor interno, frótese el área que está sobre los riñones (desde arriba de la pelvis hasta el centro de la espalda) durante uno o dos minutos.

❍ Extienda el brazo derecho y use la mano izquierda para masajear, durante 30 minutos, la concavidad triangular entre la clavícula y el hombro del brazo extendido; repita con el otro brazo. Luego, presione y masajee la concavidad que está detrás y ligeramente debajo de cada hueso del tobillo.

Sales de tejidos para sabañones

Para aliviar el malestar, disuelva tres tabletas debajo de la lengua aproximadamente cada hora: *Calc. Fluor. 6X*, si hay grietas en la piel; *Kali. Sulph. 6X*, para los sabañones abiertos que sueltan líquido; *Kali. Mur. 6X* para la hinchazón, y alterne con *Fer. Phos. 6X* para el dolor y la inflamación.

Fuentes (vea la Bibliografía)

21, 29, 42, 49, 57, 65, 75, 86, 92, 98, 108, 109, 111, 133, 135, 148, 149, 150, 159, 168, 186, 202, 233, 254, 281, 283, 285, 293, 294, 300, 322

Conjuntivitis y Blefaritis

La conjuntivitis es el término clínico para la inflamación o infección de la fina membrana (conjuntiva) que cubre el blanco de los ojos y el interior de los párpados. También se conoce como "enrojecimiento de los ojos". Cuando la conjuntiva se irrita, los diminutos vasos sanguíneos que se encuentran a lo largo de la misma para suministrarle nutrientes, se dilatan para expulsar las sustancias tóxicas y traer anticuerpos protectores a la superficie del ojo, haciendo que éste se vea rosado o rojo. Los ojos enrojecidos temporalmente pueden ser producidos por el polvo, el humo del tabaco u otros contaminantes del medio ambiente, o por la falta de sueño, la exposición excesiva al sol o al viento, el exceso de alcohol, o por nadar en agua con cloro. Los ojos que están rojos o irritados de manera crónica pueden tener su origen en deficiencias nutritivas o tal vez son una respuesta alérgica de la conjuntiva. Entre las personas que padecen de fiebre del heno, la conjuntivitis alérgica (ojos enrojecidos, con ardor y acuosos) se presenta, por lo general, en determinadas estaciones del año. Otros casos pueden ser provocados por los cosméticos, las soluciones que se usan para limpiar los lentes de contacto, o por las gotas que se utilizan para aliviar el enrojecimiento de los ojos.

Las infecciones de la conjuntiva pueden ser bacterianas (contagiadas por el contacto entre la mano y el ojo al tocar cualquier cosa que haya estado en contacto con una materia infecciosa procedente de los ojos) o procedentes de virus asociados con resfríos, herpes simplex (ampollas de fiebre) o enfermedades como las paperas. El enrojecimiento de los ojos es una forma dolorosa y muy contagiosa de conjuntivitis. La blefaritis (inflamación o infección de las glándulas de los párpados que producen aceites) causa la exudación de una secreción pegajosa que puede pegar los ojos cerrados en el curso de una noche, crear una costra en los bordes de los ojos e irritarlos. Puede ser consecuencia de seborrea, de frotarse demasiado los ojos o de cualquier cosa que estimule la conjuntivitis.[124]

Una higiene personal meticulosa ayuda a prevenir una nueva contaminación o la transmisión de las infecciones oculares. Las manos deben lavarse antes y después de haber tocado los ojos, la ropa de cama debe lavarse por separado y los cosméticos no deben ser compartidos. Según el *Johns Hopkins Medical Letter* (noviembre de 1990), no debe usarse un parche ocular a menos que lo recomiende el médico, ya que podría promover la proliferación de los organismos infecciosos. La mayoría de los casos de conjuntivitis se curan por sí mismos en dos semanas y pueden ser aliviados con remedios caseros. Pero si el problema empeora en vez de mejorar después de cinco días, o si hay una secreción amarillo-verdosa, se debe consultar al médico; el análisis médico resulta esencial para determinar el tratamiento correcto y evitar que el ojo se dañe gravemente.

Frío y calor

Las compresas frías encogen los vasos sanguíneos agrandados, aliviando así los ojos enrojecidos y el ardor y la inflamación que acarrea la conjuntivitis alérgica. Las compresas tibias alivian los ojos irritados. A menudo resulta eficaz alternar una compresa fría con una caliente, dejando cada una cinco minutos. Las compresas calientes pueden resultar buenas para tratar la blefaritis. Después que a Lyle J. le diagnosticaron que la costra de sus ojos era la manifestación de una blefaritis crónica y no infecciosa, se resignó a la tarea diaria de quitarse cuidadosamente los residuos escamosos, con un palillo con punta de algodón empapado en la mezcla de una cucharada de agua, con una gota de champú para bebé. Luego, un amigo con el mismo problema le sugirió que tratara de "sacarse esa costra" antes de que se le acumulara alrededor de las pestañas. Todas las noches, a la hora de acostarse, Lyle se ponía un paño mojado y caliente sobre los ojos durante cinco minutos; después, durante cinco minutos más, se daba golpecitos suaves, hacia abajo, sobre los párpados superiores, y hacia arriba sobre los inferiores. Todas las mañanas había alguna mejoría y en dos semanas ya no quedaba ninguna costra que limpiar. Advertido de que el tratamiento no era una cura, poco a poco Lyle extendió el tiempo entre las sesiones de curación hasta mantener un nivel de dos veces por semana.

Suplementos (vea la nota en la página xii)

Para ayudar a mantener la salud de los ojos, muchos expertos de la vista recomiendan una tableta diaria que contenga vitaminas A, C y E, y los minerales cobre, selenio y zinc. Para tratar la conjuntivitis, pueden resultar beneficiosas las dosis terapéuticas de los siguientes suplementos:

Vitamina A En forma de beta-caroteno, 10.000 unidades internacionales *IU* tres veces al día durante una semana (bajo supervisión médica, 100.000 *IU* en forma de emulsión durante un período de hasta un mes), luego 25.000 *IU* al día. El ardor y el escozor en los ojos y los síntomas de la conjuntivitis pueden ser causados por una carencia de vitamina A. Esta vitamina, que es antiinfecciosa, es especialmente importante durante la conjuntivitis viral.[17, 109]

Complejo B Una tableta con todas las vitaminas B al día. Los ojos enrojecidos constantemente a consecuencia de una deficiencia de vitamina B-2 han sido curados al tomar 15 miligramos de B-2 adicionales, más una cucharada de levadura de cerveza (*brewer's yeast*) todos los días.[313] La insuficiencia de vitamina B-2 puede ser también la causante de los párpados inflamados y con escozor, de secreciones pegajosas en la base de las pestañas y de grietas en las esquinas de los ojos.

Vitamina C con bioflavonoides De 1.000 a 5.000 miligramos en dosis diarias divididas para acelerar la curación, fortalecer las paredes capilares y proteger al ojo de daño adicional.

Sales de tejidos Tres tabletas disueltas debajo de la lengua, tres o cuatro veces al día, de: *Ferr. Phos. 6X,* para la inflamación que no presenta secreción purulenta; *Kali. Mur. 6X,* para los párpados "arenosos" o la inflamación con una secreción blancuzca; *Nat. Phos. 6X,* si hay una secreción amarillenta y los párpados amanecen pegados por la mañana.

Zinc De 25 a 50 miligramos al día, a menos que ya se incluya en un suplemento formulado específicamente para los ojos.

Remedios populares

Para los ojos inflamados e irritados, y para la conjuntivitis, los curanderos populares sugieren beber el jugo de un limón disuelto en una taza de agua caliente todas las mañanas antes del desayuno, comer una cebolla cruda picada mezclada con un vaso de cerveza todas las noches, ingerir una porción de yogur de leche de cabra (y aplicarse también un emplasto del yogur todos los días), colocar tajadas de papa o pepino crudos sobre los párpados, o sumergir el rostro (y hacer pestañear los ojos) dos veces al día en una palangana con agua a la que se ha echado una cucharada de sal.

Compresas y emplastos En una referencia médica publicada en 1872 titulada *Consult Me*, se aconseja aplicar un emplasto tibio de manzanas cocidas envuelto en tela. Otra opción consiste en papas crudas o pepinos rallados, o clara de huevo batida. Los expertos en hierbas sugieren compresas de bolsitas húmedas de té o pedazos de telas mojados (y exprimidos) en infusiones muy concentradas de manzanilla (*chamomile*), nébeda (*catnip*), eufrasia (*eyebright*), hinojo (*fennel*), cola de caballo (equiseto, *horsetail*), té negro tipo pekoe, hoja de frambuesa roja (*red raspberry*) u olmo norteamericano (*slippery elm*). La irritación se puede aliviar al colocar sobre los ojos cerrados, durante 15 minutos, compresas de gasa saturadas de hamamelis (olmo escocés, *witch hazel*).

Gotas y lavajes (colirios) para los ojos Para un lavado aliviador, mezcle ¼ cucharadita de bicarbonato de soda o miel en ½ taza de agua. Cuando se usa un gotero, si se presiona la esquina del ojo que está junto a la nariz se logra reducir la cantidad de medicamento que pasa hacia el organismo a través del lagrimal.[116] Si se tiene conjuntivitis, todo medicamento debe ser administrado con la aprobación del médico. Las gotas antihistamínicas pueden aliviar el malestar producto de la alergia, pero también pueden producir efectos irritantes y pueden empeorar la conjuntivitis viral; las gotas que se usan para eliminar el enrojecimiento de los ojos a veces pueden crear más enrojecimiento; inclusive las lágrimas artificiales contienen sustancias conservantes que pueden provocar reacciones alérgicas. Se debe consultar a un especialista de la vista antes de usar gotas oculares comerciales más de cuatro veces al día durante dos semanas consecutivas.[293, 300]

Los lavados de hierbas para los ojos o las gotas de té de concentración normal (que deben filtrarse o colarse finamente) incluyen arrayán (*bayberry*), nébeda (*catnip*), hinojo (*fennel*), botón de oro (hidraste, *goldenseal*) y hoja de frambuesa roja (*red raspberry*). A menos que sea usted sensible a la fiebre del heno, puede usar borraja (*borage*), manzanilla (*chamomile*) o la flor del saúco (*elderflower*). Una mezcla de mitad de perifollo (*chervil*) y mitad de perejil actúa como un suave desinfectante. Una combinación de ⅛ cucharadita de manzanilla (*chamomile*) en polvo, ⅛ de consuelda (*comfrey*) y ⅛ de botón de oro, puestas en infusión en una taza de agua hirviendo durante 15 minutos, también ha demostrado ser eficaz.[150] Para aliviar la irritación, añada una cucharadita de té de pekoe tibio a $\frac{1}{4}$ taza de agua.

Presión sobre los nervios y masajes

○ Para aliviar los ojos llorosos, apriete y masajee la sección de piel que está entre el segundo y el tercer dedo, en ambas manos. Para la inflamación y los párpados granulosos, apriete las articulaciones del primero y el segundo dedo de la mano que corresponde al ojo irritado.

○ Para la infección ocular, presione la parte inferior del hueso de la mejilla, a 1 $\frac{1}{2}$ pulgadas (4 cm) de la oreja, durante 10 segundos; suelte a los 10 segundos y repita tres veces, una vez al día.

Fuentes (vea la Bibliografía)

2, 6, 17, 26, 29, 47, 53, 64, 65, 75, 76, 92, 98, 108, 109, 111, 124, 135, 143, 150, 151, 164, 176, 186, 202, 213, 234, 255, 256, 281, 293, 294, 300, 306, 312, 313

Dermatitis, Eczema y Salpullido por calor

La dermatitis (de las palabras latinas usadas para definir la piel inflamada) y el eczema (que significa "que hierve hacia afuera" en griego antiguo) son nombres que a menudo se intercambian para denominar salpullidos no infecciosos, con comezón y con ampollas. También puede que la piel se enrojezca y se hinche, que las pequeñas ampollas tengan secreción y formen costras, y que, a veces, se formen fisuras o escamas. Cualquiera que sea el tipo de erupción, los dermatólogos están de acuerdo en que rascarse crea un ciclo vicioso que trae como resultado más escozor y más erupción, así como una posible infección. Los antihistamínicos de venta libre (sin necesidad de receta médica) pueden reducir el escozor al evitar que las histaminas lleguen a las células sensibles de la piel. Las fórmulas de esteroides que se aplican superficialmente pueden controlar el escozor, pero no deben usarse durante períodos largos. Además de ser absorbidos a través de la piel, para causar así posibles reacciones adversas, el alivio proporcionado por los esteroides puede enmascarar un problema de la piel más serio.[201] Cualquier erupción que no responda a una semana o dos de tratamiento casero, debe ser diagnosticada por el dermatólogo. Existen dos tipos básicos de este trastorno de la piel, con muchas variaciones y una gran cantidad de causas.

1. **Dermatitis atópica o eczema** Comienza generalmente en los pliegues de la piel de los codos y las rodillas, pero puede cubrir cualquier parte del cuerpo. Por lo general afecta a las personas que son propensas a la alergia; la erupción puede aparecer casi inmediatamente o desarrollarse días después de haber sido provocada por factores del medio ambiente, internos o sicológicos como

113

estrés emotivo, calor o frío extremos, pólen o polvo, o alergias alimentarias.

2. **Dermatitis por contacto** Es inducida por un alergeno o por una sustancia irritante que hace contacto con la piel. Las áreas con erupción se desarrollan al cabo de entre 2 y 48 horas y corresponden al área donde ha tenido lugar el contacto. Los productos para el cuidado de la piel producen un 28 por ciento de la dermatitis por contacto.[112] Entre otras sustancias que causan la dermatitis se incluyen: los residuos de detergentes o sustancias químicas de lavado en seco que quedan en la ropa; el formaldehído del esmalte de uñas, algunos plásticos y todas las telas hechas de fibras sintéticas (*permanent press*); las aleaciones de metales (sobre todo de níquel) en joyería, las correas de reloj de pulsera y las enganches de la ropa; las plantas (vea "Hiedra, roble y zumaque venenosos"); las gomas (en gorros de baño, condones, elásticos, guantes y zapatos); y los jabones y champús.

Las subclasificaciones ofrecen claves para la identificación y para evitar en el futuro a estos elementos que causan las alergias:

Dermatitis actínica / fotodermatitis Causada por una reacción a la luz solar u otras fuentes de radiación ultravioleta, esta reacción por lo general aparece dos horas después de haberse expuesto.

Eczema asteatosis / escozor de invierno El aire frío y seco y el calor en el interior de las habitaciones, pueden secar la piel sensible y hacerla más susceptible a las irritaciones con escozor que pueden producir ampollas y despellejarse (vea "Piel seca" para remedios humectantes).

Dermatitis de la mano / eczema del ama de casa Por lo general ésta resulta del contacto con sustancias como polvo, o productos químicos en los detergentes y los limpiadores domésticos. Pueden salir ampollas con picazón en los dedos y las palmas, o puede que las manos se cubran con escamas y grietas dolorosas. Usar guantes de goma o plásticos encima de guantes delgados de algodón blanco cuando se está en contacto con cualquier irritante hace más rápida la curación y ayuda a prevenir su reaparición.

Eczema infantil Es un salpullido con escozor intenso, diminutas espinillas rojas que sueltan líquido cuando se rascan; empieza por lo general en el doblez interior de las rodillas y los codos, pero puede ocurrir en el área que cubre el pañal. Este tipo de dermatitis atópica, común en los bebés menores de 18 meses, a menudo surge como consecuencia de alergias a alimentos como huevos, leche y jugo de naranja. Los remedios caseros incluyen cubrir el salpullido con vaselina (*petroleum jelly*), vestir al bebé con ropas livianas de algodón (para evitar el exceso de calor o la irritación de la piel) y, con la aprobación del pediatra, probar una dieta en la que se vayan eliminando gradualmente los alimentos que hacen daño.

Dermatitis seborreica También se le llama caspa inflamatoria de la piel y aparece como un salpullido escamoso y con picazón en el rostro (sobre todo alrededor de la nariz y las cejas), el pecho o la espalda. A menudo se desarrolla durante las épocas de estrés, puede venir junto a abundante caspa en el cuero cabelludo y, por lo general, exige tratamiento médico profesional.

Salpullido por calor (miliaria) Este salpullido que produce ardor, picazón y cosquilleo se produce debido a que el sudor que no se ha evaporado satura la piel, bloqueando los conductos del sudor y obligando a los gérmenes y el sudor, que han quedado atrapados, a caer sobre los tejidos de la piel. Otras posibles causas pueden ser las cintas adhesivas y los pantalones de bebé muy apretados. También usar un traje de baño apretado y mojado todo el día puede hacer que la piel se sature de agua y se produzca un salpullido similar que se conoce como "nalga de bikini".

Estas erupciones tienden a afectar áreas del cuerpo como las axilas, el pecho o la espalda, que es donde se acumula el sudor. Cuando a Mort H. le salió una franja de tres pulgadas de salpullido de calor alrededor de la cintura, durante su primer verano como repartidor de paquetes, se enfrentó a un dilema: era obligatorio usar un cinturón con el uniforme. Mort resolvió el problema de esta forma: varias veces al día se quitaba la camisa y la camiseta, se pasaba alcohol de frotar por el área, se aplicaba un poco de talco, se ponía una camiseta limpia y se volvía a poner la misma camisa.

Los curanderos populares recomiendan frotar el salpullido por calor con cáscara de sandía o aplicarse hamamelis (olmo escocés, *witch hazel*) o una solución de bicarbonato de soda y agua, y luego echarse un poco de polvo de arrurruz (maranta, *arrowroot*), de maicena (fécula de maíz, *cornstarch*), de harina de arroz o de polvo de suero de leche (*whey powder*). El gel de áloe vera puede controlar y calmar la picazón. No se recomiendan cremas o lociones que puedan obstruir aún más los poros. El problema se resuelve, por lo general, en uno o dos días si se usa ropa amplia, se toman duchas frescas y se aplican astringentes y polvos absorbentes.

Dieta y suplementos (vea la nota en la página xii)

Las dietas extremadamente bajas en proteína o en grasa, pueden provocar la dermatitis por eczema, la cual puede contrarrestarse al aumentar el consumo de proteína en la dieta y/o al añadir de una a tres cucharadas de aceite vegetal al día (o al tomar suplementos de aceite de prímula —*primrose*— o aceites *EPA* de pescado).[98, 151, 276] Se ha informado que algunos casos de eczema persistente en las manos se han solucionado al beber dos veces al día, un vaso de leche con dos cucharaditas de melaza (*blackstrap molasses*), durante dos semanas (o una cucharadita de vinagre de sidra de manzana —*apple cider vinegar*— disuelta en una taza de agua, tres veces al día y pasando por el área una esponja mojada en esa mezcla).[42, 262] Para ayudar a eliminar la dermatitis crónica, los expertos en nutrición sugieren tomar todos los días un vaso con cualquier tipo de combinación de estos jugos: brotes de alfalfa (*alfalfa sprouts*), manzana, remolacha (betabel, *beet*), zanahoria, apio, pepino, lechuga, perejil, uva roja o espinaca. El tomar una multivitamina con minerales todos los días, más suplementos adicionales, ha resuelto muchos casos persistentes de eczema.[301]

Vitamina A En forma de beta-caroteno, de 50.000 a 75.000 unidades internacionales *IU* al día durante un mes, luego 25.000 *IU* como mantenimiento.

Complejo B Una tableta de alta potencia de una a tres veces al día. Una deficiencia de cualquiera de las vitaminas B puede causar dermatitis. Comer yogur acidófilo o tomar cápsulas de *acidophilus* contribuye a que el organismo produzca vitaminas B. La levadura de cerveza (*brewer's yeast*), una excelente fuente de vitaminas, puede echarse en la leche o el jugo, se puede tomar en forma de tableta o, mezclada con leche o agua, y se puede aplicar exteriormente para aliviar el escozor. Es posible que se necesiten vitaminas B-2 y B-6 adicionales para corregir las grietas de las esquinas de los ojos o la boca, o la escamosidad alrededor de las orejas, la frente, la nariz o la boca. Cuando se combinan 500 miligramos de suplementos de vitamina C con 50 miligramos de vitamina B-6 más 100 miligramos de ácido pantoténico, se puede lograr un efecto antihistamínico que puede aliviar la dermatitis atópica.

Vitamina C De 1.000 a 3.500 miligramos en dosis diarias divididas. Existen estudios que muestran que la vitamina C mejora, a veces elimina y ayuda a prevenir la reaparición de la dermatitis o el salpullido de calor.[50, 98]

Vitamina E De 100 a 600 unidades internacionales *IU* diarias, y aún más beneficiosas cuando se combinan con mucho calcio, vitamina D y magnesio.

Sales de tejidos Tres tabletas de *Ferr. Phos. 3X* y *Nat. Phos. 3X* tres veces al día. Si las pústulas contienen materia sólida, tome una cantidad igual de *Calc. Phos.* y *Silícea*. Para erupciones con secreciones claras, tome *Nat. Mur.*; para las secreciones blancas y espesas, tome *Kali. Mur.*[64, 65]

Zinc De 15 a 50 miligramos al día durante tres meses, luego 15 miligramos al día. Bajo supervisión médica, hay casos serios o crónicos que han respondido a dosis extremadamente altas de zinc más vitamina C.[228, 317]

Remedios populares

Para secciones específicas de salpullido, se puede aplicar a intervalos frecuentes emplastos de papa cruda rallada, pastas de bicarbonato de soda y agua, o de maicena (fécula de maíz, *cornstarch*) y vinagre, o compresas frías de cualquiera de estos líquidos: leche, agua con una cucharadita de bicarbonato de soda por taza, infusión de chaparro (*chaparral*), agua de avena (se hace hirviendo a fuego lento $\frac{1}{2}$ taza de avena —*oatmeal*— en un litro —un cuarto de galón— de agua, y exprimiendo luego la masa sólida), o el líquido que queda después de hervir una cacerola de berro (*watercress*). Si la picazón se ha extendido, se puede aliviar con baños de agua tibia con bicarbonato de soda, maicena o avena coloidal (o avena común o salvado de trigo dentro de una estopilla —gasa, *cheesecloth*). Para todos los salpullidos, menos el de calor, después de cada tratamiento con agua se debe aplicar un lubricante o un emoliente sin fragancia, como la vaselina (*petroleum jelly*). Los expertos de fin del siglo XIX aconsejaban mezclar cinco gotas de ácido carbólico con cada onza de vaselina para hacer la "vaselina carbólica" que se vende ahora en las farmacias.

Gel de áloe vera (acíbar, zabila) El áloe vera, uno de los remedios más antiguos para la piel irritada, alivia tanto la picazón como el dolor y se cree que acelera la curación.

Hierbas Tome cápsulas, o beba a sorbos infusiones, de bardana (*burdock*), oreja de ratón (pamplina, *chickweed*), diente de león (*dandelion*), pao d'arco, trébol morado o rojo (*red clover*), zarzaparrilla, o acedera bendita (*yellow dock*). La bardana (*burdock*), la oreja de ratón (pamplina, *chickweed*) y el trébol morado o rojo se consideran los remedios herbarios más eficaces para el tratamiento del eczema, si se toman dos tazas de su infusión todos los días y se pasa el contenido de otra taza con una esponja sobre las erupciones.[150] Los herbolarios sugieren también un emplasto de oreja de ratón u hojas de llantén (*plantain*) machacadas; un ungüento de cúrcuma (*turmeric*) en polvo mezclada con aceite de coco; o pastas de olmo norteamericano (*slippery elm*) seco e infusión colada de chaparro (*chaparral*), más una cucharada de aceite de oliva o de botón de oro (hidraste, *goldenseal*) en polvo, mezclada con miel y aceite de vitamina E.

Alivio del estrés e imágenes mentales

Los malestares de las erupciones de la piel pueden intensificarse con la ira, la ansiedad o la frustración. En un estudio, 76 por ciento de los casos de eczema en las manos tuvieron origen emotivo.[112] Practicar una de las técnicas de relajación descritas en la introducción puede ayudar a reducir las reacciones causadas por el estrés. En un estado de relajación, visualizar la piel sin salpullido e imaginarse el refrescante bienestar de nadar a medianoche puede aliviar las sensaciones de picazón y ardor, y estimular la curación.

Fuentes (vea la Bibliografía)

2, 6, 16, 17, 29, 42, 47, 50, 64, 65, 66, 75, 87, 98, 109, 112, 116, 135, 137, 144, 148, 150, 151, 176, 177, 186, 201, 218, 228, 254, 255, 256, 262, 276, 281, 283, 293, 294, 300, 301, 311, 312, 313, 317

Desfase horario (malestar por viaje aéreo, *jet lag*)

Todas las cosas vivas funcionan de acuerdo a un ritmo circadiano, un reloj natural que determina cuándo deben ocurrir las variadas funciones corporales y el deseo de comer, dormir y despertar. La fatiga transmeridianal, llamada comúnmente desfase horario causado por viaje aéreo (en inglés, *jet lag*), es un malestar moderno causado por pasar demasiado rápidamente a través de demasiadas zonas de tiempo, sin permitir que el reloj biológico natural del organismo se adapte adecuadamente. Es más fácil aceptar un adelanto que un atraso de hora debido a que, como se ha visto en estudios clínicos, el "día interno" humano realmente dura 25 horas, no 24.[300] Los viajes de norte a sur generalmente ocasionan sólo un cansancio normal. Pero perturbar los patrones de sueño y vigilia, acortando el día en viajes hacia el este, o alargándolo al viajar hacia el oeste más de dos zonas de tiempo, con frecuencia produce agotamiento, agudeza disminuida, desorientación, irritabilidad, pérdida de apetito, sueño durante el día, desvelo durante la noche y tal vez constipación o diarrea.

Las medidas preventivas y los remedios para el desfase pueden ayudar a volver a ajustar el reloj biológico para reducir significativamente el típico período de ajuste de un día por cada zona de tiempo que se ha cruzado. Programas completos para combatir el desfase, como los desarrollados por Charles F. Ehret[100] y Judith J. Wurtman,[319] incorporan ejercicios, exposición a la luz, descanso y sueño, junto con alimentos y bebidas, en un horario preciso determinado por la dirección y duración de cada vuelo. El individualizar las estrategias básicas contra el desfase podría ser igualmente eficaz.

Dieta

Pese a que algunos individuos pueden prevenir el desfase horario evitando todo alimento el día del viaje y bebiendo sólo agua y jugos de verduras y frutas, las "dietas de desfase" (*jetting diets*) se basan en el consumo de proteínas, cuando es hora de mantenerse despierto, y de carbohidratos antes de la hora de dormir. Los alimentos grasos y el exceso de comida también promueven el letargo. Consomés (caldos), verduras sin almidón y frutas frescas no endulzadas, son considerados "neutrales" en el juego de dormir y despertar.

○ Comidas ricas en proteínas, que consisten principalmente de carnes magras, aves, pescado, huevos (cuando están permitidos) y productos lácteos bajos en grasa, estimulan a los neurotransmisores del cerebro a mantener la mente alerta y proveen energías hasta durante cinco horas.

○ Comidas ricas en carbohidratos, compuestas principalmente por fideos, arroz, verduras con almidón (como las papas) pan, frutas secas o endulzadas y postres, incrementan la energía durante aproximadamente una hora, y luego fomentan la producción de serotonina, un químico tranquilizante que induce al sueño.

Ya sea que se inicie el plan de desayunos y almuerzos con mucha proteína y cenas con muchos carbohidratos, tres días antes del viaje (el Dr. Ehret aconseja "darse el gusto" con grandes comidas el primer y tercer día, y "ayunar", con un límite de 900 calorías, el segundo día), o se espere hasta el día mismo de la partida, es importante que cada comida comience con unas onzas del alimento primario. Como se explica en *Managing Your Mind and Mood Through Food*,[319] iniciar una comida de muchos carbohidratos con un entrante de proteínas puede bloquear la producción de serotonina; comer un grisín (*breadstick*) antes de un almuerzo rico en proteínas puede disminuir la producción de químicos que mantienen el estado de alerta.

Comer una merienda rica en carbohidratos (caramelos *gum drops* o *jelly beans*), o una rica en proteínas como un trozo de *beef jerky* o maní tostado, puede ayudar a provocar las respuestas biológicas deseadas entre las comidas. Beber muchos líquidos protege contra la deshidratación del aire en cabinas presurizadas. Las bebidas alcohólicas durante el vuelo están prohibidas con la Dieta *Anti-Jet-Lag* recomendada por el Departamento de Energía de Estados Unidos y se limitan a un trago diario con la dieta del

Dr. Ehret, pero en otras dietas se recomiendan uno o dos tragos como una ayuda para inducir el sueño. Para ayudar a regular el reloj natural del organismo, la mayoría de los programas aconsejan limitar las bebidas que contengan cafeína a una taza por la tarde durante los tres días antes de la partida. Durante el viaje y el período de ajuste que viene después, recomiendan evitar la cafeína, aparte de una a tres tazas de café negro o té por día, bebidas con el desayuno en viajes hacia el oeste, y a las seis de la tarde en viajes hacia el este. Seguir con el patrón dietético de proteínas para la vigilia y carbohidratos para el reposo durante varios días después de la llegada, y adecuarse a los horarios normales de las comidas en la nueva zona, podría acelerar la adaptación del organismo. Los expertos en hierbas sugieren el uso mesurado de hierbas estimulantes, como el ginseng, la gotu kola (centella asiática) y la menta piperita (*peppermint*), y sedantes como el lúpulo (*hops*), la escutelaria (*skullcap*) y la valeriana para reajustar los ciclos de vigilia y sueño.

Suplementos (vea la nota en la página xii)

El calcio, un tranquilizante natural disponible en tabletas masticables, puede ayudar a relajar los nervios tensos durante el vuelo y estimular el sueño en el nuevo horario después de la llegada. Además de una multivitamina con minerales (dos dosis el día del vuelo si se va a cruzar más de cinco zonas), algunos médicos orientados hacia la nutrición sugieren suplementos adicionales para ayudar al organismo a vencer el desfase.

Complejo B Una tableta cada mañana y noche.

Vitamina C con Bioflavonoides Disponible en tabletas o pastillas para chupar, 1.000 miligramos en dosis divididas.

Vitamina E Preferiblemente en la forma seca, 100 a 400 unidades internacionales *IU* dos veces por día.

Ejercicios

La actividad física media hora antes del desayuno en el lugar de destino ayuda al organismo a funcionar en forma óptima. Si estirarse y caminar de ida y vuelta por un pasillo no es posible, puede substituirlos por una respiración profunda y ejercicios en el asiento: haga un movimiento de rotación con ambos tobillos, tense y relaje una nalga por vez, presione juntas las palmas de las manos frente al pecho, presione los muslos con las palmas y cuente hasta cinco, luego levante los muslos sin retirar las manos.

A su llegada, de 10 a 15 minutos de ejercicio moderadamente vigoroso le ayudarán a reajustar el reloj biológico elevando el metabolismo. Después de un viaje de oeste a este, el ejercicio debería hacerse temprano por la mañana. En la dirección opuesta, el ejercicio al final de la tarde pospone el deseo de dormir.

Luz

Existen estudios que indican que la luz del sol (o la luz artificial de brillo equivalente) puede mover el reloj biológico a una hora más temprana si la exposición se hace temprano en el día; y a una hora más tardía con una exposición al final de la tarde.[293, 300] Una caminata rápida de diez minutos a la luz del sol para el ejercicio previo al desayuno o el del final de la tarde, aumenta los beneficios.

Sueño

Cambiar el ciclo de sueño y vigilia a la zona de tiempo del punto de destino tan pronto como sea posible ayuda a sincronizar el reloj biológico. Wes H., que hace varios viajes de negocios a Europa cada año, planea llegar la noche anterior a sus citas programadas, y sigue el patrón contra el desfase horario. En un vuelo de 13 horas de Phoenix a Francfort, por ejemplo, ajusta su reloj a la hora de su destino apenas el vuelo despega, se coloca tapones en los oídos, se pone anteojos oscuros y reposa o duerme desde la salida a las ocho de la noche (cinco de la mañana en Alemania) hasta cuatro o cinco horas antes de la llegada a Francfort, a las seis de la tarde. No obstante que sean las nueve de la mañana en Arizona, Wes tiene una cena relajada, incluyendo vino y postre, lee o mira televisión durante una hora aproximadamente, se acuesta hacia las once de la noche (nueva hora), y duerme lo suficiente para despertar con la mente fresca la mañana siguiente. En viajes cortos (cambios de zona de dos o tres horas), Wes vuelve a utilizar tapones de oídos y lentes oscuros para estimular la relajación durante el viaje y el estado de alerta al llegar.

Las personas noctámbulas como Zelda G., que normalmente se acuesta muy pasada la medianoche y no está totalmente alerta hasta media mañana, tienen ajustes adicionales que hacer. Durante dos semanas antes de volar de San Diego, California, hasta Atlantic City, en Nueva Jersey, a visitar a su hija, Zelda adelanta gradualmente su reloj natural, acostándose más temprano cada noche y levantándose más temprano cada mañana. Durante el vuelo y la semana en la costa este, consume alimentos ricos en proteínas o carbohidratos, para mantenerse alerta y sosegada, y como no consume bebidas con cafeína en casa, una taza de café o té temprano por la noche le proporciona un enorme empuje de energía.

Las siestas diurnas no se recomiendan a los viajeros que estén al este de su zona habitual. Durante los primeros días después de un viaje al oeste, sin embargo, una siesta de una hora por las tardes, seguida de diez minutos de ejercicio, una taza de café y una merienda con proteína podrían aliviar las molestias del desfase.[319]

Presión sobre los nervios y masajes

Cuando es momento de relajarse, el estimular estos puntos de acupresión podría ayudar: presione y masajee la depresión en la base del cráneo, con un movimiento rotativo en sentido opuesto a las agujas del reloj, luego un área en cada hombro aproximadamente a dos pulgadas, alejándose de la columna. Repita cada movimiento tres veces, durante 15 segundos cada vez.[265]

Fuentes (vea la Bibliografía)

48, 53, 56, 75, 86, 100, 151, 159, 176, 186, 206, 207, 234, 256, 265, 293, 300, 313, 319

Diabetes

La diabetes, que fue descrita por primera vez en un jeroglífico egipcio hace 3.500 años, se debe a un mal funcionamiento metabólico en el cual la predisposición genética desempeña un papel importante. Normalmente, el organismo transforma los carbohidratos que se ingieren en glucosa (azúcar), y luego el páncreas produce suficiente insulina (una hormona) como para permitir que los receptores de las células absorban el azúcar de la sangre para ser utilizado inmediatamente como energía o para ser almacenado. La diabetes tipo I (diabetes dependiente de insulina o juvenil), que afecta a cerca del 10 por ciento de todos los diabéticos, es considerada una enfermedad autoinmune hereditaria que aparece primero durante la niñez, destruye las células productoras de insulina del páncreas y necesita tratamiento con inyecciones de insulina. El tipo II (diabetes no dependiente de insulina o diabetes mellitus que se manifiesta en la edad adulta) se desarrolla gradualmente después de los 40 años. Por lo general, se debe a una dieta inadecuada, inactividad y exceso de peso; hay producción de insulina, pero los receptores de las células no son capaces de eliminar el azúcar de la sangre.

Las pruebas demuestran que el número de receptores de insulina y su sensibilidad se reduce con la obesidad y aumenta a medida que se baja de peso.[75] Cuando el peso se mantiene ligeramente por debajo del nivel "ideal" de las tablas de estatura y peso, muchos diabéticos descubren que su propia producción de insulina es adecuada. Los medicamentos orales que se recetan para los diabéticos del Tipo II, no son reemplazos por la insulina, sino que estimulan la producción de insulina del páncreas y reducen los niveles de glucosa.

La meta de una dieta para diabéticos es mantener el azúcar y la grasa de la sangre tan cercanos al nivel normal como sea posible. Cuando el azúcar de la sangre oscila entre niveles altos de glucosa y de grasa (lo que puede conducir a complicaciones tales como enfermedades cardiacas, fallo renal y daños en los nervios), y niveles bajos de azúcar (hipoglucemia temporal que puede provocar temblores, confusión mental y coma), se requieren de cuidados profesionales y en el hogar. Los ataques de hipoglucemia, por lo general, pueden corregirse si se come un pedacito de caramelo o se bebe medio vaso de jugo de naranja o de manzana, o un refresco gaseoso cualquiera, para elevar temporalmente el azúcar de la sangre. Si el dulce se toma más de una hora antes de la próxima comida, se deben comer unos cuantos bocados de alimento proteínico o con grasa, así como carbohidratos, para evitar la repetición de los síntomas. Entre las meriendas recomendadas se encuentran: galletitas saladas, tortas de arroz (*rice cakes*), queso, maní (cacahuetes) o mantequilla de maní (*peanut butter*) untada en pan.[94]

Dieta

La dieta de los diabéticos requiere de una adaptación individual de acuerdo a las necesidades nutricionales y calóricas de cada persona, y los cambios de la dieta deben tener la aprobación del médico a cargo del caso. Las recomendaciones han cambiado mucho. En 1797, se pensaba que la solución era una dieta solamente de carne y de grasas rancias; en 1900, en Alemania se probó con una dieta de avena (*oatmeal*) exclusivamente;[307] pero antes del aislamiento de la insulina en 1921, se limitaban extremadamente todos los carbohidratos y un diagnóstico de diabetes significaba una muerte segura en cuestión de meses o pocos años.[112] En la década de 1990, la *American Diabetes Association* (*ADA*) y otras autoridades aconsejan una dieta en la que se obtenga de los carbohidratos el 50 al 60 por ciento de las calorías diarias, y de las proteínas, el 15 al 20 por ciento, y menos del 30 por ciento de las grasas. Dividir las calorías del día entre seis comidas pequeñas o tres comidas y tres meriendas, a intervalos iguales a lo largo del día, ayuda a estabilizar los niveles de glucosa, sobre todo si cada comida contiene tanto carbohidratos como proteínas.[186] Los carbohidratos de todos los alimentos son transformados en azúcar de la sangre; la rapidez con la que se logra esa conversión representa una notable diferencia en la cantidad de insulina que hace falta.

Carbohidratos simples Estos incluyen tortas, masas, caramelos y pasteles. Aunque se asimilan rápidamente, la mayoría de los diabéticos puede tolerar los carbohidratos simples en cantidades moderadas cuando se consumen junto con una comida normal. Aunque los endulzadores opcionales, como sorbitol o fructosa, llegan más lentamente al torrente sanguíneo, pueden elevar los niveles de glucosa y de triglicéridos si las personas que tienen pocas reservas de insulina los usan en exceso. Los sustitutos sin calorías (aspartame, sacarina) se han aprobado para ser consumidos por los diabéticos, pero no deben usarlos los niños ni las mujeres que están en estado de gestación o dando el pecho.[293, 300]

Carbohidratos complejos Estos incluyen los almidones (féculas) que se encuentran en los vegetales, los frijoles (alubias, habichuelas, habas, judías) secos y los granos enteros. Los carbohidratos complejos demoran más en digerirse y, debido a su contenido fibroso, ayudan a estabilizar el azúcar en la sangre.

Fibras solubles e insolubles Se encuentran en los vegetales, las legumbres, los granos, las nueces y las frutas; estas fibras hacen más lento el proceso digestivo para evitar que el azúcar llegue precipitadamente a la sangre, mejora la tolerancia a la glucosa y, en muchos casos, puede reducir notablemente las necesidades de insulina si se incluyen de 10 a 15 gramos en cada comida.[300] Para prevenir el malestar abdominal, aumente el consumo de fibra gradualmente y beba por lo menos ocho vasos de agua al día. Tomar, 20 minutos antes de las comidas, una cucharada de psilio disuelta en un vaso de agua o de jugo de tomate, proporciona fibra soluble y puede ser de especial beneficio en un programa para bajar de peso.[151] La glucomanana (*glucomannan*) o goma de guar, si se toma con un vaso grande de agua y se traga rápidamente antes de que se espese, también proporciona fibra y actúa como movilizador de grasa.[17] Cantidades grandes de bebidas que contienen cafeína, pueden elevar los niveles de azúcar de la sangre. El alcohol se metaboliza como grasa y si una persona que usa insulina lo toma con el estómago vacío, puede tener una reacción hipoglucémica. Aun cuando los diabéticos cuyos síntomas están controlados, lo beban junto a las comidas, no se recomiendan más de dos tragos de bebidas alcohólicas al día.[94, 186]

Grasa No más del 10 por ciento del consumo de grasas saturadas debe provenir de carnes y derivados de la leche; del resto, la mayor cantidad posible debe ser de grasas monoinsaturadas provenientes de aceites de canola y oliva. Las grasas saturadas pueden interferir con la función de la insulina; existen estudios que muestran que las grasas monoinsaturadas tienen el efecto opuesto: bajan los niveles de azúcar en la sangre, siempre y cuando el total de grasas se mantenga por debajo del 30 por ciento del total de calorías diario.[254]

Suplementos (vea la nota en la página xii)

Los suplementos, que se deben tomar sólo con la aprobación del médico, permiten a los diabéticos compensar sus mayores necesidades de nutrientes sin tener que violar sus dietas especiales:[177]

Vitamina A De 10.000 a 25.000 unidades internacionales *IU* al día de vitamina A preformada. Muchos diabéticos no pueden convertir el beta-caroteno de las frutas y los vegetales en la vitamina A que contribuye a la curación y a la salud de los ojos.

Complejo B Una o dos tabletas diarias con todas las vitaminas B para ayudar al metabolismo de los carbohidratos. Las vitaminas B-1, B-2, B-6, B-12 y el ácido pantoténico ayudan a estimular la producción de insulina.[98] El inositol (disponible como suplemento o en la lecitina) protege contra el daño a los nervios causado por la diabetes. La niacina aumenta los efectos benéficos del cromo, pero sólo se deben tomar dosis altas si lo indica el médico.

Vitamina C De 1.000 a 4.000 miligramos en dosis divididas todos los días. Los diabéticos pierden vitamina C con más facilidad que los que no lo son, y esta vitamina se necesita para ayudar a combatir las infecciones, curar las heridas y estimular la producción de insulina.

Calcio y magnesio De 800 a 1.500 miligramos de calcio y de 500 a 750 miligramos de magnesio, en dosis diarias divididas, para mantener la salud del páncreas y ayudar a prevenir los problemas de la retina.[14, 17] Con la aprobación del médico, puede ser beneficioso aumentar la cantidad de magnesio de 1.600 a 3.500 miligramos al día.

Cromo 200 microgramos al día para mejorar la tolerancia a la glucosa y aumentar la efectividad de la insulina al devolver la sensibilidad a los receptores de insulina en las células.[151, 201]

L-carnitina y L-glutamina 500 miligramos de estos aminoácidos, se toman dos veces al día con el estómago vacío.[17]

Manganeso Hasta 50 miligramos al día para ayudar al cromo en el mejoramiento de la tolerancia a la glucosa.[109]

Sales de tejidos Se sugiere que los diabéticos tomen de dos a cuatro tabletas de *Nat. Phos. 6X* y *Nat. Sulph. 6X*, dos veces al día, para estimular el funcionamiento del páncreas.[64]

Zinc De 15 a 30 miligramos al día para prolongar los efectos de la insulina y acelerar la curación de las heridas.[228, 234]

Ejercicios

El hacer ejercicios con regularidad es tanto prevención como tratamiento; las personas sedentarias tienen tres veces más posibilidades de desarrollar diabetes del tipo II que aquellas que se mantienen físicamente activas.[204] Para los diabéticos, los ejercicios aprobados por el médico pueden reducir el azúcar de la sangre y mejorar la tolerancia a la glucosa. Los más beneficiosos son los ejercicios rítmicos y repetitivos, como caminar durante media hora de cinco a siete veces a la semana. Como regla general, las personas que toman insulina deben hacer ejercicios una hora después de comer y mantener una porción de pasas o un recipiente de jugo de frutas a mano para combatir cualquier posible ataque de hipoglucemia causado por un descenso del nivel de azúcar en la sangre. Los diabéticos del tipo II que tratan de bajar de peso, tal vez prefieran hacer ejercicios antes de las comidas para reducir el apetito.

Remedios populares

Para ayudar a regular los niveles de azúcar en la sangre, los expertos en hierbas sugieren infusiones de hoja de arándano azul (*blueberry*), hoja de buchú, raíz de diente de león (*dandelion*), botón de oro (hidraste, *goldenseal*), bayas del enebro (*juniper berries*), gayuba (*uva ursi*), o milenrama (*yarrow*). Se ha descubierto que la cebolla (o el aceite de cebolla verde y ajo) es buena para reducir el azúcar de la sangre. Comer ajo fresco o tomar cápsulas de ajo sin olor con cada comida baja los niveles de glucosa en algunos casos, y ayuda a suprimir las infecciones vaginales causadas por hongos que a menudo atacan a las diabéticas. Tomar una cápsulas de pimienta de Cayena (*Cayenne pepper*), con cada una de las tres comidas diarias, también ayuda a bajar los niveles elevados de azúcar de la sangre.[150, 293]

Presión sobre los nervios y masajes

Para estimular la producción y distribución de la insulina, una vez al día apriete o masajee cualquiera de estas áreas durante 30 segundos hasta dos minutos:

○ La parte inferior de la protuberancia que está en la parte posterior del cráneo, justo arriba del cuello.

○ La punta de cada codo (con los brazos doblados); el centro de la palma de la mano, luego el dedo pulgar y los dos dedos que le siguen, en cada mano.

○ Justo debajo de la parte delantera de cada rodilla, donde se siente la separación de los huesos.

○ El pulpejo debajo del dedo pequeño del pie derecho, luego la franja que está a través de la planta de cada pie, en la zona comprendida entre el centro del arco y el pulpejo debajo del dedo gordo.

Fuentes (vea la Bibliografía)

6, 14, 17, 24, 28, 31, 46, 47, 48, 49, 50, 51, 56, 59, 60, 64, 75, 94, 98, 109, 112, 123, 138, 147, 150, 151, 164, 166, 177, 186, 190, 201, 204, 208, 228, 231, 234, 254, 293, 294, 300, 307, 312

Diarrea

Las heces fecales frecuentes y líquidas, y los retortijones abdominales típicos de la diarrea pueden ser causados por cualquier cosa que interfiera con la solidificación normal de la materia fecal. La diarrea aguda que se autocorrige luego de uno o dos días, por lo general, es causada por agua o alimentos contaminados, o por un virus, o puede ser desencadenada por una alergia a alimentos, antiácidos que contienen hidróxido de magnesio, antibióticos u otros medicamentos, exceso de alcohol o de bebidas que contengan cafeína, uso excesivo de laxantes, fatiga o estrés extremos, o consumo excesivo de sorbitol (un sustituto del azúcar que puede llevar líquido desde el torrente sanguíneo hacia los intestinos).[29] Como la diarrea aguda es parte del sistema de defensa del organismo para librarse de sustancias no deseadas, la mayoría de los médicos aconseja dejar que el malestar siga su curso durante seis o 12 horas antes de tomar un medicamento antidiarreico. Los ataques repetidos y breves de diarrea pueden ser provocados por la ansiedad o por deficiencias de la nutrición que pueden aliviarse mediante técnicas de relajación (vea la Introducción) y una dieta mejor. Se debe obtener evaluación médica para poder descartar cualquier trastorno grave si siguen los ataques de diarrea, si una diarrea persiste durante más de dos o tres días, si aparece sangre o mucosidad en las heces fecales, o si se presenta fiebre.

Bebidas

Consejo de primeros auxilios Para evitar la deshidratación —sobre todo en los niños, los ancianos y las personas que tienen enfermedades crónicas— es esencial reemplazar los líquidos que el organismo ha perdido. El departamento de Salud Pública de Estados Unidos (*U.S. Public Health Service*) sugiere combinar un vaso de ocho onzas (225 ml) de jugo de frutas con $\frac{1}{2}$ cucharadita de un endulzador natural y una pizca de sal; y mezclar ocho onzas de agua con gas o hervida con $\frac{1}{4}$ cucharadita de bicarbonato de soda en otro vaso, y luego beber un sorbo de cada vaso, alternadamente. Entre las soluciones más simples se encuentra mezclar una cucharadita de azúcar y $\frac{1}{4}$ cucharadita de bicarbonato de soda y $\frac{1}{4}$ cucharadita de sal en una taza de agua;[148] o, tanto para los niños pequeños como para los adultos, disolver una cucharadita de azúcar y una pizca de sal en un litro (un cuarto de galón) de agua. La cura de la diarrea con agua de arroz que fue recetada en sánscrito hace 3.000 años, ha logrado la aprobación de los científicos: a las madres de los países en desarrollo se las entrena para preparar una solución hidratante de arroz y sal, la cual se obtiene al colar dos puñados de arroz y una cucharadita de sal hervidos en un litro (un cuarto de galón) de agua. En Estados Unidos se han obtenido logros semejantes con el agua obtenida de cebada (*barley*) o avena (*oatmeal*) cocidas, más una cucharadita de azúcar. No se recomienda la miel pura para los bebés debido al riesgo de botulismo, pero la miel y el limón se pueden añadir al líquido para que lo tomen lo adultos.[56, 176, 313] Un remedio popular para detener la diarrea en una o dos horas, consiste en beber dos cucharaditas de harina de maíz (*cornmeal*) o maicena (fécula de maíz, *cornstarch*) disueltas en una taza de agua hervida.[150, 312]

Se deben incluir otros líquidos, tales como caldos y jugos, como parte de los dos litros (dos cuartos de galón) de líquido al día que se recomienda para los adultos. Los expertos en nutrición sugieren limonada, naranjada o cualquier combinación de jugos de manzana (sólo para adultos; a veces empeora la diarrea de los niños), zanahoria, apio, papaya, perejil, piña fresca y espinaca.[6, 218] La intolerancia a la lactosa (incapacidad para digerir el azúcar de la leche) es la causante de algunos casos de diarrea crónica que se solucionan cuando se deja de beber leche o cuando se toman suplementos de lactasa.[254] Para los que toleran la lactosa, sobre todo para los niños, las sustancias antiinfecciosas de la grasa de la leche pueden ayudar a combatir la diarrea crónica. Estudios importantes confirman la capacidad de la grasa de la leche para destruir las toxinas bacterianas en los intestinos y muestran que añadir grasa de la leche "cura" muchos casos de diarrea crónica en las personas que beben leche descremada.[56]

Los líquidos a temperatura ambiente o tibios son más fáciles de asimilar que las bebidas muy frías, las cuales tienden a estimular las contracciones intestinales. Entre las hierbas que se consideran beneficiosas para los casos ocasionales de diarrea, se encuentran: la albahaca (*basil*), la manzanilla (*chamomile*), la canela (*cinnamon*), el jengibre (*ginger*), la menta piperita (*peppermint*), la hoja de frambuesa roja (*red raspberry*), la salvia (*sage*), el olmo norteamericano (*slippery elm*), el tomillo (*thyme*) y la cúrcuma (*turmeric*). Una dosis de infusión de menta piperita (*peppermint*) cada hora, más cucharadas de jugo de cebolla (hecho con cebolla rallada y exprimida a través de una estopilla o *cheesecloth*) es un remedio popular para la diarrea. A los bebés se les puede dar ½ cucharadita de infusión de hoja de frambuesa roja (*red raspberry*) cada cuatro horas; o, después de cada evacuación intestinal, dos cucharadas de una pinta de leche calentada sin llegar a hervir, mezclada con una cucharada de infusión de olmo norteamericano (*slippery elm*); o una mezcla pastosa de una cucharadita de olmo norteamericano con melaza (*blackstrap molasses*) y agua.[176]

Dieta

Arroz, bananas (plátanos) y puré de manzana —*applesauce*— (hecho preferiblemente en una licuadora con manzanas crudas) conforman la dieta que se recomienda con más frecuencia, para controlar la diarrea aguda. Los curanderos populares doran el arroz en una sartén seca antes de cocinarlo y le espolvorean canela (*cinnamon*) antes de comerlo. Algunos especialistas aconsejan evitar los productos lácteos y comer solamente sopas transparentes y postres de gelatina hasta que la diarrea pase. Otros sugieren flanes con mucha proteína y de pocos residuos, manjares de cuajada y crema, quesos y huevos pasados por agua o tibios para "pegar" los intestinos. Una dieta alternativa de dos días consiste en comer sólo vegetales crudos o ligeramente cocidos al vapor o salteados en la sartén —además de salvado de avena (*oat bran*) o de arroz (*rice bran*), si se desea— para aprovechar las fibras que pueden controlar los fluidos.[17, 305] Comer yogur o tomar cápsulas de *acidophilus* y pectina ayuda a restaurar la flora benéfica y a regular el conducto digestivo; ⅓ taza diaria de yogur hecho de leche descremada ha curado la diarrea infantil.[56]

La diarrea crónica de algunos niños ha desaparecido después de suministrarles dietas en las que el 40 por ciento del total de calorías provenía de grasas como margarina y mantequilla de cacahuete (maní, *peanut butter*).[294] Eliminar los productos lácteos y de trigo, además de las manzanas, el maíz, los melocotones (duraznos), las peras y las papas durante unos cuantos días puede identificar, cuando se vuelvan a comer esos productos uno por uno, qué es lo que está produciendo la diarrea crónica. Una dieta rica en fibras solubles y pectinas provenientes de frutas, vegetales y granos cocidos como la cebada (*barley*), el alforjón, el mijo, la avena y el arroz, ayuda a la formación de heces fecales compactas y brinda nutrientes que no se encuentran en las sustancias formadoras de bolo fecal que a veces se recetan para la diarrea crónica.[201]

Suplementos (vea la nota en la página xii)

La diarrea expulsa del organismo las vitaminas y los minerales solubles en agua y no permite que se asimilen muchos nutrientes provenientes de alimentos. Tomar a diario una multivitamina con minerales, más suplementos adicionales, puede ayudar a los adultos a acelerar la recuperación y a evitar una recaída.

Complejo B Una tableta con todas las vitaminas B al día, más 50 miligramos de vitamina B-1 y 50 de B-6, 100 miligramos de niacinamida y 100 de ácido pantoténico, y 400 microgramos de ácido fólico. Esta combinación ha producido una rápida mejoría en ataques agudos y ha curado algunos casos persistentes de diarrea crónica.[6, 87]

Vitamina C De 1.000 a 3.000 miligramos, más si puede tolerarlos, en dosis diarias divididas para ayudar a combatir las reacciones alérgicas y las infecciones.

Calcio y magnesio 1.500 miligramos de calcio para ayudar a la formación de heces fecales normales y de 500 a 1.000 miligramos de magnesio para los adultos (100 miligramos para los bebés) para ayudar a la asimilación del calcio. La deficiencia de cualquiera de esos minerales puede provocar el comienzo de la diarrea o hacer que continúe.[281]

Potasio De 100 a 1.000 miligramos durante varios días, a menos que se consuman bananas (plátanos), que son ricas en potasio.

Sales de tejidos Cuando hay heces fecales frecuentes, a chorros, tome dosis alternas de *Calc. Phos. 6X, Calc. Sulph. 6x* y *Ferr. Phos. 6X* cada hora. Añada *Mag. Phos.* si la diarrea viene acompañada por gases o retortijones abdominales. Para la diarrea causada por alteraciones emotivas, tome tres tabletas de *Kali. Phos. 3X* cada hora. Si las heces fecales tienen mal olor, añada tres tabletas de *Silícea*. Para las heces que contienen comida que no se ha digerido, tome tres tabletas de *Ferr. Phos. 12X* cada hora.[64, 65]

Remedios populares

Los remedios caseros, usados para un alivio rápido, son a menudo eficaces:

Algarroba (*carob*) Existen estudios clínicos que muestran que una cucharadita o una cucharada de polvo de algarroba, que es rica en fibra y pectina, disuelta en leche o agua, y tomada a intervalos frecuentes, controla un 60 por ciento de la diarrea infecciosa y un 90 por ciento de los casos no infecciosos.[71] A los bebés o los niños pequeños, se les puede dar la algarroba en el biberón o mezclada con puré o pudín de manzana (*applesauce*).

Zanahorias La tradicional sopa de zanahoria salió del marco del folclore cuando pruebas hechas en los hospitales demostraron que las zanahorias que se usaban como alimento para los bebés, curaban la diarrea en 24 horas o menos, tanto en los adultos como en los niños, y que al añadir un poquito de polvo de algarroba (*carob*) se aumentaban sus efectos benéficos.[150, 234]

Carbón vegetal Las tabletas o cápsulas de carbón activado (*activated charcoal*) barren las toxinas que causan la diarrea, pero no se recomienda que se usen a diario debido a que también absorben vitaminas y minerales esenciales.[42, 313]

Ajo Ya sea ingerido crudo o en forma de cápsulas sin olor tres veces al día, el ajo es un antibiótico natural que puede reducir la inflamación intestinal y a veces hace que la diarrea desaparezca en muy corto tiempo.[17, 150]

Los primeros cuatro remedios han sido comprobados científicamente. A continuación, otros remedios populares favoritos:

Alcohol Una cura comprobada por el uso y acreditada con detener la diarrea en una hora, consiste en tomar sorbos de brandy o vino de mora negra (*blackberry*). Otros remedios basados en el alcohol incluyen brandy o vino en el cual se han echado palillos de canela (*cinnamon*), pimienta de Jamaica (*allspice*) entera o clavos de olor (*cloves*) enteros (los adultos pueden tomar de $\frac{1}{4}$ a $\frac{1}{2}$ taza; los niños, una cucharada diluida en agua). O para personas de todas las edades, se puede beber por cucharadas: una taza de brandy de cereza y una de ron, hervidos a fuego lento con $\frac{1}{4}$ libra (115 g) de azúcar morena y una onza (30 g) de menta piperita (*peppermint*); o las mismas cantidades de ron, melaza (*molasses*) y aceite de oliva hervidos a fuego lento hasta que adquieran la consistencia de la miel.

Vinagre de sidra de manzana (*apple cider vinegar*) Añada una cucharada de vinagre y una cucharadita de sal a $\frac{1}{2}$ taza de agua tibia, sorba lentamente y repita cada 30 minutos si es necesario. O mezcle una cucharada de pimienta negra y una de sal, revuélvalas en $\frac{1}{2}$ taza de vinagre y $\frac{1}{2}$ de agua, y luego tome por cucharadas cada media hora.

Pan Combine dos cucharadas de miel con una cucharadita de gránulos de polen de abeja, espárzala sobre pan integral y cómalo lentamente. O remoje una rebanada de pan de centeno seco en una taza de agua hervida durante 15 minutos; cuele el líquido y bébaselo.

Compresas frías o calientes Algunos curanderos naturistas colocan una compresa de hielo sobre la parte del medio y baja de la espalda durante 10 minutos, la quitan otros 10 minutos, y luego la vuelven a colocar durante 10 minutos más. Otras personas prefieren compresas calientes colocadas durante 30 minutos en la parte baja de la espalda y el abdomen. A principios del siglo XIX, se aseguraba obtener un gran alivio si se humedecía con brandy o whisky una tela de franela, rociada con una mezcla de todas las especias disponibles, y se colocaba sobre los intestinos.[69]

Especias Hierva a fuego lento $\frac{1}{4}$ cucharadita de canela (*cinnamon*) y $\frac{1}{8}$ cucharadita de pimienta de Cayena (*Cayenne pepper*) en una pinta ($\frac{1}{2}$ litro) de agua durante 20 minutos; luego, beba $\frac{1}{4}$ taza del líquido cada 30 minutos. O mezcle $\frac{1}{4}$ cucharadita de pimienta de Jamaica (*allspice*), canela (*cinnamon*) y/o nuez moscada (*nutmeg*) en una taza de té negro pekoe o leche calentada sin que llegue a hervir; endulce con azúcar morena y añada una cucharada de brandy o una pizca de clavos (*cloves*), si desea; luego, bébalo a sorbos lentamente. O pruebe el remedio picante de Tía Ruby. Con cinco hijos y seis nietos, ella es la experta en emergencias de salud de su barrio. Cuando a Tiffany se le presentó una diarrea antes del receso de la mañana, Tía Ruby la llevó a su casa, calentó, sin dejar que hirviera, una taza de leche con una cucharadita de mantequilla, le espolvoreó bastante pimienta negra y le dijo: "Bébete esto". Tiffany se sintió como "Alicia en el país de las maravillas", y la mezcla fue tan eficaz que la diarrea ya estaba controlada cuando su mamá la recogió al salir del trabajo.

Para la diarrea crónica Exprima medio limón o lima (limón verde, *lime*) en un vaso de leche y bébalo cada mañana y noche. O coma un plato de arándanos azules (*blueberries*) frescos o congelados junto a dos o tres comidas del día. O añada una cucharada de polvo de algarroba (*carob*) con cada comida. O tome una cucharadita de nuez moscada (*nutmeg*) molida cuatro veces al día.

Presión sobre los nervios y masajes

○ Presione o masajee debajo de las uñas (hacia el lado más cercano al pulgar) de los dedos índice y del medio de cada mano; luego, en la cavidad del doblez interior de cada codo, una pulgada hacia el exterior del centro.

○ Con el pulgar o la parte inferior de la palma de la mano, masajee fuertemente el ombligo y el punto que está a 1 ½ pulgadas (4 cm) justo debajo del mismo; luego masajee justo debajo del frente de cada hueso de la rodilla, hacia el exterior de la pantorrilla.

○ En ambos pies, presione o masajee el espacio de piel entre el dedo gordo y el que está al lado; luego, estimule el punto que está justo frente al talón, en la planta de cada pie.

Vea también **Diarrea del viajero**

Fuentes (vea la Bibliografía)

6, 10, 17, 20, 29, 42, 49, 51, 56, 57, 64, 65, 69, 71, 75, 76, 87, 92, 98, 101, 109, 135, 148, 150, 164, 168, 172, 176, 186, 201, 202, 218, 234, 254, 255, 256, 262, 281, 283, 284, 293, 294, 300, 302, 305, 312, 313

Diarrea del viajero

Conocida humorísticamente en inglés como *Aztec two-step*, *Delhi belly*, *Tokio trot*, y la "venganza de Moctezuma", la diarrea del viajero o "turista" ataca hasta a un 50 por ciento de los viajeros de todo el mundo, con casos cuya gravedad va desde una inconveniente diarrea hasta un debilitante ataque de cinco días de duración. Por lo general, la causa es la bacteria *E. coli*, que es parte de la flora intestinal normal, pero que existe en diferentes formas en diversas áreas geográficas. Cuando se ingiere con alimentos o bebidas, variantes poco comunes de *E. coli* producen toxinas que hacen que los intestinos no puedan absorber fluidos... y el resultado es la diarrea líquida. Otros causantes menos comunes son las bacterias *Salmonela*, *Shigella* y *Vibrio*; o diversos virus y parásitos que pueden añadir fiebre y vómitos al malestar de la diarrea. Los acampadores de Estados Unidos, así como las personas que viajan por todo el mundo, deben cuidarse de la *Giardia lamblia* (un protozoo que se adquiere de las corrientes de agua contaminadas con materia fecal) purificando el agua para beber con tabletas de yodo o hirviéndola durante tres a cinco minutos.[281, 294] Se debe buscar atención médica si la diarrea de viajero continúa durante más de cinco días; si hay sangre en las heces fecales; o si se presenta mucho vómito, fiebre alta o dolor abdominal; estos síntomas podrían indicar la presencia de disentería causada por amebas u otros trastornos que requieren de tratamiento profesional.

Prevención

El fortalecer las defensas del organismo antes de partir, puede propiciar una agradable temporada de viaje. Tomar una multivitamina con minerales diariamente refuerza el sistema inmunitario. Beber leche acidófila o comer yogur establece en el sistema digestivo una flora resistente a las invasiones. Para reducir al mínimo las posibilidades de contraer la "turista" mientras se viaja:

○ Beba agua embotellada con gas o hervida, jugos o refrescos enlatados o embotellados (los jugos ácidos y los refrescos de cola ayudan a controlar las bacterias), cerveza y vino también embotellados, o café o té hechos con agua hervida. No beba agua del grifo, ni bebidas alcohólicas mezcladas, ni tome bebidas con cubitos de hielo.

○ Coma solamente comidas recientemente preparadas; evite las mesas de ensaladas, las mesas donde se ofrecen platos cocidos al vapor y las comidas de vendedores callejeros. Sobre todo cuando esté en África, Asia o América Latina, evite los productos lácteos, los vegetales crudos o los crustáceos sin cocinar, y las frutas frescas que han sido peladas antes de servirlas. A veces sorber un pedazo de limón fresco o un jugo de lima (limón verde, *lime*) antes de las comidas, o tomar tres cápsulas de *acidophilus* durante cada comida, protege al turista de posibles desastres. Corbin H. confía totalmente en el ajo. Su primer viaje a México se había echado a perder por una "venganza de Moctezuma". Así que en su segunda aventura hacia el sur, tomó todas las precauciones posibles, además de dos cápsulas de ajo sin olor todos los días, con cada una de sus tres comidas. Después de dos semanas sin problemas en Mazatlán y Acapulco, Corbin sintió que había logrado su venganza contra los microbios de Moctezuma.

○ Mantenga una limpieza extrema. Lávese las manos antes y después de ir al baño, y nunca comparta los utensilios de comer o de beber, pues los microbios de la "turista" son contagiosos.

Tratamiento (vea la nota en la página xii)

Las metas del tratamiento contra la diarrea de viajero son prevenir la deshidratación y ayudar al organismo a purgarse a sí mismo de organismos agresores. Tomar 100 miligramos de vitamina C cada una de las horas del día (excepto durante el sueño), durante el primero o los dos primeros días, ayuda a luchar contra los invasores. Tomar cada dos horas tres tabletas o cápsulas de carbón activado (*activated charcoal*) puede acortar la duración de la diarrea, al absorber las bacterias dañinas y sacarlas fuera del cuerpo.[6, 313] El antropólogo médico John Heinerman[149] recomienda seis cápsulas de corteza de olmo norteamericano (*slippery elm*), tomadas preferiblemente con jugo de manzana o de piña (ananá, *pineapple*) en el que se haya disuelto una cucharada de maicena (fécula de maíz, *cornstarch*); o una cucharada de gránulos de alga marina *kelp*, junto a 1 ½ cucharaditas de pimienta negra, revueltos en una pinta (½ litro) de agua recién hervida. Los antibióticos naturales del yogur tienen poderes antibacterianos tan eficaces como algunos productos farmacéuticos: tomar el lactobacilo en cápsulas de *acidophilus* tres veces al día puede aliviar la diarrea y ayudar a prevenir un ataque de otros síntomas acompañantes después del restablecimiento.[56, 293] Los medicamentos antidiarreicos pocas veces se recomiendan para la diarrea de viajero, ya que pueden empeorar el problema al prolongar la eliminación del *E. coli* o de otras toxinas.[201]

Dieta

Reemplazar los fluidos y los minerales que se están expulsando del cuerpo evita el grave problema de la deshidratación. La Clínica Mayo recomienda una bebida hidratante que se hace al disolver ¼ taza de azúcar, ½ cucharadita de sal y ½ de bicarbonato de soda en un litro (un cuarto de galón) de agua carbonatada o agua que ha sido hervida durante 15 minutos.[109] Una cura para la diarrea que recomiendan los organismos de salud de todo el mundo consiste en beber a sorbos, alternadamente, de un vaso de agua destilada con ¼ cucharadita de bicarbonato de soda, y de otro vaso de jugo de frutas con una pizca de sal y ½ cucharadita de miel.[312] Los líquidos adicionales se pueden obtener de sopas transparentes, jugos de frutas, postres de gelatina, infusiones no concentradas (la infusión de jengibre (*ginger*) ayuda a aliviar los retortijones abdominales),[17] agua mineral embotellada y refrescos gaseosos. Se pueden comer cuantas galletitas saladas se desee. Comer zanahorias en forma de puré para bebés, puede acelerar la recuperación (la zanahoria contiene sustancias que pueden destruir por lo menos algunos de los microorganismos que causan la diarrea) y el proceso se acelera al añadir una cucharada de polvo de algarroba (*carob*).[150, 234] A medida que el problema se va aliviando, se pueden ir añadiendo de forma gradual, alimentos sólidos como papas horneadas, arroz, fideos (*noodles*), pollo o pescado horneado, puré o pudín de manzana (*applesauce*) y bananas (plátanos).

Fuentes (vea la Bibliografía)

6, 17, 42, 50, 56, 75, 77, 98, 101, 109, 112, 148, 149, 150, 186, 201, 234, 254, 255, 279, 281, 283, 293, 294, 300, 312, 313

Diverticulosis y Diverticulitis

Diverticulosis significa la presencia de pequeños bolsillos o hernias (divertículos) que sobresalen dentro el abdomen saliendo desde el colon. Aproximadamente la mitad de la población de Estados Unidos de edad madura padece de diverticulosis, pero la mayoría no sabe que tiene este problema, a menos que sea detectado por un examen de rayos X hecho durante la investigación de otros trastornos. El síndrome del intestino irritable (vea la página 427) a veces coexiste con la diverticulosis y puede causar sensación de llenura, dolor en la parte baja del abdomen y ataques alternados de estreñimiento y diarrea.

La diverticulitis, una complicación que padecen del 5 al 10 por ciento de los pacientes con diverticulosis, tiene lugar cuando se infectan los materiales de desecho o las partículas de alimentos atrapadas en los divertículos.[186] El mal diverticular puede tener como resultado ataques breves y agudos, o una enfermedad prolongada, pero benigna, con períodos de dolor en la parte baja de la porción izquierda del abdomen y frecuente expulsión de materia fecal, muy suelta, seguido de estreñimiento. En pocos casos, los divertículos infectados se rompen y derraman su contenido en los tejidos colindantes, provocando peritonitis (infección del tejido interno del abdomen). Se necesita evaluación médica para su diagnóstico, y ésta debe ser inmediata si hay síntomas de diarrea sanguinolenta, fiebre o náuseas y vómitos.

La diverticulosis puede ser hereditaria y parece estar relacionada con el envejecimiento, ya que las paredes del colon se hacen más gruesas, con lo que aumenta la presión interna y la incidencia de divertículos. La diverticulitis, sin embargo, no viene inevitablemente con la edad. Una dieta adecuada reduce las posibilidades de desarrollar diverticulosis y ayuda a evitar que los divertículos existentes se infecten.[147]

Dieta

La fibra es la clave de la salud intestinal. Las enfermedades diverticulares son poco comunes en las naciones en desarrollo, donde se come mucha fibra. Se extendió en Estados Unidos recién después de la llegada de los alimentos procesados y de poca fibra, y empeoró con las dietas de bajo residuo que se recomendaban hasta 1970. Hoy día, el tratamiento predilecto consiste en aumentar gradualmente el consumo diario de fibras hasta llegar a 30 ó 45 gramos. Entre los alimentos ricos en fibra se encuentran: la cebada (*barley*), el arroz moreno o integral, las frutas y los vegetales, las legumbres, y los cereales y panes de grano entero. Las más eficaces son las fibras insolubles en agua que provienen del salvado de trigo o del salvado de maíz, y de las pieles y cáscaras de frutas y vegetales de tierra.

Como se explica en el *Berkeley Wellness Letter* (abril de 1992), las regulaciones dietéticas actuales proveen aproximadamente 20 gramos de fibra. Puede ser sumamente importante suplementarlas con salvado de trigo. Existen estudios que muestran que el 90 por ciento de los pacientes hospitalizados con enfermedad diverticular experimentan un alivio notable de sus síntomas cuando se incluyen de dos a tres cucharaditas de salvado de trigo con cada una de tres comidas diarias ricas en fibra.[147] Según un informe en el *Johns Hopkins Medical Letter* (septiembre de 1991), 90 de 100 pacientes participantes en otro estudio se mantuvieron sin síntomas, gracias a este régimen de alimentación, durante cinco a siete años después de abandonar el hospital. Las pruebas clínicas también muestran que los miembros de la familia de la col o repollo (brócoli, coles de Bruselas y coliflor, así como la col y el chucrut o *sauerkraut*) tienen propiedades curativas del colon,[58] pero es posible que la alergia a los mismos impida que todas las personas puedan aprovecharlos. Las palomitas de maíz (*popcorn*), las semillas y las nueces (todas ricas en fibras), así como los alimentos que los contengan, deben masticarse bien, ya que sus fragmentos se pueden alojar en los divertículos y provocar la inflamación. Las personas con diverticulitis crónica puede que tengan que evitar los alimentos grasosos, azucarados y picantes, así como las semillas y las nueces. Durante la recuperación de un ataque diverticular, comer alimentos para bebé o purés hechos de frutas, vegetales y cereales cocidos en una mezcladora eléctrica, puede aliviar el malestar y estimular la curación.

La fibra absorbe humedad para producir heces fecales suaves y compactas, las cuales reducen el trabajo de los músculos del colon cuando se eliminan los desechos; reduce al mínimo el engrosamiento de los intestinos;

y previene el estreñimiento y el esfuerzo que hacen que salgan nuevas hernias dentro del abdomen y que llenan de materia fecal los divertículos existentes. Si se presenta el estreñimiento, los remedios naturales (vea "Estreñimiento") son preferibles a los laxantes o los enemas, los cuales pueden irritar aún más los intestinos.[293, 300]

La ingestión abundante de líquidos (por lo menos ocho vasos al día) ayuda a la función de la fibra y evita la deshidratación de la materia intestinal y las heces que se defecan con dificultad. Los expertos en nutrición recomiendan beber diariamente un vaso de jugo fresco de col (repollo, *cabbage*) o de zanahoria. Los expertos en hierbas sugieren infusiones de manzanilla (*chamomile*), trébol morado o rojo (*red clover*), olmo norteamericano (*slippery elm*) o milenrama (*yarrow*). La cafeína del café, el té pekoe, el chocolate y ciertos refrescos de soda tienden a irritar los intestinos, pero un trago de una bebida alcohólica diariamente relaja el colon y puede mejorar los trastornos diverticulares.[293]

Suplementos (vea la nota en la página xii)

Tomar cápsulas de *acidophilus* con cada comida ayuda al desarrollo de la flora benéfica que destruye las bacterias putrefactas que están en los intestinos. Tres tabletas diarias de alfalfa proveen la curativa vitamina K; por su efecto antibiótico, se recomiendan dos cápsulas de ajo sin olor a la hora de comer. Los suplementos de glucomanana (*glucomannan*), tomados antes de las comidas, pueden ayudar a evitar las acumulaciones en los bolsillos del colon. La glucomanana es una fibra soluble en agua derivada de la raíz de la planta japonesa konjac. Está disponible en las tiendas de alimentos naturales (*health food stores*). Los médicos naturopáticos recomiendan una multivitamina con minerales todos los días, más suplementos opcionales.

Vitamina A En forma de beta-caroteno, 25.000 unidades internacionales *IU* diarias para proteger y curar el tejido interior del colon.

Complejo B Una tableta con todas las vitaminas B al día para reforzar a bacterias intestinales benéficas.

Vitamina C con bioflavonoides De 3.000 a 8.000 miligramos en dosis diarias divididas para fortalecer el colágeno de los tejidos del colon y disminuir la inflamación.

Vitamina E De 100 a 800 unidades internacionales *IU* diarias, comenzando con la cantidad menor y subiendo la dosis 100 *IU* por semana para proteger las membranas de las paredes interiores del colon.

Ejercicios

Los ejercicios moderados, como las caminatas diarias, ayudan a la regularidad intestinal y son beneficiosos tanto para la prevención como para el tratamiento de la enfermedad diverticular. El ejercicio abdominal *sit-ups* (acostado y con las rodillas dobladas) de subir el torso hacia arriba, y los ejercicios de estiramiento ayudan a tonificar los músculos del colon para reducir el esfuerzo durante los movimientos intestinales.

Presión sobre los nervios y masajes

○ Una vez al día, presione o masajee justo frente a cada oreja, en el extremo del hueso de la mejilla.

○ Comenzando en el centro del tercio inferior de la palma de cada mano, presione y masajee el área con un movimiento de espiral, en el sentido de las manecillas del reloj. Use el mismo movimiento para masajear las plantas de ambos pies, desde el borde de la planta del talón hasta el pulpejo del pie.

○ Presione o masajee cada hueso de las pantorrillas, debajo de la rodilla, después justo debajo de la parte exterior del hueso del tobillo de cada pie.

Fuentes (vea la Bibliografía)

6, 17, 42, 44, 47, 56, 58, 75, 87, 98, 101, 111, 112, 147, 150, 151, 164, 176, 177, 186, 189, 201, 234, 244, 249, 255, 281, 293, 300, 305

Dolor de cabeza

El dolor de cabeza es causado generalmente por contracciones de los músculos del cuello, la frente o el cuero cabelludo (dolor de cabeza de tensión), o por la contracción o dilatación de los vasos sanguíneos del cerebro (dolor de cabeza vascular; vea también "Migrañas y dolores intensos de cabeza"). Los dolores de cabeza orgánicos pueden ser provocados por esfuerzo de la visión, una lesión o algún oculto trastorno físico. Se debe consultar al médico ante un dolor de cabeza que venga acompañado de visión borrosa, mareo o entumecimiento, y ante los dolores de cabeza persistentes.

El malestar causado por un dolor de cabeza producto de la sinusitis puede provenir de una reacción alérgica o la obstrucción que viene con un resfrío en la zona del rostro y la cabeza. Para aliviar la congestión, tome sopa de pollo (la ciencia ha demostrado que la sopa de pollo afloja el moco catarral).[45] O beba a sorbos una infusión caliente de anís, fenogreco (*fenugreek*) o marrubio (*horehound*). O cuele y beba el líquido obtenido de 1 ½ cucharadas de cebollinos (*chives*) picados y ½ cucharadita de raíz de jengibre (*ginger*) desmenuzada, colocadas ambas en infusión durante 30 minutos en una taza de agua hirviendo. Para ayudar a abrir los conductos de los senos o fosas nasales y aliviar el dolor, cubra el área con una compresa tibia. O masajee los huesos que están alrededor de los ojos. O presione el área que está a una pulgada de cada conducto nasal y entre las cejas, o empuje la parte superior de la boca con el dedo pulgar. Los dolores de cabeza poco frecuentes que son producto de la infección de los senos nasales requieren de tratamiento médico.

Dolores de cabeza por tensión Asociados con el estrés mental o físico, los dolores de cabeza producto de la tensión, causan un dolor permanente o punzante que viene acompañado de una sensación de opresión. Las compresas tibias o los baños o duchas tibios ayudan a relajar los músculos contraídos. A menudo resulta útil apretar o masajear los músculos tensos del cuello y los hombros; el dolor se puede aliviar al presionar el punto más alto de cada ceja.

Dolores de cabeza vasculares Estos son causados por el hambre o la resaca posterior a una borrachera, y se evidencian por un dolor pulsante que a menudo se presenta sólo en una parte de la cabeza. Se puede obtener alivio encogiendo los vasos sanguíneos distendidos por medio de compresas frías o bolsas de hielo; el sumergir las manos y los pies simultáneamente en agua caliente puede ayudar, ya que esto conduce el exceso de sangre hacia las extremidades.

Entre los causantes del dolor de cabeza, se encuentran la ansiedad, el estreñimiento, la iluminación fluorescente, la falta y el exceso de sueño, el bajo nivel de azúcar en la sangre, las reacciones ante alimentos o medicamentos, los cuartos demasiados cerrados o llenos de humo de cigarrillo, la exposición al sol y los cambios en el tiempo. Cualquier cosa que afecte el equilibrio hormonal —ira, esfuerzo extremo, hasta el orgasmo sexual— puede dar pie a un dolor de cabeza. Los períodos menstruales, los anticonceptivos por vía oral y los suplementos de estrógeno hacen a las mujeres especialmente susceptibles a los dolores de cabeza.

Los analgésicos de venta libre se consideran buenos para lograr alivio ocasional, pero el uso prolongado de la aspirina puede irritar el estómago, y el acetaminofeno y el ibuprofeno pueden afectar negativamente al hígado y los riñones.[76, 300] Como los dolores de cabeza pueden ser causados por una acumulación de factores, es posible que sea necesario experimentar en forma combinada los remedios caseros para que resulten eficaces.

Dieta

Comer a intervalos regulares e ingerir una merienda antes de ir a dormir, ayuda a evitar los dolores de cabeza productos del hambre que ocurren cuando los niveles del azúcar en la sangre bajan demasiado. Los dulces y los carbohidratos procesados elevan el nivel de azúcar en la sangre sólo durante un tiempo breve, por lo que debe enfatizarse el consumo de carbohidratos complejos provenientes de frutas, vegetales y granos integrales. En muchas personas, los dolores de cabeza son estimulados por el aminoácido tiramina, el cual se encuentra en el queso añejado, el chocolate, los alimentos fermentados, los productos con levadura acabados de hornear y las carnes de órganos animales.[112] Otros causantes que se mencionan a menudo son las frutas cítricas, los huevos, la leche, el trigo y aditivos de los alimentos como el glutamato de sodio (*MSG*, por las siglas en inglés), los nitritos usados para conservar las carnes, los sustitutos del azúcar y los sulfitos que se usan en las ensaladas servidas en los restaurantes. Beber un vaso de jugo de col (repollo, *cabbage*), apio o lechuga frescas o de otras verduras, puede ayudar a neutralizar las reacciones producidas por otros alimentos. Tomar tabletas de carbón activado (*activated charcoal*) una hora antes, e inmediatamente después, de consumir alimentos que se sospecha que pueden provocar dolor de cabeza, a menudo brinda un alivio rápido al eliminar la sustancia tóxica.[17]

La ingestión generosa de líquidos, sobre todo al hacer ejercicios o al exponerse al calor, ayuda a evitar la deshidratación y la pérdida de minerales, producto de la transpiración, que pueden provocar un dolor de cabeza. El exceso de cafeína contrae los vasos sanguíneos, puede provocar un dolor de cabeza y debe evitarse durante los dolores de cabeza causados por la tensión. Sin embargo, las personas que no están acostumbradas a la cafeína pueden evitar un dolor de cabeza vascular al beber una taza de café negro, y aquellos que normalmente toman varios refrescos de cola o tazas de té o de café todos los días, pueden desarrollar un dolor de cabeza cuando la falta de cafeína dilata sus vasos sanguíneos.

Ingerir una bebida alcohólica puede aliviar un dolor de cabeza causado por la tensión al dilatar los vasos sanguíneos contraídos, pero debe evitarse el alcohol mientras se padezca de un pulsante dolor de cabeza vascular, y beber demasiado es siempre contraproducente. Los dolores de cabeza producto de una resaca, pueden evitarse comiendo alimentos que contengan proteínas y grasas no saturadas antes de beber y mientras se bebe —según *Clinical Research* (abril de 1992), las grasas saturadas pueden extender la duración de los desagradables efectos del alcohol— y bebiendo sólo alcohol de colores claros. Según la revista *Men's Health* (diciembre de 1991), las sustancias llamadas congéneres, que contienen el vino tinto y los licores oscuros, pueden causar resacas sin haber bebido alcohol. Beber un vaso de un líquido no carbonatado con cada onza de alcohol, y comer una merienda más una tableta de vitaminas del complejo B con un vaso de agua antes de irse a dormir, compensa los efectos diuréticos del alcohol y su destrucción de las vitaminas B. Si se presenta un dolor de cabeza a la mañana siguiente de una borrachera, el café y los alimentos ricos en fructosa (miel o jugo de tomate o fruta) pueden ayudar a disipar el malestar.[112]

Suplementos (vea la nota en la página xii)

Vitamina A En forma de beta-caroteno, 25.000 unidades internacionales *IU* al día pueden corregir la reaparición de dolores de cabeza de tensión causados por el uso excesivo de la vista.

Complejo B Una tableta diaria con todas las vitaminas B para ayudar a mantener la dilatación normal de los vasos sanguíneos. Tomar 50 miligramos de niacina al comienzo de un dolor de cabeza de tensión puede producir un rubor con comezón en la piel, pero también puede aliviar la congestión al dilatar los capilares y los vasos sanguíneos. Si la retención de líquido es la causa del dolor de cabeza, con frecuencia tomar 50 miligramos de vitamina B-6 ayuda a eliminar el exceso de agua.[98]

Vitamina C con bioflavonoides De 1.000 a 5.000 miligramos en dosis diarias divididas. Las situaciones causadas por el estrés, las sustancias tóxicas o los analgésicos reducen la absorción de vitamina C, al tiempo que consumen gran cantidad de ella. En algunos casos, tomar 500 miligramos de vitamina C cada hora ha aliviado el dolor de cabeza.[98, 313]

Calcio y magnesio 1.500 miligramos de calcio más 1.000 miligramos de magnesio (algunos investigadores sugieren 1.500 miligramos de magnesio y 750 miligramos de calcio), en dosis diarias divididas, ayudan a la relajación de los músculos y actúan como tranquilizantes.

Sales de tejidos Tres tabletas disueltas debajo de la lengua, cada media hora, hasta que el trastorno se alivie: *Ferr. Phos. 6X* para un dolor de cabeza punzante; *Kali. Sulph. 6X* para un dolor de cabeza de tensión generalizado; *Mag. Phos. 6X* para un dolor de cabeza agudo y punzante; *Mag. Phos. 6X* y *Kali. Phos. 6X* para un dolor de cabeza frontal.

Ejercicios y postura

Un programa habitual de ejercicios, además de sentarse y pararse recto, con los hombros relajados, ayuda a evitar dolores de cabeza. Haciendo un poco de ejercicio al primer síntoma de un dolor de cabeza de tensión, se puede detener su desarrollo. Inclinarse sobre el escritorio o sentarse en una posición incómoda durante largos períodos de tiempo puede contraer los músculos del cuello y provocar un dolor de cabeza. Marlys L. "curó" los dolores de cabeza que sentía todos los días en la oficina, al aprender a sostener alternadamente el teléfono con ambos hombros y haciendo algunos sencillos movimientos. Por lo menos una vez por hora, se sentaba derecha y lentamente giraba la cabeza hacia un lado todo lo que podía, luego hacia el otro, bajaba la barbilla hacia el pecho, y luego echaba la cabeza hacia atrás todo lo más que le permitía el cuello. Cuando estaba sola durante los recesos del trabajo, Marlys colocaba las palmas de las manos contra el pecho, sacaba los codos hacia afuera y los hacía girar en círculos hacia adelante y hacia atrás tres veces para estirar y relajar los músculos tensos.

Remedios populares

Puede que enterrar mechones de pelo cortado debajo de una piedra no vaya a evitar los dolores de cabeza, pero algunas recetas de los curanderos populares han sido comprobadas científicamente. La hierba matricaria (*feverfew*) ha demostrado ser eficaz para los dolores de cabeza vasculares. Comer almendras (*almonds*) crudas y fresas (frutillas, *strawberries*) sin endulzar, o beber té de ulmaria (*meadowsweet*) o de corteza de sauce blanco (*white willow*) puede aliviar el dolor de cabeza ya que todos ellos contienen salicilatos (el compuesto de la aspirina que elimina el dolor).[16, 313]

Vinagre de sidra de manzana (*apple cider vinegar*) Tomar tres cucharadas de vinagre de sidra de manzana con una cucharada de miel, o beber un vaso de agua mezclada con una cucharada de vinagre y una de miel, al comienzo de un resfrío, ha logrado éxitos muy comentados.[172] Se dice que saturar una tira de tela (o un pañuelo para la cabeza) con vinagre y enrollarla hasta convertirla en un cilindro que se ata alrededor de la cabeza, por encima de las cejas, reduce la presión del dolor.

Hierbas Introducir hojas enrolladas de mejorana (*marjoram*) o menta en las fosas nasales fue un remedio para el dolor de cabeza en el siglo XVI. Beber una taza de infusión (o tomar cápsulas de hierbas) y descansar en la cama durante una hora tiene más atractivo estético. Para el alivio general: angélica (dong quai), albahaca (*basil*), manzanilla (*chamomile*), nébeda (*catnip*), fenogreco (*fenugreek*), malvavisco (*marshmallow*), pasionaria (granadilla, parche, pasiflora, *passion flower*), menta piperita (*peppermint*), salvia (*sage*), romero (*rosemary*) o tomillo (*thyme*). Se recomienda una combinación de fenogreco y tomillo para los dolores de cabeza sinusoidales y vasculares. Se sugiere que las mujeres con dolor en la parte posterior de la cabeza usen cimifuga negra (*black cohosh*).

Limón Disuelva una cucharada de jugo de limón en una taza de té de pekoe caliente, o añada el jugo de un limón a un vaso de agua tibia y disuelva allí una cucharadita de bicarbonato de soda; luego, beba a sorbos lentamente mientras se frota la parte blanca de la cáscara fresca del limón sobre la frente y las sienes.

Emplastos y compresas Adhiera sobre la frente, tajadas de manzana o papas crudas, una pasta hecha de jengibre (*ginger*) en polvo y agua, o remolacha (betabel, *beet*) u hojas de menta marchitas. O coloque entre dos pedazos de gasa bicarbonato de soda húmedo, ajo machacado o cebolla o rábano picante (*horseradish*) rallados y aplique sobre la parte posterior del cuello y en el doblez de los codos durante una hora. O cúbrase la frente con una tela que se ha mojado (y exprimido luego) en una mezcla de infusión de tomillo (*thyme*) caliente o una taza de infusión fresca de albahaca (*basil*) a la cual se han añadido dos cucharadas de hamamelis (olmo escocés, *witch hazel*).

Presión sobre los nervios y masaje

Para detener un dolor de cabeza persistente o acelerar el fin del que ya tiene, presione o masajee cualquiera o todos los puntos siguientes:

○ El centro de la parte superior de la cabeza; las depresiones que están delante de la parte superior de las orejas; y las cavidades detrás de la cabeza, a cada lado de la columna vertebral.

○ La mitad de ambos hombros, alrededor de una pulgada hacia la espalda.

○ El dorso de cada mano, donde los huesos de los dedos pulgar e índice se encuentran; luego, el doblez de la parte interior de las muñecas, a la altura del dedo meñique.

○ Dos pulgadas (5 cm) más abajo de cada hueso de la rodilla, y la depresión detrás del hueso del tobillo de cada pierna.

○ La parte superior de ambos pies, una pulgada (2 ó 3 cm) por encima de la extensión de piel entre el primero y el segundo dedo del pie, y la planta de cada pie, entre la base del tercer dedo y el pulpejo del pie.

Relajación

El uso habitual de cualquier técnica de relajación (vea la Introducción) ayuda a evitar la acumulación de estrés que puede provocar dolores de cabeza. Cuando éste se produce, es posible eliminarlo, o por lo menos aliviarlo, "deseándolo", es decir, inspirar profundamente unas cuantas veces, relajar los músculos tensos, visualizar una escena pacífica y concluir con la afirmación de que todo el cuerpo se refrescará y se sentirá sin dolor después del período de relajación.

Fuentes (vea la Bibliografía)

16, 17, 26, 29, 45, 46, 47, 56, 58, 59, 60, 64, 65, 69, 75, 76, 98, 102, 108, 111, 112, 144, 147, 150, 151, 164, 172, 176, 177, 179, 186, 201, 202, 212, 218, 235, 236, 238, 244, 255, 256, 260, 265, 281, 293, 294, 297, 300, 305, 312, 313

Dolor de espalda y Ciática

Un ataque de dolor de espalda por lo general se presenta repentinamente debido a una torcedura (un músculo del que se ha abusado) o a un esguince (un ligamento parcialmente desgarrado) y es acompañado de dolorosos espasmos musculares que inmovilizan los músculos de la espalda para protegerlos, y para proteger también los nervios de la espina dorsal. La causa puede ser tan obvia como encorvarse para alzar un objeto pesado, en lugar de mantener la espalda recta y utilizar los músculos de las piernas y los brazos, o tan sutil como sentarse en la misma posición durante varias horas. La tensión muscular causada por el estrés emotivo puede provocar un espasmo o un molesto dolor de espalda; cualquiera de estos dos pueden aliviarse por medio de los métodos de relajación descritos en la Introducción. El dolor en la parte baja de la espalda, llamado a veces lumbago, puede ser causado o agravado por la postura incorrecta, los zapatos de tacón alto, la falta de ejercicio, las deficiencias alimenticias, una cama demasiado blanda, la predisposición genética o el exceso de peso, el cual puede engendrar el mismo tipo de dolor de espalda que produce el embarazo; los físicos calculan que los músculos de la espalda deben ejercer una fuerza de 50 libras (22,5 kilos) para contrarrestar una barriga de 10 libras (4,5 kilos) delante de la espina dorsal.[177] La ciática (dolor a lo largo del nervio ciático, desde la nalga hasta el tobillo) puede presentarse independientemente o junto con cualquier otro dolor de espalda. La presión de un disco herniado puede ser la causa de la ciática, pero por lo general, lo que sucede es que los músculos tirantes adheridos a la cadera aprietan el nervio ciático; a veces la ciática ha sido provocada por haberse sentado sobre una billetera gruesa.[300] Según el *Berkeley Wellness Letter* (enero de 1993), las vibraciones mecánicas recibidas por permanecer largas horas detrás del volante de un automóvil o un camión, o por los trabajos donde hace falta alzar objetos pesados, pueden ser los causantes de los ataques de ciática.

Una aplicación de hielo, durante 10 a 20 minutos, al comienzo de un ataque de dolor de espalda, reduce el dolor, alivia los espasmos y reduce al mínimo la inflamación. Alternar el frío con 15 a 30 minutos de calor ensancha las arterias y las venas para acelerar el flujo de la sangre hacia y desde los músculos contraídos. Acostarse en la cama con una almohada debajo de las rodillas es lo que se hace por lo general durante los pocos días de descanso obligatorio. Acostarse sobre el piso con una almohada delgada debajo del cuello y la cabeza, descansando las piernas sobre el asiento de una silla tapizada, puede ser más cómodo para los que padecen de ciática. Asumir esta posición en los primeros 10 minutos luego de sentir el primer aviso de un incipiente ataque de dolor de espalda, puede detenerlo o, por lo menos, hacerlo menos fuerte.

El dolor de espalda agudo, que persiste sin aliviarse después de dos días de total descanso en la cama, o que viene acompañado de fiebre o vómitos, debe ser evaluado por el médico.

Dieta y suplementos (vea la nota en la página xii)

La buena nutrición ayuda a prevenir y corregir muchos trastornos de la espalda. Beber todos los días un vaso de jugo fresco de papa cruda (mezclado con jugo de remolacha, zanahoria o apio para añadir enzimas adicionales y sabor) ha aliviado a algunas personas que padecen de ciática y lumbago. Las proteínas y la vitamina C son necesarias para tener un fuerte tejido de apoyo. Todo el complejo B es esencial para la salud del tejido nervioso. El calcio y otros minerales ayudan a evitar o aliviar los dolores de espalda causados por la desmineralización progresiva de los huesos.

Mike H. había sido examinado por su médico y manipulado por un osteópata, pero seguía teniendo espasmos y contracciones en la espalda cada cierto número de meses, y el descanso de dos días en cama estaba poniendo en peligro su trabajo de camionero. Así que cuando su suegra le regaló un paquete de vitaminas y un frasco grande de jugo de arándano agrio (*cranberry juice*), Mike estuvo de acuerdo en probar los suplementos. Cada mañana, con un vaso del jugo, tomaba una pastilla de multivitaminas y minerales, una tableta de las vitaminas del complejo B, 1.000 miligramos de vitamina C de acción retardada con bioflavonoides y 400 unidades internacionales *IU* de vitamina E. La combinación funcionó. Mike sigue conduciendo su camión de 18 ruedas y ya casi se ha olvidado de que antes padecía de dolores de espalda... pero no se olvida de tomar las vitaminas.

Los espasmos de la ciática han respondido a un mes de terapia con las mismas vitaminas y minerales que Mike tomó, más 50 miligramos de zinc y de 1.000 a 2.000 microgramos de vitamina B-12 sublingual. El *Mag. Phos.*, una sal de tejidos, se recomienda para el dolor de espalda agudo con espasmos. Se puede tomar una cucharadita de las tabletas cada tres horas durante 12 horas, luego se disuelven tres tabletas debajo de la lengua tres veces al día.

Un remedio popular para el dolor de espalda provocado por una crisis emotiva, es tomar té de gayuba (*uva ursi*), guardar cama y beber uno o dos tragos con poco contenido de alcohol. Los expertos en hierbas sugieren corteza de sauce (*white willow*), en cápsulas o preparadas como infusión, debido a que es un salicilato natural con el mismo poder antiinflamatorio de la aspirina.[293] Otras hierbas para el dolor de espalda son la bardana (*burdock*), la consuelda (*comfrey*), el enebro (*juniper*), la avena loca (*oatstraw*), el olmo norteamericano (*slippery elm*) y la valeriana.

Postura

Sentarse, pararse y caminar correctamente constituyen tanto una prevención como un tratamiento para el dolor de espalda crónico. Andar de forma desgarbada, encorvarse o inclinarse hacia adelante añade presión adicional sobre los discos de la columna. La postura correcta, con la cabeza y el pecho en alto y hacia afuera, el estómago y las nalgas metidos hacia adentro, conserva alineada la espina dorsal. Mantener las rodillas ligeramente flexionadas mientras se está de pie y cambiar con frecuencia el peso del cuerpo de un pie al otro, o subir un pie sobre una silla o un estante bajo, reduce el esfuerzo de la espalda. Los mecedores o los "descansos de pie" de 30 segundos alivian la tensión de la columna causada por estar sentado durante largo tiempo. Cuando descanse en una silla tapizada, use un sillón inclinable o use una banqueta para elevar las rodillas por encima del nivel de las caderas.

Ejercicios

Cualquier persona que tenga un problema serio de la espalda debe consultar a un ortopédico antes de comenzar cualquier programa de ejercicios, y luego seguir el programa individualizado para fortalecer los músculos de la espalda y los abdominales. Los estiramientos suaves ayudan a menudo a prevenir o aliviar el dolor de espalda crónico. Estos sencillos ejercicios pueden practicarse durante el día.

○ Siéntese en una silla de respaldo recto, con ambos pies sobre el piso. Poco a poco, deje que el cuerpo caiga hacia adelante hasta que la cabeza le quede entre las rodillas, con las manos colgando sobre el suelo; luego, apriete los músculos abdominales e incorpórese lentamente. Alterne este ejercicio con un estiramiento de codos: doble ambos codos, mueva uno hacia abajo, detrás de la espalda y alce el otro codo hacia la cabeza. Invierta y repita.

○ Recuéstese de espaldas contra una pared, con los pies a 12 pulgadas (30 cm) de la base de la pared. Lleve la cabeza, los hombros y la pelvis hacia adelante para presionar la cintura contra la pared.

Los ejercicios aeróbicos de bajo impacto como la natación, el ciclismo estacionario y el caminar son buenos para la espalda. El trote o los deportes en los que es necesario saltar o doblar el cuerpo pueden resultar dañinos para los huesos y los músculos. Los ejercicios sobre el piso deben realizarse lentamente, y las repeticiones diarias se deben aumentar gradualmente, hasta no más de 10; la meta es mejorar sin sentir dolor.

○ Para mejorar la flexibilidad y la fuerza muscular, y para darse un masaje en la espalda al mismo tiempo: (1) Acuéstese sobre la espalda con los brazos a los lados, las rodillas dobladas y los pies planos sobre el piso. Mueva ligeramente la pelvis hacia adelante y levante las nalgas de modo que la parte baja de la espalda se apriete contra el piso; manténgase así durante cinco segundos y luego relájese. (2) Extienda las manos entre los muslos y, lentamente, curve la cabeza y los hombros hacia adelante, alejándolos del piso. Mantenga durante tres segundos y, entonces, vuelva hacia atrás y relájese. (3) Lleve las rodillas hasta el pecho, abrazándolas con los brazos, mantenga durante cinco segundos y luego regrese a la posición de las rodillas dobladas.

○ Para fortalecer los músculos de los muslos y evitar o aliviar la ciática, acuéstese sobre su lado izquierdo, con la rodilla izquierda flexionada. Extienda la pierna derecha y alce el pie derecho en dirección al techo, tres veces. Vírese y repita con la pierna izquierda.

Presión sobre los nervios y masajes

○ Con los pulgares, apriete hacia dentro y hacia arriba, debajo del arco de cada ceja. Mantenga la presión durante 10 segundos, suelte durante otros 10 segundos, y repita tres veces todos los días.

○ Apriete y masajee el punto en el dorso de cada mano donde se encuentran la falange del dedo anular y la del dedo meñique.

○ Un día sí y un día no, masajee la planta de cada pie durante un minuto o dos. O en días alternos, masajee ambas manos, sobre todo en la yema de cada pulgar (pulpejo), el centro de la palma y el espacio de piel entre las bases del pulgar y del índice.

○ Si tiene dolor en el centro de la espalda, masajee la parte superior del pie, en el centro del borde interior del arco y/o el dorso de la mano, entre la muñeca y la base del pulgar. Si tiene dolor en la parte baja de la espalda, masajee el interior del borde del pie, desde el arco hasta el talón y/o masajee el dorso de la mano en la base del pulgar.

Fuentes (vea la Bibliografía)

2, 3, 6, 17, 26, 29, 41, 57, 59, 60, 72, 82, 87, 98, 111, 112, 115, 135, 159, 160, 166, 175, 177, 186, 207, 218, 233, 250, 255, 256, 257, 265, 291, 293, 300, 316

Dolor de garganta y Laringitis

La inflamación de la pared de la garganta (faringitis) o de las cuerdas vocales (laringitis) por lo general acompaña a un resfrío o la gripe, pero también puede ser el resultado de reacciones alérgicas, tos crónica, estrés emotivo, fumar en exceso, inhalar gases químicos, polvo o humo, beber demasiadas bebidas alcohólicas, exceso de sequedad del aire, demasiado uso de la voz, o ingerir alimentos o bebidas demasiado calientes. La mayoría de los casos de irritación de garganta se curan en unos pocos días o semanas. Para la laringitis, se recomiendan dos o tres días de descanso total de la voz; el hablar en voz baja exige más esfuerzo de las cuerdas vocales que el hablar normalmente. Los problemas de la garganta y la voz que duran demasiado, el tragar con dificultad, el dolor acompañado de manchas blancas en la garganta, deben ser evaluados por el médico y, tal vez, tratados con antibióticos si se trata de una infección bacteriana, como la de estreptococos en la garganta.

Respirar por la nariz con la boca cerrada ayuda a evitar la sequedad de la garganta y desvía los irritantes aerotransportados. Un estudio mencionado en el *Berkeley Wellness Letter* (enero de 1992) indica que el aire seco impide que los cilios o pestañas nasales realicen eficientemente su función de mantener el conducto respiratorio limpio de virus y bacterias. Los humidificadores portátiles ayudan a mantener el nivel ideal de humedad del aire de un 30 a un 50 por ciento. El inhalar vapor durante cinco minutos seguidos varias veces al día, alivia la irritación de la garganta. Añadir una cucharadita de tintura de benzoína (o mentol o aceite de eucalipto) a una olla llena de agua hirviendo aumenta los beneficios de la inhalación de vapor.

Dieta y suplementos (vea la nota en la página xii)

Mascar clavos de olor (*cloves*) enteros (no más de cuatro al día) o comer cebollas cocidas en melaza (*molasses*) constituyen remedios populares para el dolor de garganta que viene acompañado de carraspera. La piña fresca y su jugo contienen una enzima (bromelina) que, se piensa, acelera la recuperación al destruir el tejido muerto de la garganta sin afectar el tejido sano; también puede ayudar la toronja (pomelo, *grapefruit*) fresca. Aumentar la ingestión de fluidos lubrica las cuerdas vocales para aliviar la carraspera y el malestar. Las bebidas con hielo pueden agravar el problema; las sopas y los líquidos calientes demoran la reproducción de los virus, al aumentar la temperatura de la garganta. El jugo de tomate o de naranja, la limonada tibia hecha con miel y limón fresco acidifican la garganta y esto ayuda a destruir los virus. Los expertos en hierbas sugieren beber a sorbos estas infusiones endulzadas con miel: de corteza de raíz de arrayán (*bayberry*), nébeda (*catnip*), consuelda (*comfrey*), jengibre (*ginger*), raíz de orozuz (*licorice*) o gordolobo (verbasco, *mullein*). El té hecho de olmo norteamericano (*slippery elm*), con o sin la adición de $\frac{1}{4}$ cucharadita de botón de oro (hidraste, *goldenseal*), puede combinarse con una cantidad igual de leche de vaca o de soja para que alivie más. Los médicos holísticos aconsejan suplementos dietéticos para acortar la duración del dolor de garganta.

Vitamina A En forma de beta-caroteno, 75.000 unidades internacionales *IU* al día durante una semana, reducida a 50.000 *IU* durante una semana, y luego a 25.000 *IU* diarias, para acelerar la curación y reforzar el sistema inmunitario.

Vitamina C De 1.000 a 5.000 miligramos en dosis diarias divididas. Muchos dolores de garganta se han acabado al segundo día después de hacer gárgaras cada hora con 500 miligramos de vitamina C en polvo, disuelta en un vaso de agua, más una tableta de 250 miligramos de vitamina C cada hora.[301]

Zinc Una pastilla de gluconato de zinc disuelta en la boca cada dos horas hasta que se alivie el dolor; no se deben tomar más de 12 cada 24 horas ni durante más de una semana.[118]

Ajo Dos cápsulas de 15 granos con cada comida, debido a sus propiedades antisépticas y antibióticas naturales.[17, 293]

Sales de tejidos Para la garganta inflamada y con carraspera o la pérdida de voz, disuelva tres tabletas de *Ferr. Phos. 6X* debajo de la lengua cada hora hasta que se alivie el dolor; luego, tres tabletas cada tres horas mientras esté despierto, hasta que la inflamación se mejore. Para la garganta irritada que produce dolor al tragar, tome tres tabletas de *Calc. Phos. 6X* siguiendo el mismo horario.[65]

Compresas y emplastos

Una compresa fría puede aliviar el dolor y la inflamación; si la cubre con plástico durante cuatro a ocho horas, para que no esté en contacto con el aire, aumenta los beneficios. Las compresas calientes o los paños remojados (y exprimidos después) en infusión de manzanilla (*chamomile*) de doble concentración deben renovarse cuando se enfríen, o repetirse cuatro veces al día. Los emplastos de banana (plátano) madura o $\frac{1}{2}$ taza de tofu mezclado con dos cucharadas de harina de trigo y una cucharadita de jengibre (*ginger*) fresco rallado pueden extenderse sobre una tira de tela que se coloca junto a la garganta y se cubre con una tela que la envuelva; se reemplaza cada dos horas.

Gárgaras

Las gárgaras brindan alivio temporal para una garganta carrasposa y áspera, y ayudan a reducir la inflamación de los tejidos; se pueden repetir cada 20 ó 30 minutos.

Soluciones rápidas Mezclas de partes iguales de agua con gel de áloe vera (acíbar, zabila), vinagre de sidra de manzana (*apple cider vinegar*), jugo de limón o té de pekoe. Se puede disolver $\frac{1}{4}$ taza de levadura de cerveza (*brewer's yeast*) y una cucharada de miel en una taza de agua. O se combinan $\frac{1}{4}$ taza de miel, $\frac{1}{4}$ taza de vinagre de sidra y $\frac{1}{4}$ taza de agua. El agua donde se han cocido higos se puede usar para gárgaras.

Gárgaras cocidas Estos son favoritos tradicionales. Hierva a fuego lento una cucharada de grosellas (*currants*) secas en una taza de agua durante 10 minutos, añada $\frac{1}{2}$ cucharadita de canela (*cinnamon*), cubra y deje descansar durante 30 minutos, y luego cuele la mezcla. O hierva dos cucharadas de cáscara de granada (*pomegranate*) seca y rallada en tres tazas de agua hasta que se reduzca a dos tazas; cuele cuando se refresque. Otra opción es la infusión de corteza de roble blanco (*white* *oak*) concentrado. Para una gárgara potente, ponga en infusión dos cucharaditas de pimienta de Cayena (*Cayenne pepper*) y dos de salvia (*sage*) seca en una taza de agua hirviendo; luego eche dos cucharaditas de miel, dos de sal y dos de vinagre, antes de colar la mezcla.

Sal y bicarbonato de soda Solos o combinados ($\frac{1}{4}$ ó $\frac{1}{2}$ cucharadita por cada $\frac{1}{2}$ taza de agua tibia), estas sustancias son las preferidas de muchos curanderos populares. Los artistas de la escena confían en el bicarbonato de soda cuando los amenaza la laringitis. Rhonda P. se había recobrado de su resfrío y estaba emocionada por su primera presentación con un grupo de teatro. Sin embargo, como estaba más nerviosa de lo que pensaba, sus cuerdas vocales reaccionaron contrayéndose poco antes del espectáculo. "Sé lo que me toca decir, pero no puedo decirlo", le susurró al director. "Estoy perdiendo la voz". Él disolvió media cucharada de bicarbonato de soda en una taza de papel llena de agua y le dijo que hiciera gárgaras, que inspirara 10 veces lenta y profundamente, y que volviera a hacer gárgaras nuevamente. Asombrosamente, la garganta de Rhonda se relajó, su voz volvió a ser normal y pudo actuar a la perfección.

Remedios líquidos

Para aliviar la irritación de la garganta, los curanderos populares recomiendan diversos líquidos para que se beban a sorbos o se tomen por cucharadas en intervalos frecuentes. La leche de coco, el jugo de ciruela pasa o el jugo de un limón calentado con $\frac{3}{4}$ taza de agua y una cucharada de miel ha aliviado muchos dolores de garganta. Otras opciones consisten en el líquido, endulzado con miel, que se obtiene de hervir a fuego lento en una pinta ($\frac{1}{2}$ litro) de agua durante 30 minutos, $\frac{1}{4}$ libra (115 g) de salvado de molinero (*miller's bran*); infusión de salvia (*sage*) concentrada con ó sin miel, y con una cucharadita de jugo de lima (limón verde, *lime*); o infusión concentrada de olmo norteamericano (*slippery elm*) con el jugo de medio limón.

Jarabes

El azúcar o la miel son el ingrediente básico de los jarabes que se toman por cucharadas. Las combinaciones incluyen cantidades iguales de azúcar morena y brandy; y mitad y mitad de miel y polen de abeja; partes iguales de clara de huevo, miel y jugo de limón; $\frac{1}{4}$ taza de jugo de limón caliente mezclado con ½ taza de miel y una cucharada de glicerina (*glycerin*); o miel en la que se han dejado macerar dientes de ajo pelados durante varios días.

Presión sobre los nervios y masajes

○ Hale hacia abajo el borde superior del esternón durante 10 segundos, suéltelo durante otros 10, y repita tres veces.

○ Presione y masajee la parte inferior de cada dedo pulgar y la sección de piel que lo une a la mano; luego apriete la parte inferior de la uña de cada pulgar, por el lado cercano al dedo índice. Con el pulgar derecho, apriete la parte inferior de la uña del pulgar izquierdo, por el lado exterior, durante siete segundos. Suelte y repita tres veces, luego haga lo mismo con la uña derecha.

○ Masajee el dedo gordo de cada pie y el espacio entre aquel y el siguiente dedo.

Fuentes (vea la Bibliografía)

2, 17, 20, 21, 26, 49, 51, 57, 58, 65, 69, 75, 84, 87, 92, 98, 110, 111, 116, 117, 118, 135, 144, 148, 150, 151, 159, 164, 171, 172, 186, 202, 203, 250, 254, 264, 265, 281, 293, 294, 300, 301, 302, 304, 308, 312, 313

Dolor de muelas

Gracias a la modernización de la higiene dental y el agua potable con flúor, la mitad de los escolares de Estados Unidos ya no tienen caries (hace 20 años, un 75 por ciento tenía dientes cariados) y los niveles de enfermedades periodontales y de pérdida de piezas dentales está n descendiendo entre los estadounidenses de todas las edades.[111, 300] Pero las estadísticas resultan de poco alivio cuando se siente un dolor de muelas. A veces, el malestar es una manifestación asociada al síndrome de la articulación temporomandibular (se conoce en inglés con las siglas *TMJ*) o un problema de los senos nasales. Si el causante es un residuo de alimento que ha quedado atrapado entre dos piezas dentales, se puede desalojar con el hilo dental o enjuagando vigorosamente la boca con agua tibia. Por lo general, un dolor de muelas (o de dientes o colmillos) indica que hay una inflamación del tejido blando que está dentro de la pieza dental. La irritación o la infección puede ser causada por una lesión accidental, bruxismo (rechinar de los dientes), una pieza dental partida, una carie o un empaste que se ha caído. Se debe obtener un diagnóstico profesional para evitar la posibilidad de abscesos y pérdida de piezas dentales. Hasta que se vea al dentista, los remedios caseros pueden aliviar el dolor.

Consejo de primeros auxilios Para salvar una pieza dental lesionada, debe verse al dentista a la media hora; cuando más, a las dos o tres horas. Las partes rotas de una pieza dental se deben guardar y luego se enjuagará la boca con agua tibia. Si un diente ha sido sacado de su lugar por un golpe, la pieza se debe tomar por la corona (no por la raíz) y se debe envolver en una tela mojada, o se debe colocar en un recipiente con leche entera (no leche descremada *skim*) o con agua (no agua del grifo, la cual contiene minerales que pueden dañar la pieza dental) con una pizca de sal. Si no se puede conseguir ninguno de los dos líquidos, la pieza dental se puede mantener dentro de la mejilla o debajo de la lengua.[300, 322]

Tratamientos fríos y calientes

Una compresa húmeda y caliente, aplicada a la mejilla sobre el área del dolor, puede aliviar el malestar si el nervio de la pieza dental está muerto. Si el nervio sigue vivo, es preferible usar compresas frías, ya que el calor puede empeorar el problema al llevar la infección hacia la parte exterior de la mandíbula.[293] Una astilla de hielo colocada cerca de la pieza dental con dolor, o una compresa fría, o una bolsa de hielo contra la mejilla en cuestión reduce tanto el dolor como la inflamación y puede repetirse cuatro o cinco veces al día. Se ha visto que frotar durante cinco minutos un cubo de hielo, envuelto en tela, sobre el área en forma de V del dorso de la mano (donde se encuentran los huesos del pulgar y el índice) ha eliminado el dolor igual que lo hace una aguja de acupuntura.[16] Los terapeutas populares aconsejan mantener los pies sobre una bolsa de agua caliente o una almohadilla de calor mientras se están aplicando los tratamientos fríos.

Remedios populares

Un remedio universal consiste en llenar la caries con algodón saturado en aceite de clavos de olor (a veces se sustituye por aceites de pimienta de Cayena, de canela —*cinnamon*—, de prímula —*primrose*—, o de sasafrás), o frotarse el aceite sobre la encía. Casi tan eficaz como esto se considera chupar clavos de olor (*cloves*) enteros, o suavizados con agua caliente o miel y luego masticarlos y mantenerlos en la boca junto a la pieza dental dolorida. El gel de áloe vera, el jugo extraído de un higo fresco, el jugo fresco de lima (limón verde, *lime*), o el extracto de vainilla se pueden aplicar directamente sobre la fuente del dolor; no se aconseja la aspirina triturada, ya que ésta puede dañar los tejidos delicados. Para mantener el polvo —ya sea de nébeda (*catnip*), pimienta de Cayena (*Cayenne pepper*) o mostaza— pegado a la pieza dental, los curanderos populares espolvorean la hierba seca sobre un pedacito de pan untado con mantequilla de cacahuete (maní, *peanut butter*). Se pueden mojar dos cucharaditas de milenrama (*yarrow*) seca con agua hirviendo y se aseguran con un pedacito de estopilla (gasa, *cheesecloth*). Una alternativa que tiene fama de ser un alivio rápido consiste en una mezcla de cantidades iguales de alumbre (*alum*) en polvo y sal, envuelta en un pedazo de algodón húmedo y colocada sobre la pieza dental.

También puede ser útil mantener en la boca —durante 30 segundos antes de tragarlos— buches de una taza entera de infusión de salvia (*sage*) de doble concentración; o mantener (pero sin tragar) vinagre entibiado con un poquito de pimienta de Cayena. Se puede colocar en la pieza dental, para extraer el dolor, ajo machacado o rábano picante (*horseradish*) fresco y rallado, o, según la sabiduría popular, envueltos en muselina y colocados en el doblez de cada brazo y cada pierna.

Los emplastos aplicados por fuera de la mandíbula también tienen fama de reducir el dolor. Se puede untar sobre una gasa una yema de huevo mezclada con una cucharadita de miel, o una pasta de migajas de pan y alcohol espolvoreada con pimienta de Cayena (*Cayenne pepper*). También, una tela mojada (y luego exprimida) en infusión de manzanilla (*chamomile*) tibia o en el agua en la cual se ha hervido a fuego lento raíz de jengibre (*ginger*) rallada. O se remoja en vinagre papel de estraza resistente, se espolvorea con jengibre rallado, se aplica en el lado dolorido de la cara y se deja allí toda la noche.

Presión sobre los nervios y masajes

○ Ejerza presión sobre el área de la sien que está a $1\frac{1}{2}$ pulgada (4 cm) sobre el extremo superior de la oreja, luego presione hacia dentro y hacia arriba en la depresión en frente del centro de la oreja.

○ Coloque los primeros dos dedos de cada mano contra las cavidades en la base del cráneo y masajee en la dirección de las manecillas del reloj.

○ Usando tres dedos, empuje la mejilla, a una pulgada por encima de la pieza dental que le duele, durante dos o tres minutos.

○ Masajee la articulación de la mandíbula y, si la pieza dental que le duele está en el maxilar inferior, frote el borde exterior del hueso de la mandíbula a aproximadamente $1\frac{1}{2}$ pulgada (4 cm) debajo del lóbulo de la oreja.

○ En el mismo lado de la pieza dental con dolor, presione entre el dedo pulgar y el índice, contra el hueso que conduce al dedo. Si le duele un diente del lado izquierdo, masajee el pulgar y el índice de la mano izquierda; si se trata de una muela del lado izquierdo, masajee los tres últimos dedos de la mano izquierda. Masajee los mismos dedos de la mano derecha si le duele el lado derecho.

Sales de tejidos

Disuelva tres tabletas debajo de la lengua, una vez por hora, hasta ocho horas en total, para el dolor de piezas dentales con inflamación y dolor en las encías, use *Calc. Sulph. 6x* y/o *Ferr. Phos. 6X*; para el dolor agudo, con punzadas y espasmódico, tome *Mag. Phos. 6X*; para el dolor profundo alrededor de la pieza, use *Silícea 6X*. A Adrianne A., de 11 años, le habían dado permiso para traer a su mejor amiga a pasar unas vacaciones campestres con su familia, y las niñas se estaban divirtiendo de lo lindo hasta que Adrianne sintió un punzante dolor de muelas durante su último día en el campo. Obedientemente, tomó el *Mag. Phos.* que su madre llevaba en su maletín de primeros auxilios. La entusiasmó más la sugerencia de su padre de que tratara el remedio popular de aguantar una cucharada de su brandy "medicinal" en la boca, así que Adrianne le hizo una seña cómplice a su amiga y se tragó un poquito del líquido antes de escupirlo. Sus padres siguen discutiendo sobre la eficacia de cada remedio, pero tres repeticiones de la combinación de ambos mantuvo a Adrianne sin dolor hasta que llegaron a la consulta del dentista más cercano.

Fuentes (vea la Bibliografía)

16, 17, 41, 42, 43, 46, 49, 57, 58, 59, 63, 64, 65, 85, 98, 109, 111, 112, 135, 148, 150, 151, 153, 164, 176, 187, 195, 202, 203, 250, 256, 275, 286, 293, 294, 300, 306, 311, 312, 313, 322

Dolor de oído (otitis media)

Aunque el dolor de oído puede ser provocado por cerumen incrustado o agua en el interior del oído (vea "Oído, problemas de"), la otitis media (inflamación del oído medio) es por lo general el resultado de la acumulación de fluido o de la obstrucción de la trompa de Eustaquio que conecta el oído medio con la parte de atrás de la nariz y la garganta. Las alergias pueden ser las causantes de la producción anormal de fluidos, o es posible que el moco cargado de gérmenes entre en la trompa de Eustaquio, durante trastornos de la parte superior del sistema respiratorio y sea obligado a penetrar en el oído medio al estornudar o cuando se sopla con fuerza la nariz. Los niños son especialmente susceptibles al dolor de oído: aproximadamente la mitad de ellos desarrolla otitis media antes de los cinco años de edad.[244] Alimentar a un bebé en la cuna con el biberón puede que le provoque obstrucción de la trompa de Eustaquio, o tal vez la presión de los adenoides ensanchados impida el drenaje normal. Los niños y adultos que tienen repetidas infecciones en los oídos pueden beneficiarse al humidificar el aire del interior de la casa por medio de un humidificador, o al tomar un descongestionante nasal que se vende sin receta médica antes de ir a la cama todas las noches, para así secar el exceso de fluido en los oídos. Cuando se presenta un dolor de oído, aplicar calor, mantener la cabeza hacia arriba, mascar goma de mascar o beber líquidos a sorbos, ayuda a limpiar la trompa de Eustaquio y alivia el dolor. Se debe buscar la ayuda del médico si el dolor de oído persiste o si viene acompañado por una secreción rojiza, o si la temperatura sube a más de 102° F (39 C°).

Dieta y suplementos (vea la nota en la página xii)

Las alergias a alimentos a menudo provocan infecciones en los oídos de los niños al promover la producción de moco y la inflamación de las trompas de Eustaquio. Un estudio realizado con más de 100 adolescentes que padecían de otitis media crónica, reveló que un 78 por ciento era susceptible a alimentos tales como maíz, leche, cacahuetes (maníes) y trigo. Al eliminar los alergenos de sus dietas, un 86 por ciento de los que eran alérgicos estuvieron libres de trastornos del oído (*Pediatrics News* 25, no. 2, 1991). Si se recetan antibióticos para la infección de oído, el comer yogur acidófilo a diario (o tomar cápsulas de *acidophilus* con cada comida) durante el tratamiento puede, al llena r al organismo con bacterias benéficas, y prevenir la reaparición.

Los expertos en nutrición sugieren que durante una infección de oído se suministren los siguientes suplementos para acelerar la curación. En los casos infantiles, las dosis deben reducirse y darse solamente con la aprobación del médico.

Vitamina A En forma de beta-caroteno, 50.000 unidades internacionales *IU* diarias.

Complejo B Una tableta de 50 miligramos con todas las vitaminas B, tres veces al día.

Vitamina C De 1.500 a 5.000 miligramos al día en dosis divididas.

Vitamina E De 400 a 600 unidades internacionales *IU* diarias.

Zinc Una pastilla de 10 miligramos tres veces al día, durante cinco días.

Sales de tejidos Tres tabletas de las siguientes pueden tomarse cada hora durante varias horas: *Ferr. Phos. 12X* para el dolor punzante después de haberse expuesto al frío o mojarse; para aliviar la congestión en la trompa de Eustaquio, altérnese con *Kali. Mur. 12X*. Tome *Nat. Mur. 12X* si el dolor viene acompañado por un ruido estrepitoso en el oído; cambie a *Nat. Sulph. 12X* si siente un silbido en el oído; use *Kali. Phos. 12X* en el caso de un anciano que sienta escasez de audición y un zumbido en el oído.

Remedios populares

Para aliviar el dolor, los herbolarios sugieren beber a sorbos infusión de ulmaria (*meadowsweet*) o de corteza de sauce (*white willow*), combinados si se desea. Ambos tés contienen compuestos similares a la aspirina, así que no deben darse a los niños debido al peligro del síndrome de Reye, una enfermedad neurológica. Para hacer un pulverizador nasal que se cree que alivia el dolor de oído, mezcle una cucharadita de glicerina (*glycerin*) y una de sal en una pinta (½ litro) de agua tibia. Varias veces al día, rocíe la mezcla en cada fosa nasal hasta que el líquido comience a gotearle por la parte posterior de la garganta; luego, rocíe la garganta.

Gotas (Si existe la posibilidad de que el tímpano se haya roto, no se deben echar líquidos en el oído). Se pueden colocar unas cuantas gotas de aceite de castor tibio, aceite de ajo o aceite de oliva. Se puede añadir al aceite de oliva el contenido de una cápsula de aceite de ajo, polvo de ajo o jugo de ajo o de cebolla (se dice que combinar aceite de oliva con el contenido de una cápsula de vitamina E y una cápsula de ajo tiene poderes antibióticos);[150] o el jugo de jengibre (*ginger*) fresco y rallado puede combinarse con la misma cantidad de aceite de ajonjolí (*sesame*). Para aumentar la efectividad, se puede añadir una gota de tintura de lobelia después de cualesquiera de los aceites. Otras opciones incluyen el líquido exprimido de tallos de col (repollo, *cabbage*) asada, unas cuantas gotas de miel tibia mezclada con gránulos de polen de abeja, o vodka tibio.

Algodón Remoje una bolita de algodón en la mezcla de partes iguales de glicerina (*glycerin*) y hamamelis (olmo escocés, *witch hazel*), insértela en el oído y aguántela con un tapón de algodón.

Calor Un saludable reemplazo del viejo remedio de soplar bocanadas de humo de tabaco en un oído con dolor, es usar un secador de pelo manual, puesto en *"warm"* (tibio), a 18 pulgadas (½ metro) del oído. Otros métodos modernos de brindar calor consisten en usar una almohadilla de calor, o colocar sobre la oreja una toalla de papel que se haya remojado en agua caliente y se haya exprimido. Desde hace tiempo, para calentar los oídos se han usado sal de mesa calentada en la sartén, envuelta en tela y colocada entre el oído y la almohada;

emplastos de té caliente de manzanilla (*chamomile*) u olmo norteamericano (*slippery elm*) colocados sobre la oreja con una tela seca; o, para el dolor agudo, una pasta de mostaza seca, harina de trigo y agua o clara de huevo, untada sobre una gasa y colocada detrás de la oreja. Se dice que el beneficio aumenta si, al mismo tiempo, se ponen a remojar los pies en una palangana con agua caliente, con una cucharada de mostaza seca. La cebolla caliente y asada es otro antiguo remedio favorito para "eliminar" el dolor. Ate tajadas de cebolla sobre la oreja o haga una orejera de cebolla cortando una cebolla grande a la mitad, vaciándola en el centro y calentando el cascarón en el horno.

Presión sobre los nervios y masaje

○ Hale el lóbulo de la oreja durante 10 segundos, luego masajee suavemente alrededor del exterior de la oreja, incluyendo la articulación de la mandíbula que está al frente y el hueso mastoideo detrás de la oreja.

○ Enrolle una delgada franja de gasa hasta convertirla en un cilindro apretado, colóquelo detrás de la última muela del lado donde le duele y muérdalo durante cinco minutos. Repita cada dos horas hasta que el dolor se haya aliviado.

○ En el mismo lado del dolor, ejerza firme presión en la punta del dedo anular durante cinco minutos. O masajee el dedo pequeño del pie, el que está al lado y la parte de la planta del pie que está justo debajo de ellos.

Fuentes (vea la Bibliografía)

2, 6, 17, 26, 41, 57, 59, 60, 64, 65, 75, 85, 92, 98, 112, 135, 148, 150, 164, 168, 186, 195, 203, 213, 244, 264, 281, 284, 293, 302, 312, 313, 317

Dolor y ardor de pies, Ampollas y Uñas encarnadas

La persona normal ha caminado 45.000 millas (80 mil kilómetros) para cuando tiene ya 35 años, y cada paso concentra sobre cada pie una fuerza que es un tercio mayor que todo el peso del cuerpo.[232] Incluso cuando se usan los zapatos adecuados, los pies pueden rebelarse si no son tratados con consideración. En los pies, la cubierta de piel y los nervios próximos a la superficie reflejan deficiencias internas así como presiones externas por medio de cosquilleo, ardor y ampollas. Sus huesos (28 en cada pie) y su musculatura (107 ligamentos, 31 tendones, 18 músculos)[112] exigen los nutrientes suministrados por una dieta balanceada, así como que se les libere ocasionalmente de su encierro para darles cuidado y ejercicio.

Baño para pies doloridos

Entre sus salidas de compras a las tiendas, Lorna C. se sienta en el borde de su bañera y usa una ducha manual para refrescar los pies durante dos minutos. Si los pies están realmente cansados, remojarlos durante 15 minutos resulta más eficaz. Ralph R. dice que su improvisado baño de pies le salvó el trabajo. Se sentía bastante bien como para regresar a su trabajo en el taller de maquinarias, pero meses de descanso obligado habían hecho que su pie izquierdo fuera incapaz de adaptarse a los pisos de concreto y a usar zapatos de protección con punta de acero. El dolor inmenso que sentía en los pies lo obligó a volver a la casa y a darse un restaurador baño de pies una hora antes de dejar el trabajo, el primer día. A la mañana siguiente, Ralph se llevó una pequeña hielera medio llena de agua, para poder darle a sus pies un descanso a mitad de la jornada mientras almorzaba dentro de su automóvil. Dos semanas después de este tratamiento, sus pies podían resistir todo el día y sólo tenía que remojar los pies por la noche.

Para pies entumecidos y dolorosos Añada un puñado de sal de Epsom o de sal de mesa al baño de pies con agua tibia, o use infusión diluida de manzanilla (*chamomile*) o de corteza de roble (*oak*), luego enjuáguelos con agua fresca.

Para pies irritados o hinchados Alterne cinco minutos de baño de pies con agua salada y confortablemente caliente con dos minutos en agua fresca. Repita la secuencia y enjuáguelos con agua fría.

Ejercicios y masaje

Estar de pie o sentado durante largo tiempo puede hacer que los pies se inflamen, duelan y produzcan calambres, a menos que los mueva de vez en cuando. Usar tacones de diferentes alturas durante la semana puede evitar el dolor en los arcos y el encogimiento de tendones que causan tanto dolor de pies y de piernas a las adorables damas que usan tacones de tres pulgadas y a los supermachos que usan botas de vaquero.

- ○ **Estirar las pantorrillas y los talones** alivia la fascitis plantar (el dolor a lo largo de la planta del pie en las franjas fibrosas que conectan los calcañares y los dedos) y fortalece los tendones de Aquiles. (1) Sentado y descalzo, con los pies alzados, gire ambos desde los tobillos 10 veces en ambas direcciones, luego apunte los dedos hacia el piso y hacia arriba 10 veces. (2) De pie, descalzo, párese sobre las puntas y sobre los calcañares 10 veces. (3) Con las manos al nivel de los hombros y puestas contra una pared, retroceda unas 30 pulgadas, luego inclínese hacia adelante mientras mantiene los talones en contacto con el piso.

- ○ **Ejercicios para relajar y revitalizar los pies.** (1) Sentado y descalzo, dé vueltas con la planta de cada pie a una pelota de tenis, a latas de refrescos de 12 onzas o a un rodillo. (2) Sentado o de pie, estruje una toallita de tela o trate de recoger canicas o lápices sólo con los dedos de los pies.

- ○ **El masaje de pies,** además de eliminar la sensación de cansancio general que producen los pies agotados, puede interceptar los impulsos de dolor que son transmitidos a largo de los nervios entre los pies y el cerebro. (1) Úntese loción en cada pie, luego use los pulgares para frotar, con movimientos circulares, desde las plantas, pasando por los empeines, hasta alrededor de los tobillos. Si tiene la piel cuarteada o irritada, use entonces gel de áloe vera, aceite de castor, o aceite de ajo como loción. (2) Para aliviar los pies hinchados, masajee cada dedo y apriete firmemente la cutícula, el nudillo y la base de cada dedo.

Ardor en los pies

La sensación temporaria de ardor en los pies puede ser causada por zapatos que no dejan penetrar el aire o por calcetines de algodón o lana que retienen el sudor. El orlón y el acrílico hilado extraen la humedad de los pies; los zapatos de piel natural y "que respiran" permiten que el sudor se evapore. Otras causas posibles son las reacciones alérgicas al tinte de las medias nuevas, las sustancias químicas que se usan para teñir el cuero o los compuestos de goma de los zapatos deportivos.

El ardor persistente de las plantas y el cosquilleo de los dedos puede ser causado por inflamación de los nervios, la cual puede aliviarse al suplementar la dieta con vitaminas B. Durante la Segunda Guerra Mundial, las vitaminas B-1 y B-2 y el ácido pantoténico eliminaron el ardor en los pies de los ex prisioneros que regresaban; las vitaminas B-6 y B-12 suprimieron también las sensaciones de pinchazos.[3, 87] A menudo el problema se resuelve en cuestión de semanas si se disuelve una cucharada de levadura de cerveza (*brewer's yeast*) en un vaso de jugo o leche y se toma en el desayuno, y también tomando una tableta de vitaminas del complejo B a diario. La recuperación puede acelerarse al tomar tres tabletas de sales de tejidos *Ferr. Phos. 6X* y *Silícea 6X* tres veces al día.

Los curanderos populares sanan el ardor de pies con baños de pies. Ellos sugieren que a una palangana de agua fresca se le añada uno de los siguientes remedios: (1) Dos cucharadas de amoníaco y dos de alcohol de frotar; $\frac{1}{4}$ taza de bicarbonato de soda y $\frac{1}{4}$ taza de sal de mesa; dos tazas de infusión de manzanilla (*chamomile*), consuelda (*comfrey*), cola de caballo (equiseto, *horsetail*), lavanda (*lavender*), menta, corteza de roble (*oak*) o salvia (*sage*); una taza de vinagre de sidra de manzana (*apple cider vinegar*) y $\frac{1}{3}$ taza de jugo de limón. (2) Dos tazas de agua hervida con una taza del sedimento de café; se cuela y se exprime. Enjuáguese después con agua fría, séquese bien y échese un poco de maicena (fécula de maíz, *cornstarch*) o talco.

El ardor de pies que no se cura con remedios caseros debe ser examinado por un médico, ya que podría tratarse de una infección de hongos (vea "Pie de atleta") o un neuroma (un tumor benigno compuesto de células nerviosas), o puede que indique una advertencia temprana de diabetes o de ateroesclerosis.

Enrojecimientos y ampollas

Consejo de primeros auxilios Ya sea su causa zapatos o calcetines demasiado ajustados u holgados, o no llevar medias, la piel enrojecida e irritada en los pies conduce a ampollas, a menos que se tome acción de inmediato. El dolor se alivia al frotar ligeramente el área con un cubo de hielo. Aplicar un pedazo de cinta adhesiva sobre el área irritada o colocar una almohadilla alrededor del área dolorida, con espuma de goma o fieltro, reduce aún más la fricción. Lo mismo sucede al rociar polvo o untar una capa de vaselina (*petroleum jelly*), o ponerse dos pares de calcetines livianos en vez de un par grueso cuando se usen zapatos deportivos o botas de montaña.

Si se produce una ampolla, el tratamiento del siglo XX es menos doloroso y menos propenso a causar complicaciones que la antigua práctica de atravesar una aguja con hilo de estambre a través de la ampolla, cortando ambos extremos y dejándola allí hasta que la piel se cayera. El líquido dentro de la ampolla es un medio ideal para el desarrollo de bacterias que pueden causar infección. El pincharlo a tiempo elimina esta amenaza y acelera la curación al permitir que la piel que cubre la ampolla se adhiera a la carne. Después de lavar la ampolla con agua y jabón, o pasarle un algodón con alcohol o agua oxigenada (*hydrogen peroxide*), pínchela con una aguja desinfectada con alcohol o con la llama de un fósforo. Seque el líquido con una gasa antiséptica y luego aplique un pequeño vendaje con una abertura en el centro para que penetre el aire. La curación se hace más rápida si se cubre la ampolla reventada con una capa de gel de áloe vera o del aceite de una cápsula de ajo; también ayuda quitar el vendaje cada vez que sea posible para permitir el libre paso del aire. Una ampolla que se revienta por sí sola debe tratarse de la misma manera que una que ha sido pinchada, pero exige mayor atención para detectar señales de infección que requieran tratamiento médico.

Uñas encarnadas

Aunque las uñas de los pies encarnadas pueden ser consecuencia de dedos aplastados o de golpes en las uñas, las causas más comunes son el corte incorrecto o la presión de los zapatos. La obesidad puede ser un factor contribuyente en el caso de que la uña esté rodeada de tejido de piel fofa. Cortar una cuña en forma de V en el centro no impide ni corrige las uñas encarnadas y puede ser peligroso para la salud del dedo. Las uñas de los dedos de los pies deben cortarse rectas a lo ancho y se deben rebajar con una lija de esmeril, pero sin redondearlas en forma ovalada.

Las personas propensas a tener uñas encarnadas pueden beneficiarse con dosis diarias de la sal de tejidos *Silícea*, más una aplicación de aceite de vitamina E sobre las uñas, al menos una vez por mes. El tratamiento tradicional aconseja ablandar la uña remojándola en agua tibia, y luego colocar un pedacito de algodón enrollado entre la uña y la piel. La efectividad del tratamiento aumenta al añadir sal de Epsom al agua y saturar el algodón en aceite de castor o en aceite sacado de cápsulas de vitamina A o vitamina E. Una uña muy encarnada puede necesitar la ayuda del podíatra para evitar que se desarrolle una infección.

Fuentes (vea la Bibliografía)

3, 43, 46, 47, 53, 65, 85, 86, 87, 109, 111, 112, 159, 165, 177, 186, 190, 202, 203, 206, 232, 233, 256, 283, 284, 289, 291, 292, 293, 300, 304

Enfermedad de Ménière

Caracterizada por un grupo de desagradables síntomas que van y vienen —zumbido o silbido en un oído (o en los dos), inestabilidad, vértigo, náuseas y vómitos, sensación de llenura o dolor en un oído (o en los dos), distorsión del sonido y pérdida de la audición—, la enfermedad de Ménière es causada por el exceso de líquido en el laberinto (los canales semicirculares en el oído interno), lo cual altera el equilibrio y la audición. A menudo afecta sólo un oído y los casos pueden durar desde unos pocos minutos hasta unas cuantas horas; pueden presentarse una vez al año o con tanta frecuencia como tres veces al día, y varían en intensidad. Durante un ataque agudo, el tratamiento que más se recomienda es guardar cama y tomar algún antihistamínico de venta libre (sin receta médica) para combatir la pérdida de equilibrio.[148]

Es esencial la evaluación médica para asegurarse de que otro trastorno oculto no sea el causante de los síntomas. La diabetes, el colesterol elevado, la hipoglucemia, el mal funcionamiento de la tiroides, la artritis reumatoide y la sífilis pueden producir síntomas iguales a los de la enfermedad de Ménière. Un ataque puede ser acelerado por reacciones alérgicas, esfuerzo mental o visual, mala circulación, flujo deficiente de sangre hacia el cerebro, el espasmo de un vaso sanguíneo en el oído o el consumo de alcohol o cafeína. Aunque no se ha probado que el estrés sea un causante de la enfermedad de Ménière, sí puede agravar los síntomas. El practicar técnicas de relajación (vea la Introducción) puede aliviar el malestar. La nicotina es un estimulante del sistema nervioso que puede inducir los síntomas; dejar de fumar ha curado algunos casos. Menos del 10 por ciento de los pacientes que padecen de la enfermedad de Ménière necesitan someterse a una intervención quirúrgica; el resto se curan con el tiempo, remedios caseros (vea "Pérdida de la audición", "Náuseas y Vómito" y "Tinnitus") y una dieta mejorada.[254]

Dieta

Existen estudios clínicos que demuestran que la mayoría de las personas que padecen de la enfermedad de Ménière tienen exceso de peso y metabolizan mal los carbohidratos, y que por lo menos la mitad de ellas tienen una gran cantidad de grasa en la sangre. Al mantener una dieta de poco sodio y baja en grasas y azúcar, disminuir el consumo de carbohidratos procesados, y perder peso, algunos pacientes han experimentado un alivio inmediato; la mayoría han demostrado mejorarse notablemente en uno o dos meses.[147]

Suplementos (vea la nota en la página xii)

El primer encuentro con los síntomas de la enfermedad de Ménière, por lo general, se produce luego de un tratamiento con antibióticos, los cuales destruyen tanto las bacterias benéficas como las dañinas. Tomar cápsulas de *acidophilus* con cada comida (o comer yogur acidófilo) durante unas cuantas semanas ayuda a restablecer la síntesis de las vitaminas B que hace el organismo. Tal vez debido a una utilización incorrecta, los pacientes de Ménière tienen una deficiencia crónica de vitaminas B y otros nutrientes. Los suplementos de calcio y magnesio pueden ser útiles cuando el médico de cabecera determina la dosis apropiada. Las cantidades que se sugieren de estos dos minerales pueden ir desde 1.500 miligramos de calcio más 1.000 miligramos de magnesio, hasta 1.000 miligramos de magnesio más 500 miligramos de calcio. Muchos casos se han curado mediante suplementos adecuados de nutrientes necesarios.[17, 87, 98]

Complejo B Una tableta diaria con todas las vitaminas B, más suplementos adicionales de 10 a 25 miligramos de vitamina B-1 y de B-2 (de cada una), y 50 miligramos de vitamina B-6 cuatro veces al día, durante dos semanas. Debido a su acción vasodilatadora, la niacina es especialmente beneficiosa para los pacientes con la enfermedad de Ménière, pero ni las embarazadas ni las personas que padecen de gota o de trastornos del hígado deben tomar más de 200 miligramos al día. En los demás, muchos casos de la enfermedad de Ménière se han solucionado en dos a cuatro semanas, al tomar de 50 a 250 miligramos de niacina antes de cada comida.[98] Para reducir el molesto rubor de la piel, producto de la benéfica dilatación de las arterias causada por la niacina, se puede sustituir la mitad de la niacina por niacinamida (su forma sintética).

Vitamina C con bioflavonoides De 1.500 a 5.000 miligramos en dosis divididas, más 400 unidades internacionales *IU* de vitamina E todos los días para combatir el daño producido por los radicales libres y estimular una oxigenación eficiente.

Lecitina Una cucharada de gránulos diariamente (o dos o tres cápsulas con cada comida) para el funcionamiento del cerebro y la protección de las células.

Manganeso Cinco miligramos al día. La deficiencia de este mineral puede ser la causante de los síntomas de la enfermedad de Ménière.

Remedios populares

El beber una mezcla de dos cucharaditas de vinagre de sidra de manzana (*apple cider vinegar*) y ³⁄₄ taza de agua con dos de las comidas diarias, constituye una cura tradicional para la enfermedad de Ménière crónica. Se dice que el alivio de los síntomas se hace evidente dos semanas después, y que mejora aún más hacia el final del mes.[171] La infusión de rusco (brusco, retama *butcher's broom*), nébeda (*catnip*) o jengibre (*ginger*), constituyen otras bebidas favoritas. Estudios recientes realizados en Europa demuestran que tomar dos veces al día suplementos de 80 miligramos de ginkgo biloba (una hierba curativa que se usa en Asia desde hace 3.000 años) aumenta el flujo sanguíneo hacia los oídos y mejora notablemente la enfermedad de Ménière en 30 días.[51]

Leila H. confía en una combinación de remedios antiguos y modernos para controlar sus síntomas ocasionales de la enfermedad de Ménière. En el botiquín de su baño (para tenerlos al alcance fácilmente), ella guarda frascos de vitamina B-6 de 50 miligramos, de ácido pantoténico de 100 miligramos y de jengibre (*ginger*) molido. Cuando se levanta con silbido en los oídos y todo dándole vueltas, Leila se prepara una taza de "té" revolviendo una cucharadita de jengibre en agua caliente del grifo, toma con ella una de cada una de las vitaminas, y regresa a la cama durante media hora. Si los síntomas continúan, repite el tratamiento y, si es necesario para aliviar cualquier náusea o aturdimiento que sienta todavía, se toma una tercera taza de infusión de jengibre alrededor de una hora después.

Fuentes (vea la Bibliografía)

2, 6, 17, 51, 75, 87, 98, 147, 148, 171, 186, 207, 234, 254, 255, 281, 283

Enfermedad periodontal

L a placa es el villano en las historias de enfermedades periodontales. La placa, que es una película transparente y pegajosa de desechos de alimentos y bacterias que se adhiere a las piezas dentales (sobre todo a largo de las encías), se endurece y se convierte en una sustancia amarillenta llamada sarro o tártaro dental (cálculos dentales), a menos que se limpie diariamente. La acumulación de sarro irrita las encías y causa gingivitis, un tipo benigno de enfermedad periodontal que produce inflamación de las encías, haciéndolas sangrar con facilidad. Si el sarro no se elimina profesionalmente, la gingivitis puede empeorar hasta convertirse en piorrea (periodontitis). Las encías se contraen, dejando bolsillos de infección que poco a poco van erosionando el hueso y los tejidos de apoyo, y hacen que los dientes se aflojen y, probablemente, se caigan. Los factores contribuyentes incluyen el cepillado incorrecto, los trastornos glandulares o sanguíneos, los medicamentos como antibióticos y anticoagulantes, la osteoporosis, los malos hábitos alimenticios y las deficiencias nutricionales. Si se trata con la atención adecuada durante sus primeras etapas, la enfermedad periodontal puede eliminarse. Las encías hinchadas y esponjosas pueden encogerse y fortalecerse, y las piezas dentales flojas pueden estabilizarse.

Higiene dental

Tanto la prevención como el tratamiento de los problemas periodontales exigen sesiones periódicas en la consulta del dentista para quitar el sarro, además de cepillarse los dientes dos veces al día y pasarse el hilo dental por lo menos una vez al día para desalojar las placas antes de que se endurezcan. El cepillado antes de irse a dormir es especialmente importante para evitar que las bacterias y las partículas de comida afecten las piezas dentales durante las horas de sueño. La encía, así como los espacios entre las piezas dentales, queda limpia si se usa un cepillo dental de cerdas suaves, el cual se coloca en un ángulo de 45 grados contra las encías y los dientes, y se le hace girar en círculos. Las áreas que se encuentran alrededor de un puente que sostiene a una pieza dental artificial, necesitan cuidados especiales para evitar que la enfermedad periodontal destruya los dientes que aguantan al puente.

Dieta

Comer un trozo o dos de queso *cheddar* añejado o suizo después de la comida o masticar goma de mascar durante 10 minutos neutraliza algunos de los ácidos que forman placas.[111, 293, 312] Terminar cada comida con unos cuantos trozos de frutas o vegetales crudos y/o un enjuague bucal con agua, elimina los desechos de alimentos; se ha visto que comer un cuarto de manzana cruda es un 30 por ciento más eficaz que cepillarse los dientes inmediatamente después de comer.[195]

Una dieta variada, con énfasis en las verduras, las frutas frescas, las carnes sin grasa y los granos integrales, suministra nutrientes buenos para la salud dental y brinda el ejercicio necesario para estimular el flujo sanguíneo hacia las piezas dentales y las encías. Las bacterias se desarrollan en el azúcar y los alimentos con almidón (*starch*); la grasa hace que las partículas de alimento se peguen a los dientes; los que más daño hacen son las rosquillas (*doughnuts*), los *potato chips* y las pasas. Las meriendas que se recomiendan incluyen las palomitas de maíz (*popcorn*) cocidas por aire (*air-popped*) y los vegetales crudos. Aunque los productos lácteos bajos en grasa y los vegetales contienen vitamina K (que es esencial para el mantenimiento de los huesos, así como para evitar los sangrados), la mayor parte de la vitamina K del organismo es sintetizada por la flora intestinal. Comer yogur, que contiene *Lactobacillus acidophilus* (o tomar cápsulas de *acidophilus*) puede volver a surtir al organismo de la bacteria productora de vitamina K que ha sido destruida por los tratamientos con ciertos antibióticos u otros medicamentos.[151] Según la revista *American Health* (febrero de 1993), el fumar o usar tabaco que no produzca humo (*smokeless tobacco*) reduce la circulación de la sangre hacia las encías y puede obstaculizar su curación.

Suplementos (vea la nota en la página xii)

Además de una multivitamina con minerales a diario, estos suplementos individuales han probado ser útiles en numerosas ocasiones:

Vitamina A En forma de beta-caroteno, 50.000 unidades internacionales *IU* durante un mes, luego 25.000 *IU* diariamente.

Complejo B Una tableta con todas las vitaminas B en las comidas. El tomar ácido fólico y niacina adicionalmente ha detenido el sangrado de las encías en algunas personas.[206]

Vitamina C con bioflavonoides De 1.000 a 1.500 miligramos en dosis diarias divididas. Inclusive deficiencias mínimas de vitamina C pueden hacer aparecer trazas de sangre en el cepillo de dientes. Los bioflavonoides, que al principio fueron aislados como un remedio para las encías sangrantes que no se curaban con vitamina C, fortalecen y conservan los capilares, mientras que la vitamina C afirma y aprieta las encías alrededor de los dientes.[49, 151, 255]

Vitamina E De 100 a 400 unidades internacionales *IU*, subiendo gradualmente hasta 800 *IU*. Para acelerar la curación, las cápsulas pueden pincharse y frotarse sobre las encías antes de tragarlas.[17]

Calcio y magnesio De 1.000 a 5.000 miligramos de calcio, más de 500 a 750 miligramos de magnesio a diario (algunos investigadores sugieren tomar el doble de magnesio que de calcio) en dosis divididas para prevenir o revertir el encogimiento de la mandíbula y ayudar a corregir la piorrea.

Zinc De 15 a 50 miligramos a diario para mejorar la absorción de vitaminas y estimular la curación.[98]

Sales de tejidos Para las encías sangrantes, tome tres tabletas de *Kali. Phos. 6X* a diario. Si las encías duelen al apretarlas ligeramente, añada la misma dosificación de *Silícea 6X*.[65]

Remedios populares

Para curar y fortalecer las encías, los curanderos populares aconsejan frotarlas con gel de áloe vera (acíbar, zabila), higos cocidos en leche, o tintura de mirra (*myrrh*). Entre los dentífricos "curativos" se encuentran: el bicarbonato de soda, una mezcla de partes iguales de bicarbonato de soda o crémor tártaro y sal, una pasta de bicarbonato de soda y agua oxigenada (*hydrogen peroxide*), botón de oro (hidraste, *goldenseal*) en polvo. Para aliviar el dolor de las encías, enjuáguese la boca cada hora con una solución de $\frac{1}{2}$ cucharadita de sal en $\frac{1}{2}$ taza de agua. Se sugiere una mezcla de mitad y mitad de agua y agua oxigenada al tres por ciento como enjuague bucal (tres veces al día) para detener el desarrollo de las bacterias.

Vinagre de sidra de manzana (*apple cider vinegar*) Cada noche y cada mañana, revuelva una cucharadita de vinagre en una taza de agua; use un poco como enjuague bucal y bébase el resto, o bébase un vaso de la misma mezcla con cada comida.

Hierbas Se puede sorber té como bebida o se puede cocinar con concentración doble para hacer un enjuague bucal. Según se informó en *Longevity* (marzo de 1991), investigadores científicos han descubierto que el tanino del té de pekoe puede reducir del 85 al 90 por ciento las bacterias productoras de placas. Las infusiones astringentes (agrimonia, eufrasia, salvia, sándalo, roble blanco) se recomiendan para las encías sangrantes. Por sus cualidades antisépticas y astringentes, use botón de oro (hidraste, *goldenseal*), mirra (*myrrh*) o tomillo (*thyme*). La manzanilla (*chamomile*), la consuelda (*comfrey*), el malvavisco (*marshmallow*), la corteza de roble blanco (*white oak*) o la acedera bendita (*yellow dock*) se pueden usar para reducir la inflamación y el dolor de las encías. Se cree que es posible corregir el sangrado de las encías con esto: ponga en infusión $\frac{1}{4}$ cucharadita de anís seco, $\frac{1}{4}$ de menta y $\frac{1}{4}$ de romero (*rosemary*), en $\frac{3}{4}$ taza de agua hirviendo durante 10 minutos, y luego de colarlo use el líquido como enjuague bucal cada hora.

Masaje de fricción

Para ayudar a mantener el tejido gingival bien apretado alrededor de las piezas dentales y protegerlas contra las enfermedades periodontales, masajee las encías con un moderno estimulador de encías, o frótelas con remedios tradicionales, como sal de mesa, una tela áspera, o la parte blanca de la cáscara de un limón.

Fuentes (vea la Bibliografía)

3, 6, 13, 17, 41, 42, 49, 50, 53, 65, 72, 87, 98, 99, 108, 109, 111, 147, 150, 151, 173, 176, 177, 186, 190, 195, 199, 202, 206, 217, 228, 255, 256, 262, 283, 286, 293, 294, 300, 301, 308, 312, 313

Esguinces y Torceduras

Las torceduras, o estirones musculares, son lesiones en las que las fibras musculares se estiran y a veces se desgarran en parte debido al esfuerzo excesivo. La torcedura del hombro, por ejemplo, puede ser el resultado de pintar el techo; la torcedura de la espalda, de levantar un objeto pesado de manera incorrecta. Los esguinces ocurren cuando las bandas fibrosas (ligamentos) que conectan los huesos en una articulación se desgarran, como sucede en los casos de un tobillo torcido o un esguince en una muñeca. Los músculos, los tendones y los vasos sanguíneos también pueden dañarse con un esguince, lo que añade esfuerzo y lesión al dolor y la inflamación. Los esguinces y las torceduras se tratan de acuerdo al grado de la lesión. Lesiones de primer y segundo grados se pueden curar con remedios caseros; las lesiones de tercer grado requieren de evaluación médica inmediata. Las fracturas se pueden detectar sólo mediante los rayos X; el poder caminar con un tobillo con esguince no descarta la posibilidad de una fractura.

- **Primer grado** es una lesión leve que presenta poco dolor y poca pérdida de movimiento.

- **Segundo grado** es una lesión moderada que produce un dolor agudo con el movimiento, inflamación y posible decoloración de la piel.

- **Tercer grado** es una lesión seria, con mucho dolor, inflamación y contracción muscular espasmódica.

Tratamiento de primeros auxilios

RICE son las siglas en inglés de *rest, ice, compression* y *elevation*, que significa "descanso, hielo, compresión y elevación", y éste es el tratamiento aceptado para los esguinces y las torceduras.

Descanso La parte lesionada debe mantenerse inmóvil. Si se trata de una parte del cuerpo que se usa para levantar pesos, sólo se debe intentar caminar con la ayuda de muletas, durante una semana para un esguince leve y dos semanas para uno moderado.

Hielo Aplicar hielo durante 20 minutos, y luego quitarlo durante otros 20, durante una hora más o menos, sirve para anestesiar el área afectada y hace más lento el flujo sanguíneo y la filtración proveniente de los vasos sanguíneos dañados, reduciendo así la inflamación. Colocar una tela húmeda sobre la lesión impide que la piel se congele. El tratamiento con hielo, o con compresas frías, debe repetirse cuatro o cinco veces al día durante por lo menos 24 horas; si es necesario, durante varios días. (Vea la Introducción para hacer compresas de hielo caseras, flexibles y reusables que se adaptan a la articulación).

Compresión Envolver una venda elástica alrededor de la articulación lesionada ayuda a demorar la acumulación de fluidos en los tejidos. La banda debe quedar firme, pero no tan apretada como para que corte la circulación, y debe zafarse y luego envolverse de nuevo por lo menos una vez por hora. Al aplicar una venda elástica para sostener una compresa de hielo en el área lesionada, se puede lograr al mismo tiempo enfriamiento y compresión.

Elevación Si la parte lesionada del cuerpo se mantiene en alto, la fuerza de gravedad ayuda a controlar la inflamación y la hinchazón al hacer que la sangre y los fluidos se alejen del esguince. Es especialmente importante elevar las extremidades. Un tobillo torcido debe elevarse por encima del nivel de la cintura tanto tiempo como sea posible, durante las primeras 24 horas; si tiene un esguince en una muñeca, colóquela en un cabestrillo (*sling*) ajustado de manera que los dedos queden a varias pulgadas por encima del codo.

Milly M. y su amiga Barb descubrieron que la necesidad puede ser la madre de la improvisación tanto como de la invención, y que los tiradores de moda pueden resultar útiles. La habían pasado bien en el fin de semana de campamento con sus esposos, pero como no estaban muy entusiasmadas por pescar, decidieron dormir hasta tarde el domingo, mientras que los hombres hacían un último esfuerzo para aumentar la cantidad de pescados que se llevarían a casa en la nevera portátil. Las señoras se habían vestido y estaban enrollando las fundas de dormir cuando Milly se cayó y se torció el tobillo. Cuando los hombres volvieron al campamento, ya se estaba aplicando el tratamiento de *RICE*, de una manera muy moderna. Milly estaba recostada sobre una funda de dormir abierta, con el pie apoyado sobre otra funda de dormir enrollada, y alrededor de su tobillo inflamado tenía colocados dos pescados congelados y envueltos en plástico, sostenidos en su lugar por los tiradores elásticos y rojo brillante de Barb.

Suplementos (vea la nota en la página xii)

Si hay sales de tejidos al alcance de la mano cuando ocurra la lesión, se deben tomar cada 20 minutos y durante dos horas una tableta de *Calc. Fluor. 6X*, una de *Calc. Phos. 6X* y una de *Mag. Phos. 6X* para tratar de aliviar el dolor y mantener unidos los músculos. Después de cada dosis, beber un vaso de un líquido caliente aumenta su efectividad. Alternar compresas frías de tabletas de *Ferr. Phos.* y *Kali. Mur.* disueltas en agua fría puede ayudar a aliviar tanto la inflamación como el malestar.

Tomar de 250 a 1.000 miligramos de vitamina C (y/o una cápsula de hierba de cola de caballo —*horsetail*) con cada comida puede ayudar a reparar el tejido conectivo. Otros suplementos diarios para aumentar el proceso de curación son una multivitamina con minerales más 15.000 unidades internacionales *IU* de beta-caroteno, una tableta de vitaminas del complejo B que contenga 50 miligramos de B-6, de 100 a 600 *IU* de vitamina E, 50 miligramos de zinc, y de 1.000 a 2.000 miligramos de calcio, más 500 a 1.000 miligramos de magnesio (algunos investigadores sugieren 1.000 miligramos de calcio más 2.000 miligramos de magnesio) tomados en dosis divididas.

Terapia de calor

El momento adecuado para comenzar el tratamiento con calor varía entre 24 horas a siete días, dependiendo de la gravedad de la lesión. Sin evaluación médica, la mejor guía es esperar hasta que la inflamación comience a ceder.[165] Tan pronto como los vasos sanguíneos dañados se sanen, el calor puede utilizarse para aumentar el flujo de la sangre y estimular la curación al irrigar los tejidos con nutrientes y eliminar los productos de desecho. Un desgarramiento muscular serio o un área lesionada no se deben masajear durante al menos las primeras 72 horas después de la lesión,[291] pero después de ese período de tiempo, se puede reducir la rigidez y acelerar la recuperación alternando compresas calientes y masajes suaves con aplicaciones frías.

Alivio del dolor

Si se necesita una pastilla analgésica el primer día, se recomienda ibuprofeno o acetaminofeno, ya que la aspirina inhibe la coagulación sanguínea necesaria para la reparación de los vasos sanguíneos dañados y podría contribuir a la inflamación. Para aliviar el dolor después del primer o el segundo día, sin embargo, se recomienda aspirina o ibuprofeno para ayudar a reducir la inflamación; el acetaminofeno es incapaz de hacer eso.[186]

Los linimentos y los bálsamos para frotación producen una sensación de calidez y reducen el dolor al estimular los nervios y aumentar el flujo sanguíneo. Las sustancias que se untan exteriormente para aliviar el dolor no se deben cubrir con una almohadilla de calor o con compresas calientes que podrían aumentar peligrosamente su absorción y lastimar la piel.[112]

Remedios populares

Para los esguinces que están localizados muy profundamente, los expertos en remedios populares recomiendan aplicaciones tanto suavizadoras como estimulantes.

Enyesado original Bata una clara de huevo con sal y espárzala sobre el esguince o, si la piel no está partida ni irritada, aplique tiras de papel de periódico mojadas en vinagre y cúbralas envolviéndolas bien con material que no deje pasar el aire.

Compresas Se pueden aplicar varias veces al día toallas que se hayan remojado (y luego exprimido) en un té caliente de bardana (*burdock*) o de nébeda (*catnip*), leche caliente o vinagre tibio. O se puede bañar la lesión con agua caliente, luego se hacen fomentos con una solución de dos cucharadas de sal disueltas en una taza de alcohol, una de vinagre y una de agua.

Linimentos Lo más pronto posible después de un esguince, agite una clara de huevo con una cucharadita de trementina (*turpentine*) y una de vinagre en un frasco, luego aplique la mezcla al área afectada. Para usar después, hierva a fuego lento una cucharada de pimienta de Cayena (*Cayenne pepper*) en dos tazas de vinagre de sidra durante 10 minutos y use la mezcla mientras esté aún tibia. O caliente dos cucharadas de vaselina (*petroleum jelly*) y mézclalas con una cucharadita de pimienta de Cayena. O combine una clara de huevo con una cucharada de miel y una de sal, bata hasta que se endurezca, déjela descansar durante una hora, luego esparza el líquido que produce sobre el esguince y cúbralo con una venda. Para aliviar el dolor de los músculos con torceduras, mezcle una yema de huevo batida con una cucharada de aceite de eucalipto o trementina (*turpentine*) y una cucharada de vinagre, luego masajee con la mezcla el área con dolor.

Emplastos Se dice que atar una cáscara de naranja (con el lado blanco pegado a la piel) sobre un esguince reduce la inflamación. Una variedad de sustancias pueden extenderse sobre una gasa con la que luego se venda un esguince: semillas trituradas de alcaravea (*caraway*) cocidas en agua hasta formar una pasta; zanahorias crudas ralladas; vinagre de sidra mezclado con migajas de pan, salvado sin procesar o avena para formar una pasta; hojas con las que se ha hecho infusión de consuelda (*comfrey*), suavizadas en agua caliente o puestas en infusión en alcohol; la clara de un huevo mezclada con dos cucharadas de jengibre (*ginger*) molido y $\frac{1}{2}$ cucharadita de sal; cebolla cruda rallada mezclada con azúcar granulada; una pasta hecha de cúrcuma (*turmeric*) y agua; o una mezcla de pimienta negra molida y vinagre caliente, la cual debe quitarse y enjuagarse cada tres horas.

Presión sobre los nervios

Para aliviar el dolor de un esguince en cualquier parte del cuerpo, presione justo debajo de la parte exterior de cada hueso del tobillo (a menos que uno de los tobillos esté lesionado) durante 10 segundos, suelte durante 10 segundos, y repita tres veces hasta sumar un total de 30 segundos de presión.

Fuentes (vea la Bibliografía)

17, 42, 46, 47, 64, 65, 69, 75, 92, 112, 135, 144, 148, 150, 159, 164, 165, 168, 176, 186, 187, 202, 256, 264, 281, 282, 283, 291, 294, 299, 300, 312, 313, 322

Estreñimiento

El estreñimiento, que se define como la evacuación poco frecuente y difícil de las heces fecales, a menudo es un concepto subjetivo o autoinfligido; la evacuación normal de los intestinos puede variar desde tres veces al día hasta dos veces a la semana. Los conceptos erróneos referentes a la necesidad de "ir al baño todos los días" pueden desarrollar una dependencia de los laxantes. Los laxantes estimulantes irritan el delicado tejido interior del conducto intestinal, reducen la absorción de nutrientes y a menudo eliminan no sólo las materias de desecho que deben ser expulsadas, sino también el material aún en estado líquido en la parte superior de los intestinos. Esto impide una evacuación intestinal normal para el día siguiente y crea la impresión de que el estreñimiento continúa. El uso de laxantes se convierte en una adicción cuando su uso habitual debilita los reflejos normales y produce un colon inerte que necesita constantes sustancias que lo hagan reaccionar. Además del ocasional enema de ocho onzas ($\frac{1}{2}$ litro) de agua a temperatura normal, los enemas se utilizan sobre todo para la limpieza del colon antes de ciertos procesos médicos y deben ser llevados a cabo en la casa solamente con la autorización del médico.

La actividad física acelera el movimiento de los alimentos a lo largo del conducto digestivo y estimula la acción peristáltica. Una caminata firme todas las mañanas puede ayudar a corregir el estreñimiento crónico. Dedicar todos los días a la misma hora unos cuantos minutos para ir al baño tranquilamente, ayuda a establecer buenos hábitos de evacuación intestinal. Según el *Harvard Health Letter* (febrero de 1991), el demorar deliberadamente la respuesta a las señales de las necesidades del organismo produce excrementos duros y secos, y acostumbra al intestino a funcionar mal.

Cualquier cambio persistente en la frecuencia habitual, o la imposibilidad de defecar durante más de una semana, requiere de una investigación médica para descartar la posibilidad de un trastorno escondido o la necesidad de medicamentos alternativos. Ciertos antiácidos, antidepresivos,

diuréticos y medicamentos para el control del colesterol o la presión sanguínea pueden ser los causantes del estreñimiento. El estrés emotivo, con la
tensión muscular que lo acompaña, lo puede causar. Lo mismo sucede con
la falta de ejercicios o los cambios en los hábitos de alimentación debido a
viajes o a otras circunstancias.

Dieta

Aumentar el consumo diario de fibra y líquidos casi siempre previene o corrige el estreñimiento crónico. Las fibras solubles o insolubles
de frutas, vegetales, legumbres secas, nueces y granos integrales, aumentan el bolo fecal que contribuye a la regularidad de la evacuación intestinal. Las bananas (plátanos) y otros alimentos fibrosos son ricos en
potasio, el cual es esencial para la contracción de los músculos. Las ciruе-
las pasas y el jugo de ciruelas pasas estimulan la contracción de la pared
intestinal por medio de un efecto purgante. Alimentos como las manzanas, la col (repollo, *cabbage*) y las zanahorias tienen una cuarta parte del
poder de aliviar el estreñimiento del salvado de trigo (*miller's bran*), el
cual se considera el mejor laxante natural; las fibras insolubles del salvado de arroz y el salvado de maíz son más eficaces que el salvado de
avena (*oat bran*).[186] Un estudio de 300 personas que padecían de estreñimiento crónico y que dependían de laxantes, mostró que añadir $\frac{1}{2}$ cucharada de salvado (*bran*) a la avena (*oatmeal*) del desayuno resolvía el
problema en un 60 por ciento de los casos. Al resto, se les añadió $\frac{1}{2}$ taza
de jugo de ciruelas pasas al día, y al cabo de un año, un 90 por ciento no
tenía que usar laxantes.[56]

Se necesitan por lo menos dos litros (2 cuartos de galón) de agua o de
otros líquidos al día para mejorar una dieta rica en fibra: la acción de abul-
tamiento y ablandamiento del excremento se logra a través de la expansión, ya que el bolo fecal absorbe muchas veces su propio peso en agua. Se
cree que es especialmente útil un vaso diario del jugo hecho de manzanas,
col (repollo, *cabbage*), zanahorias, pepinos, papaya o espinacas, todos frescos, en cualquier tipo de combinación.[218] Las bebidas alcohólicas o con cafeína son ligeramente diuréticas, lo cual neutraliza sus propiedades
líquidas. Pero a las personas que no están acostumbradas a la cafeína, una
taza de café negro puede provocarles una evacuación intestinal muy rápida.[308] Los expertos en hierbas sugieren una taza de infusión de hierbas
diariamente: hojas de agracejo (*barberry*), arraclán (*buckthorn*), cáscara sagrada, linaza (*flaxseed*) o sena.

Suplementos (vea la nota en la página xii)

Una multivitamina con minerales todos los días, más suplementos adicionales opcionales, equilibra las posibles deficiencias que provienen de la absorción inadecuada de los nutrientes debido al estreñimiento.

Vitamina A En forma de beta-caroteno, 25.000 unidades internacionales *IU* al día para mantener la salud del tejido interno del conducto intestinal y ayudar a prevenir la infección causada por la retención de materias fecales.

Acidophilus Dos cápsulas con cada comida, o una porción diaria de yogur acidófilo para ayudar a reabastecer las bacterias "amistosas" y productoras de vitamina B que han sido expulsadas del conducto intestinal por los laxantes.

Complejo B Una tableta con todas las vitaminas B diariamente para ayudar al proceso digestivo, junto con ejercicios de relajación (vea la Introducción), ayudan a contrarrestar el estreñimiento inducido por el estrés emotivo. B-1, B-6 y niacinamida adicionales han resultado útiles en algunos casos; el tomar de 100 a 500 miligramos de ácido pantoténico ha devuelto la regularidad de evacuación intestinal a otras personas.

Vitamina C Una cucharadita de la vitamina C en polvo puede servir como laxante de acción rápida. La limitada experiencia de Marlene K. con los laxantes le produjo tantos retortijones abdominales y tantas carreras al baño que no se atrevía a tomar uno en medio de una convención de una semana de duración; sin embargo, se sentía tan mal debido al estreñimiento, que se vio precisada a encontrar una solución. La compañera de habitación de Marlene resolvió el dilema. Le dio a Marlene un frasco de cristales de vitamina C y seis onzas (170 ml) de jugo de frutas. "Nunca viajo sin este laxante de emergencia", le dijo. "Revuelve una cucharadita de la vitamina C en el jugo y bébelo. En alrededor de una hora tendrás resultados". La combinación fue tan eficiente como se prometió, lo que le permitió a Marlene relajarse y disfrutar todas las actividades de la convención.

Psilio Aunque es el principal ingrediente de algunos laxantes de venta libre que contribuyen al bolo fecal, el psilio es un suplemento alimenticio que se puede tomar durante años sin efectos adversos (*Harvard Health Letter*, marzo de 1991). Una cucharadita de psilio en polvo en un vaso de agua se expande de ocho a 10 veces y tiene un efecto de alivio sobre todo el sistema gastrointestinal, ya que crea un bolo con las heces fecales y facilita su expulsión.[111]

Sales de tejidos A menos que se indique lo contrario, todas deben ser de potencia 6X.

○ Si siente malestar en los intestinos, debe tomar *Ferr. Phos.* cada media hora, hasta que se alivie. Si no hay evacuación y la lengua está blancuzca, tome *Kali. Mur.* al acostarse y temprano en la mañana, durante varios días. Si la lengua está amarillenta, use entonces *Kali. Sulph.*

○ Si hay dificultad para expulsar los excrementos: tome *Calc. Fluor.* y *Silícea*, una dosis de cada uno al acostarse y por la mañana. Si la defecación se ve seca, use entonces *Nat. Mur.* y *Nat. Sulph.* durante unos días. Si no tiene ganas de defecar, tome una dosis de *Calc. Fluor. 12X* y una de *Kali. Phos.* al acostarse y nuevamente por la mañana durante varios días. Si todos sus esfuerzos por evacuar fallan, use *Nat. Phos.* en intervalos de media hora hasta que se produzca un movimiento intestinal.

Remedios populares

Un papiro egipcio inscrito en el año 1550 a.C. receta aceite de castor para el estreñimiento, pero este laxante, que antes era universalmente usado, ya no se recomienda debido a que irrita el tejido interior del colon. Comer una manzana o dos todos los días, o un aguacate en puré con un poco de vinagre de sidra de manzana (*apple cider vinegar*) o jugo de limón, o experimentar con otros remedios caseros, son opciones saludables para evitar el estreñimiento.

Bebidas antes del desayuno Beba jugo de col (repollo, *cabbage*) fresco. O llene hasta la mitad una licuadora con col rallada, échele un poco de sal y déjela descansar toda la noche; luego, licúela usando una taza de agua. O hierva una escarola cruda y bébase el líquido tibio. En un vaso de agua fresca, revuelva una cucharadita de linaza (*flaxseed*) en polvo o dos cucharaditas de harina de maíz (*cornmeal*). O ponga en infusión, toda la noche, seis clavos de olor (*cloves*) enteros en $\frac{1}{2}$ taza de agua hirviendo; cuele antes de tomarlo. Añada una cucharada de jugo de limón fresco a una taza de agua caliente. O revuelva dos cucharaditas de vinagre de sidra de manzana (*apple cider vinegar*) en un vaso de agua y añada dos cucharaditas de miel, si desea.

Higos Cocine higos en leche; bébase el líquido y cómase los higos. O cueza los higos en aceite de oliva hasta que se ablanden bien, y entonces añada un poquito de miel y jugo de limón y hierva a fuego lento hasta que se espese. O mezcle $\frac{1}{2}$ libra (225 g) de higos molidos, $\frac{1}{2}$ libra de ciruelas pasas y $\frac{1}{2}$ libra de pasas, con $\frac{1}{2}$ taza de salvado sin procesar, y apriételo todo en una olla bastante llana. Corte en cuadritos de una pulgada (2 cm), guárdelos en el refrigerador y cómase un cuadrito al día.

Miel Comer varias cucharadas de miel pura todos los días es un viejo remedio que se cree aún más eficaz cuando se le añade una cucharadita de gránulos de polen de abeja y la mezcla se unta sobre pan de grano integral. Los campesinos alemanes prefieren disolver la miel en una taza de cerveza oscura y caliente.

Aceite de oliva y jugo de limón Combine una cucharadita de cada uno y tómelas antes del desayuno todas las mañanas.

Cebollas Al acostarse, coma cebollas asadas. O cubra una cebolla picada con jugo de vegetales frescos, déjela descansar durante una noche, exprímala, y entonces tome dos cucharaditas del líquido en un vaso de agua dos veces al día antes de las comidas. O pruebe el antiguo remedio egipcio de hace 3.500 años que consiste en cocinar cebollas en cerveza y beber un vaso del líquido durante tres días seguidos.

Presión sobre los nervios y masajes

○ En cada hueso malar (hueso del pómulo), apriete y masajee el área paralela a las fosas nasales, a $1\frac{1}{2}$ pulgada (4 cm) hacia las orejas. Masajee la base ambas fosas, y luego la hendidura de la barbilla.

○ Simultáneamente, presione el centro de la parte posterior del cuello y el ombligo; luego, presione o masajee las áreas que están a tres pulgadas (7 cm) directamente encima, debajo y a dos pulgadas a la izquierda del ombligo.

○ Masajee el centro de la palma de cada mano.

○ Coloque la palma de cada mano sobre el abdomen y frote en la dirección de las manecillas del reloj; luego, masajee la parte posterior de cada pantorrilla, a mitad de camino entre el doblez de la rodilla y la parte superior del tobillo.

○ En el pie derecho, presione justo debajo de la parte interior de la uña del dedo gordo, y debajo del pulpejo del dedo pequeño. Luego, masajee la planta de cada pie, desde la base del dedo del medio hasta el talón.

Fuentes (vea la Bibliografía)

6, 10, 17, 21, 40, 51, 52, 56, 57, 59, 60, 64, 65, 66, 72, 75, 76, 86, 87, 89, 98, 101, 111, 112, 117, 135, 144, 147, 150, 151, 152, 164, 166, 171, 176, 186, 201, 202, 203, 218, 240, 254, 256, 265, 280, 293, 294, 300, 302, 304, 305, 306, 308, 312, 313

Exposición al sol y Manchas en la piel

Los dermatólogos están de acuerdo en que la exposición al sol puede envejecer prematuramente la piel, tanto como 20 años, y según se informó en *Health After 50* (julio de 1991), un 90 por ciento de los cambios que se producen en la piel y que se asocian con el envejecimiento —manchas pigmentarias, arrugas, textura áspera como de cuero— se deben a la acumulación del daño causado por los rayos ultravioleta. Los rayos cortos y "quemantes" *UVB*, que son más fuertes durante las horas del mediodía, cuando el sol está en su cenit, activan a las células pigmentarias de la capa externa de la piel y las hace producir la melanina que engruesa y oscurece la epidermis como defensa contra las quemaduras del sol. Los rayos ultravioleta *UVA*, que son más largos, están presentes desde la salida del sol hasta el ocaso, penetran más profundamente, destruyen el tejido de apoyo y aceleran el desarrollo de bolsas y arrugas en la piel.

La radiación ultravioleta es también peligrosa para la salud. Además de destruir a los anticuerpos protectores que hay en la piel y aumentar la incidencia de trastornos de la piel, tales como las úlceras en los labios y las verrugas,[108] los rayos ultravioleta pueden provocar cataratas y cáncer de la piel, desde cinco hasta 20 años después de la exposición inicial al sol.[184] Investigaciones recientes indican que toda exposición a los rayos ultravioleta es acumulativa, y que las consecuencias de largo alcance del exceso de exposición pueden incluir una supresión del sistema inmunitario (lo cual aumenta la susceptibilidad a todo tipo de enfermedades), daño al material genético (ADN) de las células de la piel (lo que retarda y distorsiona la renovación celular) y daño a los tejidos (lo que puede conducir a cáncer de la piel en áreas del cuerpo que nunca han sido expuestas al sol).[177, 254] Las lociones bronceadoras son inofensivas, pero un bronceado artificial no impide que la piel se queme. No se recomiendan las lámparas ni las camas de bronceado, ya que sus rayos ultravioleta son de cinco a 10 veces más poderosos que la luz solar natural.[300]

No es fácil esconderse de los dañinos rayos del sol. Son capaces de penetrar la cobertura de las nubes, las capas de contaminación ambiental, tres pies de agua y las telas de tejidos ligeros, y puede reflejarse desde el concreto, la arena, la nieve o el agua para atacar a los cuerpos que están "protegidos" en la sombra. Los cristales de las ventanas detienen los rayos *UVB*, pero no protegen a la piel de la radiación de los rayos *UVA*. Debido a que la incidencia del cáncer de la piel está aumentando a una escala epidémica (más de medio millón de nuevos casos al año en Estados Unidos, según el *FDA Consumer* —mayo de 1991) y al constante desgaste de la capa de ozono —lo que permite que lleguen más rayos ultravioleta a la Tierra— es necesario protegerse para "solearse sin riesgos".

Cremas protectoras

El ritmo al cual se daña la piel debido al sol y el ritmo al cual ese daño se hace evidente, depende del tipo de piel de la persona y también de la cantidad de exposición. Las personas que tienen una piel de color oscuro u olivo, se afectan más lentamente que las de piel clara, ya que el pigmento que da color a la piel absorbe algunos de los rayos ultravioleta, pero los efectos dañinos se van acumulando. Las regulaciones de 1992 de la *American Cancer Society* y de la *Skin Cancer Foundation* aconsejan a todos, sin importar la edad ni el color de la piel, que usen todos los días una crema protectora de amplio alcance con un factor de protección contra el sol (*SPF*) de por lo menos 15; para las actividades al aire libre, recomiendan una crema protectora a prueba de agua y con un *SPF* de por lo menos 30.

SPF se refiere a la cantidad de protección contra los rayos *UVB*. La protección contra los rayos *UVA* (indicada por el nivel de *"broad spectrum"* o una lista de rayos *UVA* en la etiqueta) también resulta esencial para reducir el peligro de cáncer de la piel y el envejecimiento prematuro de ésta. Los productos que son a prueba de agua o impermeables se quedan adheridos a la piel durante la natación o cuando se suda, pero deben ser untados de nuevo luego de secarse con la toalla. Para que sea eficaz, la crema protectora debe untarse 30 minutos antes de salir al exterior (20 minutos antes de cubrirla con maquillaje) y se debe poner en abundancia en áreas vulnerables como las orejas, la nariz y las manos. Para mayor conveniencia, hay cosméticos, lociones de las manos y ungüentos labiales que contienen sustancias protectoras contra el sol.

Los expertos estiman que el uso habitual de una crema protectora con un *SPF* de 15 durante los primeros 18 años de la vida, podría reducir la incidencia del cáncer de la piel en un 80 por ciento.[300] Si se acostumbran durante todo el año a aplicarse una crema protectora debajo del maquillaje o después de afeitarse, los adultos pueden impedir que la piel se siga dañando y permitir que el organismo repare parte del daño que ya se ha hecho. Cuando se ha protegido del sol durante más o menos un año, el colágeno y la elastina que sirven de apoyo a la piel se regeneran parcialmente, reduciendo así las bolsas, las líneas y las arrugas; las manchas debidas a la edad y los parches pigmentados comienzan a desaparecer; las manchas de color púrpura y las líneas rojas y finas, producto de hemorragias en los vasos sanguíneos causadas por el sol, se desarrollan con menos frecuencia; e inclusive, hasta las lesiones precancerosas pueden desaparecer.[294]

Gafas para el sol

Hace 2.000 años, los asiáticos usaban espejuelos oscuros; se dice que Nerón observaba a los gladiadores a través de lentes de esmeraldas genuinas; y los esquimales miraban a través de rendijas horadadas en marfil para protegerse los ojos del resplandor solar. Se recomiendan anteojos oscuros modernos para cada vez que se salga al exterior. La radiación ultravioleta no sólo marca arrugas en el delicado tejido de alrededor de los ojos y promueve el cáncer de la piel de los párpados, sino que también puede dañar la córnea, el cristalino y la retina del ojo, así como iniciar o acelerar la formación de cataratas. Según los estudios publicados en el *Berkeley Wellness Letter* (junio de 1991), la luz visible del sol (llamada luz azul) también puede dañar la retina y acelerar su degeneración, lo cual es una de las principales causas de ceguera entre los ancianos. Para los adultos y los niños, la mayoría de los oftalmólogos recomiendan espejuelos oscuros que filtren por lo menos un 95 por ciento de los rayos *UVB*, un 60 por ciento de los rayos *UVA* y de un 60 a un 90 por ciento de la luz azul. Los espejuelos grandes y con marcos voluminosos para estos, protegen toda el área del ojo y reducen la entrada de luz por los lados. Los lentes que bloquean un 99 por ciento de la radiación de ambos rayos ultravioleta y un 97 por ciento de la luz azul, son recomendados para las personas que han sido operadas de cataratas o que toman tetraciclina (la cual aumenta la sensibilidad a la luz), o para cualquiera que esté planeando viajar a una playa tropical o un centro de esquiar.

Vestimenta protectora

Pruebas llevadas a cabo por *Consumer Reports* (junio de 1992) muestran que las lociones protectoras para el cabello no impiden eficazmente que el cabello se seque, se vuelva quebradizo y se opaque, cuando se expone a los rayos ultravioleta. El usar un pañuelo de cabeza o una gorra de béisbol protege al cabello o al cuero cabelludo con calvicie; aún mejor es un sombrero de ala ancha. Una visera ofrece un *SPF* de sólo dos, pero duplica el *SPF* de la crema protectora untada en la nariz y la frente.[186] Como se explica en *American Health* (marzo de 1992) y en *Longevity* (junio de 1992), un ala de sombrero de tres pulgadas de ancho reduce a la mitad la exposición de los ojos a los rayos *UVB*, además de que protege las orejas, los lados del rostro y la parte posterior del cuello. Durante períodos prolongados bajo el sol, se recomienda usar mangas largas y pantalones largos. El *SPF* de cualquier sombrero o vestimenta se puede evaluar colocándolo contra la luz. Los materiales de tejido compacto, los oscuros y los sintéticos absorben más radiación que los de algodón y los de color claro; los rayos ultravioleta pasan a través de los tejidos ligeros y los sombreros de paja de tejido flojo. Harlan K., un instructor de educación física de escuela primaria, había disfrutado su bronceado permanente durante 15 años y no se había preocupado por el posible daño que le podría causar el sol del desierto. Cuando comenzó a aparecerle cáncer en la piel, consideró jubilarse antes de tiempo y no volver a disfrutar del sol nunca más. Entonces, un dermatólogo le sugirió alternativas para proteger la piel y Harlan las adoptó todas. Ahora se unta crema protectora sobre el rostro, las manos, los hombros y los brazos; usa camisas de manga larga y un sombrero de jugador de ala ancha y, con un permiso especial de la junta escolar, lleva una barba recortada al tiempo que sigue impartiendo sus clases bajo el sol.

Suplementos (vea la nota en la página xii)

Los fabricantes incorporan ahora vitaminas A, C, D y E en las cremas para proteger la piel del sol. Muchos expertos en nutrición y médicos holísticos recomiendan suplementos por vía oral de todos los antioxidantes (vea la Introducción) para neutralizar los radicales libres creados por la radiación ultravioleta (así como por la oxidación dentro del cuerpo) que pueden dañar el ADN y las células, internas y externas; las manchas pigmentarias de la piel son señales superficiales del daño causado por los radicales libres.[17, 45]

Vitamina A En forma de beta-caroteno, de 25.000 a 50.000 unidades internacionales *IU* al día. Tomar vitamina A adicional antes de una salida al aire libre evita la ceguera nocturna pasajera que a menudo viene después de exponerse a la luz extremadamente brillante.

Vitamina C con bioflavonoides De 1.500 a 5.000 miligramos, en dosis diarias divididas, para ayudar a prevenir el amontonamiento (aglutinación) de manchas y las bolsas de piel, al fortalecer el colágeno de apoyo.[276]

Vitamina D 400 unidades internacionales *IU*, si no se proveen por medio de la leche fortificada o de una multivitamina diaria. Una crema protectora con un *SPF* tan bajo como 8, impide que el organismo produzca vitamina D natural cuando los rayos solares dan sobre la piel desnuda.[151, 231]

Vitamina E De 200 a 600 unidades internacionales *IU* al día. En un estudio, los participantes que tomaron 200 *IU* al día de vitamina E durante un año redujeron sus niveles de radicales libres en un 26 por ciento.[45]

Selenio De 50 a 200 microgramos al día.

Zinc De 15 a 50 miligramos al día.

Tratamientos para manchas de la piel

Las manchas de la vejez, conocidas desde el punto de vista médico como lentiginosis o léntigo (de las palabras latinas para "viejo" y "peca"), son parches pequeños y marrones de manchas pigmentarias amontonadas a las que a veces se refiere en inglés como *liver spots* (manchas hepáticas) debido a su color; pero es el sol, no el mal funcionamiento del hígado, el responsable de su formación. Tomar un suplemento de vitaminas del complejo B diariamente, además de vitamina B-2 adicional, puede ayudar a aclarar las manchas marrones existentes;[146] un tratamiento constante con remedios caseros puede ayudar a aclararlas aún más o hasta hacerlas desaparecer.

○ Dos veces al día, úntese gel de áloe vera; o frótese las manchas, durante dos o tres minutos, con la savia lechosa producida al machacar tallos de diente de león (*dandelion*), o con una rebanada de cebolla roja.

○ Una vez al día, cubra las manchas con un algodón saturado con jugo de piña fresco; con una pasta de jugo de limón y sal o azúcar, o con una pasta hecha de infusión de raíz de consuelda (*comfrey*) seca; déjela allí durante 20 minutos y luego enjuáguela con jugo de limón.

Fuentes (vea la Bibliografía)

17, 28, 45, 46, 49, 50, 51, 53, 98, 99, 108, 109, 111, 124, 146, 150, 151, 177, 184, 186, 206, 224, 231, 234, 254, 276, 283, 293, 294, 300, 312

Fatiga

El cansancio diario, que afecta a miles de personas, se debe por lo general a factores cotidianos que nos quitan energía —falta de ejercicio, falta de descanso, mala nutrición, estrés— y puede ser aliviado con remedios caseros. La fatiga constante que persiste durante meses (sobre todo si viene acompañada de inflamación de las glándulas linfáticas, fiebre, dolor de las articulaciones, irritación de la garganta o sed desacostumbrada) requiere de una evaluación del médico. Puede significar una enfermedad no detectada, como anemia, síndrome de fatiga crónica (o *CFS*, por las siglas en inglés, que antes provocaba burlas como el "resfrío sicosomático" de los jóvenes ejecutivos, y que ahora se considera un trastorno al que se debe prestar atención), diabetes, virus de *Epstein-Barr*, hipoglucemia, hipotiroidismo, mononucleosis o infección sistémica causada por hongos (candidiasis).

Es esencial dormir suficientes horas (de seis a ocho es lo normal), pero dormir demasiado puede causar letargo mental y físico. El alcohol deprime la energía, a menos que se limite a uno o dos tragos, bebidos con la comida.[177, 293] Aunque la nicotina es un estimulante moderado, el fumar roba energía debido a que limita la cantidad de oxígeno que la sangre puede procesar. La respiración superficial, que solamente utiliza la parte superior de los pulmones, es otra causa potencial de la fatiga crónica. Respirar profundamente varias veces por hora promueve la oxigenación de la sangre y tiene un efecto revitalizador.[321] Bajar el exceso de peso a un ritmo de no más de dos libras (un kilo) por semana puede evitar que las personas obesas sientan que les falta energía. Salir a la luz del día y abrir las ventanas y cortinas cuando se está en el interior, evita el "trastorno emotivo de las estaciones" (*SAD* —triste—, por las siglas en inglés de *seasonal affective disorder*), el cual, según el *Berkeley Wellness Letter* (enero de 1992), puede ser la causa del letargo y la depresión motivados por la falta de luz solar en el invierno.

Dieta

Los carbohidratos complejos que provienen de frutas, vegetales y granos integrales son los productores de energía más eficientes. Las uvas, el ajo y la cebolla eran remedios usados en la antigüedad para combatir el cansancio. Los alimentos con proteínas bajos en grasa estimulan la producción de sustancias químicas que dan energía a la mente. Los carbohidratos simples provenientes de los dulces y los productos hechos de harina blanca brindan un breve estímulo de energía y luego provocan cansancio debido a que disminuyen los niveles de azúcar en la sangre y liberan serotonina, una sustancia química tranquilizante. Las grasas o las comidas excesivas pueden producir un letargo al demorar la digestión. Muchas personas hallan que dejar los carbohidratos procesados y los postres para la última comida de la noche y comer durante el día seis meriendas ricas en proteínas y carbohidratos complejos, mantiene al máximo los niveles de energía. No comer desayuno o saltar las comidas puede conducir a la fatiga crónica. Lo mismo sucede con las dietas instantáneas, las cuales no sólo obligan al organismo a quemar sus reservas, sino que también desaceleran el ritmo metabólico y hacen que el organismo funcione mal.[51, 186]

La deficiencia de hierro, incluso sin anemia, es una causa común de la fatiga crónica. El hierro se absorbe con más facilidad a partir de las carnes y, como se informó en *Harvard Health Letter* (marzo de 1991), añadir pequeñas porciones de carne a comidas que no la llevan casi duplica la absorción de hierro provenientes de otras fuentes, tales como maíz, vegetales de hoja verde, frutas secas, yemas de huevo, legumbres y trigo integral. Cocinar en ollas de hierro colado y consumir alimentos ricos en vitamina C también aumenta la asimilación del hierro. Los suplementos de hierro o potasio adicionales a los que brindan las pastillas de multivitaminas con minerales, se recomiendan solamente con la supervisión del médico. Entre los alimentos ricos en potasio, se encuentran los albaricoques (damascos, *apricots*), las bananas (plátanos), las frutas secas y los vegetales frescos.

Las bebidas ofrecen alternativas para aumentar la energía. Una taza de café puede despejar la cabeza al despertarse, pero se recomiendan solamente no más de dos bebidas que contengan cafeína durante el día. Los jugos de frutas y vegetales frescos son vigorizantes naturales que pueden convertirse en potentes elíxires de energía. Entre las combinaciones que se sugieren se encuentran: un vaso de jugo de naranja o de toronja (pomelo, *grapefruit*) en el que se ha revuelto una cucharadita de levadura de cerveza (*brewer's yeast*), $\frac{1}{2}$ cucharadita de germen de trigo (*wheat germ*) y $\frac{1}{2}$ de salvado (*bran*) de trigo (al incorporar dos cucharadas de leche en polvo sin grasa se añade proteína y calcio); jugo de tomate mezclado con una o dos cucharadas de levadura de cerveza; ½ taza de jugo de uva y ½ de jugo de naranja (o mitad y mitad de jugo de zanahoria y piña), mezcladas con una cucharadita de polen de abeja o una cucharadita de levadura de cerveza, y una de gránulos de lecitina; o ⅓ taza de jugo de col (repollo, *cabbage*), ⅓ taza de jugo de zanahoria y ⅓ taza de jugo de apio, mezcladas con dos cucharadas de germen de trigo.

Nora J. había estado disfrutando del renovado vigor que obtuvo de la levadura de cerveza y la leche que bebía en el desayuno para controlar la osteoartritis que tenía en los dedos. Cuando las exigencias de su nuevo trabajo la dejaban cansada ya a mitad de la mañana, Nora resolvió su crisis de energía transformando su mezcla habitual en un vigorizador para el día entero. Cada mañana, batía dos tazas de leche descremada, ⅓ taza de leche instantánea en polvo sin grasa, ¼ taza de levadura de cerveza, ¼ taza de polvo de proteína, una cucharada de gránulos de lecitina y un trozo de fruta o unas cucharadas de jugo de naranja concentrado. Se bebía media taza con su desayuno y vertía el resto en un termo, del cual bebía un sorbo cada hora, más o menos, en el trabajo, para aumentar el impulso de energía que le proporcionaban el desayuno y la ensalada del almuerzo.

Suplementos (vea la nota en la página xii)

A menudo se recomienda una multivitamina con minerales debido a que las deficiencias leves de casi cualquier vitamina o mineral pueden provocar fatiga crónica. Los casos serios pueden beneficiarse de suplementos diarios adicionales:

Vitamina A En forma de beta-caroteno, 25.000 unidades internacionales *IU*.

Complejo B Una o dos tabletas con todas las vitaminas B, más vitamina B-12, disueltas debajo de la lengua.

Vitamina C con bioflavonoides De 3.000 a 8.000 miligramos en dosis divididas.

Minerales Son esenciales para la producción de energía; algunos expertos en nutrición recomiendan tomar diariamente 1.500 miligramos de calcio y 750 miligramos de magnesio todos los días.[17] Algunos expertos recomiendan invertir la proporción de calcio y magnesio. Una tiroides perezosa puede ser estimulada por el yodo que contiene un vaso de jugo de tomate y apio, con $\frac{1}{4}$ cucharadita de gránulos del alga marina *kelp* (una vez a la semana).[305] El letargo producido por una leve carencia de zinc puede corregirse tomando hasta 50 miligramos diarios de zinc.[256]

Ejercicios

Aunque el ejercicio diario excesivo puede producir fatiga crónica, el estilo de vida sedentario o la inactividad física prolongada son las causas más comunes del cansancio. Los programas de ejercicios aeróbicos exigen que se hagan sesiones de ejercicios o caminatas de 30 minutos de duración tres veces por semana. Sin embargo, como se explica en la revista *Men's Health* (diciembre de 1991), los niveles de energía se elevan con el aumento de los movimientos musculares habituales: estacionar el automóvil a una cuadra del centro de compras, estar de pie y moviéndose mientras se habla por teléfono o mientras se miran las noticias en la televisión, y hacer breves tandas de ejercicios varias veces al día. Según un informe en el número de enero de 1992 de *Annals of Internal Medicine*, una caminata vigorosa de 10 minutos no sólo aumenta la energía con más eficacia que si se come una barrita de dulce o caramelo, sino que los beneficios duran una hora más. Los ejercicios vigorosos (como dar 25 saltos con los pies separados, correr en el lugar durante dos minutos, trotar arriba y abajo por dos escalones) brindan un aumento de la energía al casi duplicar el consumo de oxígeno por parte del organismo, impulsándolo a través de la venas y convirtiendo las grasas de la sangre en azúcar en la sangre para proveer más energía.[177]

Remedios populares

La "sangre cansada" no es un mal contemporáneo —fue descrito por médicos egipcios en 1500 a.C.— e investigaciones científicas están reivindicando algunos remedios tradicionales para la fatiga. Se ha visto que las nueces del Brasil, las semillas de *chia* (que comen los indígenas de América del Norte para sentirse fuertes todo el día), los frijoles de soja, las semillas de girasol y las de tomate contienen aminoácidos similares y proteínas productoras de energía.[151, 313] En *Longevity* (enero de 1991) se ha informado que pruebas realizadas con más de 3.000 pacientes indicaron que la energía aumenta al dormir con un imán (cuatro veces más fuerte que los que se usan para sostener notas en el refrigerador) pegado a la cabeza, exponiéndose luego a una luz brillante durante media hora después de despertarse.

Polen de abeja Se cree que tomar hasta dos cucharaditas de gránulos de polen de abeja (o 750 miligramos en tabletas), en dosis diarias divididas, aumenta la energía física y mental.[150]

Hierbas Entre las hierbas que pueden resultar eficaces, tomadas en cápsulas o en sorbos, como una infusión, se incluyen: alfalfa, arrayán (*bayberry*), cimifuga negra —*black cohosh*— (el principal componente del famoso compuesto de Lydia Pinkham), cardo santo (*blessed thistle*), pimienta de Cayena (*Cayenne pepper*), diente de león (*dandelion*), hinojo (*fennel*), jengibre (*ginger*), ginkgo biloba, ginseng, gotu kola (centella asiática), guaraná (guara), raíz de orozuz (*licorice*), trébol morado o rojo (*red clover*) y acedera bendita (*yellow dock*).

Duchas y baños Al caer de la regadera o ducha, el agua emite iones negativos vigorizantes. A algunas personas les resulta eficaz alternar dos minutos de agua caliente con 30 segundos de agua fría. Otros prefieren una ducha de agua fresca o una inmersión en una bañera llena de agua tibia. Los expertos en hierbas sugieren colgar debajo de la ducha una estopilla (gasa, *cheesecloth*) llena de hierbas, o poner en infusión ½ taza de hierbas durante 20 minutos y verter el líquido colado en el agua del baño para aumentar sus beneficios. Si se desea, las sustancias sólidas que sobran se pueden colocar dentro de una estopilla atada y frotarse con ésta al bañarse. Las mezclas que se sugieren incluyen cantidades iguales de alfalfa, consuelda (*comfrey*), cáscara de naranja y perejil; o albahaca (*basil*), hojas de laurel (*bay leaves*) e hinojo (*fennel*); o enebro (*juniper*), geranio de rosa y romero (*rosemary*).

Presión sobre los nervios y masajes

Una antigua teoría sostiene que el cansancio "se recoge" en el interior de los codos y en la parte de atrás de las rodillas, y que dar palmadas en estas áreas volverá a dar energía al organismo. Los expertos en acupresión (digitopuntura) y los reflexólogos ofrecen otras opciones:

❍ Párese derecho y oscile una docena de veces de adelante hacia atrás, apoyándose en la punta de los pies y en los talones, inhalando y levantando los brazos hacia arriba, mientras se eleva apoyándose en las puntas de los pies, exhalando y extendiendo los brazos derechos hacia abajo mientras se balancea hacia atrás apoyándose en los talones.

○ Frote y apriete los lóbulos y los bordes del pabellón de las orejas.

○ Durante 15 segundos cada vez, presione o masajee las siguientes áreas: el centro de la parte superior de la cabeza, el fondo del estómago y el área que está a $1\frac{1}{2}$ pulgada (4 cm) hacia el codo desde la muñeca, en la cara interior de cada antebrazo.

○ Presione y masajee completamente alrededor de la punta de cada dedo pulgar y en el interior de cada mano, a través de la bola de carne (pulpejo) en la base de los últimos tres dedos, la palma de la mano derecha (debajo de los últimos dos dedos) y las palmas de ambas manos en el punto superior del pulpejo del dedo pulgar y debajo del dedo índice. Para un mayor beneficio, se deben apretar y masajear de igual forma las áreas correspondientes de los pies.

Control del estrés

Existen estudios que han descubierto que las personas ansiosas o deprimidas tienen siete veces más posibilidades de sufrir de fatiga crónica que aquellas que no padecen de estos problemas emocionales, y que la acumulación de situaciones de estrés menor que no se resuelven puede ser tan debilitante como un problema grave.[105, 293] Enfrascarse en nuevos intereses y desafíos puede liberar energías; el respirar profundamente y el ejercicio físico relajan la tensión y revitalizan. Practicar técnicas de relajación (vea la Introducción), y combinarlas con visualizaciones mentales positivas de mayor vitalidad, combate a menudo la acumulación de la fatiga producto del estrés cotidiano.

Fuentes (vea la Bibliografía)

17, 19, 26, 46, 48, 49, 51, 53, 75, 86, 98, 105, 108, 109, 150, 151, 164, 176, 177, 186, 201, 204, 205, 244, 255, 256, 265, 281, 293, 294, 295, 304, 305, 312, 313, 319, 321

Fiebre del heno y Problemas nasales

"Rinitis alérgica" es el término médico para el malestar que tiene lugar en ciertas estaciones del año conocido como "afección catarral", hasta que se le dio el nombre de "fiebre del heno" durante la estación en la que se recogía el heno en 1820 en Inglaterra. La rinitis alérgica perenne se refiere a la variación que se presenta a lo largo del año. Membranas nasales irritadas e inflamadas y una sensación de goteo en la parte posterior de las cavidades nasales a menudo vienen junto con la irritación de ojos, los estornudos y la nariz obstruida o la secreción típicas de la fiebre del heno. El dolor en los senos o cavidades nasales que dura más de tres o cuatro días puede ser una indicación de sinusitis, una infección bacteriana que requiere de evaluación médica. Los casos severos de fiebre del heno también pueden requerir tratamiento profesional; las inyecciones antialérgicas (inmunoterapia alergénica) tienen un 85 por ciento de éxito contra las alergias al polvo, la hierba, la ambrosía y los árboles.[45]

Los investigadores creen que las personas que desarrollan fiebre del heno tienen una tendencia genética a producir una cantidad mayor de la normal de anticuerpos que estimulan las reacciones a sustancias que no producen esa reacción en la mayoría de las personas. La respuesta alérgica hace que los anticuerpos liberen histaminas, las que se producen para proteger las membranas mucosas, de los ojos y los conductos respiratorios, y también hacen a los capilares más permeables a la acumulación de fluidos que acentúa la inflamación y la irritación. Aunque se sabe que el estrés emotivo estimula los ataques de fiebre del heno, estos casi siempre se deben a alergenos que se transmiten por el aire.

El aire acondicionado ayuda a mantener el polen fuera de la casa; los purificadores de aire de las habitaciones ayudan a eliminar los irritantes de dentro de la casa, tales como el humo del tabaco. El moho doméstico puede ser controlado parcialmente si los humidificadores se limpian a intervalos fijos y si se mantienen las plantas libres de moho cambiándolas frecuentemente de maceta y quitándoles las hojas muertas. La inhalación de vapor, de un vaporizador o de una cacerola donde se estén hirviendo papas, ayuda a hacer menos espeso el moco, y así éste se puede expulsar de las cavidades nasales obstruidas. Si los conductos nasales están demasiado resecos, las gotas nasales de sal pueden aliviar el malestar. Para hacer una solución salina casera, disuelva $\frac{1}{4}$ cucharadita de sal en $\frac{1}{2}$ taza de agua tibia. No se recomienda usar gotas nasales o atomizadores comerciales durante más de una semana, ya que cuando se dejan de usar después pueden provocar una reacción de mayor congestión nasal que puede conducir al bloqueo de las cavidades nasales y a una infección.[76, 186]

Dieta

Los médicos han descubierto que las alergias a comidas que están en estado latente, pueden surgir como resultado del estrés que la fiebre del heno causa al sistema inmunitario del organismo. El chocolate o el café pueden intensificar los efectos de otras alergias leves para así provocar o agravar la fiebre del heno en algunas personas, pero hay un viejo remedio inglés que indica beber diariamente tres o cuatro tazas de una mezcla de café y chocolate caliente. Las personas que son alérgicas a la ambrosía pueden experimentar una reacción similar después de comer melón cantalupo, pepino, sandía o calabacita italiana (calabacín, *zucchini*). El alcohol, las comidas fritas, la sal, el azúcar y el tabaco son otros sospechosos de contribuir a los problemas alérgicos. Se sabe que comer un pequeño diente de ajo (o tomar dos pastillas de ajo) cada seis horas alivia la congestión causada por la fiebre del heno. Algunos expertos creen que la fiebre del heno se debe a un exceso de grasas y de carbohidratos concentrados, y que puede ser curada mediante una dieta baja en grasas y sin azúcar.

Para reemplazar los fluidos corporales que se pierden a través de los estornudos y las secreciones nasales, se debe beber por lo menos dos litros (2 cuartos de galón) de líquidos al día. Las enzimas que contienen uno o dos vasos diarios de jugos naturales hechos con cualquier combinación de remolacha (betabel, *beet*), col (repollo, *cabbage*), zanahoria, apio, pepino, perejil, espinaca y tomate, pueden ayudar a neutralizar las histaminas. Beber una o dos tazas de infusión de fenogreco (*fenugreek*) o trébol rojo (o tomar dos cápsulas de ortiga —*nettle*— secada en frío) todos los días durante la temporada de la fiebre del heno ha aliviado los síntomas en muchos casos. Alternar un día de comidas normales con un día de solamente frutas y vegetales frescos y sus jugos, le ha dado alivio a algunas personas que padecen de la fiebre del heno estacional.[305] Comer yogur todos los días (o tomar cápsulas de *acidophilus* en las comidas) ha sido beneficioso para otros.[17] Las deficiencias de proteínas o de casi cualquier nutriente pueden aumentar la permeabilidad celular y la sensibilidad ante la fiebre del heno.

Suplementos (vea la nota en la página xii)

Las reacciones individuales varían tanto que no existe un suplemento único que sea un curalotodo o panacea universal. Para Gayle D. y sus amigos, una combinación vitamínica es más satisfactoria que los antihistamínicos comerciales, que tienen efectos secundarios. Los medicamentos que le habían recetado a Gayle la hacían sentirse demasiado soñolienta o demasiado tensa como para poder enfrentarse a sus alumnos de segundo grado. Como ella no podía hibernar durante tres semanas cada primavera, sólo tomaba los antihistamínicos por la noche y soportaba los días con los ojos nublosos y la nariz congestionada. Entonces un amigo le sugirió que probara 500 miligramos de vitamina C con bioflavonoides, 100 miligramos de ácido pantoténico, y 50 miligramos de vitamina B-6, cada varias horas. La combinación funcionó tan bien que ella ofreció compartir la fórmula mágica, y se sintió un poco desconcertada cuando descubrió que sus colegas ya habían creado sus propias variaciones y que el maestro de arte tomaba el doble de la misma dosis de Gayle dos veces al día cada vez que tenía problemas de fiebre del heno.

Debido a que el sistema inmunitario puede debilitarse a causa de las reacciones alérgicas, muchos médicos y expertos en nutrición aconsejan fortificarlo con una tableta diaria de una multivitamina con minerales, junto a cualquier suplemento adicional.

Vitamina A En forma de beta-caroteno, de 25.000 a 75.000 unidades internacionales *IU* diarias durante un mes, luego de 10.000 a 25.000 *IU* al día. La vitamina A reduce la permeabilidad celular, protege las membranas mucosas y reduce la susceptibilidad ante la infección.

Complejo B Una tableta diaria con todas las vitaminas B para compensar por el estrés de las reacciones alérgicas y para evitar crear deficiencias de otras vitaminas B cuando se usan megadosis de ácido pantoténico y de vitamina B-6. El tomar tabletas de levadura de cerveza (*brewer's yeast*) durante dos meses antes de la estación de la fiebre del heno, reduce al mínimo los problemas para algunas personas.[312]

Vitamina C con bioflavonoides De 1.000 a 5.000 miligramos de vitamina C más, por lo menos, 100 miligramos de bioflavonoides por cada 1.000 miligramos de vitamina C, en dosis diarias divididas, para reducir la permeabilidad celular y ayudar a desintoxicar las sustancias foráneas que penetran en el cuerpo.

Vitamina E De 100 a 600 unidades internacionales *IU* diarias. Resulta más eficaz cuando se toma antes de que los síntomas comiencen; se cree que la vitamina E reprime la liberación de histaminas y reduce los malestares de la fiebre del heno.[98]

Sales de tejidos Para la fiebre del heno aguda, se toman dosis alternas de *Ferr. Phos. 3X* y *Nat. Mur. 3X* cada media hora hasta que se alivie. Para la fiebre del heno crónica, tome dosis alternas de *Kali. Phos. 12X*, *Nat. Mur. 12X* y *Silícea 12* cada dos horas durante dos días, luego dos veces al día. Para los estornudos, pruebe la solución de Linda C. Aunque ella nunca había tenido problemas de alergia, el embarazo le produjo ataques de estornudos cuando sentía el más leve roce de aire frío, sobre todo cuando abría la puerta del refrigerador. Con todo lo desagradables que eran los ataques de estornudos, también resultaban cómicos. Una amiga, incapaz de resistir la risa mientras Linda trataba de cubrirse la nariz al tiempo que se sostenía el abdomen con ambas manos, le dio tres pastillitas para que se las colocara debajo de la lengua. Los estornudos cesaron antes de que la amiga pudiera explicar que las pastillas eran *Silícea*, una sal de tejidos, y de ahí en adelante Linda mantuvo un pomo de *Silícea 6X* al alcance de su mano.

Remedios populares

Entre los tratamientos del siglo XVIII se encontraba una dieta a base de pulmón de zorros, la aplicación de sanguijuelas para extraer los humores malignos, y fumar hojas de gordolobo (verbasco, *mullein*) en una pipa hecha con una mazorca de maíz. Remedios menos exóticos, como aplicarse una toallita tibia sobre los ojos y los pómulos para aliviar el dolor de la sinusitis o hacer ejercicios vigorosos durante cinco minutos para constreñir los pequeños vasos sanguíneos y detener los síntomas de la fiebre del heno, todavía se usan con éxito.

Vinagre de sidra de manzana (*apple cider vinegar*) Para el goteo nasal, beba un vaso de agua con cinco cucharadas de vinagre de sidra de manzana, tres veces al día, durante cuatro días. Reduzca la cantidad gradualmente a medida que se va mejorando.

Cáscara de cítricos Cada mañana y cada noche tómese una cucharadita de cáscara de naranja o de limón rallada, ya sea natural o endulzada con miel. O empape tiritas de cáscara de naranja en vinagre de sidra de manzana (*apple cider vinegar*), séquelas y cocínelas con miel, y luego cómaselas antes de ir a la cama, para evitar que se le obstruyan los conductos nasales.

Aceite de hígado de bacalao o aceite de castor Para aliviar la congestión nasal, tome cada mañana una cucharada de aceite de hígado de bacalao, o revuelva en un vaso de jugo cinco gotas de aceite de castor y bébaselo antes del desayuno.

Rábano picante (*horseradish*) o cebolla Para ayudar a despejar los conductos nasales, cada mañana y cada noche tómese $\frac{1}{2}$ cucharadita de rábano picante con algunas gotas de jugo de limón. O cubra una cebolla, cruda y cortada en rodajas, con una taza de agua, déjela descansar durante un minuto, quite la cebolla y bébase el agua a sorbos. O bébase una taza de leche calentada sin llegar a hervir, a la que le ha añadido una cucharada de cebolla rallada.

Presión sobre los nervios y masajes

Para los estornudos Apriete directamente encima del centro del labio superior.

Para los síntomas de fiebre del heno

○ Use los dedos índices para ejercer presión, hacia arriba, en ambos lados de las fosas nasales.

○ Presione y masajee el centro del pecho, luego el área que está a $1\frac{1}{2}$ pulgada (4 cm) directamente debajo del ombligo.

○ Masajee los pulgares, los dedos índice y del medio, y las carnosidades que están entre ellos, en ambas manos. O frote la punta de cada dedo gordo de los pies, justo debajo de la uña, y masajee la planta de cada pie, a una pulgada del talón, en dirección hacia los dedos y el borde externo del pie.

*Vea también **Alergias***

Fuentes (vea la Bibliografía)

2, 4, 6, 17, 29, 42, 45, 56, 57, 59, 60, 61, 63, 64, 72, 76, 83, 84, 87, 91, 92, 98, 110, 135, 144, 150, 151, 164, 171, 186, 202, 207, 218, 262, 284, 293, 300, 301, 302, 305, 306, 312, 313, 316

Flatulencia (gas intestinal)

Un adulto normal genera dos galones de flato (gas intestinal) diariamente y expela dos tazas de éste por el recto; el resto se reabsorbe en el cuerpo.[112] Parte de este flato es aire que se ha tragado y que, al no eructarse, termina en los intestinos, pero la mayoría del gas es un subproducto creado por las bacterias del colon a medida que ellas fermentan los alimentos que no han sido digeridos y absorbidos más arriba, en el conducto digestivo. La flatulencia (exceso anormal de gas), que a veces viene acompañada por hinchazón abdominal y dolor causado por las burbujas de gas que han quedado atrapadas en los dobleces del colon, se debe a cantidades excesivas de aire tragado o a cantidades mayores de lo normal de flato producido en los intestinos.

Una causa común es la intolerancia a la lactosa (la incapacidad de digerir el azúcar natural que tiene la leche), la cual puede superarse tomando suplementos de la enzima de la que se carece: lactasa. Se sabe que algunos alimentos tienen tendencia a engendrar gases, pero las reacciones individuales difieren y mucho depende de la eficiencia del sistema digestivo. El estreñimiento puede producir fermentación al demorar el paso de la comida a través del conducto gastrointestinal. El comer en exceso puede abrumar a las enzimas digestivas, haciendo que la comida que no se ha acabado de digerir totalmente se convierta en gas. Masticar de manera incorrecta envía a los intestinos, para que sean fermentados allí, trozos de comida que son difíciles de digerir. Comer con la boca abierta hace tragar exceso de aire, lo mismo que sucede con la goma de mascar, el fumar y el beber refrescos carbonatados. El tomar bicarbonato de soda para la indigestión puede producir un anormalmente elevado contenido de flato en los intestinos. La ansiedad y el estrés aumentan la cantidad de aire que se traga y demoran la digestión, dando más tiempo para que se produzca flato. Las alergias, los nutrientes inadecuados, o los medicamentos como los laxantes formadores de bolo fecal, los medicamentos para reducir el colesterol, y los tranquilizantes pueden promover o aumentar la flatulencia.

Es más probable que el exceso de gas sea una incomodidad social que un síntoma de una enfermedad grave. Adaptar la dieta, comer en una atmósfera relajada y practicar la relajación progresiva (vea la Introducción) durante los períodos de estrés a menudo alivia la flatulencia, pero se debe obtener la opinión del médico si el problema es crónico o si viene acompañado de dolor intenso.

Dieta y suplementos (vea la nota en la página xii)

El liberarse de la flatulencia depende de la digestión y la absorción correctas de los alimentos por parte de las enzimas y los ácidos digestivos, la flora intestinal beneficiosa y las contracciones (movilidad) del estómago y los intestinos. Se cree que comenzar las comidas con una ensalada y finalizarlas con frutas frescas ayuda a la digestión. Tanto la papaya como la piña frescas contienen enzimas que contribuyen a completar la digestión y a evitar el gas. Cuando no se puede conseguir papaya fresca, pueden resultar útiles las tabletas de papaya o los suplementos de enzimas digestivas. Los organismos que contienen el ácido láctico de la leche acidófila, el yogur o las cápsulas acidófilas refuerzan las bacterias intestinales benéficas que inhiben la producción de gas.

Comer alimentos ricos en fibra es esencial para la salud y para evitar el estreñimiento, pero deben añadirse poco a poco a la dieta y deben acompañarse de cantidades adecuadas de líquidos para prevenir el exceso de producción de gas causado por sus fibras insolubles. No existe un alimento que produzca gas siempre a todas las personas, pero los frijoles (alubias, habichuelas, habas, judías) estimulan los gases en casi todo el mundo. Los estudios muestran, sin embargo, que un 90 por ciento de los compuestos que causan el flato pueden eliminarse si se remojan los frijoles en agua del grifo durante 12 horas y después se cuelan, se enjuagan y se cocinan con agua fresca.[293] Conocidos también por producir gases son las coles (repollitos) de Bruselas (*brussels sprouts*), la col (repollo, *cabbage*), las zanahorias, el apio, la berenjena, las cebollas y algunas frutas (manzanas, albaricoques, bananas, frutas cítricas, ciruelas pasas, pasas). Otros alimentos que causan flatulencia incluyen los productos lácteos, los panes, los alimentos con grasas, los pasteles, las papas y el germen de trigo (*wheat germ*). Los carbohidratos procesados como la harina y el azúcar blancas (o el sustituto del azúcar, sorbitol), sobre todo cuando se combinan con proteínas, pueden contribuir a la producción de gases.

Vitaminas del complejo B Estas son necesarias para la producción adecuada de ácido estomacal; para el metabolismo de los carbohidratos, las grasas y las proteínas, y para el mantenimiento de la movilidad en el conducto gastrointestinal. Además de tomar una tableta de vitaminas del complejo B todos los días, puede resultar útil tomar suplementos de 50 miligramos de las vitamina B-1 y B-6, y niacinamida, más 200 microgramos de ácido fólico. El ácido pantoténico es la vitamina B más importante para controlar la flatulencia. Además de ayudar a la digestión, mejora la peristalsis intestinal. Tomar de 50 a 100 miligramos de ácido pantoténico después de cada comida ha aliviado casos de flato y distensión para los que no existía ninguna causa física. Estudios realizados en los hospitales muestran que 250 miligramos de ácido pantoténico diario pueden prevenir o aliviar los dolores producidos por los gases después de una operación.[98]

Sales de tejidos Cuando la flatulencia viene acompañada de retortijones, tome tres tabletas de *Mag. Phos. 6X* disueltas en un poco de agua caliente. Si el problema persiste, tome tres tabletas de *Calc. Phos. 6X*. Repita ambos a intervalos frecuentes, hasta que se alivie. Cuando la flatulencia viene acompañada de un sabor amargo en la boca, tome tres tabletas de *Nat. Phos. 6X*. Para la flatulencia acompañada de malestar en el pecho, tome *Calc. Fluor. 3X* y *Kali. Phos. 3X*, alternadamente, en intervalos frecuentes, mientras dure el problema.[64, 65]

Ejercicios

Caminar u otras actividades aeróbicas estimula la movilidad intestinal y ayuda a descomponer las burbujas grandes de gas. Si la distensión es un problema frecuente, ejercicios tales como los de levantar el torso del piso mientras se está acostado con las rodillas dobladas ayudan a mejorar la tonificación muscular del abdomen. Para aliviar el dolor y ayudar a expeler el flato atrapado en el colon, siéntese sobre el piso con las rodillas recogidas hacia el pecho y balancéese hacia adelante y hacia atrás. O, acostado de espaldas sobre el piso, traiga lentamente las rodillas hacia el pecho y vuélvalas después a llevar hacia el piso, masajee el abdomen con un movimiento circular y luego lleve las rodillas hacia arriba, y de nuevo hacia abajo. O, acostado sobre el lado que le duele, lleve hacia el pecho la rodilla opuesta y ruede de un lado al otro.

Remedios populares

Llamadas carminativas, las curas para "dejar escapar los gases" han estado en uso desde los tiempos de Hipócrates. El carbón vegetal es un remedio muy antiguo que ha sido redescubierto. Tomar dos tabletas o cápsulas de carbón activado (*activated charcoal*) antes e inmediatamente después de comer alimentos que causan flatulencia puede evitar el gas, al adherirse a la sustancia que lo produce o al absorber el flato cuando éste se forma.[186] El carbón vegetal también reduce la sensación de llenura estomacal y los retortijones al absorber el exceso de gas y transportarlo fuera del cuerpo. Sin embargo, el carbón vegetal no debe usarse a diario ni tomarse antes de que haya pasado una hora después de tomar suplementos o medicamentos para la nutrición, ya que puede adherirse a nutrientes necesarios o a medicamentos terapéuticos, llegando a inactivarlos.[151] Lucille M. tenía un problema de gases intestinales con mal olor que le causaban retortijones. Ella trató de evitar los alimentos que le causaban flatulencia, pero tenía que seguir masticando tabletas de carbón para aliviar los dolores que se le presentaban. La pequeña hija de Lucille estaba tan acostumbrada a ver a su mamá doblarse debido a la flatulencia, que cuando vio a un anciano encorvado en la calle, su comentario fue: "Pobre hombre, tiene gases". Lucille superó su problema combinando una serie de remedios variados. Tomar cápsulas de *acidophilus* en cada comida junto a un poco de polen de abeja todos los días evita que se produzca olor. Los suplementos de vitamina C crean un medio ambiente ácido que es contrario a los microbios que fomentan los gases, y con una tableta diaria de vitaminas del complejo B más una cápsula de carbón antes de comer un alimento que podría causar gases, Lucille puede hasta darse el gusto de comer de vez en cuando un plato de frijoles colorados quitándole el gas a los frijoles según una vieja fórmula popular: añada una cucharadita de jengibre (*ginger*) en polvo al agua fría que cubre los frijoles secos, póngalos a hervir, déjelos descansar durante una hora, cuélelos y enjuáguelos, y luego cocínelos con agua fresca.

Digestivos Para mejorar la digestión y reducir la formación de gases: en cada comida, beba a sorbos jugo de limón diluido o una mezcla de dos cucharaditas de vinagre de sidra de manzana (*apple cider vinegar*) y dos de miel en un vaso de agua. Se dice que, después de consumir alimentos que causan gases, se evitan los problemas de flatulencia comiendo sandía o bebiendo a sorbos una taza de agua caliente en la cual se han puesto en infusión durante media hora dos cucharadas de cáscara rallada de una fruta cítrica. Un viejo remedio para la flatulencia crónica consiste en tomar dos semillas de mostaza con un vaso de agua antes del desayuno y luego ir subiendo gradualmente la cantidad de semillas hasta 12 por hora. Cuando ya los gases están bajo control, el número de semillas puede reducirse gradualmente hasta llegar a tomar una o dos al día.

Calor Entre los remedios antiguos estaba el de cubrir el abdomen con una toalla remojada en una mezcla de agua caliente y brandy con una pizca de sal y luego exprimida, y también el de cubrirlo con un emplasto de avena hervida en vinagre a fuego lento. Una almohadilla de calor o una bolsa de agua caliente también pueden ser eficaces para aliviar un ataque de dolor causado por gas.

Tés de hierbas Ya sean solos o en combinación, estos tés se usan para estimular la digestión, reducir la bacteria que causa putrefacción y mejorar la movilidad intestinal: pimienta de Jamaica (*allspice*), anís, cardamomo, manzanilla (*chamomile*), alcaravea (*caraway*), nébeda (*catnip*), canela (*cinnamon*), clavos de olor (*cloves*), cilantro (coriandro, *coriander*), eneldo (*dill*), hinojo (*fennel*), jengibre (*ginger*), nuez moscada (*nutmeg*), perejil, menta piperita (*peppermint*), salvia (*sage*), ajedrea (*savory*), olmo norteamericano (*slippery elm*) y milenrama (*yarrow*).

Compuestos de especias Estos compuestos, que deben ser tomados por cucharadas, incluyen $\frac{1}{4}$ cucharadita de cada una de éstas: nébeda (*catnip*), canela (*cinnamon*), hinojo (*fennel*) y salvia (*sage*), puestas todas en infusión en $\frac{1}{2}$ taza de agua hirviendo durante 10 minutos; o $\frac{1}{4}$ cucharadita de cada una de éstas: cardamomo molido, canela (*cinnamon*), clavos de olor (*cloves*) y nuez moscada (*nutmeg*), hervidas todas a fuego lento en dos taza de vino, coladas y mezcladas con una taza de azúcar morena. Cualquiera de los dos compuestos puede diluirse en agua tibia, si se desea.

Presión sobre los nervios y masaje

○ Presione y masajee el centro de la parte superior de la cabeza, luego presione hacia arriba en el centro del cráneo, en la parte posterior del cuello.

○ Presione o masajee a una pulgada a la izquierda del centro del pecho.

○ Mientras está acostado, use los puños para presionar en la parte del frente del hueso de la cadera derecha, luego hacia el costillar, a través y hacia abajo por el lado izquierdo del estómago.

Fuentes (vea la Bibliografía)

6, 10, 17, 28, 29, 47, 51, 57, 60, 64, 65, 75, 87, 89, 92, 98, 101, 108, 109, 111, 112, 116, 135, 144, 147, 148, 150, 151, 164, 172, 186, 187, 202, 230, 252, 254, 255, 283, 284, 285, 293, 294, 300, 302, 312, 313

Furúnculos, Orzuelos, Carbuncos y Uñeros

Llamado también divieso, absceso o forúnculo, un furúnculo es una protuberancia dolorosa de piel rodeada por tejido hinchado e inflamado, y casi siempre es provocado por una infección de estafilococos en la raíz de un folículo piloso. Mientras que los glóbulos blancos luchan contra la infección, las células muertas y las bacterias se acumulan en forma de pus en los abscesos, hasta que el furúnculo revienta y la piel comienza a sanar. Un orzuelo es un pequeño furúnculo entre las pestañas, que viene acompañado de la inflamación de una o más de las glándulas sebáceas de los párpados. Los carbuncos son abscesos provocados por estafilococos y a menudo aparecen como una aglomeración de pequeños furúnculos, pero son más serios debido a que la infección penetra más profundamente en las capas internas de piel y músculo. Un uñero, o panadizo, es un absceso en la falange extrema de un dedo de la mano o del pie. Puede ser superficial (provocado por una lesión en la base o el costado de la uña) o profundo, y en este caso llega hasta el hueso. La infección puede ser causada por bacterias que penetran en el organismo a través de un corte o por el virus del herpes zoster que es el causante de las aftas o llagas (pequeñas úlceras) en la boca. Los uñeros necesitan tratamiento profesional si no se curan después de dos o tres semanas con remedios caseros. La mayoría de los furúnculos se curan con remedios caseros, pero debe buscarse la intervención del médico si aparece una franja roja cerca del furúnculo o si éste está cerca de la nariz, o si viene acompañado de fiebre.

Un orzuelo o cualquier otro furúnculo incipiente puede ser detenido a tiempo al apretar contra él un pedacito de hielo. Para hacer que un furúnculo en desarrollo madure, apliquele compresas tibias y húmedas durante 20 ó 30 minutos, tres o cuatro veces al día. Para abrir un orzuelo que ya ha madurado, hale y saque la pestaña de su folículo infectado, y lave cuidadosamente el líquido que salga para que no le caiga en el ojo. Otros furúnculos que parecen a punto de reventarse pueden abrirse al pincharlos con una aguja esterilizada, y luego apretarlos para ayudar a expulsar la secreción. Después de limpiar y desinfectar el área, se deben poner compresas tibias durante varios días para asegurar que se ha secado. Para evitar una posible expansión de la infección, se deben tomar duchas en lugar de baños en la bañera; se recomienda usar técnicas de esterilización cuando se venda el furúnculo, y se debe lavar y cepillar las manos muy cuidadosamente antes de tocar los alimentos, pues la bacteria del estafilococo puede contaminar la comida.[293]

Dietas y suplementos (vea la nota en la página xii)

Mejorar la nutrición e incluir suplementos puede acortar la duración de la infección y fortalecer las defensas del organismo contra una repetición del problema. Albaricoques (damascos, *apricots*), bananas (plátanos), frutas cítricas, cebollas y tomates, son todos considerados sumamente beneficiosos. El comer varios dientes de ajo al día (o tomar dos cápsulas de ajo con cada comida) ofrece una acción antibiótica natural. Se ha comprobado que es bueno beber todos los días uno o dos vasos de cualquier combinación de jugos de remolacha (betabel, *beet*), zanahoria, pepino, lechuga y espinaca. Beber por lo menos ocho vasos de agua al día e incorporar a la dieta alimentos ricos en fibra, más una cucharada de salvado de mijo, ayudará a evitar el estreñimiento que a veces se asocia con la presencia de furúnculos.

Vitamina A 25.000 unidades internacionales *IU* en forma de betacaroteno, más entre 100 y 600 *IU* de vitamina E. Algunas autoridades recomiendan de 50.000 a 75.000 *IU* de vitamina A todos los días durante la infección.[17] La combinación de vitaminas A y E acelera la curación y es necesaria para el funcionamiento adecuado del sistema inmunitario.

Complejo B Una tableta con todas las vitaminas B diariamente para ayudar a combatir el estrés causado por la infección y para ayudar al organismo a producir anticuerpos.

Vitamina C De 500 a 1.000 miligramos cada dos horas durante varios días; luego, de 1.000 a 8.000 miligramos, en dosis separadas, diariamente. La vitamina C tiene propiedades antibacterianas y antiinflamatorias que estimulan el sistema inmunitario.

Zinc Entre 15 y 50 miligramos al día estimulan la curación y pueden evitar la formación de furúnculos.[98]

Sales de tejidos Tabletas de potencia 3X, de esta forma:

○ Durante un ataque de furúnculos, tome dosis alternadas de dos tabletas de *Ferr. Phos.* y *Kali. Mur.* a intervalos de una hora, más dos tabletas de *Silícea* tres veces al día.

○ Cuando el furúnculo está listo para secarse, tome tres tabletas de *Silícea* cada dos horas. Para un orzuelo, alterne la misma cantidad de *Ferr. Phos.* con la *Silícea*. Si el furúnculo sigue drenando sin acabar de sanar, cambie los remedios y use entonces *Calc. Sulph.* y *Nat. Sulph.*, dos tabletas de cada uno en intervalos de dos horas.

○ Para los carbuncos, añada cuatro tabletas diarias de *Calc. Fluor.* a las dosis recomendadas para los furúnculos.

○ Para hacer compresas externas, disuelva en $\frac{1}{2}$ taza de agua caliente tres dosis de cualquiera de las sales de tejidos que se estén tomando oralmente.

Remedios populares

La medicina popular trató los furúnculos durante miles de años antes de que llegaran los antibióticos. Si bien algunos de los viejos remedios, tales como pinchar un orzuelo con un pelo de bigote de gato o frotarlo con un anillo de boda de oro ya no se aconsejan, muchos de sus ingredientes recomendados son reconocidos como agentes curativos:

Pan Se dice que el pan viejo remojado en leche caliente, y aplicado varias veces como una compresa caliente continua, puede hacer madurar un furúnculo después de haber usado cuatro rebanadas de pan y una taza de leche. Algunos practicantes de medicina popular prefieren usar emplastos hechos con migajas de pan y miel.

Huevos El cascarón de un huevo crudo puede usarse para hacer madurar un furúnculo. También se considera útil un emplasto hecho con el puré de la clara de un huevo duro.

Harina Un remedio básico consistía en un emplasto de leche tibia y harina de trigo (con la adición de una cucharadita de sal a cada taza de harina, si se desea). Durante los primeros años del siglo XIX, se usaba una pasta de harina y mostaza seca o jengibre (*ginger*) triturado para secar los abscesos que no estaban cerca de los ojos.

Frutas Ezequiel (*Isaías 38:21*) aconsejaba colocar higos crudos sobre los furúnculos; 2.400 años después, los curanderos populares siguen usando el mismo tratamiento. El comer una docena de naranjas o toronjas al día era un remedio antiquísimo para los forúnculos y los carbuncos. Para aliviar el dolor de un uñero, se puede hacer un hueco en un limón y colocar allí el dedo de la mano o del pie. Para los furúnculos del cuerpo, se pueden aplicar, sosteniéndolas con un vendaje, tajadas gruesas de limón, la cara interior de una cáscara de banana (plátano) madura, o emplastos hechos de arándanos agrios (*cranberries*) triturados.

Hierbas Las infusiones de raíz de bardana (*burdock*), pimienta de cayena (*Cayenne pepper*), consuelda (*comfrey*), diente de león (*dandelion*), equinácea, botón de oro (hidraste, *goldenseal*), avena loca (*oatstraw*), trébol morado o rojo (*red clover*), zarzaparrilla, y olmo norteamericano (*slippery elm*), se recomiendan como remedios orales para los furúnculos. El gel de áloe vera puede aplicarse a los orzuelos varias veces al día. Para las compresas o emplastos externos, la selección incluye semillas de alfalfa, corteza de raíz de arrayán (*bayberry*), té negro pekoe, oreja de ratón (pamplina, *chickweed*), consuelda (*comfrey*), fenogreco (*fenugreek*) molido, hojas de salvia (*sage*) o una combinación de triple concentración de infusiones de sasafrás y olmo norteamericano (*slippery elm*) espesada con harina de maíz (*cornmeal*).

Miel Úsela de forma natural o mezclada, mitad y mitad, con aceite de hígado de bacalao; aplíquela así directamente sobre el furúnculo, cúbralo con un vendaje esterilizado y reemplácelo tres veces al día.

Sal Para todos los furúnculos, excepto para los orzuelos, aplique una compresa remojada en una solución de una cucharada de sal de Epsom o sal de mesa, en una taza de agua caliente; para los uñeros, remoje el dedo en la solución.

Vegetales Emplastos tibios de los siguientes vegetales (mezclados con aceite de castor, si desea) han resultado eficaces si se aplican cada ciertas horas: col (repollo, *cabbage*) molida u hojas de col ligeramente cocidas al vapor; zanahorias ralladas crudas o cocidas; ajo cocido y picado; hojas verdes de puerro (*leeks*), finamente picadas; papa blanca rallada, cocida o cruda; o tajadas finas de calabaza (*pumpkin*) o tomate crudos. La poción mágica para Steve F. consistía en cebolla cocida. Decidido a no permitir que nada le echara a perder las vacaciones con sus abuelos que tanto había esperado, avergonzado por el lugar del cuerpo donde radicaba su problema y temeroso de tener una enfermedad maligna, Steve no mencionó el dolor que sentía en una nalga hasta que el dolor se le hizo insoportable. Finalmente, le pidió consejo a su abuelo. "Lo que tienes es un furúnculo en la nalga, y está a punto de reventar", fue su tranquilizador diagnóstico. "Ayúdame a preparar esta poción mágica y lo haremos desaparecer". Picaron la mitad de una cebolla, la cocinaron con un poco de agua, le echaron una cucharada de azúcar y la pusieron sobre el furúnculo con una venda. Sólo se necesitaron tres tratamientos. El furúnculo reventó, drenó con la ayuda de compresas de agua tibia y el resto de las vacaciones fue tan maravilloso que Steve las recuerda como sus "vacaciones mágicas".

Fuentes (vea la Bibliografía)

6, 17, 20, 21, 57, 64, 65, 75, 87, 92, 98, 111, 117, 124, 135, 143, 144, 148, 150, 151, 159, 166, 168, 173, 176, 186, 202, 203, 205, 213, 218, 226, 228, 241, 281, 282, 283, 285, 293, 304, 312, 313, 316

Gastroenteritis aguda

Conocida también como *stomach flu*, el virus de las 24 horas o *"the bug that's going around"* (el microbio que anda rondando), la gastroenteritis aguda se considera comúnmente como una especie de gripe intestinal. Los virus son los causantes del 90 por ciento de los casos de inflamación del estómago y del conducto intestinal que produce dolores y malestar generalizado, semejantes a los que causa la gripe, junto con vómitos, retortijones abdominales y, a menudo, fiebre leve y ataques de diarrea.[264] Entre las causas ocasionales se encuentran: la infección bacteriana contraída a partir de alimentos y bebidas, el exceso de alcohol, las reacciones alérgicas y los antibióticos recetados u otros medicamentos que alteran la flora intestinal. La gravedad y duración de los síntomas dependen de la sustancia que produce la irritación y de la salud general de la persona.[148] La infección por el virus de Norwalk, que se trasmite a través del agua contaminada (incluidas las piscinas) y los alimentos, sobre todo las ostras y otros moluscos, ocurre en forma de epidemias esporádicas y locales.[281]

Cualquiera que sea la fuente, la gastroenteritis aguda se presenta de repente y por lo general desaparece en 12 a 48 horas. Se aconseja el descanso en la cama hasta que pasen los vómitos y la diarrea (para remedios específicos, vea "Diarrea" y "Náuseas y Vómito"). Como la gastroenteritis puede ser contagiosa, medidas de prevención como lavarse las manos con frecuencia y no compartir utensilios para beber o comer ayuda n a evitar que se infecten otros miembros del hogar. Se debe consultar a un médico si los vómitos o las heces fecales presentan trazos de sangre, si los vómitos duran más de un día, si hay dolor agudo en el abdomen o el recto, o si los síntomas persisten durante más de cuatro días.

Dieta y suplementos (vea la nota en la página xii)

Es importante reemplazar los fluidos que se pierden (sobre todo en los niños, los enfermos crónicos y los ancianos) debido a que el vómito y la diarrea pueden conducir rápidamente a la deshidratación y a la pérdida de los minerales esenciales. Es conveniente chupar pedacitos de hielo hasta que otros líquidos puedan permanecer en el cuerpo. Entonces, estos remedios serán por lo general más tolerados que el agua, y pueden tomarse a intervalos frecuentes: unas cuantas cucharadas de *ginger ale* cola u otra bebida gaseosa, caldo claro, jugo de vegetales con especias, o jugo de frutas diluído y endulzado. Se debe seguir suministrando grandes cantidades de líquidos y se debe intentar proporcionar comidas sólidas blandas, antes de regresar a una dieta normal.

Hace 25 años, los pediatras recomendaban que a los niños y jovencitos con problemas gastrointestinales no se les diera alimentos en un período de 24 a 48 horas. Las recomendaciones actuales indican darles a los bebés que no están tomando leche de pecho (la leche materna se tolera bien y contiene antibióticos naturales), una fórmula de concentración media durante un día, y comidas semisólidas (puré de manzana —*applesauce*—, bananas —plátanos—, cereal, arroz, sopas, postres de gelatina) tan pronto como el niño los pueda tolerar.[44]

Aunque el alumno de tercer grado Joey N. comenzó a sentirse "algo raro" en cuanto se sentó en su pupitre, dudó antes de pedir permiso para salir del aula tan pronto después del recreo... pero se demoró demasiado. Vomitó justo frente a la puerta. Su vergüenza aminoró cuando otro chico en la enfermería le dijo que a él le había pasado lo mismo, y Joey se sintió mejor mientras esperaba a su mamá. El alivio fue sólo temporario. Corrió hacia el baño en cuanto llegaron a la casa. Como se sentía demasiado mal como para quejarse de que lo metieran en la cama a mitad del día, Joey, disciplinadamente, chupó una pastilla de vitamina C, bebió a sorbos un poco de *ginger ale* y durmió toda la tarde. No vomitó la sopa de pollo que comió en la cena. Tampoco vomitó el postre de gelatina y las tajadas de banana que se comió antes de irse a dormir. No tuvo más diarrea y a la mañana siguiente Joey ya estaba listo para tomar su desayuno y regresar a la escuela.

Los ataques de gastroenteritis aguda son tan breves que pocas veces se hace necesario tomar suplementos dietéticos especiales. Sin embargo, puede resultar beneficioso tomar de 100 a 250 miligramos de vitamina C

cada 3 ó 4 horas mientras está sucediendo (para evitar los gérmenes invasores) y algunas cápsulas de *acidophilus* o porciones de yogur después de
que pasa un ataque para ayudar a restaurar la flora intestinal normal.

Fuentes (vea la Bibliografía)

41, 44, 75, 87, 98, 148, 201, 234, 254, 255, 264, 279, 281, 283, 294, 300

Gota

Llamada a veces artritis gotosa, la gota es una enfermedad metabólica que por lo general ataca un dedo gordo del pie, pero puede aparecer en una oreja, en el pulpejo de la mano, o en cualquier articulación, con inflamación, hinchazón y un insoportable dolor que se debe a la acumulación de cristales de ácido úrico que pinchan como agujas. La gota, que antes se consideraba como la enfermedad de los aristócratas que comían demasiado, en la actualidad es discriminatoria sólo en el sentido de que un 90 por ciento de sus víctimas son hombres de edad madura.[312] El diagnóstico médico es esencial para descartar la posibilidad de que se trate de seudogota, un trastorno diferente que a menudo requiere la aspiración profesional del fluido antes del tratamiento.

La herencia desempeña un papel en la selección de las víctimas de la gota —un 25 por ciento de sus víctimas vienen de familias que han sufrido la enfermedad—, pero no se ha establecido una causa en particular. Al parecer, factores no relacionados, como el estrés emotivo, los diuréticos y otros medicamentos por receta, las lesiones, y la obesidad (la mitad de los pacientes de gota están excedidos de peso)[49] pueden provocar un ataque o una reaparición de la gota. Las víctimas de gota que son personas obesas, tal vez puedan corregir el problema si pierden peso, pero esto debe lograrse de poco a poco, pues los ayunos o las privaciones excesivas de calorías pueden provocar ataques de gota agudos.

Para el alivio temporario del dolor, se puede aplicar una compresa de hielo envuelto en una tela, durante 10 minutos cada vez, alternando con compresas de toallas calientes y húmedas, si se desea. Cuando sea necesario tomar un analgésico, se recomienda uno que contenga ibuprofeno, el cual reduce la inflamación. El acetaminofeno carece de suficiente capacidad antiinflamatoria, y la aspirina inhibe la excreción del ácido úrico.[186]

Dieta

Algunos médicos creen que la gota es el resultado de un nivel bajo de azúcar en la sangre o de la descomposición inadecuada de proteínas, y que como por lo menos un 50 por ciento del ácido úrico del cual se forman los cristales es sintetizado por el organismo, en lugar de derivarse de alimentos que contengan purina, las restricciones alimentarias no son importantes.[147] Sin embargo, las comidas con un nivel elevado de purinas, grasas o endulzadores concentrados, pueden provocar la gota o su reaparición, de modo que la mayor parte de las autoridades médicas aconsejan evitar, durante un ataque, las principales fuentes de purina (carnes de órganos animales, anchoas, arenque, sardinas). La cerveza, el vino y otras bebidas alcohólicas deben consumirse con discreción, ya que no sólo aumentan la producción de ácido úrico, sino que también reducen la capacidad del organismo para expulsarlo.[49] Si no se ha recomendado ninguna dieta, la regla general es comer no más de tres a cinco porciones semanales de estos alimentos que tienen un moderado contenido de purina: legumbres secas, carnes y caldos o salsas de carne, aves, mariscos, avena (*oatmeal*), granos integrales, espárragos, coliflor, hongos y espinacas. El ingerir amplias cantidades de otros vegetales, frutas y sus jugos ayuda a mantener disueltos los cristales de ácido úrico y facilita su excreción.

El comer una pera madura antes de cada comida es un viejo remedio francés; las fresas y las cerezas (frescas, congeladas, enlatadas o en jugo) contienen una enzima que neutraliza el ácido úrico.[17] Willard G. prefiere las cerezas. A pesar de seguir una dieta baja en purina y tomar sus medicamentos recetados, la gota de Willard le dolía tanto con tanta frecuencia que tuvo que mudar su oficina de contador hacia la sala de la casa, donde podía trabajar mientras mantenía el pie con el dedo gordo dolorido sobre un cojín. La esposa de Willard sabía que él no creía en experimentar con remedios caseros, así que cuando leyó que comer una taza de cerezas todos los días había eliminado los síntomas de gota en tantas personas, no se lo dijo. Sencillamente, lo que hizo ella fue colocar un tazón de cerezas frescas sobre su mesa de trabajo todos los días, comentándole que había comprado varias libras a un precio de rebaja. Después de una semana de "terapia de cerezas", Willard pudo regresar al trabajo en su oficina y estuvo de acuerdo en seguir comiendo una cuantas cerezas todos los días... por si acaso ellas eran la causa de su restablecimiento.

Un amplio consumo de líquidos ayuda a expulsar del organismo el exceso de ácido úrico. Beber un total de tres litros (tres cuartos de galón) de líquidos al día, cuando se siente la primera indicación de malestar, ha prevenido algunos ataques de gota. Al menos un tercio de esa cantidad debe ser de agua y el resto de jugos de frutas o vegetales (se cree que el jugo de apio diluido o las combinaciones de jugo de papa con jugo de apio, zanahoria o remolacha —betabel— tienen un efecto benéfico), leche baja en grasa, e infusiones de hierbas hechas de alfalfa, abedul (*birch*), arraclán (*buckthorn*), bardana (*burdock*), semilla de apio, perifollo (*chervil*), consuelda (*comfrey*, que los curanderos populares recomiendan usar como baño para los pies y también como bebida), mazorca de maíz (que se prepara hirviendo a fuego lento mazorcas frescas durante media hora), flor de saúco (*elder*), jengibre (*ginger*), hisopo (*hyssop*), enebro (*juniper*), perejil, menta piperita (*peppermint*), llantén (*plantain*), escaramujo (*rose hip*), romero (*rosemary*), zarzaparrilla o milenrama (*yarrow*).

Suplementos (vea la nota en la página xii)

Las dietas bajas en purina son también bajas en vitaminas B, E y otros antioxidantes (vea la Introducción). Los siguientes suplementos pueden ayudar a prevenir el daño causado por los radicales libres que pueden intensificar los problemas de gota:[224]

Complejo B De una a tres tabletas diarias de alta potencia, más 500 miligramos de ácido pantoténico en dosis divididas para ayudar a que el organismo convierta el ácido úrico en compuestos inofensivos.[98]

Vitamina C 1.000 miligramos por hora al comienzo de un ataque de gota, luego una disminución gradual, hasta llegar a una dosis de mantenimiento de 500 a 3.000 miligramos al día, para reducir el nivel de ácido úrico en la sangre.

Vitamina E 100 unidades internacionales *IU*, subiendo lentamente hasta 600 a 800 *IU* diarias; la deficiencia de esta vitamina puede contribuir a la formación de cantidades excesivas de ácido úrico.

Sales de tejidos Para prevenir la formación de cristales de ácido úrico, tome dos tabletas de *Silícea 6X* tres veces al día. Durante un ataque de gota, aumente la dosis a tres tabletas y añada una cantidad igual de *Nat. Phos.* y *Nat. Sulph.*

Remedios populares

Vinagre de sidra de manzana (*apple cider vinegar*) Se cree que dos cucharaditas de vinagre y dos de miel pura, mezcladas en un vaso de agua, y bebidas a sorbos a la hora de la comida, previenen y alivian la gota. Sobre las articulaciones afectadas pueden frotarse linimentos preparados hirviendo a fuego lento una cucharada de pimienta de Cayena (*Cayenne pepper*) en dos tazas de vinagre, o calentando el vinagre y mezclando en él toda la sal que pueda disolverse. Se cree que el remojar el área dolorida en una solución de $\frac{1}{2}$ taza de vinagre y tres tazas de agua caliente también alivia el dolor de la gota.

Manzanas Los europeos hacen un té con la piel seca de manzanas y lo endulzan con miel. Una receta de medicina popular de Vermont recomienda revolver dos cucharaditas de miel en un vaso de jugo de manzana en cada comida. Otros expertos populares promueven la sidra de manzana como la bebida ideal para quienes tiene una "constitución gotosa".

Mantequilla y vino Caliente mantequilla sin sal y llévela al punto de hervor, añada una cantidad igual de vino, cocine hasta lograr la consistencia de un ungüento, y entonces frótela sobre el área afectada para conseguir alivio y curación.

Carbón vegetal Tome de $\frac{1}{2}$ a una cucharadita de polvo de carbón activado (*activated charcoal*) cuatro veces al día, o aplique un emplasto de agua tibia mezclada con media taza del polvo de carbón y tres cucharadas de linaza (*flaxseed*) triturada para sacar las toxinas del cuerpo.

Ajo Comer varios dientes de ajo crudo todos los días ha sido un preventivo de la gota desde los tiempos grecorromanos (puede que los beneficios aumenten si se traga el ajo picado con jugo de cereza), y se puede usar un emplasto de ajo cocido para aliviar el dolor.

Presión sobre los nervios y masajes

○ Presione hacia adentro y hacia arriba sobre el lado inferior de la protuberancia que está en la base del cráneo.

○ Presione justo debajo del centro de la nariz, hacia el labio superior.

○ En ambas manos, presione y masajee el punto que está en el interior del pulpejo en la base del dedo pulgar, directamente debajo del dedo índice; luego, sólo en la palma de la mano izquierda, estimule el punto que está a mitad de camino entre la base del dedo meñique y la muñeca.

○ Presione y masajee entre el pulpejo del pie y la parte inferior del dedo gordo, en la planta de cada pie; luego, sólo en el pie izquierdo, estimule el punto que está a mitad de camino entre la base del dedo pequeño y el talón.

Fuentes (vea la Bibliografía)

2, 4, 14, 17, 39, 49, 57, 64, 66, 75, 86, 98, 135, 143, 144, 147, 148, 150, 156, 159, 164, 171, 173, 186, 200, 203, 207, 218, 224, 225, 234, 244, 246, 272, 275, 281, 283, 293, 294, 301, 306, 312, 313, 320

Hemorroides

L as venas dilatadas en el recto son una antigua aflicción. Se dice que los filisteos estaban invadidos de hemorroides después de haber capturado el Arca de la Alianza, y que Napoleón podría haber ganado la batalla de Waterloo si sus hemorroides le hubieran permitido montar su caballo el día en que planeaba comenzar la batalla. Gran parte del estimado 80 por ciento de los estadounidenses que tienen hemorroides se enteran del problema solamente cuando las protuberantes venas salen por el orificio anal y se rompen, causando con ello sangrado, o se presentan como dolorosas venas varicosas externas. Como explica Sidney E. Wanderman, M.D., en el libro *Hemorroids* (Consumer Reports Books, 1991), las membranas internas carecen de fibras nerviosas sensibles al dolor; pero las várices externas están repletas de nervios susceptibles al dolor. Aunque muy pocas veces constituyen una afección precancerosa, se requiere de diagnóstico y tratamiento profesional cuando hay dolor agudo o sangrado frecuente.

La herencia genética y los años son factores de predisposición, pero la mayoría de las hemorroides son consecuencia de una presión excesiva sobre las venas del ano al sentarse o pararse durante largos períodos de tiempo, de levantar con frecuencia objetos pesados, del embarazo o de la obesidad. La causa principal sin embargo, es el estreñimiento. Hacer esfuerzo para defecar o sentarse en el inodoro durante más de cinco minutos seguidos, hace que el tejido alrededor del ano se llene de sangre. El uso excesivo de los enemas o laxantes puede destruir la capacidad normal del organismo para eliminar los desechos y puede estimular o empeorar los problemas de hemorroides. Para limpiar suavemente el área del ano después de cada evacuación intestinal se recomienda usar toallitas de papel húmedas para bebé, servilletas faciales impregnadas con crema humectante o papel higiénico mojado debajo del grifo.

Baños

Un baño diario con agua tibia ayuda a encoger las venas hinchadas, controla la inflamación y reduce el escozor que producen las hemorroides. Un tratamiento de baño de asiento en la bañera: siéntese en la bañera con las rodillas elevadas —o con los pies colocados sobre los lados de la bañera— en seis pulgadas de agua durante 10 a 45 minutos, de dos a cuatro veces al día. Los baños de asiento pueden ser más beneficiosos cuando se les añade ¼ taza de sal de Epsom o de hamamelis (olmo escocés, *witch hazel*), o cuando se echan en el agua tibia una taza de maicena (fécula de maíz, *cornstarch*) o varias tazas de infusión de manzanilla (*chamomile*) o de corteza de roble (*oak*) concentrados. Si no es posible darse el baño de asiento, puede lograr algún alivio aplicándose durante 20 minutos una toalla que ha sido remojada, y luego exprimida, en cualquiera de las soluciones mencionadas.

Dieta

Una dieta con abundante fibra y con muchos líquidos puede evitar que se desarrollen las hemorroides y aliviará los síntomas de las que existen al formar bolos fecales suaves y voluminosos que pasan sin agravar los tejidos delicados. Además de beber de seis a ocho vasos de agua al día y de aumentar la proporción de frutas, vegetales y productos de granos integrales, podría ser beneficioso aumentar cada comida con dos o tres cucharaditas de salvado de trigo, salvado de maíz, o salvado de arroz, o con un suplemento de psilio.

Entre los alimentos que tienen reputación de ser buenos para las hemorroides se encuentran: manzanas, todos los miembros de la familia de la col (repollo, *cabbage*), zanahorias, habas blancas (*lima beans*), papaya, pastinaca (*parsnip*), ciruelas, ciruelas pasas, calabazas (*pumpkins*), batatas (boniatos, camotes, papas dulce, *sweet potatoes*) y calabaza de invierno (*winter squash*). Comer un puerro (*leeks*) hervido o una porción de cebollas fritas o de sopa de cebollas todos los días constituye un remedio para el sangrado persistente de las hemorroides que data de la década de 1870. Se piensa que el jugo de zanahoria y el de quingombó (quimbombó, *okra*) ayudan a la curación. También se considera beneficiosa cualquier combinación de jugos hechos de manzana, remolacha (betabel, *beet*), apio, frutas cítricas, pepino, piña y espinaca.

Suplementos (vea la nota en la página xii)

Los ungüentos que contienen vitaminas A y D o E pueden resultar útiles para lubricar y aliviar el dolor. Se ha visto que los suplementos orales benefician a muchas personas que padecen de hemorroides.

Vitamina A En forma de beta-caroteno, 25.000 unidades internacionales *IU* diarias para promover la curación.

Complejo B Una tableta al día con todas las vitaminas B, además de 10 a 50 miligramos de vitamina B-6 con cada comida para mejorar la digestión y reducir la presión sobre el recto.

Vitamina C con bioflavonoides De 1.000 a 5.000 miligramos en dosis diarias divididas para fortalecer los capilares de las venas que están cerca del ano y para ayudar a la curación.

Calcio y Magnesio De 800 a 1.500 miligramos de calcio, más 500 a 750 miligramos de magnesio para ayudar a la coagulación normal de la sangre. Con la aprobación del médico, puede resultar beneficioso alterar las cantidades de estos minerales a 600 u 800 miligramos de calcio, más 1.200 a 1.600 miligramos de magnesio.

Vitamina E De 400 a 800 unidades internacionales *IU* a diario. Se cree que la vitamina E mejora la circulación, estimula la coagulación normal de la sangre y la curación y ayuda a prevenir o a disolver los coágulos en las várices hemorroidales. Para aumentar los suplementos orales, a las hemorroides externas se les puede aplicar aceite de vitamina E o aceite de germen de trigo (el cual contiene vitamina E), o lecitina líquida. Para las hemorroides internas dolorosas, se pueden usar las cápsulas pinchadas como supositorios, o puede inyectarse en el recto, una onza (30 ml) de aceite de vitamina E o de aceite de germen de trigo (*wheat germ*), con una jeringuilla de bebé.

Sales de tejidos Para los casos agudos, a menos que se indique lo contrario, tome cada hora dosis de estas sales de tejidos, tres o cuatro dosis diarias para las hemorroides crónicas:

○ Para las hemorroides dolorosas o sangrantes, tome dos tabletas de *Ferr. Phos. 6X* cada 10 minutos hasta que el problema se mejore, luego cada una hora más o menos, y aplique una compresa externa de tres tabletas disueltas en agua caliente.

○ Si vienen acompañadas por dolor en la parte baja de la espalda, tome, por la boca, *Calc. Fluor. 12X* y disuelva tres tabletas en ½ taza de agua tibia para usar como una loción externa. Si el dolor es muy fuerte, tome *Mag. Phos. 6X*.

Ejercicios

Los ejercicios moderados, tales como caminar, mejoran la circulación y ayudan a evitar que se hinchen demasiado los vasos sanguíneos del ano. Los ejercicios pasivos —reclinarse sobre el lado izquierdo durante 20 minutos por lo menos dos veces al día— reducen la presión que el embarazo o la obesidad ejercen sobre las venas del recto. La posición rodilla-pecho (que se logra arrodillándose con los hombros tocando el piso y elevando las nalgas) alivia la fuerza de gravedad sobre los músculos hemorroidales.

Remedios populares

Los curanderos populares recomiendan la aplicación de vaselina (*petroleum jelly*) hasta ½ pulgada (1 cm) dentro del recto antes de cada evacuación intestinal y, al ir a acostarse, la aplicación de una capa de vaselina mezclada con hamamelis (olmo escocés, *witch hazel*). Según se informó en el número de enero de 1991 de *Health After 50*, muchos expertos creen que la vaselina o el óxido de zinc son tan eficaces como los productos formulados específicamente para el alivio de las hemorroides, sin presentar sus efectos secundarios, ya que los preparados que contienen anestésicos locales o vasoconstrictores, pueden sensibilizar en exceso al área afectada si se usan habitualmente. La medicina popular ofrece muchas otras opciones.

Gel de áloe vera Aplique el gel a las hemorroides externas o, para aliviar el sangrado, inserte un supositorio cortado de una hoja de áloe pelada.

Vinagre de sidra de manzana (*apple cider vinegar*) Para detener el escozor anal y "curar" las hemorroides crónicas, revuelva una cucharadita de vinagre en un vaso de agua y bébalo a sorbos con cada comida, luego utilice otro vaso con la misma mezcla para usar como aplicación externa a lo largo del día.

Frutas Para reducir la irritación y ayudar a detener el sangrado, envuelva una cucharada de arándanos agrios (*cranberries*) crudos, bien picados, en una estopilla —*cheesecloth*— (o moje una bolita de algodón con jugo de papaya), insértela en el área dolorida y vuelva a rellenar al cabo de una hora.

Hierbas Se cree que el té de pimienta de Cayena (*Cayenne pepper*) alivia las hemorroides al estimular la circulación. Se piensa que el *stoneroot* fortalece las venas hemorroidales cuando se toman dos cápsulas entre comidas, dos veces al día, durante los ataques intensos, y una vez al día como mantenimiento. Se pueden beber a sorbos, cada cuatro horas, infusiones de linaza (*flaxseed*), escaramujo (*rose hip*), olmo norteamericano (*slippery elm*) o corteza de roble blanco (*white oak*), y también se pueden aplicar externamente, o inyectarse, dos cucharadas de ellos dentro del recto con una jeringuilla de bebés. Las infusiones de botón de oro (hidraste, *goldenseal*), gotu kola (centella asiática) o milenrama (*yarrow*) pueden usarse como emplastos externos para reducir la hinchazón y aliviar el dolor.

Ungüentos y emplastos Una compresa de hielo o de agua fría puede aliviar el malestar. El aceite de castor, la mantequilla de cacao o el aceite de hígado de bacalao pueden usarse para cubrir el tejido inflamado. Algunos expertos populares sugieren hervir a fuego lento una infusión colada de corteza de roble blanco (*white oak*) hasta que se espese, y luego combinarla con una cantidad igual de manteca vegetal blanca (*white vegetable shortening*). Un emplasto de cebollas verdes bien picadas, cocidas en manteca vegetal blanca, puede aplicarse a la hora de dormir. Otra opción es hervir a fuego lento dos cucharadas de hojas de tabaco que no produzca humo (*smokeless tobacco*) con $\frac{1}{4}$ taza de mantequilla y aplicar ese líquido, colado, tres veces al día.

Papa o pepino Para reducir el dolor y la hinchazón, haga un supositorio con una papa cruda (cúbralo con aceite de vitamina E, si lo desea), insértelo y déjelo allí toda la noche. Una tajada de pepino sin pelar puede usarse de la misma manera, tres veces a la semana.

Hamamelis (olmo escocés, *witch hazel*) Uno de los ingredientes aprobados por la agencia federal *Food and Drug Administration* (*FDA*) en la preparación de medicamentos que combaten las hemorroides es el hamamelis, el cual reduce el tamaño de las hemorroides externas y ha sido utilizado durante cientos de años para aliviar el escozor, el sangrado y el dolor. Para usarlo como un sustituto aliviador del papel higiénico, se deben mojar cuadraditos de una tela suave con una mezcla de hamamelis y glicerina (*glycerin*).

Joel F. usa el hamamelis congelado para mantener controlados sus ataques de hemorroides cuando se encuentra en el trabajo. Cuando ni los productos comerciales ni un cojín en forma de salvavidas pueden aliviar el dolor, Joel congela hamamelis en tacitas pequeñas de plástico, envuelve cada una en un trozo de tela suave, y las coloca en un envase dentro de la nevera del refrigerador de su trabajo. Cada hora, más o menos, durante el transcurso del día, él presiona el hielo, cubierto con la tela, contra su dolorido trasero para reducir el tamaño y malestar de sus venas hinchadas.

Presión sobre los nervios y masajes

○ Use el asa de una cuchara para presionar hacia abajo el centro de la lengua, tan atrás como le sea posible sin que le den deseos de vomitar; mantenga la presión durante dos minutos. Luego, empuje hacia abajo sobre la depresión que está en la concavidad de la garganta, en el centro de las clavículas, y, al mismo tiempo, empuje hacia arriba la punta del cóccix. Mantenga la presión durante diez segundos, suelte durante otros 10 segundos, y repita tres veces.

○ Masajee los bordes externos de las palmas de las manos, presionando y avanzando al mismo tiempo. Luego use los dedos pulgares para masajear el centro del lado interior de cada brazo, alrededor de $\frac{1}{3}$ de la distancia entre la muñeca y el codo.

○ Masajee toda el área de los talones de ambos pies, presionando hacia dentro, hacia el hueso y hacia abajo, hacia el talón. Luego masajee el tendón que está detrás de ambas piernas, justo sobre el talón y hacia la pantorrilla.

Fuentes (vea la Bibliografía)

2, 10, 17, 26, 42, 44, 47, 51, 57, 58, 59, 60, 64, 65, 72, 75, 98, 101, 109, 111, 135, 144, 147, 150, 151, 168, 171, 176, 186, 201, 202, 225, 240, 244, 254, 256, 262, 268, 278, 280, 284, 293, 294, 300, 304, 306, 312, 313

Hepatitis

L a hepatitis viral aguda presenta tres tipos principales. El tipo A (hepatitis infecciosa) es una inflamación del hígado causada por un virus
en la materia fecal que puede ser transmitido por contacto directo de persona a persona, por personas infectadas que tocan los alimentos, o a través del agua contaminada con desechos humanos. El virus de la hepatitis
B vive en la sangre y en otros fluidos corporales. Antes se le llamaba hepatitis sérica debido a que era transmitida a través de transfusiones de sangre antes de que se desarrollaran las pruebas de detección del virus;
ahora se transmite sobre todo a través del contacto sexual (sobre todo
entre los homosexuales), cuando se comparte n agujas intravenosas o na-
vajas, o por medio de equipos contaminados que se usan para hacer ta-
tuajes o para hacer perforaciones en las orejas u otras partes del cuerpo.
El tipo C es un virus que surge en la sangre y que puede ser transmitido
tanto por transfusiones como por los mismos medios del tipo B, aunque
hay dudas respecto a su transmisión a través del contacto sexual. Ya sea
el virus B o el C pueden ser transmitidos de una madre infectada a su
bebé durante el parto.

Los síntomas característicos de la hepatitis son un malestar parecido a
la gripe, dolor al tacto en la parte superior derecha del abdomen e ictericia
(color amarillento en la piel y en el blanco del ojo). El tipo A es sumamente
contagioso durante el período de dos a seis semanas antes de que se desarrollen los síntomas, y durante ocho días después de que aparezca la ictericia.[75] Las inyecciones de gammaglobulina o globulinas gamma (sustancias
resistentes a las infecciones que se extraen de la sangre humana), que fortalecen la inmunidad durante cerca de un mes, son aconsejables antes de viajar a áreas donde no hay buena higiene, e inmediatamente después de
cualquier posible exposición a esos virus. Las hepatitis B y C, que son potencialmente más graves que el tipo A, tienen un período de incubación de
unas cuantas semanas a unos cuantos meses. La inmunización con la

vacuna de la hepatitis B es recomendable para las personas que trabajan en el campo del cuidado de la salud y otros individuos con riesgo. Para aquellos que no han sido vacunados, una inyección de hiperinmunoglobulina (*hyperimmune globulin*) brinda protección si se suministra antes de que pase una semana de la posible exposición al virus.

La hepatitis crónica o tóxica puede deberse a una recuperación incompleta de la hepatitis viral o puede ser causada por el daño provocado al hígado por el abuso del alcohol, por sustancias químicas como las que se usan en el lavado en seco, por una reacción a medicamentos, o por un trastorno autoinmune. Aunque el hígado es capaz de autocurarse y autorregenerarse, todos los tipos de hepatitis exigen la vigilancia del médico para evitar que se extienda la infección o que se desarrolle la cirrosis. Existen medicamentos para los casos que no se mejoran con el reposo, una dieta saludable y la abstinencia de alcohol, tabaco y otras sustancias tóxicas.

Dieta

Una de las funciones del hígado es eliminar las sustancias inútiles o tóxicas que se ingieren con los alimentos, así como las que se inhalan o absorben a través de la piel. Se puede acelerar la recuperación si se reducen al mínimo sus tareas, al evitar los alimentos procesados que contienen aditivos químicos, y se fortalece su capacidad desintoxicante por medio de una dieta nutritiva. El comer comidas pequeñas y frecuentes aligera la carga del hígado. Se consideran especialmente beneficiosos los siguientes alimentos: manzanas, zanahorias, frutas cítricas, perejil, hojas de col rizada (*collards*) y de nabo (*turnips*), perejil y hojas de verduras frescas, remolacha (betabel, *beets*) y sus hojas, fresas (frutillas, *strawberry*), calabaza de verano (*summer squash*) y tomates. Las carnes y los productos lácteos hacen que el hígado tenga que trabajar más aún, no sólo porque debe producir bilis para ayudar a la digestión de sus grasas, sino porque también las grasas animales contienen contaminantes concentrados.[201] Los aceites vegetales de extracción en frío son aconsejables como aliño de ensaladas y para cocinar.

El alcohol tiene un efecto tóxico sobre el hígado. Recuperarse de un hígado dañado exige abstención total hasta que las pruebas del funcionamiento del hígado sean completamente normales.[254] El agua destilada, el té de hierbas, la leche descremada y los jugos naturales deben sustituir al café, el té de pekoe y las bebidas gaseosas. Si hay icteria, se sugiere beber diariamente un vaso de jugo de zanahoria más ocho onzas de cualquier combinación de jugo de manzana, remolacha (betabel, *beet*), apio, frutas cítricas, pepino o uva diariamente.[218, 305]

Suplementos (vea la nota en la página xii)

Los expertos en nutrición y los holísticos recomiendan una multivitamina con minerales diaria que incluya 15 miligramos de zinc, más cantidades terapéuticas de suplementos individuales para suministrar nutrimentos esenciales para la función metabólica del hígado.[17, 98, 201]

Vitamina A Preferiblemente en forma de emulsión, de 10.000 a 25.000 unidades internacionales *IU*. Las personas con problemas del hígado tienen dificultad en convertir el beta-caroteno de los alimentos o los suplementos en vitamina A.

Complejo B Una o dos tabletas con todas las vitaminas B para ayudar al funcionamiento del hígado. Puede resultar beneficioso tomar suplementos adicionales de vitamina B-6 y ácido fólico. Los estudios muestran que tomar de uno a tres gramos de colina acelera la recuperación de todo tipo de hepatitis; aparentemente logra esto reparando las membranas de las células del hígado.[151] La lecitina, que contiene colina, ayuda a mejorar el funcionamiento del hígado. La dosis recomendada es de una o dos cucharadas de gránulos o su equivalente en cápsulas. Como descubrió Janice K., la levadura de cerveza (*brewer's yeast*) es otra fuente de vitaminas B que ayudan al hígado. Después de un mes de desagradable aislamiento debido a la hepatitis infecciosa, ella preparó una versión modernizada de la "leche fortificada" aconsejada por Adelle Davis en su libro, *Let's Get Well*.[87] Todas las mañanas mezclaba ¼ taza de levadura de cerveza y ¼ taza de polvo de proteína sin azúcar con un litro (un cuarto de galón) de leche descremada; luego acompañaba cada uno de los tres vasos diarios de la mezcla con 100 miligramos de ácido pantoténico y 1.000 miligramos de vitamina C. Junto al último vaso a la hora de dormir, ella tomaba una tableta de vitaminas del complejo B y otros 1.000 miligramos de vitamina C. En pocos días, Janice notó una mejoría, y asombró a su médico al no mostrar huella alguna del virus en tres semanas, en lugar de las cinco o seis que se estimaron cuando se realizó el diagnóstico.

Vitamina C con bioflavonoides De 3.000 a 5.000 miligramos en dosis divididas para apoyar los esfuerzos de desintoxicación del hígado y actuar como agente antiviral.

L-cisteína y L-metionina 500 miligramos dos veces al día. Estos aminoácidos que contienen azufre ayudan al hígado a desintoxicarse de las hepatotoxinas.[17]

Sales de tejidos Tres tabletas de *Nat. Sulph. 6X* disueltas debajo de la lengua dos veces al día para ayudar al funcionamiento del hígado y a la expulsión de las toxinas.

Ácidos grasos no saturados Aceite de prímula (*primrose*), según se indique en la etiqueta, para combatir la inflamación del hígado.

Remedios populares

Entre las curas tradicionales para los trastornos del hígado y la ictericia se encuentran: el beber tres vasos diarios de agua mezclada con dos cucharaditas de vinagre de sidra de manzana (*apple cider vinegar*) y dos de miel pura, o un vaso diario de jugo fresco de remolacha (betabel, *beet*) o zanahoria.

Compresas de aceite de castor Pueden traer alivio si se colocan sobre el área del hígado y se mantienen tibias.

Hierbas Investigaciones recientes han verificado el valor de varias hierbas: raíz de orozuz (*licorice*) para la hepatitis viral crónica; arzolla —cardo lechero o mariano, *milk thistle*— o ajenjo —*wormwood*— (dos cápsulas de cualquiera de los dos, dos veces al día) para lograr un efecto desintoxicante y protector del hígado; hierba de San Juan (corazoncillo, *St. John's wort*) para combatir el virus de la hepatitis B.[150, 151] Otras hierbas específicas para problemas del hígado son el agracejo (*barberry*), el rábano negro (*black radishes*), el diente de león (*dandelion*), el botón de oro (hidraste, *goldenseal*), el trébol morado o rojo (*red clover*) y la acedera bendita (*yellow dock*).

Limón Existe evidencia anecdótica de que beber el jugo de medio limón en una taza de agua caliente por la mañana y por la noche mejora la función del hígado.[173]

Presión sobre los nervios y masajes

❍ Presione hacia adentro y hacia arriba en la muesca que está debajo del centro del hueso de cada ceja.

○ Presione o masajee el punto que está a una pulgada debajo y a la derecha del centro del pecho; luego, a la misma altura del centro del pecho, presione contra la costilla que está justo debajo de la axila derecha.

○ Una vez al día, con un movimiento firme y hacia adelante, masajee el borde exterior de cada mano, cerca de la base del dedo meñique. En el lado derecho del cuerpo solamente, masajee el pulpejo que está debajo del dedo pulgar de la mano y del dedo gordo del pie, la mitad de la palma de la mano (justo debajo del dedo anular) y la planta del pie, a dos pulgadas de la base del cuarto dedo.

Fuentes (vea la Bibliografía)

6, 10, 17, 21, 37, 58, 59, 65, 75, 87, 98, 112, 135, 144, 148, 150, 151, 164, 168, 172, 173, 176, 195, 201, 202, 203, 205, 218, 226, 244, 254, 255, 256, 262, 284, 305, 306

Herpes zoster

El herpes zoster (*shingles* en inglés) es una infección viral de los nervios causada por el mismo virus que causa la varicela (también conocida como viruelas locas). La mayoría de estos organismos virales son destruidos durante un ataque infantil de varicela, pero los que sobreviven se esconden en los nervios de la espina dorsal, donde permanecen inactivos durante décadas. Pueden reactivarse después de una situación de estrés emotivo, un resfrío u otra enfermedad, o cuando el proceso del envejecimiento reduce la resistencia y debilita el sistema inmunitario. El virus, el cual por lo general casi siempre se aloja en una sola raíz nerviosa, crea una erupción de llagas, muy parecidas a las de la varicela, en el área de la piel a la que sirven esos nervios. Puede que pasen varios días de sensibilidad localizada en la piel o de dolor antes de que aparezcan unas protuberancias rojas; luego, escozor y ardor durante un período que puede ir de dos semanas a dos meses a medida que las llagas maduren, revienten, se formen las costras y se sanen; y en cerca de un tercio de los casos, el dolor residual permanece durante semanas o años.

Aunque el herpes zoster en sí mismo no se considera por lo general una enfermedad contagiosa, la exposición a la erupción inicial (que contiene partículas activas del virus) puede hacer que la varicela se manifieste en los niños; y se les aconseja a las mujeres embarazadas, a los adultos que nunca han tenido varicela, y a las personas con problemas en el sistema inmunitario, que eviten el contacto directo.[80] Debe obtenerse ayuda médica si la erupción sale cerca de los ojos o las orejas, o si los síntomas son severos. Los casos benignos a moderados pueden ser controlados con analgésicos de venta libre y remedios de autoayuda. Para el dolor residual, una crema que se vende sin receta médica y que contiene capsaicina (de los pimientos rojos picantes) brinda alivio a un 75 por ciento de las víctimas al anestesiar la superficie de la piel.[151, 254]

Suplementos (vea la nota en la página xii)

Además de una multivitamina con minerales diaria, los suplementos individuales pueden resultar beneficiosos:

Vitamina A En forma de beta-caroteno, 25.000 unidades internacionales *IU* dos veces al día, durante dos semanas, luego, una vez al día para estimular la curación y fortalecer el sistema inmunitario. Con aprobación del médico, dosis más altas de vitamina A en forma de emulsión pueden resultar beneficiosas durante las dos primeras semanas.[17]

Complejo B Una tableta con todas las vitaminas B por la mañana y por la noche. Todas las vitaminas B son esenciales para el funcionamiento adecuado del sistema nervioso. Añadir a esto de cinco a 100 miligramos de B-1, B-6 y ácido pantoténico con una cucharadita de levadura de cerveza (*brewer's yeast*) en media taza de leche cada dos o tres horas hasta que los síntomas empiecen a aliviarse, y luego una o dos veces al día, acelera la recuperación y ayuda a prevenir una dolorosa reaparición.[86, 87] Bajo la supervisión del médico, las inyecciones de vitamina B-12 han brindado alivio en dos horas al dolor insoportable.[233] Mary Ellen R. mantenía controlado su escozor con un ungüento que el médico le había recetado, pero el dolor seguía y nuevas llagas continuaban apareciendo. Cuando oyó hablar que los suplementos de vitamina B habían hecho maravillas en el herpes zoster de una amiga suya, Mary Ellen consultó a su médico inmediatamente y comenzó a tomar 1.000 microgramos de vitamina B-12, más 50 miligramos de vitamina B-1, todas las mañanas. En pocos días, el doloroso ardor se le mejoró y la erupción empezó a disminuir y no se extendió más.

Vitamina C con bioflavonoides De 1.000 a 4.000 miligramos en dosis divididas a lo largo del día para ayudar a la destrucción del virus, ayudar a prevenir el dolor residual y fortalecer el sistema inmunitario. Las dosis deben continuarse durante varios días después que los síntomas desaparezcan, y luego se van reduciendo poco a poco.

Calcio y magnesio De 1.000 a 1.500 miligramos de calcio y de 500 a 750 miligramos de magnesio en dosis diarias divididas (algunos investigadores aconsejan de 1.000 a 2.000 miligramos de magnesio y de 500 a 1.000 miligramos de calcio), más vitamina D (400 unidades internacionales *IU* diarias durante una semana, luego reducir a 100 *IU*) para ayudar a la curación y proteger las sensibles terminaciones nerviosas.

Vitamina E De 400 a 800 unidades internacionales *IU* diarias para ayudar al sistema inmunitario, proteger las membranas celulares contra un ataque viral y ayudar a prevenir el daño a los nervios que causa el dolor residual. Las aplicaciones directas del aceite extraído de cápsulas puede aliviar el malestar y ayudar a evitar cualquier cicatriz.

L-lisina 500 miligramos dos veces al día. Los estudios muestran que cuando se toma al comienzo del herpes zoster, este aminoácido ayuda a inhibir la acción viral para reducir así la gravedad y la duración de los síntomas.[17, 293]

Sales de tejidos Dos tabletas de *Ferr. Phos. 6X* tres veces al día para el dolor que precede al herpes zoster; dos tabletas de *Calc. Phos. 6X*, dos de *Ferr. Phos. 6X*, y dos de *Kali. Phos. 6X* dos veces al día después que se manifiesta la erupción. Se pueden tomar *Kali. Mur. 6X* y *Nat. Mur. 6X* alternadamente tres veces al día para ayudar a acelerar la curación. Tanto el *Ferr. Phos. 6X* como el *Nat. Mur. 6X* se pueden disolver en agua y pasar con una esponja sobre las ampollas para aliviar el dolor.

Zinc De 10 a 50 miligramos al día para promover la curación de las lesiones de la piel.

Remedios populares

Se sugiere una variedad de remedios para el alivio sintomático del dolor y el escozor. Se puede untar gel de áloe vera, miel pura o jugo fresco de puerro (*leeks*), sobre la erupción varias veces al día. Se puede poner agua oxigenada (*hydrogen peroxide*) sobre las ampollas infectadas. Sobre las llagas se pueden poner con una esponja o aplicar en forma de compresas los siguientes: vinagre de sidra de manzana (*apple cider vinegar*); infusión de botón de oro (hidraste, *goldenseal*), de artemisa (*mugwort*), o de menta piperita (*peppermint*), todos frescos; o una solución de bicarbonato de soda y agua. Sumergirse en la bañera llena de agua tibia (y con una taza de avena coloidal —*colloidal oatmeal*— o maicena —fécula de maíz, *cornstarch*—) durante 20 minutos ayuda a tener un sueño más relajante. Para el dolor que persiste después que las ampollas se han sanado, los remedios populares contemporáneos aconsejan aplicar una mezcla de dos cucharadas de una loción para las manos y una tableta de aspirina triturada, o frotar el área vigorosamente con cubitos de hielo envueltos en una tela.

Fuentes (vea la Bibliografía)

2, 6, 17, 42, 50, 64, 65, 75, 80, 86, 87, 98, 112, 135, 148, 149, 150, 151, 176, 177, 186, 189, 233, 254, 255, 267, 281, 283, 293, 312, 313, 316

Hiedra, roble y zumaque venenosos

Urushiol (la substancia que se encuentra en las hojas, tallos y raíces de la hiedra —*poison ivy*—, el roble —*poison oak*—, y el zumaque —*poison sumac*— venenosos, que causan una urticaria ampollada) es considerada un alergeno, no un veneno. El primer contacto rara vez produce una reacción; más bien se limita a sensibilizar al individuo. Un segundo o tercer contacto desencadena esta forma de dermatitis alérgica en un 85 por ciento de la población.[46] No es necesario que el contacto sea directo. Invisible, inodoro e increíblemente potente, el urushiol puede ser transportado en la piel de los animales, difundido de persona a persona, y puede ser depositado en cualquier cosa que se toque antes de haberse limpiado el irritante. Aún más insidiosa es la durabilidad de este alergeno. El humo producido al quemar plantas o raíces muertas puede causar problemas pulmonares así como salpullido en la piel. Como se explica en el *Berkeley Wellness Letter* (agosto de 1991), suficiente urushiol puede subsistir en zapatos, palas u otros objetos, como para provocar un salpullido con ampollas un año más tarde. La reacción de piel enrojecida, ardiente, con escozor, puede comenzar luego de unas pocas horas o demorar hasta una semana después del contacto. Conforme se manifiesta la urticaria, se forman ampollas supurantes en la piel inflamada, luego se van curando gradualmente. Debería buscarse ayuda médica si el salpullido dura más de dos o tres semanas, si involucra los ojos, la boca o los genitales, o si hay fiebre.

Consejo de primeros auxilios Quitar el urushiol de la piel durante los 15 minutos siguientes al contacto previene o por lo menos reduce la reacción. Agua de una cantimplora, manguera de jardín o arroyo, desactivan el urushiol.[46] Algunos expertos recomiendan lavarse con jabón y enjuagarse tres veces consecutivas;[17, 111] otros piensan que lavarse con alcohol de fricción es más eficaz, antes o entre los lavados con agua;[294]

los botánicos sugieren el uso de linaza (*flaxseed*) fría o una infusión de artemisa (*mugwort*).[312] En casos de emergencia se puede utilizar gasolina o disolvente de esmalte de uñas, pero deberían ser lavados con agua para evitar irritación cutánea. La ropa debería ser retirada y lavada lo antes posible. Rosemary K. se estaba divirtiendo mucho en un *picnic* familiar hasta que su esposo se percató de que las flores que había estado recogiendo estaban rodeadas de hiedra venenosa. Vació un termo de agua sobre sus piernas y la llevó rápidamente a su casa, donde ella podría empaparse con alcohol y tomar una ducha. Las extremidades de Rosemary estaban muy bien, pero dos días después se le ampollaron las nalgas. Aunque no se había sentado sobre las plantas, sus actividades después del contacto con hiedra venenosa revelaron la correlación: había apilado sus ropas sobre una silla antes de ducharse, luego se sentó sobre ellas mientras se vestía con ropas limpias.

"Segundos auxilios" Descontaminar todo lo que haya estado en contacto con las plantas o que haya sido tocado por cualquier cosa que contenga el urushiol: mochilas, manijas de puertas de automóviles, inclusive el volante del auto. El amoniaco o los solventes como diluyentes de pintura eliminarán el irritante de artículos que se utilizan al aire libre, como llantas de bicicletas, palos de golf o herramientas. Se puede añadir una taza de agua oxigenada (*hydrogen peroxide*) por cada cinco galones de agua para lavar zapatos, tiendas de campaña o bañar a los perros;[186] y se puede incluir cloro (de desmanche) al lavar telas resistentes.

Suplementos (vea la nota en la página xii)

Además de la limpieza, tomar de 1.000 a 2.000 miligramos de vitamina C, más 50 miligramos de vitamina B-6 y de 100 a 300 miligramos de ácido pantoténico inmediatamente después del contacto; repetir luego la dosis dos veces con intervalos de cuatro horas podría evitar que el salpullido se manifestara. Se dice que la aplicación de una pasta de vitamina C en polvo mezclada con agua calma la reacción de hiedra o roble venenoso en 24 horas cuando se toman cantidades adecuadas de vitamina C oral en dosis divididas durante el día.[98]

Para acelerar la curación, los nutricionistas recomiendan suplementos diarios de 25.000 unidades internacionales *IU* de beta-caroteno y 80 miligramos de zinc. El mojar las ampollas con un hisopo empapado en una mezcla de tabletas de zinc molidas con agua, con frecuencia alivia el escozor. La aplicación de vitamina E extraída de cápsulas, contribuye a la recuperación, reduce el dolor y ayuda a prevenir cicatrices.[98] Si se aplica al área irritada antes de que broten las ampollas una solución de la sal de tejidos *Nat. Mur.* y agua podría reducir la reacción. Una vez que el salpullido se hace evidente, podría ser beneficioso, tomar *Nat. Mur. 6X* y *Kali. Sulph. 6X*, tres tabletas de cada uno, cada cuatro o cinco horas.

Remedios populares

Los remedios para los sufrimientos causados por la hiedra venenosa preceden a la identificación del urushiol y su clasificación como un alergeno. Dos mil años después de que los médicos orientales recomendaran aplicarse una pasta de cangrejos a las ampollas, los curanderos populares aconsejaron lavar las ampollas con el agua en que había hervido el cangrejo.[313] Se dice que cortar a lo largo los tallos de la hierba de Santa Catalina (asclepiadea), y aplicar el jugo sobre el salpullido, detiene el escozor en una forma tan eficaz como las preparaciones médicas de cortisona; aplicar tiza pulverizada mezclada con agua (o betún líquido para zapatos blancos) sobre las erupciones supurantes las seca tan bien como la loción de calamina.[293] Cuando el salpullido comienza a aparecer, frotarlo con rodajas de naranja o limón ha producido alivio inmediato.[2] Algunas personas sintieron alivio el mismo día luego de aplicarse la parte carnosa de la cáscara de sandía, o la parte interna de la cáscara de banana (plátano) sobre el área afectada.[150]

Líquidos Humedezca el salpullido con una esponja, o aplique en compresas: gel de áloe vera (acíbar, zabila); agua de alumbre; vinagre de sidra de manzana; una cucharada de bicarbonato de soda, sales de Epsom, o sal de mesa en un litro (un cuarto de galón) de agua; suero de la leche o leche fresca (mezclada con vinagre y sal, o $\frac{1}{2}$ cucharadita de bicarbonato de soda, si se desea); jugo de limón diluido; jugo de tomates verdes; hamamelis (olmo escocés, *witch hazel*); o el líquido extraído de la avena (*oatmeal*) cocida. Para evitar la comezón, puede aplicarse con un hisopo a las ampollas, extracto de nogal negro (*black walnut*).[256]

Hierbas Bardana (*burdock*), escaramujo (*rose hip*) o acedera bendita (*yellow dock*) pueden tomarse en forma de infusión o aplicarse a las ampollas. Se ha descubierto que el botón de oro (hidraste, *goldenseal*) acelera la curación y alivia el escozor cuando se toma oralmente en forma de cápsulas (no más de $\frac{1}{2}$ cucharadita por día) y otra $\frac{1}{2}$ cucharadita disuelta en una taza de agua caliente para aplicación tópica después de enfriarla; o cuando se aplica una pasta de botón de oro en polvo, mezclada con vitamina E en aceite y un poco de miel.[42, 57] Hojas de llantén (*plantain*) o nébeda (*catnip*) frescas machacadas pueden ser utilizadas para frotar el salpullido, o se puede humedecer llantén deshidratado o gordolobo (verbasco, *mullein*) para aplicarse en forma de cataplasmas. Olmo norteamericano (*slippery elm*) en polvo, mezclado con el líquido caliente de quingombó (quimbombó, *okra*) cocido, luego enfriado y aplicado cada tres o cuatro horas puede aliviar el escozor. Para aliviar tanto el dolor como la comezón, los curanderos populares sugerían compresas frías de artemisa (*mugwort*) o de infusión de menta piperita (*peppermint*), o una combinación de infusión concentrada de corteza de roble (*oak*) con agua de cal (*lime water*).[17, 149]

Agua caliente Una aplicación de agua caliente durante 5 minutos intensifica brevemente el escozor, pero se dice que luego lo detiene durante varias horas.[16]

Pastas El bicarbonato de soda o maicena (fécula de maíz, *cornstarch*) con agua pueden enjuagarse cuando se sequen, y luego volverse a aplicar. La avena (*oatmeal*) cocida o el tofu pueden ser aplicados al área; ajo crudo machacado o vainas de guisante molidas pueden ser colocados en una gasa en forma de cataplasma para aliviar la comezón y ayudar a la curación.

Fuentes (vea la Bibliografía)

2, 16, 17, 21, 29, 42, 46, 49, 57, 64, 65, 72, 75, 86, 87, 92, 98, 109, 111, 144, 148, 149, 150, 176, 179, 186, 202, 255, 256, 281, 293, 294, 300, 311, 312, 313, 316, 322

Hipo

El delator "hic" resulta de la súbita oclusión de la garganta despue's de una contracción espasmódica del diafragma, debido a una irritación de los nervios frénico o vago. El hipo (singulto) puede ocurrir sin razón aparente, o puede ser provocado por comer o beber muy rápidamente o en demasía, por un ataque de risa, o por la tensión nerviosa. El hipo que persiste durante más de 24 horas podría indicar otros trastornos que requieren de atención médica. Sin embargo, la mayoría de los casos no pasan de ser una molestia pasajera, y los métodos para eliminar el hipo abundan.

Para combatir la irritación

Grite o cante tan fuerte como le sea posible.

Coloque una bolsa de hielo sobre el estómago, o sostenga cubitos de hielo debajo de la manzana de Adán o en la nuca, o trague pequeños trozos de hielo picado.

Cubra el diafragma con una toalla mojada en agua caliente y exprimida, o con una cataplasma de $\frac{1}{2}$ taza de vinagre y $\frac{1}{2}$ cucharadita de pimienta de Cayena (*Cayenne pepper*) espesada con harina de trigo.

Utilice un hisopo de algodón (*cotton-tipped swab*) para hacer cosquillas en la parte suave del paladar. O huela sales aromáticas.

Ahogo

Haga gárgaras durante un minuto con agua caliente o fría.

Beba un vaso de agua mientras sostiene un lápiz con las muelas, o coloque un cubierto en el vaso y sostenga el mango de metal contra la sien mientras bebe.

Encienda un fósforo de madera, apáguelo, luego póngalo en un vaso de agua y beba el agua... pero sin tragarse el fósforo. O disuelva tres tabletas de sal de tejidos *Mag. Phos. 6X* en una cucharada de agua caliente (o debajo de la lengua); para hipo persistente después de una comida apresurada, alterne con dosis de *Nat. Mur.*

Sin detenerse, beba un vaso de cerveza fría, jugo de piña o agua mezclada con una cucharadita de vinagre de sidra de manzana (*apple cider vinegar*).

Beba a sorbos un vaso de jugo de naranja, agua azucarada o vermut; o una taza de jugo de manzana caliente, o de infusión de eneldo (*dill*) o alcaravea (*caraway*). Para bebés, disuelva $\frac{1}{2}$ cucharadita de azúcar en $\frac{1}{2}$ taza de agua, o mezcle $\frac{1}{2}$ cucharadita de miel con una mezcla diluida de nébeda (*catnip*) e infusión de hinojo (*fennel*) o de menta piperita (*peppermint*).

Trague una cucharadita de miel, jugo de cebolla o vinagre.

Alimentación forzada

Coma una cucharadita de azúcar blanca seca o una cucharada de azúcar morena humedecida con vinagre. O coma una cucharadita de mantequilla de cacahuete (maní, *peanut butter*), una tajada de naranja o un pimiento encurtido.

Mastique tabletas de carbón activado (*activated charcoal*), semillas de eneldo (*dill*) u hojas frescas de menta (*mint*).

Coma pequeños pedazos de galletas saladas o pan viejo, masticando cada bocado diez veces, o coma media taza de migas secas de pan.

Chupe un gajo de limón cubierto con sal o humedecido con gotas amargas de angostura, vinagre o salsa Worcestershire.

Presión sobre los nervios y masajes

Oprímase el pecho agachándose hacia adelante, o trayendo las rodillas hacia adelante. O entrecruce los dedos en la nuca, y con la cabeza echada hacia atrás, apriete con los pulgares debajo del borde del maxilar. O, mientras se dobla hacia atrás con la cabeza colgando de una cama o un sofá, cruce las manos detrás del cuello. O hálese la lengua sosteniéndola con una tira de gasa.

Durante 30 segundos, dese un masaje en la hendidura de la nuca con los dedos, luego frote el diafragma con la palma de la mano. O utilice la base de la mano para masajear hacia arriba, desde el ombligo hasta la base del esternón, con movimientos lentos y circulares.

Aplique 30 segundos de presión o de masaje en cualquiera de las áreas siguientes: el centro del labio superior, la parte media de la lengua, la pequeña depresión en el esternón, cinco centímetros debajo de la hendidura de la garganta, la parte suave en la base de los pulgares, los pulgares y los dos dedos siguientes en ambas manos —incluyendo la piel que se encuentra entre ello — el centro de la planta de cada pie.

Sofocación

Aguante la respiración durante el mayor tiempo posible, tragando saliva cada vez que se acerca un hipo. O aspire y sople diez veces sosteniendo una bolsa de papel (no de plástico) alrededor de la nariz y boca.

Vómitos

Si todo lo demás falla, induzca el vómito introduciéndose un dedo en la garganta.

Fuentes (vea la Bibliografía)

2, 26, 29, 57, 59, 63, 64, 65, 75, 109, 111, 112, 135, 148, 153, 159, 164, 176, 186, 202, 247, 254, 255, 262, 284, 293, 306, 311, 312, 313

Hipoglucemia (nivel bajo de azúcar en la sangre)

La hipoglucemia funcional (*HF*) es un estado en el que un nivel anormalmente bajo de azúcar en la sangre (glucosa) obliga al organismo a despojar al cerebro y a los músculos de este combustible esencial y a utilizar reservas de proteína y grasas para proveer energía para funciones vitales.[254] La excesiva secreción pancreática de insulina, el metabolismo anormal de carbohidratos y proteínas, y una función adrenal deficiente contribuyen al *HF*.[17] La herencia es un factor de susceptibilidad. Entre los posibles causantes se encuentran una dieta alta en carbohidratos refinados y dulces, la omisión de comidas, y las dietas frecuentes e interrumpidas. La ansiedad o la cólera, el alcohol, el tabaco, la cafeína u otros estimulantes, y los betabloqueantes o los medicamentos con sulfa pueden precipitar los ataques de hipoglucemia en algunas personas.[29]

Los síntomas de *HF*, que tienen una relación directa con la frecuencia de las comidas y el tipo de alimentos que se consumen, se manifiestan con una asombrosa variedad y pueden imitar muchas enfermedades: visión borrosa, depresión, mareos, debilidad, fatiga, dolor de cabeza, palpitaciones, indigestión, insomnio, irritabilidad, pérdida de la memoria y confusión mental, cambios de humor, calambres musculares o espasmos, nerviosismo, sudores nocturnos, dolor en diferentes partes del cuerpo, ataques de pánico, mala circulación o una coordinación física deficiente con tambaleos o temblores. Estos efectos pueden ser acumulativos, produciendo un malestar continuo —en casos severos, un comportamiento extraño que sugiere un trastorno mental, o cambios de personalidad— y podría conducir a la diabetes o a otros problemas físicos. Se cree que la hipoglucemia funcional afecta por lo menos a la cuarta parte de la población de Estados Unidos,[191] que es una causa importante de la hiperactividad infantil y de los problemas de aprendizaje, así como de alcoholismo en los adultos y accidentes automovilísticos;[201] y se la acusa de ser responsable de una gran parte del comportamiento violento de los enfermos mentales[251]: repetidos estudios han demostrado que la hipoglucemia está presente en más del 80 por ciento de los criminales analizados. [98]

Una prueba de 6 horas de tolerancia a la glucosa (*GTT*) es el método más confiable de diagnosis; el extraer sangre mientras el paciente experimenta síntomas es otra alternativa. Inclusive con estas pruebas, la *HF* es difícil de diagnosticar. Muchos casos son subclínicos en el sentido de que niveles "en el límite" de azúcar en la sangre pueden producir serios síntomas en algunas personas. Y debido a que un ataque de hipoglucemia puede ser aliviado temporalmente con dulces o una bebida azucarada en la misma forma que la diabetes, ésa es con frecuencia la forma de control que se sugiere. Sin embargo, con *HF*, el alivio es breve. Las proteínas y los carbohidratos ricos en fibra sirven mejor a un hipoglucémico debido a que el aumento de insulina provocado por el azúcar en un páncreas demasiado activo no sólo borra el azúcar nuevo de la corriente sanguínea, sino que también elimina la mayor parte de la pequeña cantidad de glucosa que estaba presente al comienzo, dejando al individuo con síntomas aún más pronunciados.

Durante el ejercicio o la actividad vigorosa (que debería llevarse a cabo aproximadamente una hora después de comer) o cuando las comidas han sido retrasadas, una merienda estabilizadora como queso y galletas, o uvas y cacahuetes (maníes), es por lo general más beneficiosa que el dulce para aquellos con bajo nivel de azúcar en la sangre. Cindy B. estaba tan decidida a triunfar sola en su primer trabajo lejos de su hogar, que no informó a su familia sobre sus desvanecimientos. Supuso que eran culpa suya por no estimular su "ligeramente bajo" nivel de azúcar en la sangre comiendo una barra de dulce cuando se sentía débil. Pero cuando se desmayó unos minutos después de haber comido un dulce, Cindy llamó a su madre, una nutricionista, en busca de consejo.

Siguiendo la dieta que ella le sugirió, rica en proteínas y sin azúcar, Cindy ya no padece de desmayos o desvanecimientos. Los síntomas de Vivian V. fueron diferentes —confusión mental y manos temblorosas—, pero el diagnóstico y el tratamiento recomendado fueron los mismos que los de Cindy. Los chocolates sólo funcionaban durante unos minutos después de la ingestión, de forma que seis meses más tarde y con libras de peso adicionales, Vivian buscó una segunda opinión. La nueva prueba indicaba *HF*, y después de dos semanas evitando azúcares y meriendas con muchas proteínas entre comidas, Vivian no mostraba ningún síntoma.

Dieta

Proteínas, carbohidratos ricos en fibras y suficiente grasa para demorar la digestión son las claves de la dieta para el control de la hipoglucemia. Idealmente, un poco de los tres debería consumirse en cada una de por lo menos seis comidas pequeñas (o tres comidas principales y tres meriendas) cada día. Los carbohidratos refinados (pan blanco, arroz blanco) son rápidamente convertidos en la glucosa que provoca la producción de insulina y baja el nivel de azúcar en la sangre,[201] de forma que ellos, así como los azúcares (almíbar de maíz, melaza, sacarosa, azúcar de mesa, etc.) deberían ser evitados por la mayoría de los hipoglucémicos. Debido a que el páncreas está condicionado para reaccionar a los sabores dulces y podría ser engañado por los substitutos del azúcar, tal vez los postres y bebidas endulzados artificialmente necesiten limitarse a uno por día, y ser consumidos con las comidas. Resultados de investigaciones indican que el ajo y las cebollas, y las hierbas pimienta de Cayena (*Cayenne pepper*), botón de oro (hidraste, *goldenseal*) y pao d'arco pueden afectar adversamente los niveles de azúcar en la sangre en los hipoglucémicos, de forma que su uso debería ser cuidadosamente controlado o evitado.

La dieta terapéutica creada por Seale Harris, que identificó la hipoglucemia en 1924, no permitía alimentos con almidón (*starch*), aparte de una tajada de pan por cada comida.[1] Se describen dietas más indulgentes en *Low Blood Sugar and You*[123] y una variante vegetariana se encuentra en *How to Get Well*.[6] Las guías más modernas aconsejan generosas cantidades de carbohidratos complejos y se basan en la carne como la fuente principal de proteína. Las carnes (en particular, de res y cordero) son la fuente dietética más rica en L-carnitina, un aminoácido esencial para la conversión por parte del cuerpo de grasa acumulada en energía. Los vegetarianos podrían necesitar un suplemento de L-carnitina; los productos lácteos y los aguacates contienen pequeñas cantidades de este aminoácido; las frutas, verduras y cereales proveen aún menos, o nada.[151] Y, como se informa en *Prevention* (septiembre de 1983), la *American Diabetes Association* considera la hipoglucemia funcional como un síntoma inicial y tratable de deficiencia sistémica de L-carnitina.

La experimentación individual determina el plan dietético más eficaz para cada hipoglucémico. Algunas personas funcionan adecuadamente con solamente un vaso de leche para suplir la falta de azúcar en la sangre entre comidas. Otros tienen que beber un vaso de jugo o de leche al levantarse, una merienda cada dos o tres horas durante el día, y levantarse para comer una merienda durante la noche para evitar dolor de cabeza matinal, náuseas o fatiga. Para hacer una prueba personal durante una semana, disuelva una cucharada de levadura de cerveza (*brewer's yeast*) en jugo de tomate (o mezcle levadura de cerveza, leche en polvo o polvo de proteína sin endulzar con leche) para hacer una bebida antes del desayuno cada mañana. Luego divida los alimentos en seis comidas y meriendas, con una onza o dos de proteína, además de algo de pan, leche, frutas o verduras con cada uno.

- O 12 a 15 onzas (250 a 350 g) de carne, pollo o pescado. Si se desea, dos onzas de las carnes pueden ser reemplazadas por dos onzas de queso *cheddar* natural o queso suizo, dos huevos, o $\frac{1}{4}$ taza de mantequilla de cacahuete (maní, *peanut butter*).

- O Dos a 5 tazas de cualquier variedad de verduras, excepto remolacha (betabel, betarraga, *beet*), zanahorias, maíz, legumbres deshidratadas, pastinaca (*parsnip*), papas, calabaza (*pumpkin*) o calabaza de invierno (*winter squash*).

- O Tres rebanadas de pan de grano entero. Una vez al día, $\frac{1}{2}$ taza de una de las verduras "prohibidas" puede sustituir a media rebanada del pan.

- O Una a tres cucharadas de aceite vegetal en ensaladas o como ingrediente de cocina.

- O Dos porciones de frutas, frescas, o congeladas o enlatadas, sin azúcar adicional.

- O Dos vasos de leche.

Los caldos, las hierbas (en especial la albahaca, la mejorana, el orégano, el azafrán y el tomillo), jugo de limón y vinagre, gelatina sin sabor y cantidades moderadas de mantequilla, margarina o mayonesa son condimentos aceptables. El café descafeinado y las infusiones de hierbas sin cafeína como alfalfa, manzanilla (*chamomile*), consuelda (*comfrey*), diente de león (*dandelion*), enebro (*juniper*), raíz de orozuz (regaliz, *licorice*), menta piperita (*peppermint*), escaramujo (*rose hip*) y escutelaria (*skullcap*) son considerados bebidas aceptables. El alcohol, si se consume, debería ser limitado a uno o dos tragos diarios, y para prevenir una súbita disminución del nivel de azúcar en la sangre, acompañado por alimentos.

Si se nota mejoría después de la primera semana, el patrón básico puede continuarse mientras se añaden otras preferencias, una a la vez; consumir una variedad de alimentos ayuda a evitar posibles reacciones alérgicas. Una rebanada de pan puede ser substituida por palomitas de maíz (*popcorn*), galletas de grano entero, tortillas de maíz, arroz integral, fideos de trigo o un plato de avena (*oatmeal*). Las bebidas, los postres como cremas o los pasteles endulzados artificialmente podrían no presentar problemas si están acompañados por proteínas y carbohidratos complejos.

Suplementos (vea la nota en la página xii)

La reacción de tensión desencadenada cada vez que el nivel de azúcar en la sangre baja demasiado aumenta la necesidad que tiene el organismo de nutrientes, y puede crear deficiencias que impiden aún más la metabolización de carbohidratos. Además de una multivitamina con minerales diaria, los siguientes suplementos han demostrado ser beneficiosos en muchos casos:

Complejo B Una tableta diaria para ayudar a metabolizar los carbohidratos y combatir la tensión. Cantidades adicionales de vitamina B-2 y ácido pantoténico ayudan en la conversión de la glucosa y podrían reducir el deseo de consumir azúcar; deficiencias de estas dos vitaminas pueden impedir al hígado producir enzimas para inactivar la insulina, causando así un descenso de los niveles de azúcar en la sangre. El tomar niacinamida con cada una de tres comidas diarias ha reducido la tensión y la depresión así como otros síntomas de *HF*.[215, 317] Las personas que no pueden asimilar la vitamina B-12 en pastillas podrían necesitar tabletas sublinguales diariamente, o recibir inyecciones de vitamina B-12 cada cierto número de semanas.[17, 98]

Calcio y magnesio De 800 a 1.500 miligramos de calcio, además de 500 a 750 miligramos de magnesio en dosis diarias divididas. Existen estudios que muestran que inclusive con dos vasos de leche diarios, la dieta de altas proteínas para la hipoglucemia provoca una pérdida corporal de calcio, lo cual puede causar osteoporosis si no es balanceada con suplementos.[228] El magnesio es necesario para la adecuada asimilación del calcio y es importante en el metabolismo de los carbohidratos (azúcar). Bajo supervisión médica, sería beneficioso cambiar las proporciones de estos dos minerales a 1.600 miligramos de magnesio, más 800 miligramos de calcio.

Cromo 150 a 200 microgramos diarios. Existe una creciente evidencia de que la falta de cromo —el componente activo del factor de tolerancia a la glucosa (*GTF*, por las siglas en inglés)— es una causa común de trastornos de azúcar en la sangre.[190] Complementar los suplementos de cromo con levadura de cerveza (rica en cromo así como en vitaminas B y proteína) ha demostrado aumentar la eficacia.

Vitamina E 100 a 600 unidades internacionales *IU* diariamente para mejorar la circulación, la energía y el almacenamiento de azúcar en el hígado.

Potasio Un consumo excesivo de sal o la tensión interna causada por un bajo nivel de azúcar en la sangre puede causar pérdida de potasio y provocar síntomas de *HF*. Comer unos bocados de banana (plátano), tragar una pizca de substituto de sal con potasio, o masticar una tableta de 99 miligramos de potasio, podría detener un desmayo incipiente.[87] Para dolores de cabeza causados por hipoglucemia, calambres musculares o temblores, algunas autoridades recomiendan 200 miligramos diarios de potasio, en dosis divididas con las comidas, pero la suplementación continua debería ser supervisada por un médico.

Zinc De 10 a 50 miligramos diarios. Este mineral ayuda al organismo a manejar los carbohidratos, es importante para la salud del páncreas y es particularmente eficaz cuando está acompañado por 50 miligramos de manganeso (muchos hipoglucémicos tienen deficiencias de estos dos minerales) y por cantidades iguales de vitamina B-6.[4, 98, 228]

Fuentes (vea la Bibliografía)

1, 2, 4, 6, 14, 17, 29, 34, 35, 39, 41, 57, 75, 79, 87, 90, 94, 97, 98, 112, 122, 123, 136, 148, 151, 162, 167, 190, 191, 201, 215, 222, 224, 228, 234, 243, 251, 252, 254, 255, 283, 293, 300, 301, 316, 317, 320

Indigestión

Definida como digestión imperfecta, y en términos médicos como dispepsia, la indigestión comprende una variada selección de síntomas y causas. Molestia estomacal, hinchazón, eructos —a veces acompañados por náuseas y vómitos—, resultantes por lo general de comer demasiado o muy rápido; masticación inadecuada; el tragar grandes cantidades de aire; o comer cuando se está estreñido, fatigado físicamente o perturbado emocionalmente. La biliosidad, que deja un sabor amargo en la boca, puede producirse cuando la bilis segregada por la vesícula para ayudar a digerir grasas regresa hacia el esófago. Los síntomas de gastritis (dispepsia funcional, inflamación del revestimiento interior del estómago) podrían incluir calambres abdominales o diarrea. El exceso de consumo de alcohol, cafeína o alimentos grasos o muy condimentados; el fumar en exceso o el consumo excesivo de aspirina son irritantes potenciales. Otros causantes de indigestión pueden ser la intoxicación alimentaria o las reacciones a comidas o medicamentos específicos.

Los síntomas por lo general desaparecen después de que el estómago ha descansado durante unas horas y se evita la causa de la irritación. Se puede acelerar la recuperación aflojando las prendas ajustadas y yaciendo sobre el lado izquierdo para permitir que la fuerza de gravedad mueva el contenido del estómago a través de los intestinos. La tensión empeora cualquier condición, y afecta la actividad del estómago hasta el punto de que los alimentos podrían permanecer como un bolo parcialmente digerido o acelerar su paso por el conducto gastrointestinal y causar diarrea. Unos minutos de relajamiento voluntario (vea la Introducción) además de afirmar con frecuencia "mi estómago está relajado y cómodo" son beneficiosos. Los antiácidos hacen que los síntomas se calmen, pero al neutralizar los ácidos estomacales, previenen una digestión eficiente e interfieren con la absorción de nutrientes, y pueden interactuar con la aspirina o los medicamentos recetados.[98, 108] Utilizarlos continuamente podría causar efectos secundarios como constipación (estreñimiento), diarrea, una mayor secreción de ácidos estomacales, o cálculos renales.[109, 201] La dispepsia recurrente requiere de atención médica. En algunos casos, una insuficiencia de ácido hidroclórico, más que el exceso de acidez, es responsable por el trastorno, y puede corregirse con suplementos de betaína o ácido glutámico hidroclórico. En otros casos, la indigestión persistente puede ser un síntoma de una enfermedad que requiera de tratamiento.

Dieta

Comer a intervalos fijos de tres a cinco veces diarias y relajarse durante unos minutos después de ingerir los alimentos ayuda a la digestión, pero comer muy cerca de la hora de dormir podría causar indigestión, ya que las funciones corporales se hacen más lentas durante el sueño, y los ácidos digestivos aún no utilizados pueden irritar el estómago o volver hacia el esófago.[109]

Sentir demasiado apetito permite que los jugos gástricos se acumulen y podría causar indigestión, especialmente en los diabéticos e hipoglucémicos. Si alimentos como la col (repollo, *cabbage*), el pepino, la cebolla, el rábano (*radishes*) o el nabo (*turnip*) son causantes de indigestión, un sabor subsecuente generalmente identifica al culpable. La leche es un sutil sospechoso. La intolerancia a la lactosa, que causa gases que hinchan el estómago, podría desarrollarse después de la mediana edad debido a la menor producción del organismo de la lactasa necesaria para digerir el azúcar lácteo o lactosa. Utilizar suplementos de lactasa, o evitar el consumo de todo producto lácteo excepto los de cultivo, como el yogur, podría resolver el problema. Una sobreabundancia de carbohidratos procesados (que son digeridos más rápidamente que otros alimentos) puede contribuir a la dispepsia. Existen estudios que muestran que inclusive substituir pan blanco por pan integral mejora la digestión en muchos casos,[147] pero grandes cantidades de fibras solubles (avena, frutas, vegetales) podrían causar hinchazón estomacal, a menos que el consumo de fibra sea incrementado gradualmente.

Suplementos (vea la nota en la página xii)

Tomar cápsulas de *acidophilus* con cada comida ayuda a controlar las bacterias intestinales perjudiciales que produce n gases que pueden ingresar en la corriente sanguínea y causar indigestión y náuseas. Para una digestión adecuada son necesarias vitaminas y minerales —una múltiple diaria podría ayudar a combatir dificultades digestivas crónicas— y los suplementos adicionales pueden ser benéficos.

Vitamina A En la forma de beta-caroteno, para la inflamación estomacal de gastritis, hasta 25.000 unidades internacionales *IU* dos veces diarias durante cinco días.

Complejo B Una tableta diaria, además de 50 a 100 miligramos de B-1, B-6, niacinamida y ácido pantoténico podrían ayudar contra todo tipo de problemas digestivos.

Calcio y magnesio Estos antiácidos naturales son utilizados en productos de venta libre. Para molestias después de las comidas: se puede masticar una tableta de diez granos de carbonato de calcio, o se pueden tomar 500 miligramos de gluconato de magnesio con leche. La indigestión crónica y las náuseas podrían ser síntomas de una deficiencia de magnesio.

Sales de tejidos Para la indigestión ocasional, tome *Kali. Sulph. 3X* cada diez minutos durante media hora, luego cada 25 minutos durante una hora más o menos.

○ Para las molestias después de consumir grasas o alimentos con almidón (*starch*), tome tres tabletas de *Kali. Mur. 6X* una vez por hora durante tres horas.

○ Para condiciones biliosas o un sabor amargo en la boca después de comer, tome *Nat. Sulph. 6X* en intervalos de una hora. Si hay náuseas, podría ser beneficioso añadir dosis alternadas de *Nat. Mur. 6X* y *Silícea*.

○ Para la gastritis, tome *Ferr. Phos. 6X* y *Kali. Mur. 6X* alternadamente cada media hora, y si está acompañada de agotamiento nervioso, tome *Kali. Phos. 6X* cada dos horas.

○ Para la indigestión con vómitos, tome *Ferr. Phos. 6X* con pequeños sorbos de agua cada 30 minutos.

○ Para la indigestión crónica que empeora durante la noche, tome *Kali. Sulph. 12X* durante la tarde, y luego nuevamente temprano en la noche.

Remedios populares

La infusión de menta piperita (*peppermint*), utilizada por los antiguos egipcios y los curanderos populares de todo el mundo, está actualmente reconocida como un calmante estomacal eficaz. Los investigadores han descubierto que la menta piperita relaja la apertura muscular (esfínter) en la base del esófago, de forma que el gas atrapado puede escapar con un eructo. El bicarbonato de soda es más eficiente para inducir eructos, pero no debería ser utilizado con más frecuencia que una vez por semana; puede beberse té de menta piperita tres veces por día. [51, 112] La infusión de anís es un antiácido. La raíz de valeriana es recomendada para el "estómago nervioso". Otras infusiones digestivas muy utilizadas incluyen la manzanilla (*chamomile*), la alcaravea (*caraway*), el eneldo (*dill*), el hinojo (*fennel*), el fenogreco (*fenugreek*) y el estragón (*tarragon*).

Los líquidos que ayudan a la digestión que deben ser consumidos antes de comer, incluyen la infusión de semillas de mostaza; el jugo de tomate mezclado con una cucharada de aceite de hígado de bacalao y, opcionalmente, ¼ cucharadita de gránulos de alga marina *kelp*; dos cucharaditas de vinagre de sidra de manzana (*apple cider vinegar*) y una cucharadita de miel en un vaso de agua; o el jugo de un limón en una taza de agua caliente. Para la indigestión crónica, mezcle ¼ taza de salvado no procesado (*unprocessed bran*) y otro tanto de avena arrollada (*rolled oats*) con un litro de agua, cubra y deje reposar durante un día, luego cuele y beba una taza del líquido antes de cada comida.

Frutas Se ha dicho que comer lentamente manzanas verdes ralladas refresca la sensación de ardor de la gastritis y acelera el proceso de recuperación. Para la indigestión ordinaria, endulce con miel la manzana madura rallada, o cocine lentamente las cáscaras de manzana en leche y beba una taza del líquido colado hasta sentir alivio. Los curanderos populares recomiendan las bananas (plátanos), ricas en potasio. Los arándanos azules (*blueberries*) o los higos, endulzados con miel, y la papaya o la piña han sido científicamente aprobados como ayudas a la digestión. [56, 150] Un antiguo remedio para la dispepsia crónica sugiere picar una toronja (pomelo, *grapefruit*), con cáscara y todo, mezclarla con dos tazas de agua hirviendo, dejar reposar la mezcla toda la noche, luego colarla y beber el líquido antes del desayuno.

Jugos Se cree que los jugos de moras (o el vino de moras), zanahorias, coco, papaya, pera y piña, ayudan a la digestión. Debido a su calidad alcalina, los jugos de vegetales crudos como el apio y la espinaca, y el líquido de la col agria al estilo alemán (chucrut, *sauerkraut*) se consideran beneficiosos para la dispepsia crónica.[311]

Leche A pesar de que un vaso de leche puede ser tan eficaz como los antiácidos comerciales para aliviar la "indigestión ácida", también puede desencadenar una reacción ácida. Las leches agrias, como el suero, kéfir y el yogur son claramente una ayuda para la digestión. Los suizos prefieren el "Essig Milch", que se obtiene mezclando ½ taza de suero de leche (*buttermilk*) con una cucharada de vinagre.

Aceite de oliva Una cucharada de aceite de oliva cada mañana es un remedio popular para combatir la gastritis crónica; tomar una cucharada antes de consumir una comida muy condimentada podría prevenir un malestar estomacal subsecuente.

Verduras Los curanderos populares recomiendan masticar cuidadosamente unos bocados de brotes de alfalfa (*alfalfa sprouts*) o apio crudo, perejil, papas, rábanos (*radishes*) o nabos (*turnips*). Según el *Book of Household Management*,[20] publicado en 1861, la fruta de la planta del tomate es un "remedio soberano" para la dispepsia.

Agua Se supone que beber a sorbos una taza de agua caliente después de cada comida previene o corrige la indigestión. Evaline W. comía sensatamente y siempre tenía un excelente apetito, pero sufría con frecuencia de acidez estomacal. Durante 70 años, alivió la molestia "comiendo" agua caliente con una cuchara. Eventualmente, sin embargo, el agua sola le pareció insípida. Añadiendo ¼ cucharadita de un substituto de sal con contenido de potasio no solamente solucionó el problema para Evaline, sino que también hizo el remedio más eficaz, tal vez debido a que el potasio aumenta las contracciones necesarias para una digestión completa.

Presión sobre los nervios y masajes

○ Presione o masajee la parte superior de la cabeza, aproximadamente dos centímetros delante del medio, presione hacia adentro y hacia arriba en la base del cráneo, luego presione hacia adentro las comisuras de los labios. En la mano izquierda, masajee la palma entre el pulgar y el índice, luego los demás dedos.

○ Presione o masajee la parte exterior del hueso superior de cada brazo, entre el codo y el hombro, luego un punto más o menos a cuatro centímetros desde el lado opuesto del codo hacia el pulgar.

○ Presione o masajee dos centímetros hacia la izquierda del centro del pecho, luego masajee el área alrededor de ambas axilas y ambas rodillas.

○ Masajee y tire del dedo medio del pie en cada pie, durante un minuto, luego masajee el área entre la parte delantera de la planta del pie y el centro del arco, en ambos pies. Si se descubre un área sensible al contacto, frote durante cinco minutos dos veces al día para mejorar la indigestión crónica

Vea también **Intoxicación alimentaria, Acidez, Náuseas y Vómito**

Fuentes (vea la Bibliografía)

2, 5, 6, 10, 17, 20, 26, 42, 47, 51, 56, 57, 59, 64, 65, 72, 75, 83, 87, 98, 108, 109, 112, 116, 144, 147, 148, 150, 151, 166, 172, 177, 186, 189, 195, 201, 202, 203, 218, 225, 254, 255, 257, 265, 280, 283, 285, 294, 304, 305, 306, 311, 312, 313

Infección vaginal causada por hongos (Candidiasis vaginal)

Antiguamente llamada moniliasis, la infección vaginal (*"yeast infection"*, en inglés o "infección causada por hongos") es el resultado de un aumento excesivo de la *Candida albicans*, un hongo parecido a la levadura, normalmente inofensivo, que existe en diversas partes del cuerpo y es mantenido bajo control por las bacterias benéficas, el sistema inmunitario y el pH ácido de la vagina. La candidiasis puede ser provocada por cualquier cosa que altere la química del organismo: medicamentos para combatir la artritis, quimioterapia, deficiencias alimenticias, anticonceptivos orales o el embarazo. Las duchas vaginales químicas, los aerosoles de higiene femenina, los espermicidas y los baños de inmersión con jabones alcalinos pueden alterar el pH de las paredes vaginales y permitir que organismos de levadura prosperen en el medio alcalino.[186, 281] El tratamiento con antibióticos con frecuencia provoca el aumento excesivo de la *Candida*, porque la levadura se alimenta de antibióticos así como de la flora benéfica que muere junto con la bacteria dañina, luego se multiplica rápidamente en la húmeda tibieza de la vagina y causa escozor, ardor, hinchazón, dolor y la característica secreción blanca.[318]

Un diagnóstico médico es aconsejable (y es esencial durante el embarazo o la lactancia) antes de tratar de curarse por cuenta propia. A pesar de que existen productos fungicidas potentes que se venden sin receta médica, otros trastornos como la clamidia, la *gardnerella vaginalis* o la tricomoniasis, pueden asemejarse a una infección de levadura, pero requerir un tratamiento diferente.

Candidiasis recurrente

Tres de cada cuatro mujeres adultas sufren por lo menos un ataque de candidiasis; y la mayoría de ellas sufren de ataques recurrentes.[296] Una mujer cuya infección ha sido curada puede ser reinfectada por su compañero sexual. Los ginecólogos recomiendan abstenerse de las relaciones sexuales durante una infección vaginal, y si la vaginitis recurre, que el compañero sea también examinado y tratado para evitar que la infección siga pasando del uno al otro.[108] Los hombres pueden llevar la *Candida albicans* en las manos o en la boca sin percatarse ni mostrar síntoma alguno; sólo en muy raras ocasiones existe una inflamación en la cabeza del pene.[75]

Las medidas de precaución incluyen:

○ La práctica del "sexo seguro", utilizando un condón y lavando las manos y los genitales antes y después del coito. La clara de huevo, el aceite mineral y el yogur de sabor natural son lubricantes no irritantes.

○ Secarse completamente después del baño diario (con una secadora de cabello, si se desea), pero no aplicarse polvos que contengan maicena (fécula de maíz, *cornstarch*), que se cree que estimula el desarrollo de la levadura.

○ Permitir la circulación de aire utilizando ropa interior con un forro de algodón en la entrepierna, y ropas sueltas. Quitarse inmediatamente un traje de baño mojado y dormir con una camisa de dormir, o desnuda.

○ Destruir las esporas de levadura en la ropa interior durante la infección hirviéndola, remojándola en cloro durante 24 horas o planchando la entrepierna con una plancha caliente. Los investigadores han descubierto que la *Candida* sobrevive al lavado normal y puede volver a causar infección.[293]

○ Alternar tampones de algodón con toallas sanitarias para permitir la secreción normal de la vagina.

○ Utilizar productos personales no perfumados, y papel higiénico blanco y sin dibujos para evitar una posible irritación química, y limpiarse del frente hacia atrás después de la evacuación intestinal para evitar que microorganismos intestinales emigren hacia la vagina.

Dieta

El yogur acidófilo puede ser tanto un preventivo como un remedio para las infecciones vaginales. Consumir yogur o tomar suplementos de *acidophilus* con cada comida durante y por dos semanas después de un tratamiento con antibióticos o esteroides ayuda a detener el desarrollo de la *Candida* y a reponer la flora benéfica. Estudios clínicos publicados en las ediciones de *Annals of Internal Medicine* y *Science News* de marzo de 1992 mostraron que una taza de yogur diaria puede eliminar algunos casos de candidiasis crónica y reducir la frecuencia o la reaparición en dos terceras partes de los casos para otras pacientes. El ingrediente curativo es la bacteria *Lactobacillus acidophilus* que contiene el yogur hecho en casa con cultivos vivos, o en la leche acidófila o en marcas comerciales donde se especifica *"acidophilus"*. Una investigación publicada en *Health World* (mayo-junio de 1991) indica que el yogur no lácteo es lo más eficaz para aliviar la candidiasis vaginal.

La *Candida* prospera en azúcar. Existen estudios que muestran que un consumo elevado de azúcar de lactosa (azúcar de la leche), contenida en los productos lácteos y en los edulcorantes artificiales, así como la del azúcar de mesa, de las fruta y de otros dulces, puede precipitar o agravar las infecciones vaginales. Las diabéticas tienen un riesgo particularmente elevado debido a sus niveles fluctuantes de azúcar en la sangre.[186, 192, 293] Además de proveer azúcar (fructosa), las frutas cítricas, la piña y los tomates son estimulantes alcalinos para la formación de la *Candida*. Eliminarlos durante un mes, y luego limitar su consumo a una o dos porciones por semana podría ayudar a aliviar reacciones crónicas.[17] El aumento excesivo de *Candida* con frecuencia crea una sensibilidad alérgica a alimentos y bebidas que contengan otras levaduras, hongos y moho. Las mujeres que tienen situaciones frecuentes de este tipo, podrían beneficiarse evitando o por lo menos minimizando el consumo de quesos maduros, cerveza y vino, carnes curadas, hongos crudos, *sauerkraut* y otros productos fermentados, y productos de harina hechos con levadura. Pese a que no existe evidencia de que la levadura de cerveza (*brewer's yeast*) aumenta la susceptibilidad o que agudiza las infecciones vaginales, algunos expertos aconsejan evitarla, y utilizar solamente suplementos sin levadura.[151]

Suplementos (vea la nota en la página xii)

Algunos estudios han mostrado que muchas mujeres con candidiasis recurrente tienen una deficiencia de hierro, selenio y zinc, y que un suplemento de estos productos con frecuencia corrige el problema.[17, 151, 204] Los nutricionistas recomiendan una multivitamina con minerales diariamente, además de suplementos opcionales para contrarrestar éstas y otras carencias evidentes en muchas pacientes con problemas crónicos de levadura.

Vitamina A En forma de beta-caroteno, 25.000 unidades internacionales *IU* diariamente para estimular las secreciones vaginales que inhiben la levadura y refuerzan las defensas del organismo.

Complejo B Una tableta tres veces al día durante la infección; una diaria como mantenimiento para compensar la absorción deficiente, común en la candidiasis. Se ha descubierto que la biotina, en particular, reprime la *Candida*.[318]

Vitamina C con bioflavonoides De 500 a 5.000 miligramos en dosis diarias divididas para acelerar la curación y prevenir futuras infecciones, al aumentar la fuerza del tejido y reducir la reacción a los alergenos.

Vitamina E De 100 a 400 unidades internacionales *IU* diariamente para ayudar a las defensas del organismo. Una cápsula de vitamina E previamente pinchada puede ser utilizada como supositorio vaginal para mayor alivio inmediato.[98]

Sales de tejidos Tres tabletas de *Nat. Phos. 6X* disueltas bajo la lengua tres veces al día podrían proveer alivio para las molestias de la infección vaginal.

Remedios populares

Pese a que algunos médicos recomiendan que los remedios caseros sólo sean utilizados para reforzar los medicamentos para combatir la levadura, el tratamiento autorrecetado, si se aplica al inicio, podría revertir el desarrollo de *Candida* y detener ataques subsecuentes,[16, 204] pero no debería ser utilizado sin aprobación médica si la paciente está embarazada o bajo control médico debido a otros problemas. Los cuatro remedios populares más importantes —yogur, ajo, hierbas y vinagre— con frecuencia son utilizados en combinación.

Yogur acidófilo Aplicaciones en la vagina aumentan la efectividad del *acidophilus* oral y ayudan a restablecer el balance de pH. Combine ¼ taza de yogur con el contenido de cuatro cápsulas de *acidophilus* (se puede añadir de $\frac{1}{4}$ a $\frac{1}{2}$ cucharadita de canela (*cinnamon*) en polvo, pues existen estudios que muestran que eso podría ayudar a controlar la *Candida*).[16] Durante cinco noches consecutivas, inserte dos cucharaditas de la mezcla con un aplicador medicinal. Cada mañana, hágase una ducha vaginal con una solución de agua con vinagre.[317] Como alternativas, utilice una ducha vaginal de yogur diluido o una mezcla de dos cápsulas de *acidophilus* y $\frac{1}{2}$ litro de agua, o inserte una cápsula perforada de *acidophilus* por la noche.[17, 176]

Ajo Una reciente investigación ha reforzado la reputación del ajo para eliminar la *Candida*.[318] Para una ducha vaginal, mezcle el contenido de dos cápsulas de ajo con $\frac{1}{2}$ litro de agua, o licúe un pequeño diente de ajo con el agua y cuele antes de usarlo. Para un supositorio vaginal, envuelva un diente de ajo pelado en gasa esterilizada e insértelo, durante 12 horas. Se pueden tomar oralmente cápsulas de ajo inodoro. Estelle V. había luchado durante años contra las infecciones vaginales, solamente con un éxito momentáneo. El escozor y la secreción regresaban pocas semanas después de cada cura aparente. Tomando dos cápsulas de ajo tres veces al día junto con el medicamento fungicida, y tomando duchas vaginales diarias con vinagre, Estelle ganó la batalla. Ella ahora se mantiene saludable consumiendo cápsulas de ajo con dos de sus comidas diarias y utilizando duchas después de cada período menstrual para asegurar la acidez vaginal.

Hierbas La ducha vaginal con una infusión de olmo norteamericano (*slippery elm*) es un antiguo remedio para las membranas vaginales irritadas. Las infusiones de chaparro (*chaparral*), consuelda (*comfrey*), ajo, botón de oro (hidraste, *goldenseal*), tomillo (*thyme*), corteza de roble blanco (*white oak*) o de hojas de hamamelis (olmo escocés, *witch hazel*), son aconsejadas como duchas vaginales para aliviar las infecciones de levadura. Estos dos remedios de hierbas han demostrado ser de ayuda en recientes estudios clínicos, pero ninguno de los dos debería ser utilizado sin la aprobación del médico.

○ La equinácea, cuando se combinó con medicamentos fungicidas, redujo la recaída en un 44 por ciento, y eliminó por completo algunos casos de infecciones vaginales crónicas.[50] Disponible en cápsulas o en polvo, se cree que la equinácea es especialmente eficaz cuando dos o tres tazas diarias de su infusión (a la que se puede añadir, si se desea, una cantidad igual de mirra) se complementan con supositorios nocturnos diarios de ajo durante dos semanas.[16, 256] Un ungüento preparado con equinácea y vitamina E ha curado algunos casos de candidiasis recurrente.[111, 296]

○ El pao d'arco (también conocido como ipe roxo, lapacho y tajibo) ha producido resultados notables en algunos casos, pero no ha tenido efecto en otros. Esta infusión puede ser utilizada como ducha vaginal dos veces al día, o se pueden beber entre una y seis tazas al día durante dos semanas, con parte de la infusión utilizada para duchas, si se desea. El beber una taza de infusión de clavos de olor (*cloves*) en lugar del pao d'arco cada dos días podría resultar beneficioso.[17, 192, 256, 312]

Vinagre Cuando se utilizan al primer síntoma de escozor y secreción, las duchas de vinagre además de otros remedios conocidos parecen curar las infecciones vaginales. El vinagre tiene aproximadamente el mismo pH que una vagina saludable. Ducharse con cuatro cucharadas de vinagre mezcladas con dos tazas de agua (o tomar un baño de asiento durante 15 minutos en esta combinación) ayuda a restaurar el balance normal de ácidos y álealis, y acelera la curación. Después de las duchas de vinagre o los baños de asiento cada mañana y noche, durante tres días, se sugiere un tratamiento combinado para secar el área genital, limpiándola con aceite puro de oliva y luego insertando un tampón cubierto con yogur acidófilo.[201]

Fuentes (vea la Bibliografía)

2, 16, 17, 50, 65, 75, 87, 98, 108, 109, 111, 150, 151, 176, 186, 190, 192, 201, 202, 204, 254, 255, 256, 281, 293, 294, 296, 312, 317, 318

Insomnio

El insomnio inicial (dificultad para conciliar el sueño) y el insomnio de mantenimiento del sueño (dificultad para mantenerse dormido) podrían ser problemas transitorios (de una duración de menos de tres semanas) o crónicos de larga duración. Desajustes emocionales, excitación, una breve enfermedad y cambio de horario pueden causar dificultades de corta duración para conciliar el sueño, o un sueño perturbado. El insomnio crónico podría deberse a ansiedad; impedimentos externos como un colchón incómodo o exceso de luz o ruido; tensión mental; deficiencias de nutrición; malos hábitos de sueño; trastornos físicos como el bajo nivel de azúcar en la sangre; apnea del sueño (un problema respiratorio) o trastornos de la glándula tiroides; o reacciones a medicamentos recetados.

Las necesidades personales mínimas de sueño diario están determinadas genéticamente, se estabilizan al comienzo de la edad adulta y varían entre menos de cuatro hasta más de diez horas de cada 24. El falso insomnio puede ser inducido al forzar al organismo a dormir más de lo debido. Una "buena noche de sueño" consiste en cuatro o cinco ciclos de 60 a 90 minutos, concluyendo cada uno con 10 ó 20 minutos de sueño con movimientos oculares rápidos (REM, por las siglas en inglés), después de haber pasado por cuatro etapas de sueño ligero a profundo, sin sueño con REM. Todas las etapas son necesarias para el bienestar físico y mental.

La falta de sueño habitual que no responde a remedios caseros o tratamiento profesional de trastornos subyacentes, podría sucumbir a las estrategias de modificación del comportamiento aconsejadas por expertos de clínicas especializadas. Un estudio de cinco semanas reportado en el *Berkeley Wellness Letter* (julio de 1992) mostró que las personas insomnes que practican ejercicios de relajamiento y las tres modificaciones de conducta a continuación, concilian el sueño más rápidamente y duermen mejor que los que fueron tratados con un medicamento para dormir: (1) Evite la cafeína, las comidas pesadas y el ejercicio vigoroso durante tres a cinco horas antes de acostarse. Limite el consumo de alcohol (que puede afectar los patrones de sueño) y la nicotina, que es un estimulante suave. Relájese durante una hora antes de ir a la cama: escuche música, lea, vea televisión o tome un baño caliente. (2) Limite las actividades en la cama a sueño y sexo. Si sigue despierto después de 30 minutos, practique una técnica de relajamiento (vea la Introducción) o levántese y haga algo agradablemente monótono hasta sentirse soñoliento. (3) Levántese a la misma hora todas las mañanas, sin tomar en cuenta el número de horas que haya dormido. Evite las siestas diurnas o limítelas a una hora por la tarde, y luego compense retirándose una hora más tarde por la noche.

Dieta

Acostarse con hambre podría causar dificultades para dormir. Para muchas personas, consumir una onza o dos de un alimento feculento y dulce, bajo en grasas y proteínas una hora antes de acostarse es tan eficaz como una pastilla para dormir, sin la interrupción de los ritmos del sueño ni los efectos adversos de los medicamentos para dormir.[186, 319] Los alimentos salados estimulan las glándulas adrenales y deberían ser evitados antes de dormir.

Pese a que se cree que las proteínas concentradas aumentan la producción de químicos que favorecen la vigilia en el cerebro, las meriendas nocturnas como galletas con queso; medio *sandwich* de carne, pollo o atún; o un vaso de leche tibia podrían estimular la producción de serotonina, que ayuda al sueño en la misma forma que los carbohidratos lo hacen. El aumentar el consumo de alimentos ricos en hierro y cobre (frijoles, habas, habichuelas y judías secas, y frutas, carne roja, nueces, mariscos y tofu) podría mejorar la calidad del sueño. Cuando la tensión nerviosa crea dificultades para dormir, beber jugo de zanahorias combinado con jugo de manzana, uva, papaya, pera o piña también podrían ayudar.

Suplementos (vea la nota en la página xii)

Los suplementos se diferencian de los medicamentos farmacéuticos en que conducen a un sueño natural y que la dosis puede reducirse conforme se van corrigiendo las deficiencias de nutrición. Además de una multivitamina con minerales diaria, otros suplementos podrían ser benéficos.

Complejo B Una tableta diaria con todas las vitaminas B, además de 10 a 100 miligramos de vitamina B-6, 100 miligramos de ácido pantoténico, de 100 a 1.000 miligramos de niacinamida, y/o de 500 a 1.000 miligramos de inositol, que tiene el efecto tranquilizante del medicamento *Librium* y no debería ser tomado en forma continua.[98, 227]

Vitamina C De 500 a 2.000 miligramos en dosis diarias divididas para calmar los nervios y contribuir a un sueño reparador.

Calcio y magnesio Las dosis recomendadas de estos dos minerales varían desde 2.000 miligramos de calcio más 250 miligramos de magnesio, o 1.000 miligramos de cada uno, hasta 500 a 1.000 miligramos de calcio más 1.000 a 2.000 miligramos de magnesio. La combinación más efectiva debería ser determinada con la opinión del médico de cada individuo, y los minerales tomados en dosis divididas después de las comidas y antes de acostarse.

Sales de tejidos Para un insomnio ocasional debido a tensión nerviosa, tome tres tabletas de *Ferr. Phos. 6X* una hora antes de acostarse; y 10 minutos más tarde tome la misma dosis de *Kali. Phos.* Si fuera necesario, repita la dosis después de una hora. Si el insomnio está acompañado por palpitaciones del corazón, tome *Calc. Fluor. 12X*, *Kali. Phos. 12X*, y *Nat. Mur. 12X*, una tableta de cada uno. Para el insomnio acompañado de escozor o comezón, tome tres tabletas de *Nat. Phos. 6X*. Si fuera necesario, repita la dosis una hora más tarde.

Ejercicios

Una vida sedentaria contribuye al insomnio al inhibir las fluctuaciones normales de la temperatura del cuerpo y el metabolismo. Incluso cuando un régimen aeróbico regular es parte de las actividades diarias, una caminata después de la cena o unos ejercicios suaves de agacharse y estirarse antes de dormir pueden ayudar a relajar los músculos tensos y facilitar el inicio del sueño.[25]

Remedios populares

En el primer siglo de nuestra era, el médico griego Galeno se curaba el insomnio comiendo lechuga cada noche. Se informa que el rey Jorge III confiaba en una bolsa de lúpulo (*hops*) atada a su almohada para aliviar el insomnio que lo atormentaba. Los curanderos populares estadounidenses sugieren humedecer el lúpulo con alcohol para acentuar su efecto sedante.[313] Comer lentamente una manzana cruda es otra posible ayuda para alcanzar un sueño reparador.

Alcohol Un antiguo remedio alemán consiste en una taza de cerveza negra caliente, endulzada con una cucharada de miel. Los curanderos estadounidenses recomiendan beber a sorbos un vaso o dos de vino dulce, o hacer una infusión de una cucharadita de semilla de eneldo (*dill*) en ¾ taza de vino blanco casi en ebullición (hirviendo) durante 30 minutos, luego beber el líquido colado mientras aún esté caliente.

Ajo Agregue ajo molido o extracto de ajo al caldo de pollo, agua tibia o leche endulzada con miel.

Infusiones de hierbas Las que tienen propiedades soporíferas son: anís, manzanilla (*chamomile*), nébeda (*catnip*), eneldo (*dill*), lúpulo (*hops*), pasionaria (granadilla, parche, pasiflora, *passion flower*), menta piperita (*peppermint*), romero (*rosemary*), escutelaria (*skullcap*) y raíz de valeriana. Para aliviar la tensión muscular y estimular el sueño, prepare una infusión con una cucharadita de flores de lúpulo en polvo y una de raíz de valeriana en una taza de agua hirviendo. Añada ½ cucharadita de pasionaria para aliviar el nerviosismo.

Miel Un remedio utilizado en Vermont es el siguiente: combine tres cucharadas de vinagre de sidra de manzana (*apple cider vinegar*) con una taza de miel. Manténgala en un frasco cerca de su cama, y tome dos cucharaditas cuando no pueda dormir. Una cucharadita o una cucharada de miel podría disolverse en infusiones de hierbas, agua caliente o leche tibia. Un remedio europeo favorito es la mezcla de dos cucharadas de miel con ½ taza de agua caliente y el jugo de un limón y una naranja. Una variación más potente requiere de ¼ taza de miel, una cucharada de vinagre de cidra de manzana y dos cucharaditas de gránulos de polen de abejas, todo disuelto en una taza de agua recién hervida. Colleen F. tenía un horario tan ocupado y tanto entusiasmo por su trabajo de maestra del séptimo grado, que no podía conciliar el sueño por la noche. Tampoco podía trabajar medio dormida. Al no querer sucumbir a la dependencia de pastillas para dormir, Colleen combinó medicinas populares. A la hora de acostarse, ponía en un vaso de leche tibia dos cucharadas de miel y una cucharada de vinagre de sidra de manzana, y bebía la mezcla antes de acostarse. Los resultados fueron fantásticos. Colleen duerme profundamente y se despierta fresca y alerta.

Cebollas Se cree que las cebollas cocidas o crudas tienen un gran poder soporífero. Colocar una tajada de cebolla cruda debajo de la almohada[150, 313] o en un frasco para destaparlo y aspirar el aroma de él cuando no se puede dormir ha ayudado en algunos casos de insomnio. Pese a que no se recomienda a los hipoglucémicos, los más osados consumen cebollas crudas antes de dormir; los más tímidos prefieren consumir sus cebollas cocidas en caldo de pollo, con o sin la adición del jugo de un limón y un trozo de mantequilla.

Presión sobre los nervios y masajes

Una vez por día, presione y masajee una o dos de estas áreas durante 30 segundos: sobre la montura de la nariz entre las cejas; una pulgada (2 cm) detrás de los lóbulos de las orejas; el centro de la nuca, y el centro del pecho; 1 ½ pulgada (4 cm) debajo del ombligo; 1 ½ pulgada (4 cm) hacia el codo a partir de la muñeca, en la parte interior, en la línea del dedo meñique; o en la hendidura debajo del tobillo en el interior y el exterior de cada pie. O masajee cada pie durante tres minutos. Comience por los dedos, luego la planta, el talón, los costados, el tobillo y la parte superior del pie.

Relajación e imágenes mentales

Los yoguis creen que mirar una vela encendida durante 10 minutos antes de ir a la cama aquietará la mente. Los sonidos tranquilizan y adormecen a muchas personas. La música suave, los ventiladores eléctricos o el tic tac del reloj fueron utilizados antes de que se inventaran las grabaciones de "sonidos para dormir" con lluvia, olas del océano, riachuelos y cascadas. Una respiración lenta y profunda puede estimular el adormecimiento. Inhale por la boca, exhale por la nariz. Repita cinco veces, o hasta bostezar. O respire profundamente tres veces y deje de respirar hasta sentir cierta molestia después de la tercera exhalación. Repita el ciclo cinco o seis veces para obtener el efecto tranquilizante de la acumulación de dióxido de carbono en la sangre.[254, 261]

El practicar cualquiera de las técnicas de relajación descritas en la Introducción puede ayudar a descartar pensamientos perturbadores; y concentrarse en "contar" puede bloquear su reingreso. Como una alternativa a contar ovejas, imagine que entra en un ascensor en un centésimo piso, y recite mentalmente los números en el indicador de la puerta mientras que el ascensor desciende lentamente. O visualice una pizarra con el número

"100" escrito en ella y rodeado por un gran círculo. Mentalmente borre el número y escriba el siguiente número descendente, luego escriba las palabras "sueño profundo" a un lado del círculo. Siga borrando, escribiendo los números y escribiendo las palabras el tiempo que sea necesario.

Baños tibios

El permanecer durante 15 minutos en una tina con agua tibia es una cura tradicional para el insomnio. Algunos investigadores han descubierto que el agua ligeramente fría (entre 92° y 97° F, 33° y 36° C) relaja los vasos sanguíneos de la piel, calma los nervios y tiene un pronunciado efecto sedante.[300]

El disolver media taza de bicarbonato de soda, sal de Epsom o sal de mesa en el agua, ayuda a la relajación de los músculos. Los herbolarios sugieren dejar reposar ½ taza de cualquiera de estas hierbas soporíferas, o una combinación de todas, en agua hirviendo, durante 30 minutos, y agregar el agua colada a la tina: bergamota, manzanilla (*chamomile*), lúpulo (*hops*), lavanda (*lavender*), menta piperita (*peppermint*), agujas de pino, salvia (*sage*), tomillo (*thyme*).

Fuentes (vea la Bibliografía)

14, 16, 17, 25, 26, 37, 42, 47, 49, 51, 53, 57, 59, 63, 64, 75, 98, 111, 125, 135, 139, 143, 145, 147, 150, 151, 168, 172, 177, 180, 186, 201, 203, 204, 206, 218, 227, 240, 254, 255, 256, 261, 284, 285, 293, 294, 300, 302, 308, 312, 313, 319

Intoxicación alimentaria

"Envenenamiento por tomaínas" es un término obsoleto que califica a la intoxicación alimentaria causada por cualquiera de los más de 20 tipos de bacterias que se desarrollan en los alimentos o las toxinas que ellas generan. La incidencia de salmonelosis, la forma más generalizada, subió de 740.000 casos conocidos en 1970 a un estimado de cuatro millones en 1991.[300] Este aumento se atribuye al consumo de antibióticos por los animales que sirven de alimento humano (lo cual acelera su crecimiento, pero promueve el desarrollo de bacterias resistentes a los antibióticos a partir de las variedades que ya se encuentran en los conductos intestinales de todos los animales; los huevos y la leche sin pasteurizar también alojan las bacterias) y a los métodos mecánicos de destripamiento, sobre todo de las aves, los cuales introducen la Salmonella en las carnes.

Otros organismos causantes de intoxicación son el *Campylobacter* (en el pescado, las aves, las carnes y la leche sin hervir), la *Ciguatera* (en pescados de arrecifes —reefs), el *Vibrio* (en los mariscos), la *Trichinella* (en el cerdo), el *Clostridium botulinum* (en los alimentos mal enlatados o alimentos privados de oxígeno, como las papas asadas y envueltas en papel de aluminio que se dejan fuera del refrigerador toda una noche) y el "germen de las cafeterías" (*Clostridium perfringens*), el cual crece rápidamente en cantidades grandes de alimentos o en los platos de carne o ave que se dejan enfriar muy lentamente. El *Staphylococcus* (estafilococo) se transporta a través de la piel humana y en las gotitas procedentes de toses o estornudos que se transmiten por el aire; la *Shigella* también se transmite por medio de aquellas personas que trabajan con alimentos y que no tienen una buena higiene personal. Cuando los pasteles rellenos con crema, la ensalada de papas o los alimentos cocidos ricos en proteínas se contaminan a través de personas que no tienen una higiene adecuada, las bacterias se multiplican a temperatura ambiente y producen toxinas venenosas.

Los contaminantes bacterianos no tienen olor ni sabor y son invisibles; grande colonias de ellos pueden desarrollarse sin que los alimentos luzcan como que se han echado a perder. Los mohos visibles que se desarrollan en los alimentos, aun cuando estén refrigerados, pueden producir micotoxinas o sustancias intoxicantes. Según el Departamento de Agricultura de Estados Unidos, se pueden quitar pequeñas partículas de moho de las mermeladas y las gelatinas, los quesos duros, el salami (embutido) duro, la carne de pavo ahumada y la superficie de vegetales duros. Otros alimentos con moho —entre ellos los productos lácteos, el tocino, el jamón enlatado, la carne en tajadas para almuerzo, los granos, las nueces, las legumbres secas y los vegetales tiernos— deben ser desechados por completo. Lo mismo debe hacerse con las papas que han comenzado a echar retoños. Estos retoños verdes tienen elevadas concentraciones de solanina, la cual se infiltra en la papa, no se destruye durante la cocción y puede causar alucinaciones durante días después de que la persona se ha recuperado de la intoxicación con el alimento.[29]

Prevención

A pesar de la presencia de organismos potencialmente dañinos, la mayoría de las intoxicaciones alimentarias puede prevenirse a través del control personal. Comer yogur o beber leche con *acidophilus* cada cierto número de días aumenta las bacterias benéficas en el conducto intestinal y ayuda a que el extenso suministro interno de vitaminas B sirva de protección contra los contaminadores que provienen de los alimentos. Además, las bacterias del yogur pueden producir sustancias que ayudan a eliminar a intrusos como la Salmonella y el estafilococo.[56] Dwight O. considera que el *acidophilus*, combinado con un remedio popular, lo salvó de frecuentes ataques de intoxicación alimentaria. Él, que tenía un sistema digestivo extremadamente sensible, a menudo se enfermaba después de cenas que no les hacían daño a los otros comensales. Siguiendo el consejo de un amigo, comenzó a comer yogur una vez por semana. Luego, antes de consumir cualquiera de las comidas en el próximo *picnic*, tomaba dos cápsulas de *acidophilus*, más un antiguo remedio profiláctico: dos cucharaditas de vinagre de sidra de manzana (*apple cider vinegar*) en un vaso de agua. Ahora Dwight va a lo seguro y toma esta combinación antes de deleitarse con cualquier comida sospechosa.

Higiene El manejo correcto de los alimentos reduce la posibilidad de enfermedades causadas por las comidas. Además de lavarse las manos antes de tocar los alimentos, las tablas de cortar y los utensilios que se emplean para preparar el pescado crudo, las carnes o las aves, y las manos deben lavarse con agua caliente y jabón antes de ponerse en contacto con otros alimentos.

Control de temperatura La mayoría de las bacterias hibernan en temperaturas por debajo de los 40° F (5° C), reviven y se multiplican en temperaturas entre los 45° y 150° F (7° y 65° C), y perecen en temperaturas por encima de los 165° F (74 ° C). Las excepciones son las toxinas que vienen en alimentos enlatados que causan el botulismo, las cuales requieren de 20 minutos de hervor para poder eliminarlas, y las bacterias de estafilococos, las cuales no se destruyen con la cocción. Las carnes congeladas deben ser descongeladas lentamente dentro del refrigerador, rápidamente en un horno de microondas, o, bien envueltas, en agua caliente en el fregadero. El pavo debe rellenarse justo antes de cocinarse. Si se vuelve a colocar en el refrigerador, el relleno tibio puede activar las bacterias en la carne que lo rodea antes de que el frío penetre hasta el centro del ave. Los alimentos adobados deben ser mantenidos dentro del refrigerador, e incluso resulta peligroso, como se indicó en *American Health* (junio de 1992), probar aves, carnes, mariscos o huevos que estén crudos o que no estén bien cocidos. Las sobras de la comida deben refrigerarse de inmediato, y luego se deben recalentar a 165° F (74 ° C) antes de servirse, ya que las comidas cocidas pueden ser contaminadas de nuevo por moscas o utensilios que no estén higienizados.

Tratamiento

Los retortijones, la diarrea, las náuseas y el vómito que se asocian con la intoxicación alimentaria, se desarrollan entre media hora a una semana después de que se haya comido el alimento contaminado, y desaparecen en cuestión de horas o días. El momento de aparición, la seriedad y la duración dependen del tipo y la cantidad de contaminación y de la fuerza del sistema inmunitario de la persona. Los niños pequeños, los ancianos y las personas con enfermedades crónicas son las que tienen más riesgos. Se debe buscar ayuda médica si, de repente, se presentan vómitos y diarrea abundantes, o si los síntomas duran más de 48 horas. Se debe informar al departamento de sanidad local si la fuente del problema es un restaurante o alimentos enlatados.

A menos que el médico ordene lo contrario, se debe dejar que el organismo se purgue a sí mismo del veneno, sin interferir con medicamentos antidiarreicos. Los antiácidos, o el remedio casero de bicarbonato de soda y agua, deben evitarse durante un caso de intoxicación alimentaria, ya que cualquiera de los dos remedios puede debilitar las defensas internas al reducir los ácidos estomacales que luchan contra las bacterias.[293] Sin embargo, tomar seis tabletas de carbón activado (*activated charcoal*) al comienzo de los síntomas, y de nuevo seis horas después, ayuda al organismo a absorber las toxinas y a expulsarlas fuera del organismo;[17] el ajo es un antibiótico y desintoxicante natural: se pueden tomar dos cápsulas de ajo sin olor tres veces al día.

El beber a sorbos una infusión de jengibre (*ginger*), gaseosa de jengibre (*ginger ale*), colas u otros refrescos, reduce las náuseas y ayuda a evitar la deshidratación al reemplazar los líquidos perdidos. Sacarles los gases a los refrescos carbonatados, vertiéndolos repetidamente de un vaso a otro, evita la posibilidad de agravar aún más el trastorno estomacal. Un caldo claro, o un jugo de fruta con una cucharada de miel y una pizca de sal, ayuda a reabastecer al organismo de los minerales y los líquidos que ha expulsado. Los curanderos populares sugieren infusión de raíz de bardana (*burdock*), grosellas (*currants*) o jugo de grosellas para las intoxicaciones alimentarias causadas por carnes, y, para aliviar los síntomas producidos por mariscos contaminados, se debe tomar un té que se prepara poniendo en infusión, durante media hora, caqui (*persimmon*) maduro y picado y una cucharada de hierba de marrubio (*horehound*) seco en una pinta ($\frac{1}{2}$ litro) de agua.

Fuentes (vea la Bibliografía)

17, 29, 41, 44, 56, 75, 98, 108, 111, 112, 148, 149, 150, 171, 172, 176, 204, 207, 231, 234, 255, 256, 264, 277, 281, 283, 293, 294, 300

Labios cuarteados o doloridos

Con una piel delgada y carentes de glándulas sebáceas, los labios se pueden cuartear cuando se los expone al aire seco, al sol o a temperaturas frías a menos que se cubran con una barrera protectora. Los médicos y cosmetólogos aconsejan utilizar una crema solar que contenga un bálsamo, o lápiz labial con un nivel de *SPF* de por lo menos 15 para resguardar contra la luz ultravioleta que daña la piel, y un protector mientras se permanece en interiores y durante la noche. Humedecer el aire en los interiores también podría ayudar a contrarrestar los labios secos.

Lamerse los labios puede hacer que se cuarteen porque la saliva aplicada externamente extrae la humedad interna al evaporarse. La dermatitis del que se lame los labios (piel rojiza e irritada, alrededor de los labios) puede desarrollarse si se siguen humedeciendo los labios cuarteados con la lengua.[293] Los labios doloridos crónicos podrían ser resultado de reacciones alérgicas a alimentos o a ingredientes en la goma de mascar, productos cosméticos, enjuague bucal o pasta dental. Experimentar con la eliminación de alimentos sospechosos o diferentes marcas de goma de mascar (chicle), cosméticos y enjuague bucal, o cepillarse los dientes con bicarbonato de soda, podría corregir el problema.

Dieta y suplementos (vea la nota en la página xii)

Beber por lo menos ocho vasos de agua diariamente ayuda a humedecer los labios desde el interior. La escamosidad o sequedad podría ser solucionada añadiendo una cucharada de aceite poliinsaturado a una dieta baja en grasas. Las deficiencias dietéticas de vitaminas B con frecuencia producen problemas en los labios. Debido a que todo el complejo B funciona en forma sinérgica, tomar una tableta de alta potencia con todas las vitaminas B, dos veces por día, puede disminuir cualquier necesidad adicional creada por el uso terapéutico diario de vitaminas B individuales.

○ Cincuenta miligramos de vitamina B-2 y 50 de B-6. Una deficiencia de vitamina B-2 hace que los labios se arruguen, formen escamas y se cuarteen; puede causar grietas en las comisuras de los labios (queilosis, boquera); y eventualmente podría encoger el labio superior hasta que prácticamente desaparezca. Estudios clínicos también muestran que una deficiencia de vitamina B-6 sensibiliza los labios al dolor.[86]

○ Acido fólico (400 microgramos) y ácido pantoténico (100 miligramos) tomados además de las otras vitaminas B, con frecuencia previenen y corrigen las úlceras labiales y otros problemas de labios doloridos.

Aplicaciones tópicas de vitamina E, obtenida de una cápsula pinchada o cortada, ayudan a curar los labios doloridos, y en algunos casos un suplemento oral de vitamina E tiene éxito. Craig S. era un hombre grande con un pequeño problema: un labio cuarteado. Antes de comenzar a tomar 400 unidades internacionales *IU* de vitamina E dos veces por día, su labio inferior se secaba y cuarteaba apenas bajaba la temperatura. Los ungüentos y las cremas no le daban resultado; los labios dolorosamente cuarteados persistían hasta la primavera. Después de un invierno usando el suplemento y sin molestias en los labios, Craig experimentó reduciendo a la mitad su consumo de vitamina E, y volvió a tener problemas que se aliviaron sólo después de tres semanas de suplementos diarios con 800 *IU* de vitamina E.

Los homeópatas sugieren que se tomen tres tabletas de la sal de tejidos *Calc. Fluor. 3X* tres veces por día para labios cuarteados y grietas en las comisuras.

Remedios populares

Untar los labios resecos con cera de abejas o cáscara de pepino sin encerar (*unwaxed*) podría ayudar a lubricar la superficie. El remedio popular favorito, vaselina (*petroleum jelly*), demostró ser la terapia más eficaz para labios resecos cuando *Consumer Reports* hizo una prueba en febrero de 1991; otros tratamientos anticuados podrían ser igualmente benéficos. Para curar labios severamente cuarteados, aplique vaselina o uno de los siguientes suavizadores cada media hora durante unos días, luego gradualmente reduzca la frecuencia cuando la curación progrese:

○ Aceite de hígado de bacalao, miel, bórax disuelto en miel o glicerina (*glycerin*), mezclada con jugo de limón, en partes iguales, o una mezcla de cuatro cucharadas de glicerina y una cucharadita de tintura de benzoína pueden ser aplicadas directamente; o se pueden humedecer los labios con un té de corteza de olmo blanco de triple concentración.

○ Pomadas protectoras: En un plato refractario dentro de un recipiente con agua hirviendo, mezcle tres cucharadas de aceite de oliva con una cucharada de cera de abejas disuelta, o parafina; si se desea, añada dos cucharaditas de miel. O mezcle cuatro cucharadas de vaselina con dos cucharadas de cera de abejas derretida o parafina. Coloque las pomadas en pequeños recipientes con tapa hermética. Si cualquiera de las pomadas se endurece demasiado, vuelva a calentarla en baño María y añada unas gotas de aceite de oliva.

Fuentes (vea la Bibliografía)

6, 32, 42, 45, 46, 53, 65, 66, 75, 86, 87, 92, 93, 98, 129, 135, 150, 186, 202, 207, 218, 250, 276, 281, 283, 293, 300

Llagas por decúbito

Las llagas causadas por permanecer mucho tiempo en cama, y también llamadas úlceras de presión (*bedsores* en inglés), atormentan a las personas que están recluidas en cama. Comienzan como áreas enrojecidas y sensibles sobre las prominencias óseas como los codos, huesos de la cadera, talones, la base de la espina dorsal e inclusive en las orejas y la parte posterior de la cabeza. Si se ignoran, podrían desarrollarse úlceras peligrosamente profundas y difíciles de curar. La prevención es más fácil que la cura. Cuando es necesaria una permanencia prolongada en la cama, las tiendas de suministros médicos ofrecen protectores de espuma en forma de aros para las caderas y los talones, y forros de lana del tamaño de toda la cama, colchones de espuma y almohadillas plásticas de presión que se llenan con aire a través de delgados tubos.

Retirar la presión a las primeras señales de enrojecimiento por lo general detiene las llagas. Cora J., de 82 años de edad, postrada en el lecho, cómodamente instalada en su cama graduable electrónicamente sobre una cubierta suave con almohadillas para proteger los puntos de presión, estaba segura de no tener que preocuparse por las llagas por decúbito. Sin embargo, en lugar de vegetar en la inercia, Cora participaba en las actividades de su parroquia y de grupos sociales. Con el auricular del teléfono que tenía un botón para prender y apagar, y un disco de marcar, podía colocar el teléfono contra su almohada y hablar durante horas sin tener que sostenerlo manualmente. Cuando una oreja se cansaba con la presión, simplemente cambiaba de lado. Entonces, su hija se percató de las orejas enrojecidas de Cora. Inmediatamente adhirió una esponja de espuma de goma alrededor del receptor del teléfono y con una media de nylon enroscada fabricó un aro del tamaño de una oreja, para alivio de la presión adicional. En unas pocas semanas, la irritación desapareció y las orejas de Cora recuperaron su color normal.

Además de utilizar un protector acolchado, la posición del cuerpo debería cambiarse cada dos horas, si el estado físico lo permite. Baños diarios con un jabón suave, un enjuague y secado cuidadosos (la piel húmeda, en particular por incontinencia, estimula el desarrollo de llagas por decúbito), y un masaje suave con vaselina (*petroleum jelly*) en los puntos de presión ayudan a reforzar la piel y estimular la circulación.

Dieta y suplementos (vea la nota en la página xii)

Inclusive con un cuidado adecuado, la severidad y tiempo de curación de las llagas por decúbito pueden depender de factores de nutrición, debido a que las reservas del organismo están agotadas por la presión física de la enfermedad. Una dieta rica en frutas, vegetales y granos enteros, además de abundantes proteínas y fluidos, repone las reservas y acelera la curación, lo que también se logra reforzando otros remedios con suplementos dietéticos.

Vitamina A Por lo menos la mitad en forma de beta-caroteno, de 10.000 a 35.000 *IU* por día. Esta vitamina curativa es en parte la que proporciona la resistencia del nuevo tejido que se forma en el lugar de la llaga.

Complejo B Una o dos tabletas de alta potencia por día. Todas las vitaminas B son necesarias para combatir la tensión de una enfermedad.

Vitamina C y bioflavonoides De 1.000 a 4.000 miligramos de vitamina C, en dosis diarias divididas, preferiblemente con 100 a 400 miligramos de bioflavonoides, protegerán contra la fragilidad capilar que permite que se formen las úlceras de presión. Si las llagas ya se han formado, la combinación puede reducir el tiempo de recuperación a semanas en lugar de meses. Tratar las llagas con una solución de tres por ciento de cristales de vitamina C y agua, acelerará aún más la curación.

Vitamina E De 100 a 1.200 unidades internacionales *IU* diariamente. La vitamina E mejora la circulación, ayudando así a evitar que se formen úlceras y a curar las existentes más rápidamente.

Minerales Una multivitamina con minerales diaria (que contenga dos miligramos de cobre) además de 30 a 60 miligramos de zinc. Entre los numerosos minerales necesarios para la síntesis de nuevas proteínas para curar heridas, el mineral más importante es el zinc. Se recomienda un suplemento de cobre debido a que las cantidades terapéuticas de zinc pueden reducir la absorción del cobre, que es esencial para el reemplazo de los tejidos conectivos.[248]

Remedios populares

El rociar la llaga abierta con una gruesa capa de azúcar granulada y cubrirla con un vendaje hermético, es un remedio probado a través del tiempo; añadir un poco de vitamina C en polvo podría aumentar los beneficios. Untar una gasa con miel pura y colocarla sobre la herida es otra curación antigua, pero viable, que ha curado en el plazo de dos semanas.[42] La aplicación será más eficaz si se añade una tableta de zinc molida a la miel.

Otros tratamientos populares incluyen:

- El aplicar con una esponja agua oxigenada (*hydrogen peroxide*) o el jugo de pepinos frescos y maduros; o una mezcla de una cucharada de alumbre en polvo (disponible en farmacias) y ¾ taza de agua.

- Empolvar las heridas con maicena (fécula de maíz, *cornstarch*).

- Aplicar gel de áloe vera (acíbar, zabila); una clara de huevo batida con dos cucharadas de vino; o una capa de aceite de castor, aceite de hígado de bacalao, o lecitina líquida (disponible en tiendas de alimentos naturales). O una cataplasma de ajo recién molido combinado con aceite vegetal.

Fuentes (vea la Bibliografía)

2, 17, 41, 42, 75, 84, 87, 92, 109, 122, 135, 144, 150, 159, 203, 233, 248, 268, 283, 294, 315

Mal aliento (halitosis)

Cuando no es debido al consumo de ajos, cebollas o condimentos exóticos, la halitosis es casi siempre causada por un tipo de bacteria que vive en la boca y produce gases malolientes de fragmentos de comida y restos atrapados entre los dientes y en la textura áspera de la lengua. Si no es posible cepillarse los dientes y la lengua después de cada comida, los microorganismos que causan el mal aliento pueden ser controlados por un cepillado antes de acostarse, para mitigar la actividad bacteriana causante del "mal aliento matutino", y cepillándose y utilizando hilo dental después del desayuno, en lugar de hacerlo al levantarse. Enjuagarse y escupir (o tragar) un poco de agua después de cada comida o merienda, ayuda a deshacerse de residuos de comida que son potencialmente malolientes, entre los cepillados.

Si una buena higiene bucal y los remedios caseros no resuelven el problema, debería consultar con profesionales de la salud. La halitosis crónica puede tener su origen en una multitud de causas —problemas digestivos, pereza intestinal, enfermedad periodontal e infecciones en la garganta o sinusitis—, o podría señalar males más serios como la diabetes, úlceras duodenales, hipoglucemia, mal funcionamiento del hígado o los riñones, y trastornos respiratorios.

Dieta

Los alimentos como el ajo, las cebollas y el *curry* contienen compuestos aromáticos que ingresan al torrente sanguíneo, circulan a través de los pulmones y son exhalados en forma de mal aliento hasta durante 24 horas. Otros degradantes conocidos del aliento incluyen los quesos Camembert, Roquefort y azul; el pescado, en especial el atún enlatado, las anchoas en la pizza; y los embutidos condimentados. En lugar de chupar pastillas de menta piperita (*peppermint*), comer perejil fresco (que sigue la misma vía metabólica que el ajo para emanar olores agradables a través de los pulmones) o masticar unos granos de anís, cardamomo, eneldo (*dill*) o semillas de hinojo (*fennel*) ayudará a mitigar los olores desagradables.

Una dieta rica en fibras con énfasis en granos enteros y abundantes frutas y vegetales frescos es esencial para un desempeño digestivo óptimo y la prevención o corrección del mal aliento. Las manzanas y otros alimentos crujientes que "raspan" la boca, como el apio crudo y las zanahorias son meriendas recomendadas. Muchos casos de halitosis crónica pueden ser atribuidos a gases malolientes que se elevan desde el conducto digestivo y que son producidos por alimentos no digeridos que se están fermentando en los intestinos y haciendo la eliminación más lenta. El masticar cuidadosamente los alimentos y comer en un ambiente relajado ayuda a la digestión. La tensión nerviosa restringe la producción de jugos digestivos y, como se explica en la revista *Natural Health* (octubre de 1992), comer demasiado puede abrumar las enzimas digestivas del estómago y enviar alimentos parcialmente digeridos al intestino delgado.

El consumo de yogur podría ser beneficioso ya que el cultivo del *Lactobacillus* que contiene refuerza la bacteria buena que combate los microorganismos intestinales que producen el mal olor. Tomar dos cápsulas de *acidophilus* antes de cada comida ayudó a Virgil D. a eliminar su mal aliento y liberarse del terrible sabor que le quedó en la boca durante seis meses luego de un tratamiento con antibióticos; aparentemente éstos le destruyeron la flora benéfica al tiempo que curaban su infección.

Beber cantidades generosas de bebidas no alcohólicas entre las comidas mejora la digestión y ayuda a evitar el mal aliento producido por una boca seca. La saliva es un limpiador natural que suprime la bacteria. Cualquier cosa que seque la boca (el alcohol, los medicamentos para la ansiedad, los descongestionantes, los diuréticos, el fumar, la tensión) permite que prosperen los microorganismos del mal aliento.

Suplementos (vea la nota en la página xii)

Una deficiencia de vitaminas B puede ser la causa del mal aliento. Algunos casos de halitosis han sido solucionados tomando 50 miligramos de niacinamida con cada comida, además de una tableta de alta potencia de vitaminas del complejo B y 50 miligramos de vitamina B-6 una vez por día.[98] La halitosis causada por insuficiencia de zinc puede ser corregida tomando de 30 a 60 miligramos del mineral al día.[6, 293] Dosis diarias divididas de 1.000 a 6.000 miligramos de vitamina C con bioflavonoides ayudan a eliminar el exceso de mucosidad y toxinas que pueden causar mal aliento.[17]

Remedios populares

Se dice que masticar dos ramitas de perejil remojadas en vinagre, o chupar un trozo de limón con un poco de sal pueden detener el aliento de ajo o cebolla. Disolver en la boca un trozo de mirra (*myrrh*) del tamaño de un guisante a la hora de acostarse, o chupar un pequeño trozo de canela (*cinnamon*) en rama durante el día refresca el aliento. Para prevenir o corregir la halitosis, los curanderos populares aconsejan cepillar los dientes y la lengua dos veces al día con bicarbonato de soda o con una pasta dental que contenga bicarbonato de soda y agua oxigenada (*hydrogen peroxide*), luego enjuagar completamente. O, cada mañana, cepille la lengua y las encías con clavos de olor (*cloves*) molidos o mirra (*myrrh*) en polvo. El beber una taza de infusión de menta piperita (*peppermint*) cada día también podría ser útil, ya que la menta piperita ingresa en el torrente sanguíneo y es exhalada a través de los pulmones de la misma manera que el perejil.

Enjuague bucal

Pruebas llevadas a cabo por *Consumer Reports* (setiembre de 1992) indican que utilizar un enjuague bucal puede cubrir el aliento de ajos durante 10 a 20 minutos. Enjuagues medicinales pueden proteger contra el desarrollo bacteriano durante hasta tres horas,[186] pero el uso frecuente de productos que contengan más de un 25 por ciento de alcohol ha sido asociado con una mayor incidencia de cáncer oral.[254] Para un enjuague no alcohólico que inhiba la bacteria, utilice una mezcla de agua con agua oxigenada (*hydrogen peroxide*) en partes iguales durante 30 segundos.

Las infusiones de doble concentración preparadas con hierbas antisépticas son enjuagues que se han utilizado durante mucho tiempo para el control temporario de la halitosis. Si se desea, se puede añadir a cada taza, una o dos cucharadas de brandy o vodka para incrementar las cualidades germicidas de la pimienta de Jamaica (*allspice*), las semillas de anís, la canela (*cinnamon*), el clavo de olor (*cloves*), la equinácea, el eucalipto, el fenogreco (*fenugreek*), la cola de caballo (*horsetail*), el botón de oro (hidraste, *goldenseal*), la mirra (*myrrh*), la menta piperita (*peppermint*), el romero (*rosemary*), la salvia (*sage*), el sándalo (*sandalwood*), la ajedrea (*winter savory*) o el tomillo (*thyme*). Se pueden preparar combinaciones haciendo remojar las siguientes hierbas en dos tazas de agua, hirviendo durante 10 minutos y colando antes de usarlas:

○ Una cucharadita de cada uno: menta piperita (*peppermint*) deshidratada, romero (*rosemary*) y semillas de hinojo (*fennel*) machacadas.

○ Dos ramas de perejil crudo picado, tres clavos de olor (*cloves*) enteros, $\frac{1}{4}$ de cucharadita de botón de oro (hidraste, *goldenseal*) en polvo y $\frac{1}{4}$ de cucharadita de mirra (*myrrh*). Si se desea, se puede añadir $\frac{1}{4}$ de cucharadita de semillas machacadas de anís o alcaravea (*caraway*), o $\frac{1}{8}$ de cucharadita de canela (*cinnamon*) en polvo.

Fuentes (vea la Bibliografía)

6, 17, 29, 42, 43, 50, 53, 87, 98, 108, 109, 149, 165, 173, 176, 179, 186, 202, 254, 256, 293, 300, 301, 312, 313

Mal olor corporal

La transpiración (sudor) es un regulador esencial de la temperatura del cuerpo. Cuando el cuerpo acumula demasiado calor debido al clima exterior o la tensión mental o física, la emisión de más de dos millones de glándulas sudoríparas aumenta para enfriar el cuerpo mediante la evaporación del líquido en la superficie de la piel. La mayor parte de la transpiración consiste en un fluido inodoro compuesto por agua, sal y pequeñas cantidades de algunos elementos segregados por las glándulas sudoríparas ecrinas distribuidas por todo el cuerpo. Después de la pubertad, la composición química de la transpiración producida por las glándulas sudoríparas apocrinas, concentradas en las axilas y las áreas genitales, lleva un ligero olor y es rico en la materia orgánica ideal para la reproducción de las bacterias. En unas pocas horas, la bacteria que está presente normalmente en la piel se multiplica y descompone en estas secreciones, causando el olor de cuerpo que se considera tan ofensivo en el mundo moderno. En las culturas antiguas no existía ese tabú. La virilidad masculina y el atractivo femenino eran juzgados por la potencia del olor de la transpiración, y filtros llenos de sudor eran considerados afrodisíacos. Otras civilizaciones, sin embargo, trataron de disimular los malos olores del cuerpo con fragancias dulces. Los egipcios preparaban perfumes en el año 2.000 a.C.; los antiguos romanos aplicaban aromáticos a todas las partes del cuerpo y a sus animales domésticos; los caballeros coloniales y los de la época isabelina, así como las damas, rara vez se bañaban más de una vez por mes, pero llevaban consigo pañuelos de encaje perfumados con agua de colonia para camuflar sus aromas naturales.

El sudor excesivo sin causa aparente (hiperhidrosis) generalmente comienza durante el inicio de la adolescencia y se estabiliza antes de los 30 años. Los accesos severos de sudor acompañados de fiebre podrían estar relacionados con bajos niveles de azúcar en la sangre y una función metabólica deficiente, y ocurren frecuentemente durante la menopausia. La tensión emocional (cólera o enojo, miedo, excitación) provoca un sudor localizado en la frente, las palmas de las manos y las plantas de los pies, así como en las axilas.[258]

Los desodorantes disimulan el olor; algunos reducen temporalmente la acción bacteriana. Los antitranspirantes, que sólo necesitan ser eficaces en un 20 por ciento para llevar ese nombre, reducen la producción de sudor. No existe evidencia que relacione los compuestos de aluminio de los productos comerciales con los altos niveles de aluminio de los pacientes de Alzheimer, pero para aquellos que deseen evitar cualquier problema relacionado con la variedad de químicos que contienen, existen muchas alternativas.

Baños

El bañarse diariamente es esencial para el control del olor. Las personas que sudan copiosamente podrían necesitar ducharse por la mañana y por la tarde, así como después de cualquier actividad vigorosa. El remover los vellos axilares una vez por semana elimina ese entorno favorable para las bacterias malolientes. El frotar las axilas con una toalla jabonosa elimina las secreciones residuales de bacterias más eficazmente que el enjabonarse con las manos. Para eliminar el fuerte olor corporal, hay enfermeras y terapeutas que hacen que sus pacientes se remojen durante 15 minutos en una tina con agua mezclada con tres tazas de jugo de tomate.[109]

Los jabones desodorantes, en especial los que contienen agentes antibacterianos, reducen la cantidad de bacterias en la piel. Las reacciones individuales podrían requerir experimentar con diferentes marcas. La experiencia de Earl T. es un ejemplo extremo: se bañó con una barra de jabón desodorante que le había provisto su hotel y salió de la ducha oliendo como si lo hubieran rociado con leche cortada. El olor se hizo tan evidente durante el desayuno que Earl tuvo que comprar una barra de su jabón habitual y volverse a duchar antes de acercarse a sus clientes. Si todos los jabones de baño demuestran ser inadecuados, en la mayoría de las farmacias se venden sin receta jabones antibacterianos de los que se usan en los salones de cirugía.[293]

Vestimenta

Las prendas sueltas de telas porosas permiten que la transpiración se evapore antes de convertirse en un medio apto para la reproducción de bacterias. Pero a menos que se cambie con regularidad, la ropa acumula olores que podrían anular los beneficios de un baño diario.

Dieta y suplementos (vea la nota en la página xii)

La cafeína y otros estimulantes en las bebidas y los medicamentos pueden provocar una transpiración excesiva debido a la tensión nerviosa. El ajo y las especias como el comino (*cumin*) y el *curry* podrían causar olores ofensivos, cuando la fuerte esencia es emitida a través de las glándulas sudoríparas. Algunos casos, como el de Sybil R., resultan de otros alimentos. Sybil era muy aficionada a las salsas hechas mezclando crema agria y sopa de cebolla en polvo. La preocupación por las calorías y el colesterol mantenían su afición bajo control, hasta que descubrió la crema agria sin grasa. Comiendo una variedad de vegetales frescos, consumió la crema durante todo el fin de semana y terminó el poco que quedaba el domingo por la noche. El lunes por la mañana, todavía saboreando el recuerdo del festín, Sybil se quedó asombrada cuando alguien en su trabajo preguntó quién había traído la crema de cebollas. Cuando la tercera persona hizo la misma pregunta, Sybil se sintió mortificada. Ni mentas para el aliento ni enjuagues bucales parecieron ayudar; pero el olor persistente comenzó a disiparse a finales de la tarde, y otras cremas que consumió subsecuentemente no causaron problemas de olor.

Los suplementos dietéticos con frecuencia reducen tanto la transpiración como el olor. Una tableta de vitaminas del complejo B de alta potencia, además de 500 miligramos de magnesio al día, ayudan a rebajar las secreciones de líquidos que estimulan las bacterias. Existen estudios clínicos que indican que de 30 a 50 miligramos de zinc al día reducen de manera significativa el mal olor corporal en algunos casos.[165] Algunos individuos han reducido el olor de la transpiración tomando dos tabletas de clorofila con cada comida. El remedio bioquímico para el mal olor consiste en disolver tres tabletas de la sal de tejidos *Silícea 6X* debajo de la lengua cada mañana y cada noche.

Remedios populares

Los expertos en hierbas sugieren beber una taza de infusión de salvia (*sage*) cada día para reducir la actividad de las glándulas sudoríparas. Se ha descubierto que un puñado de hojas frescas de salvia mezcladas con una taza de jugo de tomate es inclusive más eficaz.[36] Los desodorantes y antitranspirantes naturales utilizados por generaciones incluyen:

○ Lavarse con una esponja mojada en una cucharada de amoniaco o colonia en un litro de agua.

○ Mojar las axilas con alcohol, vinagre blanco, hamamelis (olmo es-cocés, *witch hazel*) o una mezcla de té de corteza de sauce (*white willow*) y bórax.

○ Frotar las axilas con una cucharada de líquido desodorante hecho triturando y escurriendo hojas de lechuga o de crisantemo, o ra-llando nabo (*turnip*) y depurando el jugo con una estopilla (gasa, *cheesecloth*).

○ Empolvar las axilas limpias y secas con bicarbonato de soda o maicena (fécula de maíz, *cornstarch*), o una mezcla de ambos; o una combinación de talco y bicarbonato; o con polvo de arroz o talco.

*Vea también **Olor en los pies***

Fuentes (vea la Bibliografía)

36, 42, 49, 52, 53, 65, 75, 87, 98, 109, 135, 165, 186, 202, 216, 252, 256, 258, 281, 283, 284, 293, 300, 313

Mareo y Vértigo

También descritos como desmayo, aturdimiento, inestabilidad o pérdida del equilibrio, los mareos son un problema común. Las personas sanas podrían experimentar mareos debido a la fatiga, la falta de alimento, las penas, los antihistamínicos, los calmantes para el dolor, las pastillas para dormir, el fumar excesivo, o el exceso de consumo de alcohol. Las alergias o retención de fluidos pueden causar mareos debido a la presión en los vasos sanguíneos cerca del oído. Los diabéticos e hipoglucémicos padecen aturdimiento debido a un desequilibrio de insulina. La hipotensión de postura (mareo momentáneo después de levantarse súbitamente luego de haber estado sentado o acostado) se debe a un lapso en el suministro de sangre al cerebro. El monóxido de carbono que emiten los automóviles puede provocar momentos de aturdimiento al inhibir la capacidad de la sangre para transportar oxígeno. Dade P. se escapó apenas de un desastre el día que fue a su trabajo en bicicleta. Pálido y desorientado, llegó a su oficina luego de pedalear cinco millas por calles muy transitadas. Una hora de reposo en aire no contaminado restauró el equilibrio de Dade, que limitó desde entonces el uso de la bicicleta a calles poco transitadas. Leah T. tuvo un encuentro costoso con el monóxido de carbono cuando esperaba cerca de su auto durante una hora mientras lo reparaban y probaban. Atribuyendo su ofuscación al cansancio, Leah salió manejando y chocó con una señal de tránsito de cuya presencia no se percató en su aturdimiento.

El vértigo es definido como la ilusión de movimiento, sea de uno propio o el del entorno, cuando no existe un movimiento real. La sensación de estar girando generalmente es el resultado de un problema en los conductos del oído interno (laberinto) que controlan el equilibrio del cuerpo. El vértigo de postura, que generalmente dura menos de un minuto, es una de sus manifestaciones más comunes. Puede ser motivado por la inclinación de la cabeza para mirar hacia arriba, o por volverse abruptamente en la cama. Una causa frecuente de vértigo de mayor duración es la laberintitis (el término médico para la inflamación del oído interno), que es causado por una infección viral como la gripe o las paperas, y normalmente cesa cuando la enfermedad cede. El alcohol o los medicamentos para combatir la presión sanguínea alta, la aspirina, los sedativos, los anticonceptivos orales y la quinina podrían causar el vértigo por medio de un efecto tóxico en el laberinto. Los ataques crónicos o recurrentes pueden ser el resultado de un metabolismo anormal de la glucosa, de anemia, de cera en el oído que está en contacto con el tímpano, de altos niveles de colesterol, o de presión muy alta o muy baja. El vértigo con frecuencia produce sudores y náuseas y podría estar acompañado de mareos, desmayos o un zumbido en los oídos (vea *"Enfermedad de Ménière"* y *"Tinnitus"*).

El evitar movimientos abruptos podría prevenir el mareo o el vértigo de postura. Los desmayos podrían prevenirse sentándose e inclinándose con la cabeza entre las rodillas para activar el suministro de sangre hacia el cerebro. El vértigo o los mareos recurrentes severos necesitan una evaluación médica y tratamiento para determinar y corregir la causa subyacente. Los ataques ocasionales pueden combatirse al concentrar la vista en un objeto estacionario (como un cuadro en la pared) para recuperar el equilibrio, o al permanecer acostado en calma con los ojos cerrados y tomando una tableta para combatir el mareo.[148]

Dieta

Existen estudios clínicos que muestran que en muchos casos los mareos pueden ser corregidos con una dieta de calorías reducidas, baja en azúcares y grasas.[147, 186] Las dietas bajas en proteínas son a veces responsables de los mareos debido a un ritmo cardiaco anormal (arritmia) que interrumpe el suministro de sangre al cerebro durante unos segundos.[29] A pesar de que beber un vaso de jugo de naranja puede calmar un breve ataque de mareo, consumir dulces o carbohidratos procesados puede causar mareo cuando el nivel de azúcar en la sangre baja luego de un impulso de energía momentáneo.

Suplementos (vea la nota en la página xii)

Una multivitamina con minerales diaria podría ser beneficiosa, ya que las carencias, especialmente de manganeso o potasio, pueden causar mareos y vértigo.[28, 256] Los ataques de vértigo que ocurren después de un tratamiento con antibióticos, pueden ser reducidos al tomar cápsulas de *acidophilus* con cada comida (o consumiendo yogur acidófilo cada día) para ayudar a restablecer la producción del organismo de vitaminas B.

Complejo B Una tableta diaria de alta potencia con todas las vitaminas B, y si se desea, de 50 a 100 miligramos de niacina con cada comida. Las deficiencias de vitamina B podrían provocar mareos o vértigo; la niacina (o niacinamida) ha reducido algunos casos de vértigo sin efectos secundarios adversos.

Vitamina C De 1.500 a 4.500 miligramos en dosis diarias divididas para mejorar la circulación y debido a sus propiedades antioxidantes.

Calcio y magnesio De 800 a 1.500 miligramos de calcio, además de 500 a 750 miligramos de magnesio (algunos investigadores recomiendan 600 a 1.200 miligramos de calcio junto a 1.200 a 2.400 miligramos de magnesio) en dosis diarias divididas para mejorar la circulación y ayudar a regular los latidos del corazón.

Vitamina E De 400 a 800 unidades internacionales *IU* diariamente para mejorar la circulación y ayudar a neutralizar los efectos perjudiciales de emisiones del tránsito y otros tipos de contaminación ambiental.

Lecitina Dos cápsulas con cada comida. La lecitina contiene colina e inositol, esenciales para un funcionamiento adecuado del sistema nervioso; en algunos pacientes con presión alta, ha eliminado los mareos crónicos en unas pocas semanas.[86, 87]

Sales de tejidos Dos de estas sales de tejidos de potencia 6X podrían ser consumidas cada dos horas durante los ataques severos, luego una vez por día durante unos pocos días después de que el problema se haya aliviado: *Kali. Phos.* para la hipotensión o el vértigo de postura; *Mag. Phos.* si se ven manchas negras que flotan delante de los ojos; *Nat. Phos.* para las náuseas, alternando con *Nat. Sulph.* si los mareos o el vértigo están acompañados por un sabor amargo en la boca.

Ejercicios

De acuerdo con un informe en la revista *Longevity* (marzo de 1991), los ejercicios aeróbicos de fuerte impacto (*high-impact*) pueden dañar el oído interno y causar mareos o vértigo. Sin embargo, después de que la peor parte del ataque ha pasado, los ejercicios aeróbicos de impacto suave (*low-impact*), como caminar, pueden acelerar la mejoría.[186] Como se explica en *Health After 50* (junio de 1991), el practicar ejercicios para restablecer el equilibrio y contrarrestar el mareo mientras se está sano, podría permitir al organismo desarrollar medidas compensatorias que ayudarán a prevenir ataques futuros.

- Mire hacia arriba y hacia abajo, luego de lado a lado veinte veces cada vez.

- Mientras está sentado, gire los hombros hacia la izquierda y la derecha diez veces cada uno, luego inclínese hacia adelante y toque el suelo veinte veces.

- De pie, inclínese hacia adelante y hacia atrás veinte veces con los ojos abiertos, luego repita los movimientos con los ojos cerrados.

- Camine a través de una habitación cinco veces con los ojos abiertos, luego repita el ejercicio con los ojos cerrados.

Remedios populares

Un antiguo remedio para el mareo persistente es cocinar manzanas silvestres (*crabapples*) hasta que estén blandas, y luego consumir una cucharadita cada hora. Se ha dicho que una taza diaria de infusión de jengibre (una cucharadita de jengibre molido en agua caliente) o una infusión concentrada de nébeda (*catnip*), eliminan el vértigo o los mareos crónicos. Otras hierbas recomendadas son: manzanilla (*chamomile*), pimienta de Cayena (*Cayenne pepper*), diente de león (*dandelion*), ginkgo biloba, menta piperita (*peppermint*), menta verde (*spearmint*) y betónica (*wood betony*).

Presión sobre los nervios y masajes

Para los mareos y el vértigo Pellizque el área entre las cejas. O masajee ambos dedos pulgares (de las manos o de los pies) con un movimiento circular, apretando. O presione y masajee la palma de cada mano justo debajo de los dedos con un movimiento de ida y vuelta. O presione y masajee la punta de cada pie, dos pulgadas hacia el arco desde la unión entre el dedo grande y el segundo dedo.

Para detener la sensación de desmayo Presione con fuerza entre la nariz y el labio superior. O presione y masajee el centro de la palma de cada mano. O presione con las uñas la base carnosa (o pulpejo) de cada pulgar.

Fuentes (vea la Bibliografía)

6, 17, 28, 29, 51, 58, 63, 65, 75, 86, 87, 98, 109, 111, 147, 148, 151, 159, 186, 207, 244, 254, 256, 281, 283, 294, 313

Mareo causado por movimiento

El movimiento constante, combinado con señales contradictorias del sistema de equilibrio del organismo (ojos, oído interno, sensores en los músculos y articulaciones), produce el mareo de movimiento. En un barco, por ejemplo, los ojos registran movimiento. El oído interno detecta un movimiento de rotación, aunque el cuerpo esté estacionario. Medidas preventivas y remedios naturales podrían evitar, o por lo menos aliviar, los mareos, las náuseas y los vómitos sintomáticos del malestar causado por el movimiento. Los expertos aconsejan concentrarse en el horizonte en un objeto distante fijo, en lugar de mirar las olas o la vegetación "pasando" en el camino. Mirar hacia adelante ayuda. Viajar en la obscuridad disminuye el potencial de mareo por movimiento. La posición del cuerpo también es importante.

En un avión El movimiento es menos pronunciado en un asiento de pasillo sobre un ala, preferiblemente en el lado derecho donde hay menos balanceo debido a que la mayoría de vuelos requieren torcer hacia la izquierda.

En un automóvil Viaje en el asiento delantero y, a menos que esté conduciendo (los conductores rara vez padecen de mal de movimiento), apóyese contra un soporte estable para la cabeza para minimizar la reacción del oído interno al movimiento. Mirar hacia abajo o leer mientras se viaja puede producir mareo por movimiento debido al movimiento aparente afuera de las ventanas.[293]

En el mar Reserve una cabina en el centro del barco, cerca de la línea de agua, donde el movimiento es mínimo, y siempre que sea posible manténgase arriba en la mitad de la cubierta.

Dieta

La norma recomendada antes de viajar es comer ligeramente, y consumir cantidades pequeñas a intervalos frecuentes. Un estómago vacío sucumbe fácilmente al mareo. El exceso de comidas o de alcohol puede desencadenar síntomas de mareo por movimiento. Chupar un limón ácido, o mordisquear aceitunas a la primera señal de náuseas son viejos remedios que tienen justificación científica. El mareo por movimiento engendra saliva superflua, que se vierte en el estómago y contribuye a las náuseas. Los limones y las aceitunas contienen agentes que secan la boca y disminuyen el malestar. También podría ser beneficioso beber un pequeño vaso de jugo de papaya o piña, o masticar galletas saladas.

Beber líquido adicional es una cura popular moderna que evitó que el primer viaje de Virginia T. fuera un desastre. A la media hora de iniciado el vuelo, la sensación de tener mariposas en el estómago ya no podía ser atribuida a la emoción del viaje: sentía náuseas. Observando su incomodidad, la aeromoza del avión le alcanzó una taza de agua fría, y le dijo: "Apóyese hacia atrás, respire profundamente, trate de relajarse y beba un sorbo de esto cada pocos minutos". Después de que las náuseas habían pasado, la aeromoza le explicó que beber agua le había ayudado a ajustar la presión en los órganos de equilibrio de sus oídos. En su viaje de regreso, Virginia evitó el malestar pidiendo una taza de agua apenas abordó el avión y comenzó a beber a sorbos antes del despegue.

Suplementos (vea la nota en la página xii)

Tomar un suplemento diario de vitaminas del complejo de vitaminas B, durante dos semanas antes de viajar, podría prevenir el mareo por movimiento en aquellos que tienen una ligera deficiencia de esas vitaminas. Probablemente debido a la acción antihistamínica de esta combinación, tomar antes de un viaje, 500 miligramos de vitamina C, 100 miligramos de ácido pantoténico y 50 miligramos de vitamina B-6, y luego repetir la dosis 30 minutos más tarde y nuevamente después de cuatro horas, impide el mal de movimiento en algunos individuos. Una adición de 50 miligramos de vitamina B-6 ha controlado con éxito las náuseas en algunos casos después que ya se presentó el malestar.[98] Las sales de tejidos *Kali. Phos.* y *Nat. Phos.* actúan como preventivo cuando dos tabletas de 12X de cada una de ellas son disueltas debajo de la lengua antes de partir, y cada dos horas durante el viaje. Para un mal de movimiento severo, la misma dosis puede tomarse a intervalos de 30 minutos.

Remedios populares

Ajustar un cinturón ancho o toalla alrededor de la cintura durante 30 minutos, colocar una bolsa de hielo o cualquier objeto helado detrás de la oreja izquierda, masticar uno o dos clavos de olor (*cloves*) enteros, o beber un té verde concentrado podrían ayudar a calmar un estómago alterado por el mareo causado por movimiento. Los expertos en hierbas recomiendan una infusión de anís, albahaca (*basil*), manzanilla (*chamomile*), semillas de alcaravea (*caraway*), clavo de olor (*cloves*), mejorana (*marjoram*), menta (*mint*) o ajedrea (*savory*). El beber a sorbos *ginger ale* con hielo molido ha sido durante mucho tiempo un remedio favorito en los barcos para el *mal de mer* (mareo). La reputación del jengibre (*ginger*) como un antídoto para el mareo por movimiento ha sido confirmado por recientes estudios que demuestran que es más eficaz que el medicamento *Dramamine*.[49, 51, 186]

Y debido a que el jengibre actúa en el conducto gastrointestinal y no en el cerebro, no causa los efectos de somnolencia y visión borrosa producidos por medicamentos para combatir el mareo. Para mejores resultados, tome dos cápsulas de 500 miligramos de jengibre unos minutos antes de la partida. Si se prefiere, $\frac{1}{2}$ cucharadita de jengibre en polvo puede disolverse en una taza de agua caliente u otra bebida, o se puede masticar jengibre cristalizado. Se pueden repetir las dosis cada hora, si es necesario, o cada cuatro horas como preventivo.

Presión sobre los nervios y masajes

○ Presione o masajee el hueso mastoideo detrás de cada oreja, justo debajo de los lóbulos, al final del maxilar, y la depresión en la base del cráneo.

○ Presione o masajee el área que está a una pulgada (2 cm) debajo del esternón y a dos pulgadas (5 cm) por encima del ombligo.

○ Masajee los dedos anular y meñique de ambas manos durante cinco minutos por cada mano. Si no siente alivio, masajee (o arañe levemente con las uñas) los pulgares y los tres primeros dedos, incluyendo las membranas que los unen, en cada mano.

○ Presione y masajee la parte interna de cada brazo a dos pulgadas de la base del pulgar.

○ Masajee ambas rodillas durante tres minutos, o presione y masajee las tibias desde tres pulgadas arriba de los tobillos.

Fuentes (vea la Bibliografía)

2, 6, 10, 26, 49, 50, 51, 56, 57, 59, 63, 64, 75, 87, 98, 111, 135, 164, 176, 186, 193, 195, 201, 202, 203, 213, 226, 254, 265, 282, 284, 285, 286, 293, 294, 300, 312, 313

Menopausia

La mayoría de las mujeres experimentan la menopausia (también llamada climaterio, o "cambio de vida") entre las edades de 45 y 55 años, cuando la función de los ovarios y los períodos menstruales comienzan a cesar gradualmente. Los ovarios continúan produciendo pequeñas cantidades de estrógeno durante varios años, mientras que las glándulas adrenal y pituitaria comienzan a producir hormonas para reemplazar todas las funciones del estrógeno, excepto las de preparación para el embarazo. Para aproximadamente el 20 por ciento de las mujeres, la irregularidad menstrual y su suspensión eventual son las únicas indicaciones del "cambio de vida". Durante un período entre seis meses y varios años de esta transición hormonal, sin embargo, la mayoría de las mujeres experimentan por lo menos algunos de los síntomas tradicionales: bochornos (accesos repentinos de calor), variaciones de ánimo, sudores nocturnos y dificultades para conciliar el sueño.[75, 147, 300]

Los niveles hormonales fluctuantes dilatan los vasos sanguíneos, afectan al termostato natural del cuerpo, y son la causa de los accesos repentinos de calor que ocurren con variada frecuencia y severidad en más de la mitad de las mujeres menopáusicas. Un bochorno típico llega y termina en 30 minutos, con un aumento máximo de temperatura de la piel de 8 grados Fahrenheit (5 grados centígrados), que dura tres minutos.[293] Para vestirse adecuadamente para los bochornos es necesario utilizar telas porosas, llevadas en diferentes capas que puedan ser retiradas y vueltas a reemplazar rápidamente en caso de que un enfriamiento siga a la copiosa transpiración. Chupar trozos de hielo ayuda a enfriar un calor facial. Los métodos para enfriar el cuerpo incluyen las duchas frías, remojar los pies en agua fría, ponerse delante de un refrigerador con la puerta abierta, o en la zona de alimentos congelados en el supermercado.

La menopausia es un "rito de transición", no un problema médico que requiera de medicamentos, pero debería consultarse con un médico si los síntomas mentales o físicos son severos. La terapia de reemplazo de hormonas (o *HRT*, por las siglas en inglés de *hormone replacement therapy*) podría ser recomendada para controlar los problemas de la menopausia y proteger contra la pérdida ósea acelerada que puede conducir a la osteoporosis, la cual afecta a un 25 por ciento de las mujeres que han pasado la menopausia.[231] A pesar de que combinar progesterona con estrógeno en el *HRT* disminuye la posibilidad de efectos secundarios negativos (cáncer en el seno o cáncer en el útero, presión sanguínea elevada, cálculos renales, migrañas), muchas mujeres prefieren evitar riesgos potenciales utilizando medidas de autoayuda para dominar la menopausia.[51, 254]

Dieta

Consumir de cuatro a seis pequeñas comidas durante el día ayuda a regularizar la temperatura del cuerpo —las comidas copiosas podrían provocar bochornos— y estabiliza los niveles de azúcar en la sangre, lo que ayuda a controlar los altibajos emocionales y otros síntomas de la menopausia. Limitar los dulces y concentrarse en frutas, vegetales y granos enteros podría ser provechoso. El azúcar y los carbohidratos refinados requieren de un trabajo mayor de la glándula adrenal para convertirlos en energía para las funciones biológicas, y en esta forma podrían reducir la capacidad de esta glándula para producir reemplazos estrogénicos.[96]

Los guisantes (arvejas, chauchas, chícharos, *peas*), la soja y otras legumbres son ricos en estrógenos naturales que ayudan a reemplazar el suministro aminorado. Los productos lácteos con grasas reducidas, el bróculi, las verduras con hojas de un verde obscuro (en especial la col rizada —*collards*—, la berza —*kale*— y las hojas del nabo —*turnip*), y el pescado enlatado como el salmón y las sardinas, ingeridas con sus huesos, son una buena fuente de calcio para ayudar a retardar la pérdida ósea. Beber amplias cantidades de líquido ayuda a regular el termostato natural del cuerpo, pero las bebidas alcohólicas o con cafeína deberían limitarse, pues ambas interfieren con la absorción de calcio, y consumirlas produce bochornos en algunas mujeres.

Suplementos (vea la nota en la página xii)

La menopausia y la resultante inactividad del sistema reproductor retardan el nivel metabólico y reducen las necesidades calóricas para mantener el peso ideal en hasta un 45 por ciento, sin embargo las necesidades de nutrientes aumentan en lugar de decrecer.[253] Al comer menos para evitar kilos indeseables, el consumo diario de una multivitamina con minerales, además de otros suplementos, es importante para contribuir a las funciones biológicas normales y evitar el deterioro óseo.

Complejo B Una a tres tabletas con todas las vitaminas B por día. Ácido fólico, vitaminas B-6, B-12, niacina, *PABA* y ácido pantoténico incrementan el efecto del estrógeno existente y estimulan la producción de hormonas estrogénicas para reducir los calores súbitos y aliviar los trastornos nerviosos. Tomar además 50 miligramos de vitamina B-6 tres veces por día reduce la retención de líquidos; 50 miligramos de ácido pantoténico con cada comida ayuda a combatir la tensión y mejora el funcionamiento adrenal.[14, 17, 96]

Vitamina C con bioflavonoides De 1.000 a 5.000 miligramos de vitamina C y 800 miligramos de bioflavonoides en dosis diarias divididas. La vitamina C estimula la producción natural de estrógeno; los bioflavonoides contienen estrógeno vegetal natural. Juntos, ayudan a controlar los bochornos, los sudores nocturnos y los cambios de humor.[6, 184]

Calcio y magnesio De 1.000 a 2.000 miligramos de calcio y de 500 a 1.000 miligramos de magnesio en dosis diarias divididas. Con el permiso del médico, invertir las proporciones de estos dos minerales podría ser beneficioso. La falta de calcio reduce la producción ya disminuida de las hormonas sexuales; la falta de estrógeno disminuye la capacidad del organismo para absorber el calcio; el magnesio (con vitamina D de un suplemento diario) es esencial para la absorción del calcio. Sin suficiente calcio, los síntomas de la menopausia de depresión, dolores de cabeza, insomnio e irritabilidad se hacen más severos, y los huesos pierden minerales para proveer el calcio necesario para funciones tan vitales como las contracciones musculares y la transmisión nerviosa. Numerosos estudios de larga duración han demostrado que tomar suplementos con estos minerales reduce las molestias de la menopausia y aumenta en lugar de disminuir la masa ósea.[51, 98]

Vitamina E De 400 a 800 unidades internacionales *IU* diariamente (con permiso del médico en el caso de la dosis mayor) no sólo estimula la producción de estrógeno para reducir los bochornos, sudores nocturnos, insomnio, mareos y falta de aire en muchas mujeres, sino que también reduce la incidencia de cáncer en el seno.[98, 186, 190]

Selenio De 100 a 200 microgramos diarios amplifican la acción de la vitamina E, y están asociados a un equilibrio hormonal normal.[17]

Sales de tejidos De potencia 6X, disueltas debajo de la lengua. Para los bochornos, tres tabletas de *Ferr. Phos.* cada diez minutos hasta sentir alivio; para sensaciones alternadas de calor y frío o dolor de cabeza, utilice *Kali. Sulph.* Para el nerviosismo, tres tabletas de *Kali. Phos.* cada día hasta que se mejore.

Ejercicios

Los ejercicios de respiración profunda podrían eliminar los bochornos: inhale y exhale, ambos durante cinco segundos; repita diez veces. El ejercicio que hace que los huesos soporten peso —*weight-bearing* en inglés— (caminar, bailar, aeróbicos de impacto suave —*low-impact*) durante por lo menos 20 minutos tres veces por semana no sólo quema las calorías excedentes y alivia la tensión, sino que también incrementa la masa ósea al mejorar la absorción de calcio. Estudios de investigación muestran que para las personas incapacitadas que no pueden caminar, mantenerse de pie aunque sea por un poco de tiempo cada día ayuda a detener el deterioro óseo acelerado por la confinación en la cama.[105]

Remedios populares

Para aliviar los bochornos, los curanderos populares recomiendan tomar cápsulas, usar como condimento o beber infusiones de perifollo (*chervil*), cebollinos (*chives*), ajo, miel pura, rábano picante (*horseradish*), nuez moscada (*nutmeg*), chalotes o estragón (*tarragon*). La tintura de avena loca —*oatstraw*— (20 gotas en agua tres veces por día después de las comidas) ha calmado los sudores nocturnos en muchas mujeres.[312] Para síntomas generales así como los bochornos, los expertos en hierbas recomiendan hierbas que provean estrógeno natural o estimulen la producción natural de hormonas de estrógenos: alfalfa, angélica, dong quai (sabe como el apio; una o dos cápsulas pueden abrirse y mezclarse con los alimentos tres veces por día), cimifuga negra (*black cohosh*), cardo santo (*blessed thistle*), cimifuga azul (*blue cohosh*), *squawvine*, damiana, gotu kola (centella asiática), raíz de orozuz (regaliz, *licorice*), frambuesa roja (*red raspberry*), zarzaparrilla, raíz de unicornio (*unicorn*) y milenrama (*yarrow*).

Para algunas mujeres, el estrógeno natural tiene mejores resultados que la terapia de reemplazo de hormonas. Una combinación de hierbas que ha resuelto algunos problemas de la menopausia se prepara cociendo una cucharada de flores de trébol morado o rojo (*red clover*) en polvo, dos cucharaditas de anís y dos de semillas de hinojo (*fennel*), machacadas, en una taza de agua hirviendo durante 15 minutos, luego colando y bebiendo hasta tres tazas por día.[16] Nadine P., que nunca había tenido dolores de cabeza severos antes de iniciar el tratamiento de reemplazo de hormonas (*HRT*) para sus bochornos, apreció el alivio que le produjo el tratamiento, pero abandonó la terapia de hormonas en favor de remedios caseros después de que dolores similares a las migrañas la incapacitaban durante varios días cada semana. Bajo la guía de un naturista, tomó una cápsula de cimifuga negra con cada comida, y 400 unidades internacionales *IU* de vitamina E dos veces al día. Los dolores de cabeza desaparecieron en menos de tres semanas, y sus bochornos se mantuvieron bajo control tan eficazmente como habían estado con el tratamiento de hormonas.

Presión sobre los nervios y masajes

Para aliviar bochornos, masajee la parte interior de ambas muñecas de lado a lado. Para estimular la producción de hormonas de estrógeno, masajee los pulgares de ambas manos, el centro de los dedos grandes de los pies, y la parte superior de cada pie, justo debajo del tobillo.

Relajación e imágenes mentales

Los cambios de humor, la depresión y otros síntomas atribuidos a la menopausia son a veces el resultado de perturbadores cambios personales y familiares durante este período, y no una reacción ante la insuficiencia de estrógeno. La tensión emocional puede exagerar o prolongar todas las molestias de la menopausia y hacer que las glándulas adrenales trabajen en exceso, de forma que no pueden segregar las hormonas necesarias para reemplazar el estrógeno de los ovarios. El practicar técnicas de relajación (vea la Introducción) con frecuencia reduce las reacciones de tensión. En un estudio, la mitad de las participantes aseguraron que períodos diarios de relajación intencional redujeron la frecuencia, intensidad y duración de sus bochornos.[186] Con práctica, podría ser posible detener un bochorno, al relajarse con los ojos cerrados, imaginar un arroyo en las montañas, que salpica su agua fresca en la cara y los brazos, y sentir la frescura de la brisa perfumada de pinos silvestres.

Fuentes (vea la Bibliografía)

6, 14, 16, 17, 26, 28, 29, 37, 46, 47, 51, 56, 59, 60, 64, 75, 77, 96, 97, 98, 105, 112, 144, 147, 150, 173, 176, 177, 184, 186, 190, 202, 217, 231, 252, 253, 254, 255, 256, 281, 293, 294, 298, 300, 312, 313

Migrañas y Dolores intensos de cabeza

Es posible que las migrañas sean la dolencia más antigua de la humanidad. El nombre deriva de una palabra que el médico griego Galeno utilizaba para describir el trastorno en el año 200 a.C.; textos sumerios de hace 6.000 años se refieren a los estragos que causaban las migrañas, y esqueletos prehistóricos son testimonio de una forma rudimentaria de trepanación: hoyos cincelados en cráneos para permitir que escaparan los demonios que causaban el dolor. Actualmente las migrañas son consideradas un problema vascular y se subdividen en dolor de cabeza común, clásico o arracimado (o de grupo); y según estadísticas reportadas en *American Health* (noviembre de 1991), su incidencia aumentó en un 60 por ciento en la década de los 1980.

En la migraña común, el dolor palpitante se desarrolla gradualmente a partir de venas distendidas alrededor del cerebro, por lo general ataca solamente un lado de la cabeza, puede estar acompañada por náuseas, vómitos y sensibilidad a la luz, dura horas o días, y reaparece a intervalos variados. En la migraña clásica, el tormento de la migraña común es precedido por 15 a 90 minutos de un "aura" causada por la contracción de los vasos sanguíneos alrededor del cerebro. Durante el aura, los síntomas pueden incluir una percepción distorsionada, destellos o zigzags de luz, pérdida momentánea de la visión o la audición, entumecimiento en un brazo o una pierna, y alucinaciones. Algunas de las visiones religiosas de la Edad Media han sido atribuidas a los efectos visuales del aura de migraña; Lewis Carroll inmortalizó la suya en *Alicia en el país de las maravillas*. Los dolores de cabeza arracimados, una variedad relativamente rara de migraña, atacan sin previo aviso, causan un dolor intenso (generalmente detrás de un ojo) durante aproximadamente una hora, se repiten varias veces al día durante semanas y luego desaparecen durante meses, antes de volver en otro grupo.

Muchos factores, simples o combinados, pueden causar las migrañas. La predisposición podría ser heredada. Si ambos padres padecen de migrañas, existe un 70 por ciento de probabilidades de desarrollar el síndrome; si sólo uno de los padres es afectado, la probabilidad se reduce al 50 por ciento.[111, 300] Noventa por ciento de las víctimas de migrañas de grupo son hombres, típicamente, perfeccionistas empeñosos que beben y fuman en exceso. Las fluctuaciones de hormonas femeninas debido a ciclos menstruales, anticonceptivos orales o suplementos de estrógeno ayudan a explicar la razón por la que siete de cada diez víctimas de migraña son mujeres.[293, 294] Casi cualquier cosa puede motivar un ataque en una persona susceptible. El detonador puede estar relacionado con la tensión (cólera, ansiedad, excitación, agotamiento o cambios en la rutina o el clima), relacionado con la dieta (sensibilidad a ciertos alimentos, bebidas o medicamentos), o relacionado con los sentidos (luces brillantes o intermitentes, ruidos fuertes, perfume u olores intensos).

El control de la migraña incluye prevención así como alivio del dolor. El practicar técnicas de relajamiento (vea la Introducción) puede reducir las reacciones a la tensión. Mantener un "diario de dolores de cabeza" ayuda a identificar las causas relacionadas con la dieta o los sentidos, de modo que puedan ser evitados. Como se informó en *Longevity* (diciembre de 1990), un estudio en el que participaron 22.000 médicos, mostró que tomar una aspirina un día sí y un día no reduce la incidencia de la reaparición de migrañas en un 20 por ciento. Varios estudios recientes realizados por investigadores británicos demuestran que la hierba matricaria (*feverfew*) puede reducir el número y severidad de los ataques de migraña entre un 24 y un 44 por ciento cuando se toma diariamente una cápsula de 100 miligramos de la hierba deshidratada al frío.[45, 113, 151]

La aspirina, el acetaminofeno o ibuprofeno pueden ser beneficiosos cuando se toman al inicio de un dolor de migraña, pero su uso prolongado puede hacer daño al estómago, el hígado o los riñones.[300] El oxígeno, actualmente disponible en tanques muy pequeños, es otra alternativa. Respirar oxígeno puro durante cinco minutos frecuentemente alivia un dolor arracimado, y su uso habitual podría reducir la incidencia de ataques de migraña. Se debería buscar un diagnóstico y ayuda médica si las terapias de autoayuda no controlan los ataques que interfieren con el trabajo y las actividades cotidianas. Pese a que casi todos los medicamentos pueden tener efectos secundarios indeseables, existen medicamentos por receta para prevenir las migrañas, así como para bloquear el dolor severo que producen.

Dieta

Consumir meriendas saludables entre tres comidas ligeras cada día ayuda a estabilizar las variaciones del nivel de azúcar que pueden precipitar migrañas. Algunos médicos descartan por completo la relación de la dieta con las migrañas; otros expertos han descubierto que la mitad de todas las migrañas es causada por la sensibilidad a ciertos alimentos o al consumo de grasas, sal o azúcar.[147, 312] Cualquier alimento podría ser el culpable. Los enemigos más comunes son los quesos añejados, el chocolate, las frutas cítricas, las carnes curadas, los huevos, los alimentos fermentados como el yogur, los panes recién horneados con levadura, la leche y los productos lácteos, el trigo y los aditivos como el *MSG* (por las siglas en inglés de "glutamato de sodio"), y los nitratos en los embutidos y las salchichas (*hot dogs*). Para algunas personas, consumir helados sin permitir que se disuelvan en la boca antes de ingerirlos puede causar migraña; así como la distensión de los vasos sanguíneos del cerebro causada por el alcohol. Existen estudios que indican que pese a que el vino tinto causa ataques en nueve de cada once personas vulnerables a las migrañas, tomar dos aspirinas antes de beberlo podría prevenir una reacción. La cerveza y el champaña pueden afectar a algunas personas susceptibles, pero el vodka parece no causar el mismo efecto, a menos que se beba durante un intervalo entre migrañas arracimadas.[254]

Suplementos (vea la nota en la página xii)

Para las personas susceptibles a las migrañas, muchos expertos en nutrición recomiendan tomar diariamente una multivitamina con minerales, además de suplementos individuales.[14, 17, 98]

Complejo B Una tableta diaria con todas las vitaminas B para mantener un control vascular normal. Niacina adicional (50 miligramos con cada una de las tres comidas diarias) dilata los vasos sanguíneos y aumenta el suministro de sangre al cerebro.

Vitamina C con bioflavonoides Incluyendo 200 miligramos de *rutin*, de 3.000 a 6.000 miligramos, en dosis diarias divididas, para fomentar la producción de hormonas que combaten el estrés y contrarrestar las substancias que podrían provocar las migrañas.

Calcio y magnesio De 1.000 a 2.000 miligramos de calcio y de 500 a 1.000 miligramos de magnesio (con la aprobación del médico, de

1.000 a 2.000 miligramos de magnesio y de 500 a 1.000 miligramos de calcio), en dosis diarias divididas a lo largo del día, para calmar los nervios y ayudar a controlar la contracción muscular.

Sales de tejidos Al inicio de la migraña, tome tres tabletas de *Nat. Mur. 6X*; repita después de cuatro horas, si es necesario. Para un dolor palpitante, tome la misma cantidad de *Ferr. Phos.* cada 30 minutos durante hasta dos horas.

Remedios populares

Para algunas personas, cubrir la nariz y la boca con una bolsa de papel, e inhalar y exhalar varias veces produce una mejoría. Los curanderos populares sugieren colocar sobre la frente la cáscara de una sandía o de una banana (plátano) madura, y fijarla con una gasa, tal vez por su efecto refrescante. Otras curas tradicionales para la migraña incluyen comer quince almendras o un bol de fresas (frutillas, *strawberry*), beber una taza (o tomar una cápsula) de ulmaria (*meadowsweet*), o de corteza de sauce blanco (*white willow*), o $\frac{1}{4}$ cucharadita de nuez moscada (*nutmeg*) rallada en una taza de agua.

Vinagre de sidra de manzana Se ha dicho que tomar dos cucharaditas de vinagre en un vaso de agua con cada comida reduce la frecuencia de las migrañas. Cuando el dolor ha comenzado, inhalar las emanaciones de un frasco de mostaza fuerte, o respirar 75 veces los vapores de una mezcla en partes iguales de vinagre y agua hirviendo, ha aliviado el dolor en un tiempo tan corto como cinco minutos.[159, 172]

Aplicaciones de calor y frío Paños fríos, o bolsas de hielo ayudan a contraer los vasos sanguíneos inflamados y reducen la sensibilidad de las terminaciones nerviosas. Calentar las manos y/o los pies con agua caliente o una almohadilla térmica alivia la presión en la cabeza al impulsar el suministro de sangre hacia las extremidades. Se dice que se pueden aumentar los beneficios al añadir jugo de limón o mostaza en polvo a un baño de pies o de manos. (Las clínicas especializadas en dolores de cabeza han descubierto que los pacientes que pueden visualizar vívidamente sus manos cerca de una fogata tienen más éxito desviando la sangre del cerebro, que los que efectivamente calientan sus manos físicamente).[51] Cuando se utiliza al inicio de un aura de migraña, el calor y el zumbido de una secadora de cabello podrían evitar que se desarrolle un dolor de cabeza.

Café Beber una o dos tazas de café fuerte (con o sin el jugo de medio limón) al inicio del dolor puede abortar las migrañas, al contraer los vasos sanguíneos del cerebro.

Hierbas Se dice que beber a sorbos una taza de infusión de manzanilla (*chamomile*) o nébeda (*catnip*) previene las migrañas. Además de sus virtudes establecidas como preventivo para la migraña, cuando se toma una cápsula diaria, la matricaria (*feverfew*) combinada con el tomillo (*thyme*) erradica el dolor; la dosis recomendada es tres cápsulas de cada uno a intervalos de dos horas.[46, 176] Otras hierbas recomendadas para el tratamiento de la migraña son el extracto de ginkgo biloba, la menta piperita (*peppermint*), el romero (*rosemary*) y el ajenjo (*wormwood*); o una combinación de fenogreco (*fenugreek*), tomillo (*thyme*) y betónica (*wood betony*).

Presión sobre los nervios y masajes

○ Extienda la lengua dos centímetros y manténgala entre los dientes durante diez minutos.

○ Coloque los pulgares detrás de los lóbulos de las orejas, comprima y masajee el extremo de los lóbulos con los dedos.

○ Utilizando el pulgar de la mano opuesta, presione con firmeza y masajee el centro de cada palma; luego cada pulgar, concentrándose en los lugares delicados, generalmente entre la segunda falange y la punta.

Las frecuentes migrañas del Dr. Tad R. eran más que un tormento; eran una amenaza a su práctica de psiquiatría. Cuando un amigo sugirió que probara la reflexología de pies, Tad estaba dispuesto a experimentar. El visitante comenzó por hacerle un masaje en la base del dedo gordo del pie, siguió hacia la punta y sonrió cuando Tad se estremeció de dolor. Había localizado el punto de presión. Un suave frotamiento continuo disminuyó gradualmente el dolor en el dedo y, sorprendentemente, el dolor de cabeza de Tad comenzó a disminuir. Aún más asombroso, al dar masajes a su dedo del pie a la primera indicación de una migraña, el Dr. Tad se ha librado de ellas.

Relajación e imágenes mentales

La visualización y la autosugestión pueden acrecentar los beneficios de relajarse en un cuarto oscuro con una bolsa de hielo en la frente. Para algunas víctimas de migrañas, imaginarse a sí mismos en un lugar apacible y sin dolor es suficiente. Otros prefieren la visión anatómica de arterias distendidas contrayéndose para aliviar la presión. Unos pocos tienen mayor éxito imaginando que retiran la parte superior de su cráneo y extraen al genio malo que causa el dolor en el cerebro.

Fuentes (vea la Bibliografía)

14, 16, 17, 26, 29, 45, 46, 49, 50, 51, 56, 58, 59, 60, 61, 64, 65, 75, 98, 102, 108, 111, 112, 113, 144, 147, 150, 151, 158, 159, 164, 172, 176, 186, 201, 202, 212, 213, 235, 236, 238, 244, 254, 255, 256, 281, 293, 294, 297, 300, 312, 313

Mordeduras y Picaduras

La mayoría de las mordeduras y las picaduras no pasan de ser incidentes desagradables, pero inclusive los incidentes no venenosos (de animales o insectos) podrían ser potencialmente peligrosos debido a reacciones alérgicas, infecciones secundarias y enfermedades transmitidas. Para complementar remedios específicos y cualquier tratamiento médico que sean necesarios, los médicos ortomoleculares recomiendan estos suplementos terapéuticos (vea la nota en la página xii):

Vitaminas B 50 miligramos de vitamina B-6 además de 100 miligramos de ácido pantoténico inmediatamente después de la mordedura para ayudar a desintoxicar los venenos y evitar reacciones alérgicas. Luego, una tableta de vitaminas del complejo B de alta potencia diariamente para ayudar a la producción de anticuerpos.

Vitamina C De 1.000 a 2.000 miligramos inmediatamente; de 4.000 a 10.000 miligramos en dosis divididas durante el primer día; luego, 3.000 miligramos diarios. El acompañar la vitamina C con bioflavonoides incrementa la acción desintoxicante y antialérgica.

Gluconato de calcio Hasta 1.500 miligramos diarios para reducir el dolor y aminorar la probabilidad de irritaciones estomacales causadas por la vitamina C.

Mordeduras de animales

Consejo de primeros auxilios Limpie la herida con jabón y agua corriente durante cinco minutos para eliminar los agentes contaminantes; aplique agua oxigenada (*hydrogen peroxide*) u otro antiséptico, si se desea; luego aplique una gasa estéril. Podría aplicar una bolsa de hielo sobre el vendaje para aliviar el dolor.

Si la herida es superficial, el animal es una mascota saludable y la víctima ha recibido una vacuna contra el tétanos en los últimos cinco años, no debería necesitarse otro tratamiento, a menos que sobrevenga una hinchazón, enrojecimiento o supuración. Las heridas profundas de la mordedura de un animal salvaje o errante, requieren de atención médica y una alerta contra la rabia. Los expertos en hierbas recomiendan cápsulas o infusiones de equinácea, botón de oro (hidraste, *goldenseal*) o trébol morado o rojo (*red clover*). Los médicos holísticos aconsejan un régimen de dos semanas de consumo diario de dos cápsulas inodoras de ajo con cada comida (el ajo es un antibiótico natural), y 500 miligramos diarios de los aminoácidos desintoxicantes L-cisteína y L-metionina.[17]

Mosquitos y otros insectos voladores

Los tábanos o moscardones producen una picadura dolorosa. Los zancudos son una amenaza cuando atacan en conjunto. Los mosquitos son la molestia más frecuente. La comezón y el enrojecimiento son reacciones alérgicas a substancias en la saliva o heces fecales de los insectos, que son depositadas en el lugar de la picadura y pueden causar infecciones secundarias. Típicamente, los mosquitos prefieren a los hombres que a las mujeres, a lo sucio más que a lo limpio, y son atraídos por el color azul; pero el olor corporal individual también juega un papel. Los mosquitos estaban echando a perder la visita de Cynthia F. a un lago. Antes de que se curaran las primeras picaduras, ya tenía otras nuevas. Entonces una amiga que no había sido atacada compartió su secreto: baños con blanqueador. Agregaba cuatro cucharadas de blanqueador con cloro (lavandina, *chlorine bleach*) al agua de la tina antes de bañarse, y se remojaba en ella durante 15 minutos antes de salir al exterior. Para su deleite, los mosquitos la pasaban de largo en busca de un objetivo más atractivo.

Llevar ropas que cubran el cuerpo es otra forma de protección. Para algunas personas, el consumo diario de levadura de cerveza (*brewer's yeast*) o ajo fresco actúa como un repelente de insectos. Para otras, es eficaz tomar 60 miligramos de zinc al día durante un mes, o tomar 100 miligramos de vitamina B-1 o niacina inmediatamente antes y cada tres o cuatro horas mientras están expuestas. El tratamiento de picaduras depende de la disponibilidad de remedios y la intensidad del escozor. Para evitar la contaminación con la enfermedad o infección: lave el área de la picadura con agua y jabón, luego aplique un desinfectante. Para aliviar el escozor o dolor, humedezca el área y frótela con una tableta de aspirina, o aplique una pasta de agua con bicarbonato de soda, tabletas de carbón molidas, tiernizador de carne, o sal de mesa. Otras alternativas incluyen cubrir la picadura con gel de áloe vera (acíbar, zabila), amoniaco, sales de Epsom disueltas en agua tibia, aceite de eucalipto, jugo de limón o vinagre, o con este remedio tradicional, previamente preparado: combine una cucharadita de canela (*cinnamon*), clavos de olor (*cloves*), jengibre (*ginger*), cáscara de limón, cáscara de naranja y sasafrás (una de cada uno) con una taza de vinagre, y deje reposar en un frasco cerrado de vidrio. Agítelo una vez al día durante diez días, luego cuele y embotelle.

Garrapatas

A pesar de que su picadura es generalmente inofensiva y relativamente indolora, al chupar la sangre, una garrapata (*tick*) puede inyectar bacterias que causan enfermedades. Entre las medidas de precaución se encuentran: usar camisas de manga larga y poner los bordes de los pantalones dentro de las medias o las botas. Los materiales resbalosos como el nailon hacen que las garrapatas encuentren difícil asentarse, y un sombrero les impedirá establecerse en el cuero cabelludo. Una inspección diaria del cuerpo y la ropa es recomendable, pues con frecuencia las garrapatas se pasean un largo tiempo antes de seleccionar el lugar de la picadura.

La boca de la garrapata tiene un pico afilado con barbas inclinadas hacia atrás. Después de ingresar a una fuente de sangre, inyecta bacterias mientras chupa, de forma que cuanto antes se quite una garrapata, menor será la probabilidad de que se transfieran organismos infecciosos. Podría aplicarse una gota de aceite o alcohol para inmovilizar parcialmente a la garrapata, pero los remedios populares para hacer que se retire irritándola con un fósforo encendido o sofocándola con vaselina (*petroleum jelly*) o esmalte de uñas, podrían provocar la secreción de más bacterias, y por eso es mejor descartarlos en favor de una extracción rápida.[300]

○ Utilice una pinza o cubra sus dedos con tela para asir la garrapata tan cerca de la superficie de la piel como sea posible, y hale suavemente sin apretar, torcer o comprimir el cuerpo, pues cualquiera de sus fluidos podría causar una infección.

○ Limpie el área con agua y jabón, desinfecte con alcohol o agua oxigenada (*hydrogen peroxide*), luego si es necesario aplique una pequeña venda.

○ Conserve la garrapata en una botella etiquetada con la fecha, ubicación geográfica y área del cuerpo de la picadura. Introducir un pedazo de papel toalla mojado preservará la garrapata hasta seis semanas en caso de que aparecieran síntomas sospechosos y sea necesaria una evaluación médica. La "fiebre de las Montañas Rocosas" (*Rocky Mountain spotted fever*, que en realidad es más frecuente en el sur y el este de Estados Unidos), generalmente se manifiesta en el término de una semana mediante fiebre y un salpullido de manchas rojinegras en las muñecas y los tobillos.[281, 300] La enfermedad de Lyme (que ha sido localizada en 43 estados de Estados Unidos) comienza con un salpullido rojizo alrededor de la picadura en el 60 a 80 por ciento de los casos.[186] Otros síntomas de la enfermedad de Lyme dolores en las articulaciones y los músculos, fiebre, hinchazón de las glándulas y mareos son que podrían manifestarse entre tres días y un mes después de la picadura.

Niguas (piques, *chiggers*)

A diferencia de las garrapatas, las niguas no introducen la cabeza ni chupan la sangre. Para asirse a los humanos, las niguas utilizan sus pinzas, se alimentan durante unos tres días segregando enzimas que "licúan" las células de la piel, y luego se desprenden. Las camisas de manga larga, pantalones largos, medias y zapatos proveen algo de protección contra estos parásitos que habitan en el césped y otras áreas cubiertas por vegetación.

Las niguas son tan pequeñas (aproximadamente $\frac{1}{20}$ de pulgada), que rara vez se ven hasta que, muchas horas después del contacto inicial con sus enzimas, aparecen diminutas ronchas rojizas y una fuerte comezón. Para retirar los insectos, restriéguese con un cepillo y agua jabonosa, luego enjuáguese completamente. Una bolsa de hielo ayuda a controlar la hinchazón. Para aliviar el escozor, aplique una pasta de amoniaco y polvo de hornear (*baking powder*), o utilice cualquiera de los remedios recomendados para las picaduras de mosquitos. Si la comezón es generalizada, un baño tibio en el que se ha disuelto un poco de maicena (fécula de maíz, *cornstarch*) podría traer mejoría.

*Vea también **Mordeduras de serpiente, Picaduras de arañas***

Fuentes (vea la Bibliografía)

2, 6, 17, 20, 41, 42, 46, 50, 57, 64, 69, 72, 75, 87, 92, 98, 104, 109, 111, 135, 144, 148, 151, 159, 169, 173, 176, 186, 196, 202, 203, 207, 216, 264, 281, 282, 284, 285, 293, 300, 301, 311, 313, 322

Mordeduras de serpiente, Picaduras de araña y Rasguños de mar

Cualquier penetración en la piel de criaturas venenosas requiere de atención médica. Inclusive mordeduras, picaduras y rasguños no venenosos pueden causar infecciones o reacciones alérgicas, y podrían necesitar una vacuna contra el tétanos. Los expertos en hierbas recomiendan beber inmediatamente una infusión antiespasmódica (asafétida, zarzaparrilla, escutelaria —*skullcap*) para reducir la tensión y ayudar a localizar el veneno.[149] Para aminorar la posibilidad de reacciones severas y aliviar síntomas de dolor, los practicantes de medicina holística recomiendan dosis terapéuticas de estos tres suplementos (vea la nota en la página xii).

Vitamina C De 1.000 a 2.000 miligramos inmediatamente; repetidos cada hora, pero en cantidades menores si se desarrolla una diarrea (la vitamina C en polvo, disuelta en agua, se absorbe rápidamente y puede beberse cuando es difícil tragar tabletas). Si la lesión es de una serpiente o araña venenosa, o de un animal marino, se recomienda una primera dosis de por lo menos 4.000 miligramos como agente desintoxicante. Se ha informado que cuando esta dosis se repite varias veces, todos los síntomas desaparecen en poco tiempo, alrededor de 38 horas.[98]

Gluconato de calcio 500 miligramos cada seis horas para aliviar el dolor y los calambres abdominales, producidos por el veneno de la serpiente o araña, y para evitar molestias estomacales a consecuencia de las dosis masivas de vitamina C. Podría ser beneficioso acompañar cada dosis de calcio con 1.000 miligramos de gluconato de magnesio u orotato (*orottate*).

Acido pantoténico 500 miligramos cada ocho horas durante dos días para incrementar las propiedades desintoxicantes y antialérgicas de la vitamina C.

Mordedura de serpiente

Existen dos especies de serpientes venenosas en Estados Unidos. Los crótalos —o *pit vipers*— (serpientes de cascabel, *copperheads*, o mocasines de agua) se encuentran en todos los estados excepto Alaska. La serpiente coral (miembro de la familia de la cobra, que se encuentra en los estados del sur desde la costa este hasta Texas) "mastica" en lugar de horadar con los colmillos. La prevención es el remedio ideal para las mordeduras de serpientes. Cuando se encuentre en áreas rurales, ponga los bordes de los pantalones dentro de las medias por lo menos hasta la altura de los tobillos, tenga cuidado cuando mueva rocas o troncos caídos, acampe en un espacio abierto y lleve guantes gruesos cuando junte ramas para hacer fuego.

La mayoría de las mordeduras son de especies no peligrosas, e inclusive las serpientes venenosas no siempre inyectan veneno. La severidad de la reacción depende de cuánto veneno se ha inyectado; de la edad, tamaño y predisposición alérgica de la persona; de la parte del cuerpo que ha sido mordida; y de cuán rápidamente se puede obtener ayuda médica, pues un antídoto es eficaz solamente si se administra durante las 12 horas que siguen a la mordedura.[281]

Una víctima de mordedura de serpiente no debería intentar conducir un auto. Además del acostumbrado dolor e hinchazón, los síntomas podrían incluir náuseas, debilidad y pérdida de conocimiento.

Consejo de primeros auxilios Si es mordido, mantenga la calma, y después de alejarse (una serpiente puede morder más de una vez), muévase lo menos posible. Para retardar la circulación de la sangre en el área afectada, manténgala inmóvil y a una altura igual o menor a la del corazón. Si tiene agua y jabón, lave la herida y cúbrala con un vendaje limpio. Se podría neutralizar parte del veneno, mediante la aplicación de una pasta hecha de agua y el contenido de varias cápsulas de carbón activado (*activated charcoal*), y luego tomar diez de las cápsulas;[312] o tomar inmediatamente cinco tabletas de papaya con sorbos de agua en la que se ha disuelto un tiernizador de carne con contenido de papaína.[150] No aplique hielo, pues el frío podría dañar el tejido e impulsar más profundamente el veneno. Si la mordedura es en un brazo o en la mano, retire anillos y brazaletes antes de que comience la hinchazón. Busque ayuda médica inmediatamente. Si la serpiente ha sido muerta, la puede llevar consigo, pero no debería perderse tiempo tratando de encontrarla.

Si la ayuda médica se encuentra a más de 30 minutos de distancia y la mordedura es en un brazo o una pierna, un torniquete se debería aplicar entre la herida y el corazón durante los primeros cinco minutos después de la mordedura. La venda debería estar entre cinco y diez centímetros más arriba de la herida, y suficientemente suelta como para permitir que se inserte un dedo entre ella y la piel y para que se sienta el pulso más abajo del lugar de la mordedura; el pulso debería ser verificado cada pocos minutos y el torniquete aflojado cuando sea necesario. Si la hinchazón llega hasta el torniquete, éste debe dejarse en su lugar y aplicarse una segunda venda un poco más arriba.[322]

Según el *Berkeley Wellness Letter* (agosto de 1991), hacer una incisión en la mordedura para chupar el veneno solo debería intentarse cuando la ayuda médica está a varias horas de distancia y cuando la mordedura se encuentra en un brazo o una pierna; entonces debería llevarse a cabo en cuanto el torniquete haya sido colocado. Si no tiene el equipo necesario que incluye una bomba de succión para extraer el veneno de serpiente, el procedimiento de emergencia es:

1. Esterilizar un cuchillo filoso o una hoja de afeitar con alcohol o con fuego. Hacer incisiones de una profundidad de $\frac{1}{8}$ de pulgada a lo largo de cada huella de colmillo, cortando a lo largo del miembro, no a lo ancho.

2. Chupar el veneno y la sangre, escupir y seguir la succión durante 30 a 60 minutos; el veneno de serpiente no es venenoso para el estómago, pero debería enjuagarse la boca.[148] Luego, lave la herida y véndela.

Mientras se aguarda la atención médica, pequeños sorbos de agua con vitamina C en polvo pueden resultar de ayuda, pero la comida y las bebidas alcohólicas deberían evitarse. El whisky no es una medicina para combatir las mordeduras de serpiente.

Picaduras de araña

Todas las arañas son venenosas —inyectan veneno para paralizar a su presa—, pero sólo algunas especies son dañinas para los seres humanos. En Estados Unidos, la más peligrosa es la viuda negra (*black widow*) hembra y la reclusa (*recluse*) marrón. Ambas podrían encontrarse tanto en interiores como exteriores, y las picaduras de ambas han resultado fatales; la evaluación médica para una posible terapia de antídotos es esencial.

La viuda negra, una araña de lomo brillante, con una marca roja en forma de reloj de arena en la parte inferior de su cuerpo, de un cuarto de pulgada, inyecta una neurotoxina similar a la del veneno de la serpiente de cascabel. La picadura produce un breve dolor; luego, después de unos 30 minutos, pueden presentarse calambres abdominales y espasmos musculares, dificultad para respirar y ocasionalmente parálisis. La reclusa marrón (también llamada araña violinista o *fiddler spider*) es aproximadamente del mismo tamaño, con una marca marrón en forma de violín en la parte frontal superior de su cuerpo. Su picadura es relativamente indolora, pero en unas pocas horas o días, puede haber dolor, fiebre, escalofríos, náuseas y calambres, y la herida podría ampollarse, ulcerarse y agrandarse.

Consejo de primeros auxilios Lave la picadura y desinfecte el área con alcohol y agua oxigenada (*hydrogen peroxide*) para prevenir una infección secundaria. Frote el área humedecida con una aspirina para neutralizar algo del veneno, luego aplique una bolsa de hielo para frenar la diseminación del veneno mientras espera ayuda médica. Si ésta demora más de media hora, y la picadura se encuentra en un brazo o una pierna, aplique un torniquete como para la mordedura de serpiente. Si mata la araña, consérvela en una botella para ser identificada positivamente.

Rasguños de mar

Las criaturas venenosas marinas son un peligro para nadadores y submarinistas. El coral, de apariencia atractiva, está compuesto de esqueletos de coral y habitado por pólipos de coral equipados con las mismas células tóxicas de la aguamala o aguamar (*jellyfish*). Cuando se toca, el coral puede causar dolorosas abrasiones y podría descargar pequeñas púas junto con su dosis de veneno. Los erizos de mar habitan tanto en las aguas superficiales como en las profundas, y sus púas producen dolor e infección. La pastinaca se llama *stingray* (o "raya con púa") en inglés por las espinas tóxicas que están localizadas en la base de sus largas y delgadas colas. Todas estas lesiones deberían ser evaluadas por un médico sin pérdida de tiempo. Podría ser necesario que un profesional extrajera las púas; síntomas de intenso dolor, náuseas y posible *shock* podrían requerir procedimientos de mantenimiento de vida.

Consejo de primeros auxilios Lave el área con agua salada, luego aplique alcohol, amoniaco, vinagre, alumbre o tiernizador de carne disuelto

en agua salada para desactivar algunas de las toxinas. Extraiga las pequeñas espinas o fragmentos de coral con una pinza o con los dedos protegidos
por un lienzo (tela), luego sumerja la parte afectada en agua caliente por lo
menos durante 30 minutos para neutralizar más del veneno. Si no se puede
obtener ayuda médica en media hora, y si la herida está en un brazo o una
pierna, aplique un torniquete entre la lesión y el corazón, como en el caso
de una mordedura de serpiente.

Remedios caseros para complementar los cuidados profesionales

Para extraer el veneno, los curanderos populares utilizan emplastos
de tabaco o aplican mostaza en polvo mezclada con jugo de ajos o vinagre
de vino, cuando no hay ayuda médica disponible.[203] Se ha dicho que el
llantén (*plantain*) silvestre cumple las mismas funciones para las mordeduras de serpiente de cascabel que para las de la viuda negra; el jugo de sus
hojas debe ser escurrido sobre la herida mientras la víctima mastica hojas
de llantén adicionales.

> **Hierbas medicinales** Para las situaciones que involucran veneno, los
> remedios incluyen beber una taza de infusión (o tomar dos cápsulas)
> de equinácea, zarzaparrilla o acedera bendita (*yellow dock*) cada hora,
> hasta que los síntomas se hayan aliviado, y aplicar una cataplasma de
> cimifuga negra (*black cohosh*), cimifuga azul (*blue cohosh*), consuelda
> (*comfrey*), olmo norteamericano (*slippery elm*) o corteza de roble
> blanco (*white oak*).

> **Analgésicos** Una cataplasma de polvo de alumbre con una clara de
> huevo batida, o un ungüento preparado anticipadamente cociendo
> iguales cantidades de alquitrán y tabaco hasta que espesen podrían
> ser eficaces, así como también la dulce solución de Trisha P. Cuando
> esta niña de tres años salió al jardín para admirar una mariposa, uno
> de sus pies descalzos fue mordido por algo que ella sólo identificó
> como un "insecto". Para calmar sus gritos, su madre aplicó peróxido
> sobre el área rojiza que comenzaba a hincharse, puso una taza de azú-
> car en un recipiente con agua y sumergió el pequeño pie. El dolor y
> las lágrimas se calmaron antes de que Trisha y su madre llegaran al
> consultorio médico, y, ya sea que Trisha hubiera sido mordida por
> una hormiga o una araña de jardín, no fue necesario ningún otro tra-
> tamiento.

Hinchazón, escozor y/o dolor Se pueden aliviar al tomar tres o cuatro dosis diarias de las sales de tejidos *Kali. Mur.*, *Kali. Phos.* y *Silícea*, y aplicar una pasta hecha de estas sales mezcladas con agua; o por medio de aplicaciones de áloe vera (acíbar, zabila), amoniaco, aceite de eucalipto, jugo de limón, vinagre o aceite de vitamina E.

Vea también **Mordeduras y picaduras**

Fuentes (vea la Bibliografía)

17, 20, 41, 42, 57, 64, 69, 72, 75, 80, 85, 87, 92, 98, 104, 111, 135, 144, 148, 149, 150, 159, 169, 176, 196, 202, 203, 216, 252, 264, 281, 282, 283, 284, 285, 293, 300, 311, 312, 322

Moretones (magulladuras)

Los moretones aparecen generalmente debido a tropezones o golpes que, sin quebrar la piel ni producir sangrado externo, dañan pequeños vasos sanguíneos de manera que la sangre se derrama sobre el tejido circundante y produce decoloración de la piel y, posiblemente, inflamación. Al quedar privados del oxígeno de la sangre, la sangre que se ha salido de los vasos se oscurece y pasa de rojo a púrpura, y luego la magulladura cambia de color gradualmente, de azul a verde a un amarillo parduzco, a medida que el organismo lleva a cabo su compleja maniobra de curación llamada hemostasis. Primero, las plaquetas (diminutas células coagulantes) forman un tampón temporario en los vasos sanguíneos dañados. Luego, mientras la sangre que salió vuelve a reabsorberse, unas proteínas, llamadas factores de coagulación, reparan de manera permanente las rupturas para evitar futuras pérdidas de sangre. Cualquier desarreglo en los elementos que se necesitan para este proceso natural puede causar sangrado o moretones excesivos y puede demorar el tiempo normal de recuperación, que es de alrededor de una semana.

Tratamiento

Frío La aplicación inmediata de hielo o de cualquier sustancia muy fría demora el derrame que sale de los vasos sanguíneos dañados, y limita el tamaño del chichón y la intensidad de su coloración. Para evitar la posibilidad de congelación, use el hielo de manera intermitente y quítelo durante unos minutos cada vez que sienta el área adormecida. Si la magulladura se encuentra en un brazo o una pierna, eleve la extremidad lesionada para reducir el flujo de sangre hacia ella.

Calor Introducir inmediatamente la uña de un dedo lesionado (de la mano o el pie) en agua muy caliente puede reducir el dolor, ya que esto ablanda la uña y la hace ceder y acomodarse a la inflamación que se forma debajo de ella.[202] Para otros tipos de magulladuras, se pueden usar compresas calientes después de las primeras 24 horas para estimular la circulación y acelerar la reabsorción de los fluidos descoloridos en los tejidos.

Suplementos (vea la nota en la página xii) Tomar inmediatamente 2.000 miligramos de vitamina C, y suplementar después la dieta con vitamina A, complejo B, C y E, más selenio y zinc, ayuda a la reparación de los vasos sanguíneos y acelera la curación. Tomar una tableta de sales de tejidos *Fer. Phos. 3X* y una de *Kali. Mur. 3X* cada 10 minutos durante una hora después de que ocurra la magulladura, y luego dos o tres veces al día, puede reducir tanto la inflamación y el dolor como la decoloración. Para una aplicación superficial: se pueden disolver en agua las sales de tejidos mencionadas y se pasan con una esponja sobre las magulladuras de la piel; para las magulladuras en las tibias de las piernas u otros huesos, use *Calc. Fluor.* disuelto y luego cúbralo con una venda que retenga la humedad.

Tendencia a magullarse

Existen condiciones internas que son las causas de la aparición de moretones con poca o sin ninguna razón aparente. En algunos casos, un ligero golpe o una ropa apretada puede causar una magulladura; en otros (en casos de magulladura espontánea o púrpura) no hay necesidad de ejercer presión externa para que se produzca el moretón:

❍ Reacciones alérgicas a medicamentos, alimentos o bacterias pueden causar una inflamación de los vasos sanguíneos que están debajo de la piel, provocando una hemorragia o magulladura espontánea llamada púrpura alérgica.

❍ La púrpura común, que a veces se llama púrpura senil debido a que ocurre frecuentemente en las personas de mediana edad o los ancianos, puede aparecer como manchas de color vino que desaparecen en dos o tres semanas, sin que lleguen a ponerse de color azul. Las deficiencias dietéticas o los medicamentos antiinflamatorios que destruyen la vitamina C pueden debilitar las fibras de colágeno (sintetizadas a partir de proteínas y vitamina C) en las que se apoyan las paredes de los vasos sanguíneos, haciendo que los vasos sanguíneos se debiliten y se rompan a la menor provocación. Tomar todos los días dosis divididas de 500 a 5.000 miligramos de vitamina C, más 100 a 1.000 miligramos de bioflavonoides puede corregir el problema.[17, 272]

○ Las plaquetas coaguladoras de la sangre son esenciales para evitar magullarse con facilidad. Esta función de coagulación puede ser restringida por la aspirina, o los medicamentos semejantes a la aspirina, por grandes cantidades de alcohol o pimienta de Cayena (*Cayenne pepper*), y por dosis elevadas de suplementos de aceite de pescado.[151, 177] Las deficiencias de vitamina B-12 y de ácido fólico pueden reducir la producción de plaquetas del organismo; los suplementos diarios de una tableta de vitamina B-12 y ácido fólico adicional pueden resultar útiles.

Las magulladuras que salen con facilidad o la púrpura persistente o excesiva, requieren de la evaluación del médico. El problema puede ser un efecto secundario de un medicamente recetado, y/o podría presentarse acompañado de hemorragias internas o podría ser una indicación de trastornos de la médula ósea o de otras enfermedades.

Remedios populares

La edición de 1835 de *The American Frugal Housewife*,[69] aconseja un emplasto hecho de un papel de estraza remojado en melaza (*blackstrap molasses*) para curar una magulladura. Otras alternativas para cuando no había hielo disponible eran: la parte interior de la cáscara de una banana (plátano); pan mojado en vinagre, querosén (queroseno) o trementina (*turpentine*); o media hora de fomentos calientes. Se dice que frotar inmediatamente el área con los dedos húmedos que se han introducido en un poco de azúcar evita que se formen moretones. Los más intrépidos ponían un puñado de tabaco en una infusión de agua tibia durante varias horas, aplicaban el tabaco a la magulladura y bebían varias cucharadas del líquido. El remojar la parte magullada durante 15 minutos varias veces al día en un litro (un cuarto de galón) de agua caliente (con $\frac{1}{4}$ taza de vinagre de sidra de manzana —*apple cider vinegar*) es una solución para la hinchazón.

Tés de hierbas Las siguientes pueden usarse como compresas calientes: alfalfa, raíz de consuelda (*comfrey*), fenogreco (*fenugreek*), hisopo (*hyssop*), lobelia, gordolobo (verbasco, *mullein*), orégano, perejil, té de pekoe, escaramujo (*rose hip*), tomillo (*thyme*), cúrcuma (*turmeric*) y milenrama (*yarrow*).

Emplastos Cuando se vendan sobre una magulladura, se dice que estos aceleran la curación: pan mezclado con agua o leche; una pasta de arrurruz común (maranta, *arrowroot*) y agua, o maicena (fécula de maíz, *cornstarch*) y aceite de castor, corteza de olmo norteamericano (*slippery elm*) hervido o raíces de *soapwort*; sal calentada; jamón crudo picado o perejil picado mezclado con mantequilla; col (repollo, *cabbage*), papa o nabo (*turnip*) crudos y rallados; cebolla hervida picada, sola o mezclada con una cantidad igual de manteca de cerdo salada sin procesar.

Saturar una bolita de algodón con hamamelis (olmo escocés, *witch hazel*) y adherirla sobre las áreas lastimadas puede ayudar a evitar la decoloración. El áloe vera (acíbar, zábila) es otro sanador de magulladuras. Dewain H., de cinco años de edad, estaba tan entusiasmado de poder pasar una semana entera en la cabaña que tenían sus abuelos junto al lago que salió corriendo hacia el portal en el momento en que ellos llegaban, tropezó con una piedra y dio con la cabeza en un tiesto de flores. El abuelo de Dewain sacó del congelador un paquete medio congelado de hamburguesas y lo apretó contra el golpe, que se iba poniendo cada vez más rojo, en la esquina del ojo de Dewain, sobre el pómulo, hasta que el dolor se calmó. Luego, su abuela le pasó gel de áloe vera sobre esa área y sobre la mitad de la sección de piel entre el ojo y la ceja. La mayor parte de la semana siguiente, Dewain lucía como si hubiera estado haciendo experimentos con maquillaje de los ojos. Las áreas que se trataron con áloe cambiaron directamente de rojo a amarillo sin pasar por el azul, y luego regresaron a su tonalidad normal antes de que la mitad del ojo que no había recibido el tratamiento con áloe pasara a través de las usuales etapas de morado y verde. Cuando Dewain regresó a su casa, la evidencia había desaparecido, pero sus abuelos confirmaron su historia de la terrible lesión y sus coloridas etapas.

Fuentes (vea la Bibliografía)

6, 17, 42, 45, 50, 53, 57, 64, 69, 75, 87, 98, 112, 144, 146, 148, 150, 151, 168, 176, 177, 179, 187, 202, 205, 224, 256, 264, 272, 276, 281, 283, 284, 299, 304, 312, 313, 317, 322

Náuseas y Vómito

Las náuseas pueden ser iniciadas por un estímulo visual (sangre, un accidente de tránsito), por olores (grasa rancia, pescado podrido), por sonidos (descripciones gráficas de una operación quirúrgica, o de heridas con pus), o por una combinación de los tres, como es estar muy cerca de una persona que está vomitando. Otros causantes potenciales incluyen las reacciones alérgicas, la ansiedad, los excesos en la dieta, los mareos causados por movimiento, el bajo nivel de azúcar en la sangre o cualquiera de más de 25 dolencias o enfermedades. La náusea progresa hacia el vómito cuando señales interactivas del conducto digestivo informan al cerebro que substancias dañinas están presentes, y el "centro de vómito" de la mente emite la orden. Las arcadas pueden ocurrir cuando las órdenes del cerebro de vomitar continúan después de que el estómago está vacío. Debería consultarse con un médico si los vómitos ocurren durante las 48 horas siguientes a una lesión en la cabeza, si son negros o sanguinolentos; si no se puede mantener nada en el estómago durante 24 horas o si las náuseas y los vómitos persisten más de unos pocos días.

Cualquiera que sea la causa de las náuseas, respirar lenta y profundamente, y una relajación consciente (vea la Introducción) acompañada por una afirmación como, "mi estómago se está calmando; me sentiré bien en unos minutos" podría mitigar el malestar. Los remedios caseros pueden ser utilizados para disminuir la agitación, evitar la deshidratación y acelerar la mejoría.

Dieta

El consumir una pequeña cantidad de pan tostado o galletas saladas con frecuencia aleja las náuseas, especialmente cuando ha sido causada por ejercicio excesivo. Incluir proteína en una merienda podría ayudar a los que padecen de hipoglucemia. Unos bocados de dulce, o sorbos de jugo de naranja pueden resolver el problema para un diabético. Si la causa de las náuseas es algo que se ha consumido recientemente, vomitar podría ser una cura rápida. Sin embargo vomitar repetidamente expele fluidos de comidas y bebidas ingeridas antes de que puedan ser absorbidos, y puede deshidratar el organismo a menos que el fluido se reemplace.

Es bueno chupar trozos de hielo, pero después de haber vomitado, el agua muy fría, o más de una cucharada de cualquier líquido helado, ha causado más vómitos en algunos casos. Unos sorbos de caldo tibio, o jugos de frutas, colas, *ginger ale* u otras bebidas a la temperatura del ambiente podrían ayudar a quitar las náuseas y al mismo tiempo reemplazar el fluido y los minerales perdidos. Un informe en el *Berkeley Wellness Letter* (julio de 1991) recomienda dejar reposar las bebidas gaseosas hasta que hayan perdido el gas debido a que la carbonatación puede hinchar el estómago y provocar vómitos. Para síntomas severos, se puede mezclar un sobre de refresco en polvo no endulzado con dos cucharadas de azúcar, una cucharada de sal, dos cucharaditas de bicarbonato de soda y cuatro tazas de agua.[264] Antes de poder consumir alimentos, puede que una cucharadita de jugo de naranja endulzado o miel cada 15 a 30 minutos se tolere. La manzana cruda rallada mezclada con miel es indicada para quienes no puedan mantener nada en el estómago. Cuando comer parece factible, los alimentos suaves bajos en grasas (pechuga de pollo, sopas de arroz o fideos con galletas saladas, postres de gelatina) ayudan a volver a la normalidad.

Suplementos (vea la nota en la página xii)

Investigaciones realizadas han descubierto que tomar dos cápsulas de 500 miligramos de jengibre (*ginger*) previene las náuseas después de una operación quirúrgica tan eficazmente como los medicamentos antieméticos.[49] En un estudio llevado a cabo en un hospital, tomar dos cápsulas de ajo después de las comidas alivió las náuseas crónicas en el 75 por ciento de los pacientes.[2] Situaciones frecuentes de náuseas y vómitos en personas con deficiencias de magnesio y vitamina B-6 se han corregido con un suplemento diario de vitaminas del complejo B, además de 500 miligramos de magnesio.[98] Las sales de tejidos podrían remediar accesos comunes: tome tres dosis en intervalos de 20 minutos, además de dos tabletas de cada uno de *Kali. Phos. 6X* y *Nat. Phos. 6X*. Si las náuseas son provocadas por alimentos recién consumidos, agregue dos tabletas de *Nat. Sulph. 6X*.

Remedios populares

Se dice que mantener media cebolla cruda y pelada debajo de cada axila controla los vómitos incesantes. Se ha informado que consumir una molleja de pollo cocida con dos limones picados alivia tanto las náuseas como los vómitos. El aspirar la tinta de un periódico elimina las náuseas en algunas personas. Megan y Stuart A. descubrieron que la efectividad de cualquier remedio es una cuestión personal. En dos ocasiones, Megan había calmado su estómago rebelde masticando lentamente trozos muy pequeños de apio crudo y hojas de apio, una a la vez. Sin embargo, cuando su esposo probó esta "cura segura", le empeoró las náuseas. La solución de Stuart fue una receta tradicional: mezclar una cucharadita de vinagre de sidra de manzana (*apple cider vinegar*) y otro tanto de sal en un vaso de agua. Tome una cucharadita cada cinco minutos hasta que las náuseas comiencen a calmarse, luego tome un sorbo cada 15 minutos durante una hora.

Soluciones alternativas "para beber a sorbos" Agua pura caliente, caldo (consomé) caliente con un poco de pimienta de Cayena (*Cayenne pepper*); e infusiones de hierbas como albahaca (*basil*), manzanilla (*chamomile*), consuelda (*comfrey*), canela (*cinnamon*) molida o clavos de olor (*cloves*), jengibre (*ginger*), raíz de orozuz (regaliz, *licorice*), macis (*mace*), nuez moscada (*nutmeg*), menta piperita (*peppermint*) o milenrama (*yarrow*). Se dice que se pueden detener los vómitos violentos con una potente combinación de partes iguales de pimienta de Jamaica (*allspice*), canela, clavos de olor y jengibre en agua hirviendo. Se cree que la infusión de menta piperita tibia con un poco de brandy calma el estómago después de un acceso de vómitos. Ya no se recomiendan las bebidas frías o gaseosas, pero el champaña o *ginger ale* con hielo molido sigue siendo un remedio popular favorito. También se recomienda agua fría con una cucharadita de bicarbonato de soda en cada taza.

Calmantes masticables para las náuseas Ramitas de canela (*cinnamon*) impregnadas de vino tinto; uno o dos clavos de olor (*cloves*) enteros; $\frac{1}{2}$ cucharadita de cáscara de toronja (pomelo, *grapefruit*) rallada; u hojas frescas de menta (*mint*) o salvia (*sage*).

Bolsas calientes o frías El aplicar una bolsa de hielo en la nuca a veces calma la agitación interna. Una aplicación caliente hecha saturando una toalla con infusión de canela (*cinnamon*) o vinagre —o un emplasto de hojas de menta (*mint*) molidas envueltas en un lienzo (tela) húmedo— podrían aliviar las náuseas al ser colocados directamente sobre el estómago y mantenidos tibios con una almohadilla térmica a temperatura baja.

Presión sobre los nervios y masajes

○ En cada mano, masajee el dedo pulgar, el índice y el del medio, luego con firmeza masajee las uniones entre el pulgar y el índice.

○ Presione y masajee el interior de cada brazo, a dos pulgadas (5 cm) del codo, partiendo desde el centro de la muñeca.

○ Presione o masajee a una pulgada (2 cm) hacia la izquierda del centro del pecho por lo menos durante diez segundos, afloje durante diez segundos, y repita tres veces.

○ Presione con firmeza y masajee el área entre la base del pulgar del pie y el comienzo del arco en ambos pies, o el área entre el segundo y tercer dedo de cada pie.

Fuentes (vea la Bibliografía)

2, 6, 10, 26, 37, 41, 49, 51, 59, 60, 64, 65, 78, 87, 98, 123, 135, 144, 148, 150, 166, 172, 176, 186, 187, 193, 201, 202, 203, 226, 252, 254, 255, 262, 264, 265, 284, 293, 294, 304, 312, 313

Náuseas del embarazo

Pese a que pueden ocurrir a cualquier hora del día o de la noche, las náuseas que experimentan aproximadamente tres cuartas partes de las mujeres embarazadas se llaman comúnmente "náuseas matinales". Aparentemente causadas por cambios hormonales que activan el centro de vómitos en el cerebro, las náuseas del embarazo por lo general comienzan durante las primeras seis semanas del embarazo y continúan hasta después del cuarto mes. Su intensidad y duración, que difiere en cada persona, varía entre breves episodios de náuseas hasta meses de malestar constante y vómitos frecuentes. Los expertos teorizan que las náuseas del embarazo podrían ser un método natural de proteger al feto de toxinas ingeridas que podrían provocar defectos de nacimiento —existen estudios que han demostrado que los abortos son tres veces más probables entre las futuras madres que no experimentan náuseas durante el primer trimestre—, pero para unas náuseas severas o prolongadas debería buscarse atención médica.[111, 293]

Con la aprobación de sus obstetras, muchas mujeres han resuelto el problema de las náuseas del embarazo experimentando con remedios caseros. Métodos de autoayuda, como mantenerse erecto durante el día, ya esté sentado o de pie (y no doblándose hacia adelante), ayuda a los ácidos del estómago a no retroceder y alivia la presión sobre el abdomen, la que puede agravar las náuseas.

Dieta

Un feto en desarrollo está constantemente alimentado por glucosa extraída del torrente sanguíneo de la madre. Consumir pequeñas comidas frecuentes además de una merienda a la hora de acostarse, y comer algunas meriendas antes de levantarse, repone el suministro de glucosa y previene las náuseas que podrían resultar de niveles bajos de glucosa.

Consumir media docena de almendras crudas, con frecuencia calma los ataques de náuseas que ocurren durante el día. También ayuda el evitar los alimentos grasos o fritos y adaptar la dieta a aversiones de alimentos individuales. Los alimentos que causan más náuseas son los de sabores y olores fuertes, como las coles (repollitos) de Bruselas (*brussels sprouts*), los pimientos y ajíes picantes (*chili peppers*), el pescado, el ajo y la cebolla. Un mayor consumo de leche podría causar molestias estomacales debido a dificultades para digerir la lactosa de azúcar en la leche. Podrían utilizarse los productos de leche cultivada (yogur, kéfir), el tofu de soja o, con la aprobación del médico, suplementos de calcio o lactasa.

Beber pequeños sorbos de líquido a intervalos frecuentes ayuda a neutralizar el ácido estomacal excesivo producido durante el embarazo, y si los fluidos son caldos (consomés) o jugos de frutas, ayudan a mantener el nivel normal de azúcar en la sangre. El jugo de naranja es excelente; el jugo de papaya detiene las náuseas en algunas futuras mamás; la idea popular es que beber a sorbos una mezcla de dos tercios de agua efervescente (con gas) con un tercio de jugo de uvas del tipo Concord no sólo proveerá un alivio temporario a las náuseas del embarazo sino que también garantiza cabellos largos para el bebé. Las bebidas alcohólicas deberían ser completamente eliminadas; la mayoría de los obstetras aconsejan restringir la cafeína a una o dos tazas de café al día.

Suplementos

Durante el embarazo, los suplementos así como otros medicamentos sin receta deberían ser tomados solamente con el consentimiento del médico. A menos que el obstetra recomiende vitamina A, se aconseja tomar beta-caroteno porque el organismo lo convierte en vitamina A solamente en la medida en que sea necesario.[147, 150] Las vitaminas B, particularmente B-1 (de 25 a 100 miligramos) además de 50 a 200 miligramos de vitamina B-6 en dosis diarias divididas (especialmente cuando están acompañadas por vitamina C), con frecuencia alivian las náuseas que afectan a las futuras madres.[2, 176] Diana H. venció la tradición familiar de embarazos con náuseas siguiendo el consejo de su tía Ruth. El obstetra dudaba de los beneficios de suplementos además de la fórmula prenatal que ella ya estaba tomando, pero admitió que no le harían daño. Al tercer día de tomar las vitaminas B-1, B-6 y C, además de 15 miligramos de zinc, las náuseas de

Diana disminuyeron, y también le aliviaron los tobillos hinchados por la retención de fluidos.

Remedios populares

Comer galletas saladas (*saltines*) en la cama antes de levantarse podría prevenir las náuseas del embarazo. Beber $\frac{1}{2}$ taza de agua tibia mezclada con $\frac{1}{3}$ taza de jugo de papaya o de pera, y $\frac{1}{8}$ cucharadita de canela (*cinnamon*), también ha demostrado ser eficaz.[313] Durante el día, las opciones para aliviar las náuseas incluyen masticar unos bocados de brotes de alfalfa (*alfalfa sprouts*) o apio, papa o nabo (*turnip*) crudos; o beber a sorbos el líquido de dos cucharadas de avena (*oats*) hervida durante 30 minutos en un litro de agua.

El jengibre (*ginger*) es el principal remedio herbario para las náuseas del embarazo. Una taza de infusión de jengibre o dos cápsulas de jengibre en polvo antes del desayuno ha resuelto el problema en muchos casos. Otras hierbas benéficas son: alfalfa, manzanilla (*chamomile*), nébeda (*catnip*), clavos de olor (*cloves*), hinojo (*fennel*), lúpulo (*hops*), menta (*mint*), hojas de frambuesas rojas (*red raspberries*) y salvia (*sage*). Según un informe publicado en *Natural Health* (agosto de 1992), las hierbas que deben ser evitadas durante el embarazo son angélica (dong quai), fárfara (tusilago, uña de caballo, *coltsfoot*), consuelda (*comfrey*), efedra, matricaria (*feverfew*), ginseng, botón de oro (hidraste, *goldenseal*), raíz de orozuz (regaliz, *licorice*), tanaceto (balsamita menor, hierba lombriguera, pazote, *tansy*) y milenrama (*yarrow*). Algunos curanderos recomiendan cimifuga azul (*blue cohosh*) o cimifuga negra (*black cohosh*) como un tónico uterino al final del embarazo, pero estas hierbas no deberían ser utilizadas hasta un mes antes del parto, y aun así sólo bajo control médico.

Presión sobre los nervios y masajes

Los reflexólogos ofrecen varias opciones para estimular los puntos de acupresión (digitopuntura) para aliviar las náuseas del embarazo:

○ Sin ejercer ninguna presión, utilice los dientes de un peine o las uñas para arañar levemente la parte interna del dedo pulgar y el índice de la mano izquierda y los tres primeros dedos de la mano derecha, luego el dorso de cada mano desde los dedos hasta la muñeca.

❍ Utilizando el dedo pulgar, presione firmemente y masajee la parte interior de cada antebrazo desde el centro de la muñeca hasta dos pulgadas del codo.

Fuentes (vea la Bibliografía)

2, 17, 26, 42, 49, 59, 75, 98, 109, 111, 147, 150, 151, 154, 176, 186, 201, 202, 218, 226, 228, 244, 254, 255, 256, 265, 281, 293, 300, 312, 313

Oído – problemas

Ya sea que el problema sea causado por exceso de cerumen (cera), un insecto, presión por las alteraciones de altitud o molestias por la humedad atrapada, la antigua regla para tratar el oído se sigue aplicando: nada más pequeño que un codo debería introducirse más allá del canal del oído. Inclusive un hisopo de algodón (*cotton-tipped swab*) puede dañar los delicados tejidos o empujar la cera contra el frágil tímpano.

Cerumen

La cera de los oídos, llamada médicamente cerumen, es segregada por glándulas en el oído externo para limpiar y lubricar el revestimiento del canal externo y para proteger el oído interno sirviendo como una barrera contra los gérmenes, la humedad, el polvo y otros desechos. Si hay una deficiencia de cerumen (indicada por sequedad y escozor), se puede insertar en el canal externo del oído un hisopo de algodón humedecido en aceite de almendras. El escozor en los oídos se puede aliviar, echando unas gotas de vinagre de sidra de manzana (*apple cider vinegar*) y esperando 30 segundos antes de inclinar la cabeza para permitir que el líquido salga.

La secreción normal de cerumen es estimulada por el movimiento maxilar mientras se mastica, se habla o se bosteza. Estos mismos movimientos generalmente hacen que la cera vuelva a salir más tarde, cuando está cargada de impurezas. Entonces las escamas de cera salen naturalmente durante el sueño o se pueden retirar del oído externo con una toalla. Si el cerumen adicional se acumula, puede endurecerse y formar tapones cerca del tímpano, causando la sensación de tenerlo lleno o un zumbido en los oídos (vea *Tinnitus*), así como la disminución de la audición. Si se permite que esto continúe, los contaminantes pueden acumularse en la cera y aumentar la susceptibilidad a infecciones bacterianas o de hongos. Las personas que no tienen un tímpano perforado podrían retirar el exceso de cerumen con este remedio de dos pasos: (1) Para el cerumen suave, dos veces diarias durante dos a tres días, inserte unas gotas de agua oxigenada (*hydrogen peroxide*) en el oído afectado. Para suavizar el cerumen endurecido: utilice gotas de aceite de almendras, de oliva o de ajonjolí (*sesame*), y tape el oído con algodón. (2) Para extraer la cera del oído, inyecte delicadamente agua tibia (los curanderos populares recomiendan utilizar una solución de agua ligeramente salada) dentro del oído con una jeringa especial. Incline la cabeza para permitir que salgan el líquido y la cera, luego inserte unas gotas de alcohol de fricción para absorber cualquier residuo de agua y esterilizar el canal del oído. Para los tapones concentrados de cerumen, podría ser necesario repetir este procedimiento varias veces, o tal vez se requiera de tratamiento profesional.

Insectos

Consejo de primeros auxilios Un insecto que se haya introducido podría ser estimulado a salir, al exponer el oído al sol o a una linterna en un cuarto oscuro. Una manzana o un melocotón (durazno, *peach*) maduro sostenido cerca del oído podría atraer al insecto que no sale con la luz. Si el intruso no quiere salir, o está atrapado en la cera, el verter una cucharadita de aceite vegetal tibio dentro del oído y dejarlo durante unos momentos podría inmovilizar y/o liberar al intruso para que pueda salir junto con el aceite cuando se incline la cabeza hacia abajo; halar la oreja hacia atrás y adelante endereza el canal para facilitar la salida. Si el insecto se rehúsa a salir, introduzca agua tibia en el oído (con la oreja hacia arriba) para que salga a flote. De otra manera, se debería acudir al médico para que elimine al visitante.

Problemas de presión

Normalmente, las trompas de Eustaquio que conectan la parte posterior de la garganta con el oído medio, balancean la presión entre el oído y el ambiente exterior. Estos canales no han sido diseñados para los cambios rápidos que se encuentran durante los viajes aéreos, el automovilismo a grandes alturas o el submarinismo, y por eso estas experiencias pueden causar un efecto de vacío que produce una audición parecida al eco y una incómoda sensación de tener los oídos llenos. Masticar chicle, mover la mandíbula de lado a lado, beber a sorbos, mantenerse despierto y sentado erecto durante el descenso, chupar pastillas de menta o bostezar ayudan a los músculos que controlan las trompas de Eustaquio. Las alergias, los resfríos o los problemas en el sistema respiratorio pueden impedir que la trompa de Eustaquio funcione adecuadamente al inflamar las membranas mucosas. Las personas que padecen de estos trastornos podrían beneficiarse tomando un descongestionante antes de someterse a cambios de altitud, o utilizando un descongestionante nasal en forma de aerosol cuando la presión en la cabina aumenta durante el descenso del avión.

El "destapar" los oídos alivia la molestia de la presión al abrir las trompas de Eustaquio. La maniobra Valsalva para destapar los oídos recomienda apretar la nariz para mantenerla cerrada, tomar una bocanada de aire, cerrar la boca y, ya sea inflando las mejillas o utilizando los músculos de las mejillas y la garganta, forzar el aire de vuelta hacia la nariz. Los niños pequeños podrían encontrar alivio inflando un globo o dos; a los bebés se les puede dar una botella de fórmula o de agua para estimularlos a tragar con frecuencia, lo cual ayuda a que los pasajes de balance de presión se abran.

Oído de nadador

Una infección bacteriana o de hongos en el canal externo del oído, el oído de nadador (otitis externa) puede producirse a consecuencia de diferentes contactos con el agua, no sólo por la natación. Ducharse, lavarse el cabello o el sudor excesivo pueden dejar agua en el canal del oído, creando un ambiente propicio para que se desarrollen microorganismos. Según un informe en el número de octubre de 1991 de la revista *Prevention*, el agua también puede hacer que el cerumen se expanda y bloquee los oídos. A las personas que utilizan audífonos, se les recomienda retirarlos ocasionalmente para permitir la evaporación de la humedad acumulada.

Los oídos pueden secarse con la esquina de una toalla o con una secadora de cabello en la potencia mínima y sostenida a 30 centímetros del oído. Si el agua ingresa al canal del oído, el insertar unas gotas de alcohol de fricción o una mezcla de alcohol y vinagre blanco en partes iguales hará que el agua se evapore y, al mismo tiempo, destruirá los agentes infecciosos y restablecerá el balance ácido de la piel para prevenir el escozor en los oídos.

Cuando se manifiestan las molestias del oído de nadador, los expertos estiman que el 80 por ciento de los casos puede ser curado utilizando las gotas de alcohol con vinagre tres veces al día.[300] Debería buscarse ayuda médica si las gotas causan ardor o un dolor agudo, si los síntomas persisten durante más de unos pocos días, si la molestia viene acompañada con fiebre, o si hay una secreción del oído. Las personas propensas a infecciones del oído podrían necesitar insertar unas gotas de aceite de jojoba o aceite mineral, o llevar tapones especiales (o bolitas de algodón cubiertas con vaselina (*petroleum jelly*) y suavemente insertadas dentro del oído) mientras se duchan, lavan el cabello o nadan.

Fuentes (vea la Bibliografía)

17, 29, 49, 75, 92, 98, 108, 111, 112, 135, 148, 150, 186, 202, 244, 255, 264, 281, 293, 294, 300, 312, 313

Ojo morado

Ya sea que lo llamemos ojo amoratado o extravasación subcutánea, un ojo ennegrecido es una experiencia en colores. Un golpe en el pómulo o el área de la ceja daña los diminutos vasos capilares debajo de la piel, permitiendo que la sangre y otros fluidos se derramen en los tejidos suaves de la zona y causen hinchazón y decoloración. Debajo del nivel de la piel, la sangre se ve azul; cuando no recibe el oxígeno de la corriente sanguínea, la sangre roja se torna morada y hace que la piel aparezca amoratada, especialmente la piel fina y translúcida alrededor de los ojos. Después de que el derrame de sangre ha cesado, las fuerzas de recuperación del organismo comienzan el proceso de reabsorción, que produce cambios multicolores desde el morado hasta el azul, el verde o el amarillo, antes de volver finalmente a la normalidad en alrededor de una semana. Si se necesita un analgésico, se recomienda el acetaminofeno; la aspirina es un anticoagulante que retrasa la coagulación, aumentando el potencial de un mayor derrame de los vasos sanguíneos dañados. Una evaluación profesional es necesaria para cualquier lesión que pueda haber dañado el hueso de la cuenca del ojo o que produzca molestias en la visión.

Tratamiento

Consejo de primeros auxilios El aplicar de inmediato una bolsa de hielo sobre el ojo, sin hacer presión, retrasa la hemorragia interna y minimiza la hinchazón y la decoloración. Si no se tiene una bolsa de hielo, cualquier cosa fría ayudará. Ya no subsiste la idea de que la carne cruda es más eficaz que una lata de refresco de soda o un paquete de verduras congeladas. Para Brett B. una paleta helada (*popsicle*) fue suficiente, y sus dos ojos casi negros se convirtieron en una bendición disfrazada. El cambiar de escuela antes de los exámenes lo había dejado sin amigos, pero el ingresar al equipo de béisbol de *Little League* fue una compensación y estaba determinado a causar una buena impresión en el primer juego. Siendo el próximo a batear y parado enfrente del banco de suplentes con un casco de protección en la cabeza, estaba mirando en dirección del puesto de refrescos donde estaba su madre, cuando una pelota le golpeó en el centro de la frente, que no estaba protegida. Demasiado aturdido por el golpe como para avergonzarse del hecho de que el entrenador lo llevaba en brazos hasta el automóvil mientras su madre corría junto a ellos, sosteniendo una paleta helada en su frente, se sintió aliviado por el frío sedante en camino hacia la sala de emergencia. Los rayos X revelaron que el hueso no había sufrido ningún daño, el rápido enfriamiento evitó la mayor parte de la decoloración, dejando solamente unos aros obscuros alrededor de sus ojos, además de un chichón que era idéntico a una bola de béisbol, con todo y las costuras grabadas en su frente a consecuencia del golpe. El efecto visual resultó tan fascinante que Brett se vio rodeado de ávidos curiosos que rápidamente se convirtieron en sus amigos.

La aplicación inmediata de una gasa de algodón saturada en hamamelis (olmo escocés, *witch hazel*) podría ser beneficiosa. Una papa cruda rallada, envuelta en una estopilla (*cheesecloth*), es otra alternativa. Antiguamente se empleaban sanguijuelas para chupar la sangre de los ojos morados. Más atractivo es el método moderno de seguir aplicando una bolsa de hielo durante períodos de diez minutos (una aplicación más larga podría causar congelación) para controlar la decoloración, el dolor y la hinchazón. Para hacer una bolsa de hielo del tamaño apropiado, coloque hielo molido en una bolsa de *sandwiches* y envuélvala en una bandana de tela de toalla. Si le sigue doliendo el ojo después de un día, compresas tibias y húmedas podrían acelerar la curación y la absorción de los fluidos descolorantes.

Suplementos (vea la nota en la página xii)

El tomar 2.000 miligramos de vitamina C, en dosis diarias divididas, ayuda a eliminar la decoloración. Todos los otros antioxidantes (vea la Introducción) actúan como basureros de los radicales libres producidos cuando los vasos sanguíneos han sido dañados.[98] Tomar las sales de tejidos *Ferr. Phos. 3X* y *Kali. Mur. 3X* en intervalos de diez minutos durante la primera hora y luego dos o tres veces por día, podría ayudar a combatir tanto la decoloración como la hinchazón.

Remedios populares

Las hierbas han sido utilizadas desde hace mucho tiempo como tratamiento para los ojos morados. Cualquiera de estas hierbas puede ser preparada como una infusión para beber o para saturar lienzos (telas) y
utilizarlos como compresas, o simplemente se puede hacer una cataplasma envolviéndolas en un lienzo (tela) y colocándolas sobre el ojo: consuelda (*comfrey*), fenogreco (*fenugreek*), hisopo (*hyssop*), diente de león
(*dandelion*), lobelia, gordolobo (verbasco, *mullein*), perejil, té negro (pekoe),
olmo norteamericano (*slippery elm*), escaramujo (*rose hip*), tomillo (*thyme*),
cúrcuma (*turmeric*) o milenrama (*yarrow*).

Fuentes (vea la Bibliografía)

6, 41, 42, 53, 57, 64, 69, 75, 92, 98, 111, 135, 148, 168, 186, 187, 202, 264, 284,
293, 294, 299, 313, 322

Olor en los pies

La transpiración por sí sola no es la causante del olor de los pies. Las glándulas sudoríparas ecrinas segregan un fluido inodoro por las plantas de los pies como parte del sistema regulador de la temperatura del cuerpo. La cantidad de transpiración que se segrega depende no solamente del calor externo sino también del metabolismo interno y de las emociones. La excitación, el miedo, la cólera, la ansiedad, todas pueden causar una reacción húmeda. Cuando se le impide a este fluido cumplir sus funciones de enfriar evaporandose de la piel, las bacterias normalmente presentes en la superficie de la piel se aprovechan de la tibia humedad. La atmósfera cerrada dentro de los zapatos provee un medio tan apropiado para ello, que la multiplicación y descomposición de las bacterias pueden causar mal olor en los pies en sólo unas horas.

La higiene diaria es necesaria para eliminar las secreciones y las bacterias acumuladas. Utilizar un jabón antibacteriano ayuda a proteger contra futuros olores. El llevar zapatos de materiales porosos (cuero, tela, o materiales sintéticos con ventilación), cambiar de zapatos para permitir por lo menos un día de secado, y lavar frecuentemente las zapatillas atléticas, previenen el olor de los pies. La selección adecuada de sandalias, zapatos o mocasines, y quitarse los zapatos cuando sea posible, proveen a los pies un "descanso" que evita la proliferación de las bacterias.

El material entre el pie y el zapato juega un papel importante en el control del olor. Una investigación publicada en la revista *Prevention* (junio de 1991), revela que las medias de nuevos materiales sintéticos (*Coolmax*, orlón, polipropileno) alejan la transpiración de los pies, en lugar de simplemente absorber la humedad como lo hacen el algodón o la lana. La gente que padece de una excesiva transpiración y olor en los pies podría aliviar los problemas cambiando de zapatos y calcetines durante el día, llevando dos pares de calcetines de forma que los espacios de aire entre las capas de tela ayuden a refrescar, y utilizando algunos de los productos naturales para combatir los olores que se dan a continuación.

Dieta y suplementos (vea la nota en la página xii)

Por extraño que parezca, el consumo de alimentos de sabor fuerte como ajos y cebollas, o especias como el comino (*cumin*) y el *curry*, puede causar pies malolientes cuando su olor es segregado por las glándulas sudoríparas de las plantas de los pies. El eliminar, de uno en uno, los posibles causantes, en forma experimental, podría prevenir una innecesaria privación dietética. Otros consejos para controlar el olor externo desde adentro incluyen tomar dos tabletas de clorofila con cada comida y/o complementar la dieta con 500 a 700 miligramos de magnesio y 30 a 50 miligramos de zinc al día.

Los médicos homeopáticos recomiendan tomar tres tabletas de la sal de tejidos *Sílícea 6X* dos veces por día. Las vitaminas B son otra opción. Un instructor de tenis, Luke N., pudo mantener su problema de olor bajo control con agua y jabón, pero era una molestia. Compró medias y zapatillas atléticas por docenas, se bañaba y cambiaba por lo menos dos veces por día, y lavaba los zapatos y medias cada noche. Decidió experimentar con suplementos después de que los nutricionistas mencionaron que algunos individuos requieren de suplementos dietéticos, especialmente vitaminas B, para evitar los malos olores del cuerpo y de los pies. Luke comenzó a tomar una tableta múltiple y una del complejo B cada mañana, además de otra del complejo B con la cena, y quedó agradablemente sorprendido con los resultados. Todavía se da una ducha y se cambia de ropa después de un ejercicio vigoroso, pero el mal olor ha desaparecido. Los zapatos de Luke pueden secarse al aire entre usos, sus calcetines pueden estar junto a otras prendas de ropa que esperan a ser lavadas, y un lavado de ropa semanal es suficiente.

Remedios populares

Acido Bórico Un ingrediente en los productos modernos para combatir el olor en los pies, el ácido bórico, se usaba para empolvar zapatos y medias en el siglo XIX, y los calcetines recién lavados eran sumergidos en una solución de ácido bórico antes de colgarlos a secar.

Alcohol de fricción Se aplica en los pies limpios y secos para disminuir la transpiración y el mal olor. Este es otro remedio popular cuya eficacia ha sido confirmada por estudios recientes. *The Edell Health Letter* (julio de 1991) informa que el alcohol mata las bacterias de los pies tan eficazmente como los ungüentos antibacterianos recetados por los médicos.

Lavados desodorantes El hamamelis (olmo escocés, *witch hazel*), el vinagre diluido o la infusión de corteza de sauce (*white willow*) mezclada con bórax pueden ayudar a superar el mal olor de los pies.

Salvado del molinero (*miller's bran*) seco, avena (*oatmeal*) seca u hojas molidas de salvia (*sage*) seca Estos productos pueden ser rociados a los zapatos como desodorantes.

Óxido de zinc Inclusive más eficaz que lo anterior, es rociar los zapatos con dos cucharadas de óxido de zinc mezclado con $1/4$ taza de maicena (fécula de maíz, *cornstarch*) y $1/4$ taza de arcilla de batán (*fuller's earth*); o se puede mezclar $1/4$ taza de óxido de zinc con una cucharada de raíz de lirio de Florencia (*orris*) en polvo y $1/2$ taza de maicena o talco.

Bicarbonato de soda Puro o combinado en partes iguales con maicena (fécula de maíz, *cornstarch*) o talco, puede ser utilizado para empolvar los pies para desodorizar y absorber la humedad.

Baños de pies Una solución para los pies realmente malolientes. El tiempo de remojo (de 15 a 30 minutos) y la frecuencia (de dos veces diarias a dos veces por semana) dependen de la seriedad del problema:

❍ A dos litros de agua, añada una cucharadita de amoniaco; o dos cucharadas de bicarbonato de soda, o una taza de sal gruesa (*kosher*) o jugo de tomate o vinagre.

❍ Deje en remojo una infusión de doble concentración de cola de caballo (*horsetail*) o té pekoe; añada agua fría para un baño tibio de pies.

❍ Para aquellos que no padecen de diabetes ni de mala circulación, el alternar baños de agua caliente y fría durante unos minutos cada uno, añadir cubitos de hielo y jugo de limón al baño frío final, y luego concluir con un masaje de alcohol, reduce la circulación y alivia tanto la transpiración como el mal olor.

Fuentes (vea la Bibliografía)

3, 36, 42, 52, 53, 65, 75, 109, 150, 165, 186, 202, 216, 245, 252, 256, 258, 281, 283, 284, 293, 294, 300, 312, 313

Orinarse en la cama (enuresis nocturna)

En los adultos, la enuresis se llama incontinencia. Las mujeres pueden volverse incontinentes después de una histerectomía o como resultado de una debilitación de los músculos pélvicos debido a numerosos embarazos. En los hombres, la causa con frecuencia es un agrandamiento de la próstata. La mayor parte de la enuresis nocturna en los niños se debe a una combinación de la herencia genética, el desarrollo retrasado del control de eliminación del sistema nervioso, la insuficiente capacidad de la vejiga, y la susceptibilidad de los controles de la vejiga ante la influencia de la tensión, la ansiedad o las emociones. Otros factores son la hipersensibilidad de la vejiga o un sueño excepcionalmente profundo causado por reacciones alérgicas a los alimentos, y bajos niveles de azúcar en la sangre, que pueden ser iniciados por la tensión así como por el azúcar y pueden dejar al sistema nervioso sin la energía suficiente para transmitir al cerebro el mensaje de que la vejiga está llena. La enuresis nocturna no es un problema médico hasta después de los seis años de edad, a menos que exista una evidente enfermedad neurológica, ya que el diez por ciento de los niños de cinco años todavía mojan la cama por la noche; muchos de ellos continúan haciéndolo hasta la edad de ocho o nueve años.[75] Sin embargo, si el niño también tiene dificultades controlando su vejiga durante el día, es necesario consultar con un médico para descartar la posibilidad de infección o anomalía estructural del tracto urinario, de diabetes o de lesiones en la médula espinal.

Se ha comprobado que la paciencia y el estímulo son más eficaces que las amenazas o los castigos, los cuales aumentan la ansiedad y empeoran el problema. A los niños pequeños se les puede despertar y llevar al baño una o dos veces durante la noche, y premiar con estrellas doradas en un cuadro de "noches secas". Los niños mayores pueden responder a un reloj despertador o a un sistema de alarma que indica las primeras gotas de humedad; luego, si es necesario, aceptar la responsabilidad de cubrir el lugar mojado con un paño impermeable y cambiarse de pijamas.

Media hora de relajamiento en la cama antes de la última visita al baño con frecuencia tiene buenos resultados, especialmente cuando está acompañada de una demostración de cariño paterno. Enfrentarse con un divorcio, y verse forzada a volver a la casa paterna con su niño de seis años fue tal pesadilla para Judy K. que pensó que el grito de Benjy —"Mamá, mi cama está mojada"— era sólo parte de una pesadilla. No lo era. Al día siguiente, mientras que Judy pedía disculpas a su madre, explicando que éste era el primer incidente nocturno de Benjy en más de un año, la madre ofreció una alternativa: "¿Por qué no le das un masaje en la espalda después de que se haya acostado y luego lo llevas al baño? Tú nunca tuviste ese problema, pero fue así como ayudé a tu hermano a resolver el suyo cuando nos mudamos para acá, al venir de la granja. Sabes, los niños también reaccionan ante la tensión". El reconfortante tratamiento era justamente lo que Benjy necesitaba; no se repitieron las situaciones embarazosas.

Dieta y suplementos (vea la nota en la página xii)

Los riñones están activos solamente durante un breve momento después de haberse consumido una bebida, de modo que los líquidos necesitan ser restringidos solamente durante una hora, más o menos, antes de acostarse. Los expertos en hierbas sugieren una taza de infusión de barbas de maíz (*cornsilk*) una hora antes de irse a la cama. La infusión se prepara dejando reposar las barbas de maíz en agua hirviendo, luego se cuelan y se les añade una cucharada de miel. Cuando los niños pueden posponer voluntariamente la urinación durante el mayor tiempo posible, la capacidad de la vejiga puede ser mejorada bebiendo líquidos adicionales durante el día. El jugo de arándanos agrios (*cranberries*) es bueno para la vejiga y se cree que cura algunos casos de enuresis. Una taza de infusión de semillas de hinojo (*fennel*) al día, helada y endulzada con miel si se desea, es recomendada por los curanderos populares. Los adultos incontinentes pueden mejorar con una taza de infusión, o dos cápsulas de buchú o gayuba (*uva ursi*). Las bebidas que contienen cafeína, las zanahorias y el jugo de toronja (pomelo, *grapefruit*) son diuréticos suaves que tal vez sea necesario evitar después del mediodía.

Se recomienda incluir col (repollo, *cabbage*), melón, pescado y vegetales de hojas verdes a una dieta rica en proteínas. Las deficiencias nutricionales o una necesidad hereditaria de cantidades excepcionalmente altas de ciertas vitaminas y minerales podrían ser causantes de la enuresis a cualquier edad. Tomar una tableta de multivitamina con minerales, que contenga por lo menos 10 miligramos de hierro, ha sido beneficioso en algunos casos, y los suplementos adicionales podrían ser de ayuda durante breves períodos de prueba.

Magnesio De 200 a 600 miligramos, además de 25 a 100 miligramos de vitamina B-6 dependiendo del peso del cuerpo, diariamente. Mojar la cama podría ser causado por una deficiencia de magnesio. La vitamina B-6 ayuda a corregir la debilidad muscular y mejora el control de la vejiga, pero aumenta la necesidad de magnesio.[98]

Vitamina C y niacina De 500 a 1.000 miligramos de vitamina C, además de 150 miligramos de niacina, han probado ser beneficiosos cuando se toman diariamente en dosis divididas.

Vitamina E 100 unidades internacionales *IU* para los niños de seis a 12 años; 600 *IU* para los adultos. La vitamina E colabora con la vitamina A para normalizar el funcionamiento de la vejiga.[17]

Sales de tejidos Una tableta de cada uno de estos, *Ferr. Phos. 3X, Kali. Phos. 3X,* y *Nat. Phos. 3X* disueltos debajo de la lengua tres veces al día han corregido algunos casos de enuresis.

Remedios populares

Canela (*cinnamon*) Se cree que masticar una ramita de canela antes de ir a la cama tiene un efecto astringente en el sistema urinario.

Sales de Epsom Beber $^1/_2$ cucharadita disuelta en líquido después de la cena es un remedio popular que ha sido justificado científicamente —las sales de Epsom son similares al sulfato de magnesio—, pero tienen un efecto laxante y no deberían ser utilizadas por personas con enfermedades renales.

Miel Para aquellos que no padecen de diabetes ni hipoglucemia, se cree que tomar una cucharadita o una cucharada de miel pura justo antes de ir a la cama actúa como un suave sedante y atrae y conserva el fluido corporal para aliviar el trabajo de los riñones.

Presión sobre los nervios y masajes

Una vez al día, presione y masajee la depresión a cada lado de la nuca entre la espina dorsal y la base de las orejas, la articulación más cercana a la punta del dedo meñique; y/o la segunda articulación más cerca de la mano, la depresión detrás de cada tobillo, y la piel entre el dedo pulgar del pie y el siguiente dedo.

Fuentes (vea la Bibliografía)

41, 42, 57, 63, 64, 75, 80, 86, 87, 98, 144, 159, 162, 172, 176, 186, 203, 204, 226, 234, 255, 261, 281, 282, 283, 284, 293, 312, 313, 317

Pérdida de la audición

La pérdida conductiva de la audición, debida a una interferencia en la transmisión de ondas de sonido hacia el oído interno, por lo general es curable. La causa podría ir desde un quiste benigno, lesiones en el tímpano o la presión de bucear en aguas profundas, o cerumen o fluido en el oído, (vea *Oído–problemas*), hasta otitis media (una infección en el oído medio) u otosclerosis (un trastorno de los huesos pequeños en el oído medio). En la pérdida de audición perceptiva (sensorineural) o sordera nerviosa, los sonidos que llegan hasta el oído interno no son transmitidos hacia el cerebro. Considerada antiguamente como un problema degenerativo que se desarrolla con la edad, actualmente se considera que la mayor parte de la pérdida de audición perceptiva es inducida por el ruido, y que está aumentando rápidamente entre personas de todas las edades. Un estudio publicado en la revista *American Health* (febrero de 1992), encontró que un 13 por ciento de los estudiantes de escuela secundaria y el siete por ciento de los de escuela primaria que fueron examinados sufrían de pérdida de la audición inducida por el ruido... mientras que diez años antes, sólo el tres por ciento de los estudiantes entre el segundo y doceavo grados tenían el oído dañado.

Los ruidos fuertes dañan las células vellosas del oído interno que transforman los sonidos en impulsos nerviosos; y la exposición repetida al ruido intenso produce pérdida de la capacidad auditiva.[98] Incluso una acumulación de sonidos de nivel bajo, como de aires acondicionados, artefactos eléctricos, música de fondo y el tránsito vehicular pueden ser perjudiciales para la audición. El daño potencial depende de la duración, así como de la intensidad del ruido, que es medido en decibelios (dB). El riesgo es acentuado por el alcohol, que impide la contracción protectora de los músculos del oído interno, y por fumar, que reduce la cantidad de oxígeno que llega hasta los vasos sanguíneos del oído. Una conversación normal registra 50 dB; una aspiradora o máquina lavadora, 75; una licuadora, secadora de cabello, afeitadora eléctrica o el tránsito, 85; las cortadoras de césped o las orquestas sinfónicas, de 90 a 105; los conciertos de rock, estéreos de autos o audífonos, los botes a motor, eventos deportivos en estadios, o disparos de rifle, de 110 a 140 dB. La Administración de Salud y Seguridad en el Trabajo (*OSHA*) permite una exposición en el lugar de trabajo de hasta 90 dB durante ocho horas diarias, 100 dB durante dos horas, o 115 dB durante 15 minutos. Los audiólogos creen que 75 dB es el límite "seguro" durante períodos extensos y aconsejan el uso de protectores de oídos cuando el nivel de sonido exceda los 90 dB, el punto en el que es necesario alzar la voz para poder mantener una conversación. Los tapones protectores o las orejeras pueden proveer una reducción de ruido de hasta 35 decibeles sin bloquear los sonidos exteriores deseados.

Es necesaria una evaluación médica cuando la pérdida de la audición se hace evidente, ya que condiciones o medicamentos no relacionados con el proceso de audición podrían ser los causantes. El colesterol elevado, la diabetes, la hipoglucemia, las infecciones, los problemas renales, el funcionamiento inadecuado de la tiroides y la artritis reumatoide han sido asociados con la pérdida de la audición, así como los tratamientos con antibióticos, las dosis grandes de aspirina y los medicamentos para el corazón o la presión arterial.[75, 255]

Dieta y suplementos (vea la nota en la página xii)

La dieta, así como el silencio, puede influenciar la salud auditiva. Se cree que beber dos vasos diarios de una mezcla de jugo de zanahorias y piña fresco, o un cítrico, provee enzimas que dan energías a las células de recepción sensorial para ayudar a restaurar la audición.[305] El excesivo consumo de grasas o el colesterol alto pueden afectar la audición al impedir que la sangre fluya hacia el oído interno. Existen estudios clínicos que muestran que la sensibilidad auditiva mejora en hasta 30 decibeles con una dieta alta en fibras y baja en grasas, y decae cuando se consumen alimentos grasos.[147, 312] Arnie E. sabía que padecía de una pérdida de la audición de sonidos de alta frecuencia —no podía escuchar el timbre del reloj despertador—, pero no se sometió a un examen hasta que los tonos bajos en la televisión también comenzaron a desvanecerse. Su cita con el médico fue pospuesta debido a una severa dolencia estomacal que resultó ser un ataque de la vesícula. Siguiendo una dieta baja en grasas y tomando tres cápsulas de lecitina de 1.200 miligramos con cada comida, Arnie no sólo evitó una operación de la vesícula, sino que recuperó la capacidad de escuchar los sonidos bajos.

Vitamina A En forma de beta-caroteno, 24.000 unidades internacionales *IU* diariamente. La otosclerosis, que a veces se trata con inyecciones de vitamina A, podría ser retrasada o mejorada con suplementos orales.

Complejo B Una tableta diaria. El tomar 100 miligramos adicionales de niacinamida con cada comida, y añadir de una a tres cucharadas de levadura de cerveza (*brewer's yeast*) a los alimentos o bebidas ha mejorado la audición de algunos pacientes.[98]

Vitamina C De 1.000 a 5.000 miligramos en dosis diarias divididas, además de 400 unidades internacionales *IU* de vitamina E al día, mejoran la audición al aumentar la cantidad de flujo sanguíneo y de oxígeno que llega a los oídos.

Minerales Un multimineral diario, que incluya ácido glutámico y 750 miligramos de magnesio. Los investigadores han descubierto que los ruidos fuertes bajan la cantidad de magnesio en los oídos, y que la carencia de este mineral encoge los vasos sanguíneos y aumenta la pérdida de la audición.[108] Las deficiencias de otros minerales —especialmente manganeso, potasio y zinc— también están asociadas con la pérdida de la audición.

Sales de tejidos Para una sordera crónica no causada por lesiones óseas, tome, alternadamente, dos dosis diarias de tres tabletas de *Kali. Mur.*, *Kali. Phos.*, *Kali. Sulph.*, y *Silícea*. Si las trompas de Eustaquio están hinchadas, sustituya *Nat. Mur.* por *Kali. Phos.*

Ejercicios

El ejercicio habitual, como caminar o nadar, podría reducir la pérdida de la audición al mejorar la circulación de la sangre hacia los oídos, pero según un informe del *New England Journal of Medicine* (febrero de 1991), la fuerza de choque de los ejercicios aeróbicos de fuerte impacto (*high-impact*) podría aumentar la pérdida al afectar la transmisión de información de los oídos al cerebro.

Remedios populares y consejos

Mezclar 2 cucharaditas de vinagre de sidra de manzana (*apple cider vinegar*) con 2 cucharaditas de miel pura en un vaso de agua para beber a sorbos con cada comida, es un remedio popular para conservar una buena audición y revertir muchos tipos de pérdida de la audición. Se cree que la pérdida de la audición causada por una sequedad anormal en los conductos del oído se puede corregir insertando cada noche una bolita de algodón (*cotton ball*) saturada con aceite de almendras. Entre las gotas cuya aplicación se dice restablece la audición se encuentran: aceite de castor, jugo de cebollas o mezclas en partes iguales de aceite de almendras (o de oliva) con jugo de ajo, o de vino con jugo fresco de col (repollo, *cabbage*). Estudios recientes indican que dosis diarias de 80 miligramos de ginkgo biloba (una hierba que se ha utilizado medicinalmente en China durante 5.000 años) mejora la sordera causada por la vejez, más eficazmente que la terapia médica habitual.[51]

Los expertos aconsejan que cuando se acude a conciertos o eventos deportivos, se debe escapar del ambiente ruidoso durante cinco minutos cada hora para permitir que los oídos se recuperen. Si no es posible reducir el ruido de radios, televisores o restaurantes muy concurridos, seleccione una ubicación cerca de superficies que absorban el ruido, como cortinas o muebles tapizados, que disminuyen los decibeles. Para una pérdida de la audición de alta frecuencia, el ajustar los tonos bajos y sobreagudos (*bass, treble*) de la radio o el televisor podría ser más eficaz que aumentar el volumen.[99]

Presión sobre los nervios y masajes

❍ Durante unos minutos, varias veces al día, muerda una almohadilla de algodón o un borrador de lápiz con la parte de atrás del último molar en cada lado de la boca. Después, pase el dedo, haciendo presión, por la base del interior de la boca durante un período igual, luego con leve presión contra el paladar y la parte inferior de la lengua.

❍ Una vez al día, utilice la uña del dedo medio izquierdo para halar hacia arriba las uñas de los dedos medio y anular de la mano derecha; mantenga la posición durante un minuto en cada dedo.

❍ Dos o tres veces al día, masajee las yemas de los dedos anulares y sus articulaciones; luego, presione suavemente las yemas de todos los dedos con los dientes de un peine.

○ Una vez al día, masajee las plantas de los pies debajo de los tres dedos más pequeños.

Fuentes (vea la Bibliografía)

2, 26, 29, 49, 51, 58, 59, 64, 65, 75, 87, 98, 99, 108, 111, 112, 147, 164, 171, 177, 186, 202, 203, 213, 220, 244, 255, 281, 293, 294, 300, 305, 312, 313

Pérdida del cabello (alopecia o calvicie)

Cada cabello crece de una raíz encajada en un folículo que es alimentado por los vasos sanguíneos. Un cuero cabelludo joven contiene entre 100.000 y 200.000 cabellos, pero el número exacto depende de la cantidad de folículos de cabello, y está establecido antes del nacimiento. El cabello crece aproximadamente un centímetro por mes durante dos a seis años, descansa (la fase telógena) durante aproximadamente tres meses, luego se desprende y es reemplazado por cabello nuevo en unos tres a cinco meses. Normalmente, el 85 por ciento de los folículos están en la fase de crecimiento y de 50 a 100 cabellos se desprenden diariamente.

Alopecia generalizada La caída del cabello que se puede corregir cuando se ha descubierto la causa, sucede cuando un número anormal de cabellos entra simultáneamente en la fase de descanso y se desprenden en tres a cuatro meses. Las causas incluyen anemia, fiebres altas, desnutrición, ciertos medicamentos, tensión y problemas de tiroides. Los cambios hormonales del embarazo podrían extender el ciclo de crecimiento y luego causar una dramática caída de cabello si todos esos cabellos entran en la fase telógena inmediatamente después del nacimiento del bebé. La alopecia en áreas o areata (pérdida de cabellos por mechones) a veces se cura sola, pero podría ser síntoma de otras enfermedades y requiere de una consulta médica.

Pérdida del cabello localizada La alopecia de tracción puede ocurrir cuando el cabello es estirado muy fuertemente en trenzas o colas de caballo, o cuando se usan rizadores con frecuencia. La alopecia de fricción puede ser causada por el uso de sombreros o pelucas muy apretados. Barton N. desarrolló una zona calva en la parte superior de la cabeza debido a la presión de unos audífonos de radio muy pesados que llevaba consigo cuando salía a trotar o cuando trabajaba en el jardín.

Alopecia andrógena Este tipo de pérdida del cabello es determinada por las hormonas y la herencia genética. La forma más común es la norma de calvicie masculina —la pérdida del cabello en las sienes y en la frente que crea gradualmente una zona calva con cabello solamente a los lados y detrás. Según el *Berkeley Wellness Letter* (junio de 1992), este tipo de pérdida del cabello puede comenzar tan temprano como a los 20 años, y afecta a la mitad de los hombres estadounidenses de origen europeo para cuando han llegado a los 50 años. Los negros, asiáticos e indígenas de América rara vez padecen de alopecia andrógena. La norma de calvicie femenina —generalmente evidenciada por una raya de separación más ancha, o un adelgazamiento general del cabello— afecta del 20 al 30 por ciento de las mujeres de más de 40 años, y se agudiza después de la menopausia.

Dieta y suplementos (vea la nota en la página xii)

El cabello está compuesto de proteínas y minerales, y requiere de una dieta balanceada con calorías adecuadas para estar debidamente alimentado. Entre los alimentos que se cree estimulan el crecimiento del cabello se encuentran los brotes de alfalfa (*alfalfa sprouts*), la cebada (*barley*) y la avena (*oats*), los frijoles (alubias, habichuelas, habas, judías), el pescado, los jugos de frutas o vegetales frescos, los vegetales de hojas verdes (especialmente los que contienen azufre, tales como coles de Bruselas, col —repollo, *cabbage*—, berza —*kale*— y berro —*watercress*), las cebollas, las ciruelas pasas, las fresas (frutillas, *strawberry*), las frambuesas (*raspberries*) y el germen de trigo (*wheat germ*). Combinar inclusive pequeñas cantidades de carne con verduras y granos, y cocinar alimentos ácidos en ollas de hierro fundido (*cast-iron*), aumentan la asimilación de hierro para evitar la pérdida del cabello. Para ayudar a compensar por el proceso metabólico más lento, que hace que la disminución de cabello sea una faceta común del envejecimiento, los expertos en nutrición sugieren un "tónico para el cabello" en el desayuno: ponga en la licuadora una taza de yogur con media banana (plátano), $\frac{1}{2}$ taza de fresas, dos cucharadas de levadura de cerveza o *brewer's yeast* (para proteína y vitaminas B) y una cucharada de gelatina sin sabor. Si se desea, puede incluir dos cucharadas de germen de trigo, una cucharada de gránulos de lecitina (la lecitina contiene los estimulantes de crecimiento de cabello biotina, colina e inositol), una yema de huevo y/o una cucharada de miel.

Cuando Connie V. se percató de que se le estaba cayendo el cabello, sabía cuál era la posible causa: había estado cubriendo su cabello demasiado fino con una peluca apretada para lucir elegante en el trabajo. Como un experimento, comenzó a tomar una multivitamina con minerales de alta potencia y, comenzando con una cucharadita diaria, llegó hasta dos cucharadas de levadura de cerveza (*brewer's yeast*) en su jugo matinal, además de dos cucharadas disueltas en leche antes de acostarse. En cuestión de un mes, había una mejoría visible. Connie ya no usa peluca, y sus compañeros de trabajo insisten en que su peinado corto y moderno es mucho más atractivo y de moda que el anterior.

Vitamina A En forma de beta-caroteno, de 10.000 a 30.000 unidades internacionales *IU* al día para evitar la pérdida del cabello debida a insuficiencia de vitamina A. Tomar cantidades excesivas de vitamina A durante períodos largos puede causar un tipo de pérdida del cabello que desaparece cuando se interrumpe el tratamiento.

Complejo B Todas las vitaminas B son importantes para el crecimiento del cabello. Además de una o dos tabletas diarias de vitaminas del complejo B, a veces los suplementos individuales son provechosos: un miligramo de ácido fólico; 50 miligramos de cada uno de éstos: vitamina B-6, niacina y ácido pantoténico; de 50 a 200 miligramos de biotina; 500 miligramos de colina, o 500 miligramos de inositol. Los vegetarianos podrían necesitar vitamina B-12 adicional.

Vitamina C con bioflavonoides De 500 a 5.000 miligramos en dosis diarias divididas, para tonificar los capilares y ayudar a la vitamina E (100 unidades internacionales *IU* aumentando gradualmente hasta 800 *IU* al día) a estimular el crecimiento del cabello al mejorar la circulación en el cuero cabelludo.

L-cisteína y L-metionina 500 miligramos de cada uno de estos aminoácidos dos veces al día con vitamina B-6, y por lo menos 1.500 miligramos de vitamina C, podrían mejorar el crecimiento del cabello y ayudar a fortificar los folículos para prevenir la caída prematura.

Minerales Una tableta de multiminerales por día. Se cree que tomar adicionalmente de 15 a 50 miligramos de zinc detiene la pérdida del cabello y estimula nuevo crecimiento en algunos casos.[40]

Sales de tejidos Tomar *Calc. Phos.*, *Kali. Sulph.*, *Nat. Mur.*, y/o *Silícea* podría corregir los problemas de pérdida del cabello. La dosis recomendada es tres tabletas de 6X disueltas debajo de la lengua, dos veces al día.

Cuidados externos

Lavarse frecuentemente con champú mantiene el cuero cabelludo libre de cualquier acumulación que pudiera impedir la salida de nuevos cabellos, y esto es particularmente importante para los que padecen de alopecia andrógena, porque la grasa del cuero cabelludo contiene hormonas que podrían penetrar en la piel y acelerar la pérdida del cabello. El adelgazamiento del cabello requiere de un trato delicado. Se recomienda secarlo con una toalla o una secadora de cabello. Frotar vigorosamente con una toalla podría desprender prematuramente los cabellos que están en la fase de descanso; el calor de secadoras y rizadores eléctricos puede dañar las raíces así como los tallos. El cepillado (que debería limitarse a un tratamiento suave en cabello seco, no las cien pasadas que antiguamente se recomendaban) y el enredado pueden extraer los cabellos o romperlos en el folículo, impidiendo que vuelvan a crecer. Diez minutos de masaje diario con las yemas de los dedos, mientras se está sentado, con la cabeza inclinada hacia las rodillas, atrae una circulación de la sangre que nutre el cuero cabelludo. Frotar con una toalla turca las áreas calvas hasta que la piel esté rosada, o utilizar un vibrador eléctrico en los lugares sin cabello dos veces por día ha ayudado a producir nuevo crecimiento en tres meses, en algunos individuos.[198]

Remedios populares

Según un papiro del año 1550 a.C., los médicos egipcios "curaban" la calvicie untando las cabezas calvas con una mezcla de grasas de cocodrilo, elefante, león e hipopótamo. Los remedios orientales incluyen untar los lugares calvos con jengibre (*ginger*) fresco, rallado media hora antes de aplicarse el champú, luego lavar el cabello con agua en la cual se han hervido caracoles. La medicina popular ofrece opciones menos exóticas y costosas:

Vinagre de sidra de manzana (*apple cider vinegar*) Tres veces al día, beba un vaso de agua con una cucharadita de vinagre, y consuma una cucharadita de rábano picante (*horseradish*) con dos de las comidas diarias. Dos veces al día, cepille los lugares calvos con un cepillo de dientes suave ensopado en vinagre, y añada una cucharada de vinagre a un litro de agua para el enjuague final después de cada aplicación de champú.

Hierbas Una o dos veces al día, beba una taza de infusión de alfalfa, manzanilla (*chamomile*), pimienta de Cayena (*Cayenne pepper*), fenogreco (*fenugreek*), ortiga (*nettle*), perejil, romero (*rosemary*) o salvia (*sage*). Para enjuagar el cabello, utilice infusiones de doble concentración de bardana (*burdock*), manzanilla, chaparro (*chaparral*), cola de caballo (*horsetail*), ortiga, romero o salvia.

Tratamientos nocturnos Un programa semanal para restaurar el cabello en unos meses requiere de un masaje de cuero cabelludo con aceite de castor las primeras dos noches, aceite de germen de trigo (*wheat germ*) dos noches, aceite de oliva las siguientes dos. Cubra con una bolsa de plástico o una gorra de dormir y lave con champú cada mañana. Se pueden sustituir estos aceites con gel de áloe vera (acíbar, zabila), aceite de ajo extraído de cápsulas, aceite de jojoba o ajonjolí (*sesame*), grasa animal (pura o mezclada con aceite de castor en partes iguales), aceite de oliva y de romero (*rosemary*) en partes iguales, jugo de cebollas o cebollas crudas cortadas, con los que se frotará el cuero cabelludo, o dos cucharadas de vodka mezcladas con una cucharada de miel (se puede añadir jugo de cebollas, si se desea).

Remedios para friccionar Dos veces al día, masajee el cuero cabelludo con un tónico preparado remojando $1/4$ taza de pimienta de Cayena (*Cayenne pepper*) en $1^1/4$ tazas de vodka durante dos semanas (agitar la botella cada día), luego cuele a través de un cedazo con estopilla (gasa, *cheesecloth*). Como alternativa para friccionar a diario, remoje trozos de cebolla en una taza de brandy durante dos semanas, cuele y añada una taza de agua. O remoje una cucharada de ortiga (*nettle*) deshidratada con dos cucharadas de manzanilla (*chamomile*), romero (*rosemary*) y salvia (dos de cada uno), en una taza de ginebra durante dos semanas, cuele y añada $1/2$ taza de infusión de ortiga. Otra opción diaria es frotar el cuero cabelludo con partes iguales de aceite de castor y yodo blanco, luego sentarse al sol durante 15 minutos antes de lavarse.

Presión sobre los nervios y masajes

Para detener la pérdida del cabello y estimular el nuevo crecimiento, frote las uñas de una mano directamente con las uñas de la otra mano durante cinco minutos. Repita tres veces al día.[59]

Relajación e imágenes mentales

La tensión encoge los vasos sanguíneos del cuero cabelludo, impidiendo la llegada de nutrientes a las raíces del cabello. La tensión severa o prolongada podría producir suficiente adrenalina para forzar una cantidad anormal de cabellos hacia la fase telógena, causando así una pérdida temporaria del cabello, o podría causar un exceso de producción de andrógeno en el cuero cabelludo y provocar o acelerar la calvicie femenina o masculina. Relajarse durante unos minutos con las técnicas descritas en la Introducción ayuda a aliviar la tensión antes de que el cabello sufra daño. Incorporar la visualización de nuevos cabellos creciendo de los folículos podría acelerar el crecimiento.

Fuentes (vea la Bibliografía)

2, 6, 7, 16, 17, 29, 40, 42, 44, 49, 53, 59, 64, 65, 75, 87, 92, 98, 108, 112, 142, 144, 146, 150, 151, 165, 173, 186, 190, 193, 195, 198, 203, 215, 220, 224, 258, 262, 284, 294, 300, 304, 305, 312, 313

Picaduras de insectos

A menos que una persona sea alérgica o ultrasensitiva, las picaduras de insectos voladores, nadadores o escondidos por lo general son desagradables pero no peligrosas.

Consejos adicionales (vea la nota en la página xii) Inmediatamente después de haber sido picado por cualquier insecto, tome de 1.000 a 2.000 miligramos de vitamina C; repita la dosis en una hora si la molestia continúa. La vitamina C ayuda a desintoxicar el veneno; 10.000 miligramos durante la primera hora es aconsejable para las personas con sensibilidad marcada a las picaduras.[17] Se ha descubierto que cantidades masivas de vitamina C no son tóxicas; tomarlas con calcio (hasta 1.000 miligramos —algunos expertos sugieren incluir hasta 2.000 miligramos de magnesio— al día) alivia el dolor y disminuye el peligro de irritación estomacal. El añadir 500 miligramos de ácido pantoténico provee beneficios antialérgicos. Las sales de tejidos recomendadas para las picaduras potencialmente severas son *Kali. Phos. 6X*, *Nat. Mur. 6X* y *Silícea 6X*, cada diez minutos durante una hora. Si se produce hinchazón, substituya el *Kali. Mur.* por *Nat. Mur.*, y tome tres o cuatro dosis al día.

Abejas, avispones y avispas

Las abejas son suicidas —sus aguijones de púa se desprenden de sus cuerpos, causándoles la muerte. Los moscardones, avispas y avispones tienen aguijones suaves y pueden atacar repetidamente. A pesar de que hay jeroglíficos egipcios que indican que el Rey Menses pereció a consecuencia de la picadura de un avispón en el año 2641 a.C., solamente una persona de cada doscientas experimenta síntomas severos, como hinchazón de la garganta, dificultad para respirar, vómitos y posible choque anafiláctico.[75]

Consejo de primeros auxilios Si se sospecha una reacción alérgica, o si la picadura es en el ojo, la boca o la garganta, cubra el área con una bolsa de hielo y manténgala elevada mientras se dirige hacia el médico más cercano; aplique un torniquete entre el corazón y el lugar de la picadura si ésta es en un brazo o una pierna; verifique para asegurarse que hay pulso debajo del torniquete, y aflójelo durante unos segundos cada cinco minutos.

Para casos conocidos de alergia a insectos, se recomienda la inmunoterapia (inyecciones para rebajar la sensibilidad) o un botiquín de emergencia, con epinefrina o adrenalina en jeringas previamente cargadas. Para la mayoría de las situaciones de picaduras, sin embargo, bastan algunos remedios caseros y precauciones. Para evitar los ataques:

○ Establezca un repelente interno de insectos. El consumo diario de grandes cantidades de ajo, dos cucharadas de levadura de cerveza (*brewer's yeast*), o 60 miligramos de zinc, hacen que la persona sea un objetivo poco deseable.[293] Se dice que tomar 100 miligramos de vitamina B-1 (la mitad para los niños) antes, y luego cada tres o cuatro horas mientras está expuesto, produce un olor de piel que repele a las abejas.

○ Descarte cualquier aroma (perfume, loción de afeitar, laca para el cabello, inclusive desodorante) que pueda hacer que una abeja confunda el cuerpo humano con una planta con néctar.

○ Vista camisas de manga larga, de colores suaves y claros, y pantalones largos. Y lleve zapatos —las abejas en el césped se molestan más fácilmente que las que están en el aire, y a veces confunden a las personas con flores.

○ No provoque a una abeja tratando de darle un golpe. Si un insecto se le acerca, aléjese caminando, no corra. Busque abrigo en interiores, esquive entre edificios, o diríjase a los bosques para evitar la persecución, y si lo amenaza una horda, sumérjase en el agua más cercana.

Consejos de primeros auxilios y tratamientos

No es aconsejable aplastar a un insecto mientras está picando. El golpe podría causar que más veneno sea inyectado, y si el insecto es una abeja amarilla (*yellow jacket*), podría emitir una sustancia química que envía una señal de ataque a sus compañeras de colmena. Si el aguijón está todavía en la piel, retírelo inmediatamente con un cuchillo, una tarjeta de crédito o con la uña, y sáquelo, pues el aguijón puede seguir bombeando veneno durante dos o tres minutos, y el intentar extraerlo halándolo, causará que más veneno entre en el organismo. Lave y desinfecte la picadura, especialmente si es de una avispa carnívora que podría haber tenido contacto con material contaminado.

Frío Helar el área ayuda a mantener el veneno localizado y tiene un efecto anestésico. Si se necesita, se puede utilizar una bolsa de hielo cada dos horas para controlar el dolor. El remojar una mano o un pie aguijoneados en un recipiente lleno de agua, cubitos de hielo y media taza de bicarbonato de soda generalmente es eficaz. Para la inflamación, disuelva una cucharada de sales de Epsom en agua caliente y utilícelas en lugar del bicarbonato. Para la hinchazón alrededor de los ojos, cubra el área con toallas mojadas en una mezcla de bicarbonato de soda con una taza de agua helada, y escurridas. Una bolsa de hielo o compresa fría puede ser colocada por encima de cualquier pasta o cataplasma curativa.

Calor Se puede aplicar una bolsa o una compresa caliente, o se puede dirigir el calor de una secadora de cabello hacia la picadura para desactivar una de las substancias químicas que causan la inflamación.

Aspirina Humedecer el área y frotarla con una tableta de aspirina para neutralizar muchos de los agentes inflamatorios del veneno de la abeja.

Líquidos y lociones Aplique durante cinco minutos o cubra con un paño saturado con cualquiera de estos líquidos: gel de áloe vera (acíbar, zabila), alcohol de fricción, amoniaco común, bicarbonato de soda (con sal, si se desea), aceite de castor o de vitamina E, té de canela (mastique las ramitas de canela con las que se hizo el té), jugo de limón o vinagre.

Pastas y cataplasmas El tiernizador de carne es un remedio popular moderno para neutralizar los aguijones venenosos. Rocíe un tiernizador que contenga papaína en una gasa húmeda, o haga una pasta con agua, luego aplíquela durante 30 minutos. El carbón activado —*activated charcoal*— (tabletas molidas o cápsulas abiertas) combinado con agua, aplicado entre la picadura y cubierto para mantenerlo húmedo, extrae el veneno y reduce tanto el dolor como la hinchazón. Una pasta de vitamina C en polvo con agua alivia el dolor y el escozor, así como una pasta de las sales de tejidos *Kali. Mur.*, *Kali. Phos.*, *Nat. Mur.*, o *Silícea*. El frotar el área con pasta de dientes podría producir alivio debido al efecto refrescante del mentol. Otros remedios son la miel, el lodo, el tabaco humedecido; o una pasta con bicarbonato de soda y/o sal mezclada con agua, hamamelis (olmo escocés, *witch hazel*), o vinagre. Los expertos en hierbas recomiendan cataplasmas de hojas de té humedecidas o cápsulas abiertas de cimifuga negra (*black cohosh*), manzanilla (*chamomile*), consuelda (*comfrey*), pekoe o té negro, olmo norteamericano (*slippery elm*) o corteza de roble (*oak*).

Vegetales Para aliviar el dolor de los aguijonazos, se han utilizado hojas de col (repollo, *cabbage*) o de puerro (*leeks*) machacadas, ajo molido (o el aceite de cápsulas de ajo), rábano picante (*horseradish*) rallado fresco envuelto en una estopilla (gasa, *cheesecloth*), jugo de cebollas o papas ralladas o cortadas en rodajas. La cebolla cruda es otra alternativa que funcionó para Casey K. Vestido con una camisa hawaiana, se estaba divirtiendo mucho en el patio de su abuela, hasta que le picó una abeja. Su abuela raspó rápidamente el aguijón, le dio un cubo de hielo para aplicarlo sobre la picazón para aliviar el dolor, y lo llevó a la cocina, donde cortó una rodaja de cebolla y se la colocó en el área inflamada. Cuando llegaron los padres de Casey para llevarlo a casa, la única evidencia era su cara llorosa, que explicó diciendo: "La cebolla me hizo llorar".

Bebidas Los remedios de hierbas requieren de una taza (o dos cápsulas) de infusión de cimifuga negra (*black cohosh*), equinácea o acedera bendita (*yellow dock*) cada hora hasta que los síntomas se hayan aliviado.[176] No se recomiendan las bebidas alcohólicas porque intensifican los efectos del veneno dilatando los vasos sanguíneos y acelerando la circulación. El café, el té o las bebidas gaseosas con cafeína podrían ayudar a contrarrestar las molestias del aguijón.

Escorpiones

El escorpión, de dos a cuatro pulgadas (5 a 10 cm) de largo, con pinzas como tenazas, presenta un aspecto parecido al del cangrejo pero posee una cola flexible que se arquea por encima de su espalda para administrar veneno con un aguijón afilado. Los escorpiones viven en regiones cálidas, son criaturas nocturnas que se esconden en rendijas oscuras o bajo rocas durante la noche, y atacan si son molestados. En áreas infestadas de escorpiones, la ropa y los zapatos deberían ser sacudidos antes de ponérselos.

La mayoría de las picaduras de escorpión no son más peligrosas que un aguijonazo de abeja y pueden ser tratadas con los mismos remedios; sólo dos de las cuarenta especies en Estados Unidos producen un veneno bastante tóxico. Después de limpiar y desinfectar, aplique una bolsa de hielo para reducir el dolor y retardar la difusión del veneno, luego mantenga el área picada por debajo de la altura del corazón. Los niños pequeños y los ancianos tienen un riesgo mayor de sufrir complicaciones, pero todos deberían estar alerta a señales de una reacción grave (pulso acelerado, dificultad para respirar, diarrea, náuseas, convulsiones) que requieren de atención médica inmediata y una inyección de antídoto.

Aguamala y anémonas de mar

Con tentáculos transparentes que pueden mantenerse invisibles hasta unos 60 pies (20 metros) de distancia, el aguamala o malagua y el *man-of-war* portugués (que es en realidad una colorida colonia de aguamalas en diferentes etapas de desarrollo) son los atacantes marinos más comunes. Las anémonas de mar, criaturas con apariencia de flores que viven en el fondo del mar, tienen ondulantes tentáculos tan peligrosos como los del aguamala. Cuando los largos tentáculos tocan la piel humana, sus células venenosas la horadan para inyectar cápsulas venenosas. Para evitar contactos adicionales con pedazos de tentáculos adheridos a la piel, retírelos cuidadosamente con una pinza o con la mano protegida por una toalla; o cubra los tentáculos con una pasta de arena o bicarbonato de soda y agua de mar, luego ráspelos con un cuchillo o una tarjeta de crédito. La presión o la fricción pueden activar las células venenosas que no se han roto. El agua dulce también activa el veneno encapsulado. Enjuague el área con agua salada antes de aplicar una de las siguientes substancias para desactivar a las células agresoras:.

- ○ Un baño con vinagre, jugo de limón diluido o amoniaco, o alcohol (el alcohol de fricción es preferible, pero vino o cualquier otro licor serán suficientes).

- ○ Cubra la picadura con una pasta de agua salada mezclada con tiernizador de carne con papaína, alumbre, bicarbonato de soda, harina o talco. Vuelva a aplicar una o dos veces, pero si el dolor no disminuye en unas horas, o si se presentan síntomas serios como calambres musculares, vómito o falta de aire, busque ayuda médica.

Fuentes (vea la Bibliografía)

2, 17, 20, 42, 45, 46, 49, 50, 57, 64, 65, 69, 72, 75, 87, 98, 104, 108, 109, 111, 135, 144, 149, 150, 169, 176, 186, 195, 202, 203, 207, 256, 281, 284, 285, 293, 300, 312, 313, 322

Pie de atleta

El pie de atleta, llamado técnicamente *tinea pedis*, no está limitado a los atletas ni solamente a los pies. Esta es una infección causada por un hongo que se halla normalmente en gimnasios o al borde de las piscinas, y que por lo general se manifiesta inicialmente con un enrojecimiento y comezón entre los dedos de los pies. La dolencia es muy contagiosa porque la piel muerta que se desprende en forma de escamas alberga hongos ansiosos por encontrar una nueva ubicación —las uñas de los pies, de las manos, el cuero cabelludo y los lugares húmedos como las axilas o los genitales son particularmente susceptibles.

Los calzados bien ventilados que tienen tiempo de secarse antes de volver a ser utilizados, y los calcetines absorbentes que se cambian cuando se humedecen por la transpiración ayudan a mantener los pies secos y libres de hongos. Para evitar una nueva infección, aplique desinfectantes dentro de los zapatos (o límpielos por dentro con vinagre blanco) tan pronto como se los quite, tome duchas en lugar de baños de tina, utilice toallas de algodón una sola vez, y lleve calcetines o medias que puedan ser lavados en agua muy caliente y con cloro. Después de que la etapa de escamación ha pasado, opte por medias de acrílico (que alejan la humedad de los pies) y enjuáguelas en una fuerte solución de vinagre.

El tratamiento comienza con el lavado diario, un secado cuidadoso y la aplicación de talco. David M. descubrió que podía eliminar ciertas tareas de higiene secando sus pies con una secadora de cabello, luego poniéndolos dentro de una gran bolsa de papel antes de espolvorearlos con talco. (Según el número de junio de 1991 de *Prevention*, la maicena —fécula de maíz, *cornstarch*— no debería ser utilizada para empolvar el pie de atleta, pues en realidad alimenta a los hongos).

Los nutricionistas sugieren ayudar al organismo a combatir la infección complementando la dieta diaria durante un mes con yogur o cápsulas de *acidophilus*, 25.000 unidades internacionales *IU* de beta-caroteno, una tableta de vitaminas del complejo B, de 500 a 3.000 miligramos de vitamina C en dosis divididas, 400 *IU* de vitamina D y 500 de E, y de 15 a 50 miligramos de zinc (vea la nota en la página xii). Los especialistas en acupresión (digitopuntura) recomiendan utilizar el borrador de un lápiz para presionar la punta del pie en la base del dedo meñique donde se une con el siguiente dedo. Presione durante diez segundos, suelte por otros diez, y repita durante un total de 30 segundos de presión cada mañana y noche.

Remedios populares

La antigua práctica de remojar los pies infectados en agua salada ha sido justificada por la ciencia —un baño de pies de cinco a diez minutos en una solución salina tibia (una cucharadita de sal por cada taza de agua) debilita los hongos y reduce la transpiración.[293] Para beneficios adicionales, aplique una pasta de bicarbonato de soda y agua tan pronto como los pies estén secos, luego enjuáguelos después de un minuto. Otros remedios, tradicionales y nuevos, incluyen:

○ Dos veces al día, cúbralos con gel de áloe vera, jugo de cebollas o aceite de vitamina E. O con un ungüento hecho con $1/4$ de taza de lanolina, dos cucharadas de aceite de hígado de bacalao, una cucharada de polvo de ajo y otra de miel. O con una loción para combatir los hongos preparada combinando $1/2$ taza de vodka con veinte dientes de ajo, y una cucharadita de canela (*cinnamon*) molida y otra de clavos de olor (*cloves*) molidos, en una botella de vidrio oscuro. Cubra bien y deje reposar durante dos semanas, sacudiendo la botella un día sí y un día no.

○ Dos veces al día, empolve los pies con polvo de ajo, y durante unos días aplíquese ajos molidos y lleve zapatos cerrados. Se cree que el ajo es más eficaz que los medicamentos para combatir los hongos.[17]

○ Una vez al día, remoje los pies en una infusión de botón de oro (hidraste, *goldenseal*), tomillo (*thyme*) o una mezcla de partes iguales de tomillo y manzanilla (*chamomile*). Otras opciones para remojar los pies son una fuerte solución de vinagre de sidra de manzana (*apple cider vinegar*), o agua de canela (*cinnamon*) preparada hirviendo a fuego lento una docena de ramitas de canela en seis tazas de agua durante cinco minutos, y dejarla en reposo hasta que se enfríe un poco.

○ Una vez al día, moje los pies con vinagre de sidra de manzana o alcohol de fricción diluido, o jugo de ajo. Deje secar durante 30 minutos, luego enjuague con agua limpia.

○ A la hora de acostarse, cubra las áreas afectadas con miel pura o yogur, o con una pasta de bicarbonato de soda y vitamina C en polvo en agua, o con una infusión de trébol morado o rojo (*red clover*). Duerma con medias de algodón, y lávese los pies por la mañana.

Fuentes (vea la Bibliografía)

2, 6, 16, 17, 41, 42, 53, 57, 87, 98, 109, 111, 112, 148, 150, 166, 186, 190, 202, 205, 226, 234, 246, 278, 282, 283, 293, 300, 306, 311, 312, 313

Piel seca

Ya sea provocada por una irritación ambiental, la incapacidad hereditaria de retener humedad en la piel, o un proceso celular retardado causado por el envejecimiento, la causa principal de la sequedad de la piel es la falta de agua y no de aceites. Una piel lubricada y fresca es producto del sistema interno de enfriamiento del cuerpo, que envía agua a través de las capas internas de la piel para que se evapore en la superficie. Cuando la humedad externa baja más de un 30 por ciento, la evaporación excede al reemplazo natural. Los humificadores de cuartos y las plantas de interiores ayudan a contrarrestar el daño de la sequedad producida por la calefacción o la refrigeración. La aplicación de una crema solar antes del invierno, así como en las salidas al exterior durante el verano, hace más lenta la evaporación y protege contra el efecto deshidratante de los rayos ultravioleta. El beber seis a ocho vasos de agua al día previene la deshidratación física, pero beber excesivas cantidades no corrige la piel seca.[293] La rehidratación se consigue saturando la epidermis con agua y sellando la superficie para reducir la evaporación.

Baño

Ducharse o remojarse en una tina de agua agradablemente tibia, durante 5 a 15 minutos, permite la penetración hasta los niveles más profundos de la piel. Sin embargo, una inmersión muy larga, aumenta la deshidratación al evaporar la humedad. El agua caliente, el sudor excesivo y los baños de vapor eliminan el factor humectante de la piel. Para las personas con piel extremadamente seca, los expertos aconsejan baños en días alternados, en especial durante los meses de invierno, cuando el aire frío y seco y los vientos helados intensifican el problema. Un aceite mineral o vegetal podría ser aplicado en las áreas secas antes de ducharse. Agentes humectantes pueden ser añadidos al agua de la tina: aceite de baño o de castor (que se emulsiona en el agua), avena coloidal (*colloidal oatmeal*, una mezcla comercial de avena molida, lanolina y aceite mineral), tres tazas de leche entera (Cleopatra se bañaba en leche de camello), una taza de vinagre de sidra de manzana (*apple cider vinegar*), o una cucharada de glicerina (*glycerin*) o miel —con o sin dos cucharadas de granos de polen de abejas. Las sales o burbujas para el baño aumentan la sequedad de la piel y no son recomendables.

Limpieza

Los jabones roban la humedad. Eliminan los aceites naturales, contienen álcali cáustico, y según un informe de *Longevity* (junio de 1992), podrían eventualmente causar rajaduras microscópicas que permiten que la humedad escape a través de la capa exterior de la piel. Los jabones grasos son menos irritantes que el jabón puro o las barras de detergente/desodorante. Muchos dermatólogos recomiendan las barras o lociones limpiadoras sin jabón, y sugieren que la piel apergaminada sea limpiada solamente por la noche, y luego refrescada con un enjuague fresco de agua por la mañana.

Para retirar el maquillaje sin secar la piel, limpie con bolitas de algodón humedecidas en aceite de castor o leche entera con unas gotas de aceite de castor, o unte la cara con aceite vegetal o mayonesa de huevo y luego retírelos con un paño húmedo o toallas de papel. La avena (*oatmeal*, ya sea normal, de cocción rápida o coloidal) o el salvado de arroz pueden ser envueltos en un paño suave para utilizarlos en la tina para frotar el cuerpo o para limpiar la cara. El "lavarse" con crema de leche o yogur es un antiguo substituto del jabón. Líquidos limpiadores más complejos compuestos de $1/3$ de taza de leche entera en la que se ha licuado un cuarto de aguacate o pepino pueden ser conservados en el refrigerador durante una semana. Se cree que el incorporar una cucharadita de polen de abejas a cualquier limpiador nutre y humedece las células de la piel.[302] Todos los limpiadores deberían ser enjuagados con agua tibia.

Tonicidad

Los astringentes nunca son recomendados para la piel seca; para los hombres existen lociones sin alcohol para después de afeitar. Los tonificantes —creados originalmente para remover cualquier residuo de jabón alcalino— son opcionales. Para quienes prefieren una loción refrescante después de la limpieza, los líquidos recomendados son: agua de rosas con $1/2$ cucharadita de glicerina (*glycerin*) por cada taza; hamamelis (olmo escocés, *witch hazel*) diluido en una cantidad igual de agua destilada, o la mezcla licuada y colada de un pepino pelado, $^{1}/_{4}$ taza de agua y $^{1}/_{2}$ cucharadita de aceite de oliva.

Humectantes

Los humectantes, que preservan la humedad más que la proveen, son más eficaces cuando se aplican a la piel mientras ésta todavía está húmeda del baño o la limpieza. Rociar una mezcla de partes iguales de gel de áloe vera y agua (o con agua sola) antes de aplicar un humectante facial, ayuda a la hidratación. El mantener una toalla húmeda y caliente contra el rostro durante tres minutos después de humectarlo, aumenta la penetración.

Los emolientes (substancias con contenido graso) que excluyen el aire lubrican la piel mientras que sellan la humedad recién adquirida. Los humectantes como la glicerina (*glycerin*) atraen agua hacia la superficie de la piel. Los emolientes sencillos y baratos con considerados tan benéficos como las costosas contrapartes cosméticas. La vaselina (*petroleum jelly*) es uno de los mejores y más utilizados humectantes.[184] Mildred E., una octogenaria con solamente las arrugas necesarias para darle carácter a su rostro, nunca experimentó con substancias exóticas. Cuando le preguntaron cuál era su secreto para una piel tan juvenil, respondió: "No tengo ninguno. Si me aplico maquillaje, lo retiro con vaselina. Luego simplemente me lavo con agua y jabón, me aplico un poco de agua de rosas y un poco más de vaselina como humectante y crema de noche".

El aceite mineral, el de oliva o el vegetal, la mayonesa con huevos y las mezclas caseras son también excelentes humectantes para la piel seca. Para un humectante extra rico, mezcle tres cucharadas de cada uno: aceite de canola, oliva y girasol con una cucharada de aceite de almendras y una cucharadita de glicerina). Luisa L., una experta en eficiencia que combina el lavado de los platos con un tratamiento para combatir la artritis, tiene un sistema igualmente eficaz para mimar su piel sensible y vencer las escamosidades de la piel reseca. Después de su baño nocturno, se envuelve en una toalla gigante para retirar el exceso de agua; se aplica gel de áloe vera en el rostro, los brazos, las piernas, las manos y los pies; luego se aplica ligeramente en la cara y la garganta un humectante que prepara una vez por mes: tres cucharadas de miel con tres de germen de trigo (*wheat germ*) licuados con dos cucharadas de glicerina y dos de hamamelis (olmo escocés, *witch hazel*), y una cucharada de agua de rosas.

Máscaras humectantes

Para humectar una piel reseca después de limpiarla, aplique una de estas máscaras en la cara y la garganta (excepto en el área de los ojos) y espere de 10 a 15 minutos antes de lavarla:

○ Aguacate maduro, en puré, y aplicado directamente o mezclado con una yema de huevo con cantidades iguales de banana (plátano) madura o crema agria.

○ Yema de huevo, pura o mezclada con una cucharada de miel y una cucharadita de aceite vegetal o con una cucharadita de glicerina (*glycerin*) y otra de granos de polen de abeja.

○ Crema de leche (*heavy cream*), o una cucharada de crema ligera (*light cream*) y una de miel, o una mezcla de miel y puré de banana (plátano), en partes iguales, o $\frac{1}{2}$ taza de cacao mezclada con una cucharada de aceite de oliva y suficiente crema de leche para conseguir una pasta suave.

Dieta y suplementos (vea la nota en la página xii)

Una dieta nutritiva con muchas frutas, vegetales y granos enteros es importante para conservar la piel saludable y lubricada. Muchas dietas con restricciones de sal o de grasas a veces causan sequedad en la piel. El utilizar el alga marina *kelp* como sustituto de la sal compensa por el yodo perdido al evitar la sal yodada; el tomar una cápsula de primavera o prímula (*primrose*) con las comidas provee ácidos grasos esenciales. Muchos expertos en el cuidado de la piel sugieren una tableta de multivitamina con minerales cada día, además de suplementos individuales.

Vitamina A En forma de beta-caroteno, 25.000 unidades internacionales *IU* al día para incrementar el ritmo de renovación celular.

Complejo B Una tableta diaria. Las deficiencias de las vitaminas B-1 y B-2, biotina o ácido pantoténico pueden causar una piel seca, escamosa y una especie de caspa alrededor de la nariz y boca.[98, 151]

Vitamina C De 500 a 5.000 miligramos en dosis diarias divididas. Esencial para la producción de los aceites naturales de la piel, la vitamina C que produce el organismo es reducida por factores como los anticonceptivos orales, el fumar y la tensión.[276]

Zinc De15 a 50 miligramos diarios; una deficiencia puede causar una piel escamosa, áspera y seca.[40]

Fuentes (vea la Bibliografía)

16, 17, 29, 40, 46, 47, 49, 50, 53, 74, 98, 99, 108, 109, 111, 112, 150, 151, 177, 184, 276, 293, 300, 302, 312, 313

Presión sanguínea alta (hipertensión)

Llamada la enfermedad silenciosa porque rara vez revela síntomas de advertencia, la hipertensión afecta a aproximadamente 60 millones de estadounidenses. La presión sanguínea o arterial se mide con un esfigmomanómetro (una banda colocada en la parte superior del brazo y conectada a un dispositivo para medir la presión sanguínea), y esto determina el grado de hipertensión. La cifra más alta (presión sistólica) es la fuerza de la sangre contra las paredes arteriales cuando late el corazón. La diastólica (el número más bajo) se refiere a la presión ejercida mientras el corazón descansa entre cada latido. Las lecturas entre 110/70 y 140/90 son consideradas normal. La presión sistólica entre 140 y 159, con la diastólica registrando de 90 a 105, es una hipertensión moderada. La severidad de una presión sanguínea alta está determinada por el resultado diastólico, con 105 a 120 considerados moderadamente severos y, un resultado continuo de más de 120, hipertensión severa.[78] Debido a que la presión sanguínea fluctúa según la hora del día así como la tensión física o emocional, el diagnóstico no debería basarse en una sola medición. Además de un control profesional periódico, el autoexamen con un monitor electrónico de presión sanguínea puede ser aconsejable, sobre todo para los "miedosos de médicos", que experimentan dramáticas elevaciones de presión sanguínea cuando están en presencia de personal médico.

Entre los factores de alto riesgo para el comienzo de este problema se encuentran: la herencia (un historial de familiares con presión sanguínea alta duplica las probabilidades de desarrollarla),[300] la raza (los estadounidenses negros tienen el 33 por ciento más de posibilidades de tener hipertensión que los blancos), la edad y el sexo (la presión alta generalmente ocurre en los hombres menores de 55 años, y en las mujeres mayores de los 55). En Estados Unidos, dos tercios de las personas entre 65 y 74 años son hipertensos; en muchos otros países, la presión sanguínea alta no aumenta con la edad. Los factores que influencian o agravan la presión sanguínea incluyen el excesivo consumo de sal, grasas, estimulantes o alcohol; el fumar; la tensión; y la falta de ejercicio. Las sustancias químicas en los anticonceptivos orales, endulzadores artificiales y las píldoras de dieta elevan la presión sanguínea en algunos individuos. El exceso de peso es un factor en el 60 por ciento de todos los casos de hipertensión. Un estudio reportado en el *Journal of the American Medical Association* (setiembre de 1990), indicaba que los hipertensos pesan un promedio de 29 libras (13 kilos) más que las personas con una presión sanguínea normal. Para muchos de los obesos, cada libra (450 g) de reducción de peso resulta en una disminución de un punto, tanto en la presión sistólica como en la diastólica.[111]

Dieta

El exceso de sodio causa una retención de fluidos que ejerce presión en las paredes de los vasos sanguíneos y contribuye a la hipertensión; el potasio ayuda al organismo a eliminar el exceso. Ambos nutrientes están presentes en los alimentos naturales y una proporción de dos-a-uno o de tres-a-uno de potasio a sodio puede mantenerse consumiendo varias porciones diarias de alimentos ricos en potasio; el potasio suplementario debería tomarse solamente cuando se lo haya recomendado el médico.

Gráfico de Comparación de Potasio – Sodio*		
	Potasio	Sodio
1 papa mediana horneada, con cáscara	844	16
1 taza de jugo de naranja fresco	496	2
1 banana (plátano) mediana	451	1
1 taza de leche descremada	406	126
3 albaricoques (damascos, *apricots*) frescos	314	1
3 onzas (90 ml) de lomo bajo (*sirloin*) asado	306	53
3 onzas (90 ml) de lenguado (*sole*) horneado en jugo de limón	286	101
1 tomate crudo	255	10
3 onzas (90 ml) pechuga de pollo horneada	220	64
½ taza de brócoli congelado, picado	167	22
1 taza de avena (*oatmeal*) normal o de cocción rápida	131	2
* Expresado en miligramos; de *USDA Nutritive Value of Foods*[130]		

La sal, con 2.123 miligramos de sodio por cucharadita, es el ingrediente que desequilibra el balance de la naturaleza. La típica dieta estadounidense contiene 19.000 miligramos de sodio por día, que es por lo menos el doble de lo que se considera aceptable para la salud y mucho más de los 1.000 miligramos por cada 1.000 calorías (hasta 3.000 miligramos de sodio) recomendado por algunos expertos.[294] Una gran parte de este sodio, el 75 por ciento, proviene de fuentes insospechadas según el número de *Berkeley Wellness Letter* de marzo de 1993. Una manzana cruda, por ejemplo, tiene 159 miligramos de potasio y no contiene sodio; una tajada de pastel de manzanas contiene 476 miligramos de sodio y 126 miligramos de potasio. Media taza de pudín instantáneo tiene 440 miligramos de sodio y 176 miligramos de potasio.

Para aproximadamente el 50 por ciento de los hipertensos, a los que la sal puede hacer daño, el potasio debería ser limitado a menos de 500 miligramos al día. Para conseguir esto sin privaciones, utilice productos bajos en sodio; cocine a la parrilla, al horno, en el microondas o al vapor los alimentos naturales no salados (una papa pierde la mitad de su potasio cuando se hierve); y sazone con hierbas, con alga marina *kelp* granulada o con una mezcla de sal y un substituto de sal sin contenido de potasio, en partes iguales.

Para controlor la presión sanguíneas también es útil tener en cuenta la guía de nutrición para el consumo de grasas (30 por ciento de las calorías diarias, por lo menos un tercio proveniente de aceites monoinsaturados como el de canola, oliva o maní). En algunos estudios, una dieta baja en grasas demostró ser más eficaz que la reducción de sal para reducir la presión sanguínea.[177] Los ácidos grasos no saturados contenidos en dos o tres porciones semanales de pescado de agua salada, o cápsulas de aceite de prímula (*primrose*) o *EPA* podrían bajar la presión sanguínea dilatando las paredes de los vasos sanguíneos.[17, 150] Un mayor consumo de fibra también ayuda a mantener la presión baja al controlar los niveles de insulina; se recomiendan cantidades mínimas de azúcares concentrados porque las fluctuaciones de azúcar en la sangre están íntimamente asociadas con la hipertensión; el añadir azúcar a una dieta alta en sal aumenta la presión sanguínea mucho más rápidamente que una dieta alta en sal por sí sola.[248]

Debido a que la subida de presión de dos a cuatro puntos que causa una taza de café desaparece en tres horas, la cafeína ya no está prohibida para la mayoría de los que padecen una hipertensión moderada,[186] pero las bebidas estimulantes deberían ser limitadas a dos tazas de café o cuatro de té o de bebidas gaseosas con contenido de cafeína al día. Pese a que están permitidas pequeñas cantidades de alcohol, beber más de dos tragos al día es tan dañino que el excederse es considerado una de las causas más comunes de la hipertensión.

Suplementos (vea la nota en la página xii)

Cuando se toman además de una multivitamina con minerales, los siguientes suplementos han mostrado excelentes resultados reduciendo la presión sanguínea alta en muchos individuos.

Complejo B Una tableta dos veces al día para mejorar las funciones circulatorias y actuar como sedante. La lecitina contiene las vitaminas colina e inositol, que se cree que bajan la presión sanguínea previniendo la formación de depósitos grasos en las arterias y dilatando los vasos sanguíneos. Las dosis recomendadas varían entre tres cápsulas de 1.200 miligramos hasta tres cucharadas de gránulos de lecitina diariamente.

Vitamina C con bioflavonoides De 1.000 a 5.000 miligramos para mantener la salud de los vasos sanguíneos y aumentar la proporción de potasio que ayuda a eliminar el sodio.

Vitamina E Cien unidades internacionales *IU* diarias, durante un mes, duplicando la cantidad cada mes hasta llegar a 400 *IU* diarias, para reducir la necesidad de oxígeno y así mejorar el funcionamiento del corazón.[17]

Calcio y magnesio De 1.000 a 2.000 miligramos de calcio, más 500 a 700 miligramos de magnesio en dosis diarias divididas para calmar los nervios, ayudar a regular las contracciones del corazón y estimular la eliminación del sodio. Existen estudios que indican que el calcio baja la presión sanguínea solamente en personas que tienen sensibilidad a la sal.[231] Con la aprobación del médico, algunos hipertensos podrían beneficiarse con 1.000 a 2.000 miligramos de magnesio, más 500 a 1.000 miligramos de calcio. En algunos casos, se han obtenido resultados positivos en menos de un mes bebiendo una cucharada de suero de leche (*buttermilk*) en polvo (disponible en las tiendas de productos naturales) disuelta en $^1/_2$ taza de agua, tres veces al día.[72]

Zinc De 10 a 50 miligramos diarios para aumentar la circulación de la sangre y ayudar a compensar la tensión.

Sales de tejidos Dos o tres tabletas, dos a tres veces al día, de *Ferr. Phos. 3X* (para aumentar la cantidad de oxígeno que llega a las células) y *Silícea* (para mejorar la circulación).

Ejercicios

Existen estudios que indican que las personas que hacen ejercicios tienen un 34 por ciento menos probabilidades de desarrollar hipertensión que las personas sedentarias.[105] Para las que ya padecen de la enfermedad, existe evidencia positiva de que ejercicios aeróbicos en forma regular, como una caminata a paso rápido durante media hora tres veces por semanas pueden bajar la presión sanguínea entre tres y quince puntos en unos pocos meses.[177] La natación o el ciclismo son igualmente eficaces para mejorar la salud cardiovascular, pero las personas con hipertensión que deseen hacer ejercicios vigorosos o levantamiento de pesas deberían hacerlo solamente bajo la dirección de un médico.

Remedios populares

Vinagre de sidra de manzana (*apple cider vinegar*) Vierta una o dos cucharaditas de vinagre —con o sin una cantidad igual de miel— en un vaso de agua y beba este líquido con cada comida.

Ajo Para dilatar los vasos sanguíneos y reducir la presión sanguínea, durante mucho tiempo se han utilizado uno o dos dientes de ajo picado (o cápsulas de ajo). Calvin D. atribuye la curación de su hipertensión al ajo cultivado en su jardín, luego de que un vecino le hizo conocer los bulbos de ajo frescos. Además de añadirlos a los platos que cocinaba, incluyó láminas delgadas en sus *sandwiches* del mediodía, y en la ensalada de la cena. Estimulado por una reducción significativa en su presión sanguínea, Calvin adoptó el método de "cultivo de ajos" de su amigo, plantando dientes de ajo deshidratado en macetas y en su jardín. Para cuando la segunda planta comenzó a aparecer, la presión sanguínea de Calvin estaba normalizada, y él sigue disfrutando del generoso consumo de ajo para mantenerla baja.

Hierbas Las infusiones de alfalfa, manzanilla (*chamomile*), nébeda (*catnip*), hinojo (*fennel*), baya del espino (*hawthorn*), romero (*rosemary*), salvia (*sage*), escutelaria (*skullcap*) y semillas de sandía son consideradas adecuadas para bajar la presión sanguínea.

Cebollas Se cree que cuando se consumen diariamente, las cebollas ayudan a bajar la presión.

Caldo de papas El alto contenido de magnesio y potasio de las papas, otorga crédito a estos dos remedios. (1) Hierva las cáscaras de cinco papas bien lavadas con dos tazas de agua, durante 15 minutos en una olla tapada. Enfríe y cuele, luego beba dos tazas del líquido cada día. (2) En tres tazas de agua hirviendo, ponga dos tazas de papas picadas (lavadas pero sin pelar) además de $1/2$ taza de zanahorias ralladas y $1/2$ taza de judías verdes (chaucha, ejote, vainita, *green beans*). Cubra y hierva a fuego lento durante 20 minutos. Cuele y beba a sorbos durante el día.

Relajamiento

La ansiedad o la cólera hacen que la presión sanguínea se eleve, ya que la tensión encoge las paredes de las arterias. Un relajamiento programado, utilizando cualquiera de los métodos descritos en la Introducción, ayuda a volver a bajarla. Inclusive el acariciar a una mascota, o mirar el fuego de una chimenea, o peces nadando en un acuario, proveen un alivio momentáneo de las continuas presiones que contribuyen a la hipertensión.

Presión sobre los nervios y masajes

❍ Una vez al día, durante tres minutos cada vez, presione y masajee el entrecejo; luego masajee las depresiones de la nuca en la base del cráneo y la parte interior de los codos.

❍ Durante 30 segundos diariamente, estimule cualquiera, o todos, de los puntos siguientes: presione la línea vertical detrás de cada oreja, encima del lóbulo; masajee los pulgares y los dedos índice y medio, y las membranas entre ellos en ambas manos; presione y masajee el lugar que está a tres centímetros encima del ombligo, y justo detrás del tercer dedo del pie, en la planta.

Fuentes (vea la Bibliografía)

2, 6, 13, 14, 17, 26, 42, 48, 49, 57, 58, 60, 63, 64, 72, 75, 78, 82, 86, 87, 98, 105, 108, 111, 112, 127, 130, 144, 150, 151, 164, 171, 177, 183, 186, 190, 205, 207, 229, 231, 237, 248, 260, 285, 293, 294, 300, 304, 306, 312, 313, 315

Presión sanguínea baja (hipotensión)

La presión sanguínea por debajo del nivel promedio de 110/70 a 140/90 es normal para ciertas personas saludables y con frecuencia es considerada una bendición. Como se explica en el *British Medical Journal* (11 de enero de 1992), la presión sanguínea baja puede ser un problema cuando la sangre que circula hacia el cerebro disminuye hasta el punto que causa mareos o desmayos. La hipotensión generalmente se diagnostica luego de medir la presión sanguínea mientras el paciente está acostado, y luego se registra una disminución de veinte puntos en la presión sistólica (el número más elevado) al ser medida después de estar un minuto de pie. [293]

La hipotensión crónica, que afecta aproximadamente al seis por ciento de la población de Estados Unidos, podría ser causada por la anemia, las lesiones en el nervio diabético que afecten los reflejos de control de la presión sanguínea; una hemorragia interna, el bajo nivel de azúcar en la sangre, la desnutrición, el funcionamiento inadecuado de la tiroides, o una enfermedad debilitante. La hipotensión aguda es el término para describir una baja súbita en la presión sanguínea que resulta a consecuencia de lesiones que causan mucha pérdida de sangre, o un choque fisiológico, como un infarto.

La hipotensión postural (ortostática), el tipo más común, se manifiesta en mareos momentáneos cuando se cambia abruptamente de posición. Levantarse lentamente, sentarse al borde de la cama antes de ponerse de pie, y estar de pie un momento antes de caminar, otorga a los reflejos cardiovasculares el tiempo de hacer circular sangre hacia el cerebro. Elevar la cabecera de la cama entre alrededor de ocho a 12 pulgadas también ayuda a controlar la hipotensión.

Episodios temporales de aturdimiento pueden ocurrir en conexión con infecciones virales o influenza, y algunos casos de aparente hipotensión podrían ser reacciones a medicamentos antidepresivos o para combatir la hipertensión. Según el *Journal of the American Medical Association* (no. 4, 1991), el riesgo de infartos aumenta si una presión sanguínea alta es obligada a bajar con medicamentos hasta un número diastólico (la cifra más baja) de 85 o menos. El seguir tomando diuréticos cuando ya no es necesario puede provocar todos los síntomas de la hipotensión —dolor de cabeza, fatiga y debilidad, aturdimiento y mareos o desmayos—, al reducir la presión sanguínea y el volumen sanguíneo debido a la carencia de fluidos en el cuerpo. Después de una evaluación médica y posible reajuste de los medicamentos para causas diferentes, los remedios caseros podrían ayudar a resolver el problema.

Dieta

Las deficiencias nutricionales pueden hacer que las paredes de los vasos sanguíneos pierdan elasticidad, se vuelvan flácidas y se expandan. Debido a que el volumen de sangre sigue siendo el mismo, la presión sanguínea baja porque la presión contra las paredes de las arterias se ha reducido, y cada vez menos nutrientes pueden penetrar en los tejidos, lo que produce fatiga, debilidad y aturdimiento. Una dieta alta en proteínas que incluya hígado, riñones y otras carnes de órganos, papas horneadas con cáscara, vegetales de hojas verdes, semillas o harina de soja y germen de trigo (*wheat germ*) ayuda a devolver elasticidad a las arterias, estimula las glándulas adrenales y ayuda a normalizar la presión sanguínea. (Si no le agradan el hígado ni los riñones, los puede tomar deshidratados en polvo o en tabletas). Se recomiendan pimientos (ajíes) dulces verdes, levadura de cerveza (*brewer's yeast*), col (repollo, *cabbage*), frutas cítricas, pepinos, dátiles, cebollas, guisantes (arvejas, chauchas, chícharos, *peas*), pasas, batatas (boniatos, camotes, papas dulce, *sweet potatoes*), tomate, y granos enteros. El consumir comidas pequeñas y frecuentes durante el día nivela el azúcar en la sangre y ayuda a evitar la hipotensión que podría ocurrir después de una comida abundante. Para estimular la absorción de nutrientes, se debe consumir la menor cantidad posible de líquidos durante las comidas, pero se debe beber en grandes cantidades entre comidas, y un poco de sal debería estar incluida en la dieta para mantener el balance de los fluidos del cuerpo.

Después de un año con una dieta sin sal, Gilda C. se sentía cansada todo el tiempo y tenía mareos. Un examen mostró que su presión alta había bajado muy por debajo del nivel normal y los médicos dijeron que debería haber abandonado los diuréticos. Temerosa de que su presión sanguínea se elevara de nuevo sin los medicamentos, Gilda redujo su consumo de líquidos y siguió utilizando un substituto de sal con contenido de potasio. Un mes más tarde, demasiado débil para caminar y convencida de estar sufriendo de alguna enfermedad mortal, se internó en el hospital para someterse a una serie completa de exámenes. La "enfermedad mortal" de Gilda resultó ser una insuficiencia de sodio agravada por deshidratación. ¿La receta para una cura exitosa? Beber de seis a ocho vasos de agua al día, descartar el substituto de sal y utilizar pequeñas cantidades de alga marina *kelp* granulada o sal, y, durante dos semanas, disolver $1/4$ cucharadita de sal en seis onzas de jugo de tomate y beberlo entre las comidas, tres veces al día.

Suplementos (vea la nota en la página xii)

Además de una tableta de multivitamina con minerales al día para ayudar a compensar la disminución de asimilación de nutrientes, estos suplementos individuales han sido benéficos.

Complejo B Una tableta de alta potencia diariamente.

Vitamina C De 1.000 a 3.000 miligramos, en dosis diarias divididas.

Vitamina E Cada día, 100 unidades internacionales *IU*, aumentando gradualmente hasta llegar a 600 *IU*.

Remedios populares

Los curanderos populares sugieren seis onzas (175 ml) de jugo de remolacha (betabel, *beet*) y una porción de remolachas tres veces por semana, para activar una presión sanguínea baja. Las hojas o la infusión de diente de león (*dandelion*), o de raíz de jengibre (*ginger*) o de escutelaria (*skullcap*) con una pizca de pimienta de Cayena (*Cayenne pepper*) son otros remedios favoritos para subir la presión.

Presión sobre los nervios y masajes

El estimular cada uno de estos puntos durante 30 segundos, una vez por día, podría ayudar a normalizar la presión sanguínea baja:

○ Presione subiendo y bajando el centro posterior del cráneo, luego inserte el dedo índice tanto como pueda en el borde izquierdo de las costillas, y presione hacia arriba y hacia abajo.

○ Presione o masajee el punto a dos pulgadas (5 cm) hacia el centro del cuerpo desde el centro interior del brazo derecho, luego a una pulgada (2,5 cm) debajo del esternón.

Fuentes (vea la Bibliografía)

15, 26, 72, 75, 78, 80, 81, 86, 87, 164, 173, 179, 226, 234, 257, 262, 268, 283, 293, 294, 300, 313, 317

Quemaduras

Una quemadura de primer grado causa dolor, enrojecimiento y una leve inflamación, pero no ampollas. Las quemaduras de segundo grado se extienden hasta debajo de la piel y se caracterizan por ampollas, dolor, enrojecimiento e inflamación. Una quemadura de tercer grado muestra un aspecto chamuscado o blanco a consecuencia de una lesión de los tejidos profundos, y podría ser momentáneamente indolora debido a la destrucción de las terminaciones de los nervios. Las quemaduras de tercer grado deberían ser enfriadas con agua fría, y luego recibir atención médica inmediata. Si se quema el ojo con sustancias químicas, báñelo con agua o leche durante cinco a diez minutos y luego busque ayuda profesional.

Consejo de primeros auxilios para quemaduras de primer y segundo grado Si la quemadura está debajo de la ropa, el humedecer el área antes de desnudarse podría evitar que la tela caliente cause una quemadura más profunda. Refresque la piel quemada durante 20 a 30 minutos o hasta que el dolor disminuya haciendo correr agua fría por el área, sumergiéndola en agua fría o aplicando compresas frías. Si el dolor persiste, se pueden aplicar compresas frías o una bolsa de hielo a intervalos durante las primeras 24 horas. Para reducir la sensibilidad de la piel, un ungüento tópico puede usarse entre las aplicaciones frías, cubriéndolo con una gasa no adherente y ligera. Las ampollas son una protección natural y deberían dejarse intactas. Si se rompen, lave el área dos veces por día con agua y jabón, luego cúbra con una gasa estéril. Las quemaduras extendidas de segundo grado, o aquellas en la cara, manos, genitales o pies, deberían recibir asistencia médica.

Dieta y suplementos (vea la nota en la página xii)

Para las víctimas de quemaduras severas, los nutricionistas recomiendan beber por lo menos ocho vasos de agua diarios, consumir muchas proteínas y alimentos ricos en potasio (albaricoques —damascos—, bananas —plátanos—, vegetales de hojas verdes, papas horneadas con su cáscara) y alimentos que aumenten el nivel de azufre en la dieta (col —repollo—, maíz, ajo, berza —*kale*—, colinabo —*kohlrabi*—, frijoles de soja, berro —*watercress*—);[149] e incluir suplementos dietéticos.

Vitamina A En forma de beta-caroteno, hasta 100.000 unidades internacionales *IU* diarias durante una semana, luego 25.000 *IU* al día para combatir las infecciones y ayudar a la curación.

Complejo B Una tableta dos veces al día para compensar por el estrés causado por quemaduras serias. Tomar 200 miligramos de *PABA* con cada comida durante el período de dolor podría aliviar la molestia.

Vitamina C 1.000 miligramos diarios, hasta 1.000 miligramos cada hora durante los primeros días. Cuando se toma inmediatamente, la vitamina C ayuda a prevenir el *shock*. También ayuda a prevenir infecciones, ayuda a la curación y cuando se toma con bioflavonoides, mejora la fuerza flexible del tejido alrededor del área quemada.

Calcio y magnesio 1.500 miligramos de calcio, además de 750 miligramos de magnesio para ayudar a estructurar proteínas para la curación y para compensar la pérdida de fluidos del cuerpo.[17]

Vitamina D De 400 a 1.000 unidades internacionales *IU* diarias durante un mes para ayudar a la asimilación de la vitamina A y el calcio.

Vitamina E De 100 a 1.000 unidades internacionales *IU* diarias para acelerar la curación y prevenir las cicatrices.[266, 267]

Selenio 200 microgramos diarios hasta que la curación se haya completado, para prevenir infecciones y aumentar la elasticidad de los tejidos.

Sales de tejidos Inmediatamente después del accidente, tome una tableta de cada uno de *Ferr. Phos. 3X* y *Kali. Mur. 3X*, a intervalos de diez minutos, durante una hora. Para quemaduras serias, se puede incluir *Kali. Phos.*

Zinc De 50 a 100 miligramos diarios durante dos a cuatro semanas para estimular la curación.

Remedios populares

Para evitar el *shock* de una quemadura grave, los curanderos populares recomiendan beber a sorbos una de estas bebidas: $\frac{1}{2}$ taza de agua fría mezclada con una cucharadita de sal y $\frac{1}{2}$ cucharadita de bicarbonato de soda; té de pimienta de Cayena frío (se puede substituir por dos cápsulas); o un té potente y enfriado, preparado con una cucharada de escutelaria (*skullcap*), dos cucharaditas de valeriana y una de lúpulo (*hops*).

Para enfriar inmediatamente las quemaduras menores, la leche o el vinagre de sidra de manzana (*apple cider vinegar*) se consideran más eficaces que el agua. Para ayuda rápida para combatir el dolor, partes iguales de vinagre de sidra de manzana, brandy y agua pueden ser combinadas y aplicadas constantemente hasta que el dolor se haya aliviado, luego la quemadura puede ser cubierta con una venda mojada en vinagre. Para el alivio del dolor y una rápida curación después del enfriamiento inicial, se puede aplicar una capa de aceite de hígado de bacalao, aceite de ajo o de ajonjolí (*sesame*); o se puede utilizar uno de los otros remedios populares.

Gel de áloe vera (acíbar, zabila) Uno de los tratamientos para quemaduras más antiguos, eficaces y conocidos para las quemaduras, el gel de áloe vera (acíbar, zabila) no es solamente un agente calmante y curativo, sino que también se ha descubierto que reduce el despelleja-miento y podría ayudar a prevenir la infección.[254] Erna V., adminis-tradora de la cafetería de una escuela primaria, decora los frentes de las ventanas con macetas con áloe, que ella llama "plantas para las quemaduras". Con los estudiantes esperando en fila por su almuerzo, ni ella ni los otros empleados de la cafetería tienen tiempo para en-friar las quemaduras menores que suceden con frecuencia. Después de pasar un cubo de hielo por la quemadura, cubren el área con gel de áloe vera extraído directamente de una hoja cortada de las plantas de-corativas.

Bicarbonato de soda Espolvoréelo sobre la quemadura y cubra con un paño suave, o cubra con una pasta hecha con bicarbonato de soda (combinado con harina si se desea), mezclado con clara de huevo o agua. Una mezcla de bicarbonato de soda con aceite de oliva puede ser utilizada para ayudar a curar quemaduras severas y reducir las cicatrices.[149]

Harina de maíz y carbón Aplique una cataplasma de dos partes de harina de maíz (*cornmeal*) y una parte de carbón activado (*activated charcoal*) en polvo, humedecidos con leche.

Huevos Cubra la piel quemada con un huevo crudo batido y empapado en alcohol, para "cocinarlo" produciendo una capa protectora. O bata el huevo con dos cucharadas de aceite de castor o aceite de oliva, esparza la mezcla sobre un paño suave, y aplíquela sobre las quemaduras ampolladas.

○ Bata una clara de huevo (con o sin una cucharada de grasa animal), aplíquela sobre la quemadura y déjela durante una hora.

○ Si se ha quemado la garganta con un líquido caliente, bata una clara de huevo con agua y beba a sorbos esta mezcla lentamente.

Harina Cubra una quemadura superficial con harina (sobre una capa de grasa animal o miel, si desea) y envuelva con un lienzo (tela) limpio para excluir el aire.

Frutas y vegetales Para aliviar las quemaduras menores, aplique mantequilla de manzana o manzana rallada mezclada con aceite de oliva; la parte interior de una cáscara de banana (plátano); hojas molidas de col (repollo, *cabbage*); zanahorias ralladas o en jugo; rodajas de cebolla cruda; o calabaza (*pumpkin*), rábanos (*radishes*) o nabo (*turnip*) crudos molidos. Reemplace cada 15 minutos o cuando la cataplasma se seque. Para las quemaduras más severas, se dice que una cataplasma de papa cruda en rodajas o rallada ayuda a la curación desde adentro y no deja cicatrices.

Hierbas Los curanderos populares recomiendan compresas frías de infusiones con contenido de ácido tánico, como el de las hojas de beriberi, hojas de zarzamora (mora negra, *blackberry*), té negro (pekoe), sasafrás, hojas de zumaque (*sumac*), resina dulce (*sweet gum*) o corteza de roble blanco (*white oak*). Los expertos en hierbas modernos sugieren hacer una pasta con agua hirviendo y cualquiera de estas hierbas: bardana (*burdock*), oreja de ratón (pamplina, *chickweed*), consuelda (*comfrey*), fenogreco (*fenugreek*), botón de oro (hidraste, *goldenseal*), hisopo (*hyssop*), malvavisco (*marshmallow*), poleo (*pennyroyal*), llantén (*plantain*), u olmo norteamericano (*slippery elm*). Luego, coloque la mezcla entre dos piezas de lienzo (tela) antes de aplicar la cataplasma sobre una cubierta de aceite de vitamina E.

Miel Probablemente el remedio más antiguo para las quemaduras, se ha descubierto que la miel pura tiene propiedades antibacterianas y es utilizada en algunos hospitales. Se puede aplicar directamente sobre la piel para contrarrestar el dolor. El añadir gránulos de polen de abeja a la miel, o combinar partes iguales de miel y aceite de germen de trigo (*wheat germ*) mezclado con hojas de consuelda (*comfrey*) forma una pasta que se cree que ayuda a la curación. Si se desea, la mezcla de miel puede ser cubierta con un vendaje seco.

Avena (*oatmeal*) Aplique una cataplasma de avena y agua fría.

Azúcar Para acelerar el alivio del dolor, se puede añadir azúcar al agua para el enfriamiento inicial. Cuando se esparce en la superficie de quemaduras supurantes, se cree que el azúcar ayuda a estimular la curación al absorber el exceso de humedad. Para aliviar el dolor de una lengua quemada, aplique una capa de azúcar con unas gotas de extracto de vainilla en la superficie.

Yogur El yogur natural, vuelto a aplicar cuando se seca, con frecuencia produce un alivio rápido de las quemaduras dolorosas, y se dice que acelera la curación.

Presión sobre los nervios

Para activar una recuperación natural, presione hacia adentro y hacia arriba debajo de cada ceja, a una pulgada (2 cm) de la nariz. Aplique presión durante diez segundos, afloje otros diez, y repita durante 30 segundos de presión cada día.

Fuentes (vea la Bibliografía)

2, 6, 17, 21, 42, 61, 64, 66, 69, 75, 84, 87, 92, 98, 111, 117, 135, 142, 143, 144, 149, 150, 151, 159, 164, 166, 171, 176, 180, 186, 202, 203, 205, 228, 254, 256, 257, 266, 267, 281, 284, 293, 294, 299, 300, 304, 312, 313, 316, 322

Quemaduras de sol (eritema solar)

Las quemaduras de sol pueden ser tan severas como las producidas por fuego u objetos calientes, y requieren de hasta tres meses para que la piel se recupere.[312] Las quemaduras de sol repetidas son una vía segura para el envejecimiento prematuro de la piel, las manchas negras y un riesgo de cáncer de la piel engendrado por el daño de la acumulación de rayos ultravioleta provenientes de la exposición cotidiana y los bronceados. Las lociones solares y otros preventivos descritos en "Exposición al sol" erradicarían el eritema solar si no fuera por un "error del operador", el ignorar el poder de los rayos ultravioleta *UVB* y otros factores agravantes.

No siempre es posible mantenerse alejado del sol entre las diez de la mañana y las tres de la tarde. Los sombreros se los lleva el viento, los anteojos oscuros se rompen. Las lociones solares se pueden olvidar o caerse al agua cuando el bote a motor se avería a una milla de la costa. Y la aparente protección de la naturaleza es falible. Sven E. descubrió esto cuando sucumbió al sueño debajo de un árbol protector y despertó bajo el ardiente sol, a viarios pies de la sombra. Lorna C. sabía que el 80 por ciento de los rayos dañinos pueden atravesar las nubes, pero no se percató de que la neblina, la contaminación y una brisa suave no detienen los rayos ultravioleta *UVB*. Se quemó mientras esperaba sentada en una playa de California a que saliera el sol para broncearse.

El agua es la cómplice del sol. Ya sea congelada en una pista de esquiar, o tibia en una piscina, el agua refleja la luz del sol y aumenta su intensidad. Si no están protegidos por lentes oscuros, la capa exterior y la clara de los ojos pueden quemarse y requerir varios días de oscuridad para recuperarse. Además de permitir la penetración de los rayos *UV* en la piel de los nadadores, el agua puede actuar como un prisma y concentrar el calor del sol en lugares inmóviles del cuerpo, en la misma forma en que una lupa puede ser utilizada para encender fuego. John R. no pudo caminar durante una semana después de que sus pies se "cocinaron" al tenerlos sumergidos en el agua, sentado en un banco frente a un lago, pescando toda una tarde. El dolor y el enrojecimiento comenzaron esa noche; por la mañana cada pie tenía un círculo hinchado y amoratado de cinco centímetros de diámetro en el empeine, y otro más pequeño en la planta.

El afeitarse inmediatamente antes de la exposición al sol puede exagerar la sensibilidad en los rostros masculinos o las piernas femeninas. Ciertos productos para después de afeitarse, colonias, cosméticos o jabones a veces causan un salpullido parecido a una quemadura después de sólo unos minutos al sol. Los medicamentos como antibióticos, antihistamínicos, diuréticos, anticonceptivos orales y tranquilizantes pueden aumentar y amplificar los efectos dañinos de los rayos del sol en algunas personas.

Consejo de primeros auxilios Tomar dos tabletas de aspirina a la primera señal de exceso de exposición, y luego repetir la dosis seis veces a intervalos de cuatro horas, ayuda a reducir el enrojecimiento, el dolor y la inflamación. Un enfriamiento rápido, mantenido durante 15 minutos, no sólo alivia el dolor, sino que también podría reducir la severidad de una quemadura de sol alejando el calor de la piel. Para áreas pequeñas se pueden utilizar bolsas de hielo o compresas frías. Se debería consultar con un médico si vienen náuseas, escalofríos o fiebre con una quemadura de sol severa.

Baños

El remojarse en una tina de agua fría disipa el calor y ayuda a devolver la humedad a una piel apergaminada por el sol. Para calmar los ojos inflamados al mismo tiempo, cúbralos con rodajas de manzana, pepino o papa cruda, o con bolsas de té mojadas en agua fría y escurridas. Estos productos tradicionales podrían aumentar las ventajas de un baño de tina:

○ De media a dos tazas de bicarbonato de soda, maicena (fécula de maíz, *cornstarch*) o avena coloidal (*colloidal oatmeal*, una mezcla comercial de avena, lanolina y aceite mineral); o un puñado de avena instantánea en el agua de la tina; o una taza de avena normal o flores secas de manzanilla (*chamomile*) envueltas en una estopilla (gasa, *cheesecloth*), cerradas con un elástico y exprimidas sobre el agua.

○ Dos tazas de leche o ²/₃ taza de leche en polvo, o dos tazas de vinagre en el agua de la tina.

Aplicaciones refrescantes

Cuando no es factible bañarse en la tina, cualquiera de estos líquidos pueden ser utilizados en forma de compresas frías, o pueden ser rociados o aplicados a una piel quemada: leche, vinagre o hamamelis (olmo escocés, *witch hazel*), de doble potencia o diluido en agua; dos cucharadas de sal disueltas en dos tazas de leche y dos de agua; un litro de agua fría con tres cucharadas de bicarbonato de soda, o dos cucharadas de alcohol de fricción; infusiones de triple concentración de bardana (*burdock*), té negro (pekoe) o salvia (*sage*), enfriadas con cubitos de hielo; o un pepino crudo o jugo de papa preparado en una licuadora eléctrica.

Calmantes para después de refrescarse

Las sustancias que excluyan el aire no deberían ser aplicadas inmediatamente a una piel quemada por el sol, pues podrían sellar el calor. Sin embargo, si se utilizan después de refrescar la piel, ayudan a humectar y aliviar el dolor, y podrían hacer que el enrojecimiento se convierta en bronceado. El gel de áloe vera, aplicado y vuelto a aplicar cada hora, es el remedio más antiguo para aliviar las quemaduras. La mayonesa, la vaselina (*petroleum jelly*), el aceite vegetal y la manteca vegetal (*vegetable shortening*) son otras alternativas populares.

Lociones Para refrescar y aliviar, se pueden preparar lociones con una clara de huevo batida, mezclada con una cucharadita de aceite de castor; o mezcle ¹/₂ taza de vinagre con tres cucharadas de yogur, dos cucharadas de sal y una de gel de áloe vera; ¹/₄ de taza de humectante comercial con dos cucharadas de gel de áloe vera y dos gotas de aceite de clavos de olor (*cloves*) o de menta piperita (*peppermint*); o licúe medio pepino pelado con ¹/₄ taza de avena (*oatmeal*) y ¹/₄ taza de yogur en una licuadora eléctrica.

Pastas Para ser aplicadas y lavadas después de media hora, las pastas pueden prepararse con bicarbonato de soda o maicena (fécula de maíz, *cornstarch*) y agua, o almidón de lavandería preparado como para aplicarlo a las camisas; un pepino crudo licuado con una cucharada de hamamelis (olmo escocés, *witch hazel*) y una cucharadita de miel; un tomate crudo, pelado y hecho puré con un poco de suero de leche (*buttermilk*); yemas de huevo batidas, o yogur natural o crema de leche.

Ampollas

Para aliviar la molestia, se puede perforar un costado de la ampolla con una aguja esterilizada y luego aplastarla hasta que salga el líquido,[293] pero la capa que queda no debe ser retirada. Para protegerse contra infecciones, las áreas ampolladas deberían ser lavadas con un jabón suave y agua, y secadas cuidadosamente sin frotar. Podría acelerar la curación la aplicación de una capa protectora de gel de áloe vera, o una mezcla en partes iguales de miel y aceite de germen de trigo (*wheat germ*), o aceite de vitamina E o la vitamina E de cápsulas perforadas. El empolvar las sábanas con talco minimiza la fricción e irritación nocturnas.

Dieta y suplementos (vea la nota en la página xii)

Algunos casos de sensibilidad excesiva al sol se han corregido tomando 25.000 unidades internacionales *IU* de beta-caroteno, vitaminas D y C adicionales y las vitaminas del complejo B, *PABA* y ácido pantoténico.[224] Muchas personas tienen reacciones adversas a la *PABA* (protección contra los rayos *UV* que se usaba en las primeras lociones solares), pero para las demás, 1.000 miligramos de *PABA* diarios podría acelerar la curación de las quemaduras de sol —especialmente cuando se aplica un ungüento de *PABA* o una loción hecha disolviendo una cucharadita de las tabletas molidas en $^1/_4$ taza de agua.

El beber diariamente ocho o más vasos de agua, o de bebidas no alcohólicas, ayuda a contrarrestar los efectos deshidratantes de las quemaduras de sol. Una dieta balanceada con muchas proteínas provee nutrientes necesarios para la recuperación de la piel y de los tejidos. Suplementos de las vitaminas antioxidantes A (25.000 unidades internacionales *IU* de beta-caroteno), C con bioflavonoides (de 1.000 a 10.000 miligramos en dosis divididas), E (de 100 a 600 *IU*), además de 15 a 50 miligramos de zinc, ayudan a neutralizar los dañinos radicales libres que se producen cuando la piel es quemada por el sol, y ayudan al proceso de recuperación.

Fuentes (vea la Bibliografía)

6, 16, 17, 32, 45, 46, 47, 53, 85, 87, 92, 98, 108, 124, 135, 149, 150, 159, 184, 186, 224, 231, 254, 276, 293, 294, 300, 304, 312, 313, 322

Resfríos y Gripe

El resfrío (catarro, resfriado) común puede ser causado por cualquiera de 200 virus, por lo general el rinovirus.[300] La gripe (influenza, *flu*) es ocasionada por diferentes virus clasificados en grupos como tipo A, tipo B y tipo C. El tipo A es el causante de más del 90 por ciento de los casos de gripe y de las más grandes epidemias de influenza. El tipo B, menos grave, ocurre en epidemias circunscritas a un área; el tipo C se manifiesta con síntomas más suaves y parecidos a los del resfrío. Lo que se llama en inglés *stomach flu* (gripe estomacal) es producida por bacterias o virus gastrointestinales que no tienen nada que ver con la gripe.

Los resfríos anuncian su llegada con obstrucción nasal, irritación de la garganta, malestar moderado y, a veces, escalofríos y fiebre baja. El comienzo de la gripe es más dramático: fiebre de hasta 103° F (39.5° C), dolor de cabeza y un agudo malestar en todo el cuerpo. Ambos se adquieren al inhalar gotitas microscópicas del virus a través de la respiración (un estornudo puede lanzar gotitas a una distancia de seis pies por el aire, a una velocidad de 100 millas por hora),[112] o al tocar un objeto contaminado con el virus (mano, pasamanos, teléfono) y luego tocarse los ojos, la nariz o la boca. Estos virus son contagiosos poco después de la exposición inicial y durante varios días después, a medida que el cuerpo desarrolla anticuerpos con los cuales contraatacarlos. Los síntomas del resfrío y la gripe constituyen indicaciones de los esfuerzos del organismo para erradicar los virus. El líquido que se forma en las fosas nasales protege contra más invasiones. La fiebre y la inflamación de los conductos nasales ayudan a contener la expansión de la infección, ya que los virus son sensibles a cualquier elevación de la temperatura del cuerpo. Se recomiendan las vacunas anuales contra la influenza, formuladas para la variación de cada año del tipo A, para los ancianos, los que padecen enfermedades crónicas y para otras personas de alto riesgo, como quienes trabajan en el campo del cuidado de la salud.

La gripe y el resfrío por lo general son malestares autolimitados que desaparecen espontáneamente en menos de dos semanas; la gravedad y la duración se relacionan con el estado del sistema inmunitario del organismo. Los antibióticos no tienen ninguna eficacia contra los virus, pero si se presentan complicaciones o si una fiebre de más de 101° F (38.3° C) persiste durante más de cuatro días, se debe obtener evaluación médica. Las infecciones bacterianas, que sí responden a los antibióticos, pueden coexistir con, o seguir a, un resfrío fuerte o una manifestación de gripe. Se puede usar aspirina, acetaminofeno o ibuprofeno para aliviar el dolor muscular y los dolores de cabeza en los adultos; a los niños con infecciones virales no se les debe dar aspirina debido a su asociación con el síndrome de Reye. Las terapias naturales pueden aliviar los malestares y reforzar el sistema inmunitario para ayudar a prevenir una enfermedad larga o su retorno.

Dieta

Para los primeros días, se recomienda comer pequeñas cantidades de alimentos naturales *"light"* en intervalos frecuentes y beber por lo menos ½ taza de líquido cada hora mientras se esté despierto. Los jugos de frutas y vegetales —manzana, albaricoque (damasco, *apricot*), remolacha (betabel, *beet*), zanahoria, frutas cítricas, uva y tomate— son especialmente buenos. Las bebidas calientes, los caldos y las sopas ayudan a aliviar la congestión de las fosas nasales y del pecho. Se puede hacer un caldo con muchos nutrientes al cortar una corteza de media pulgada (1 cm) de ancho, de dos papas bien lavadas; estas peladuras se ponen a hervir durante 30 minutos, junto a una zanahoria picada en tajadas, en dos tazas de caldo de pollo; después, se cuela antes de beberlo a sorbos. La sopa de cebolla, con bastante ajo y pimienta de Cayena (*Cayenne pepper*), se considera aún más eficaz que la proverbial "sopa de pollo". El ajo contiene alicina, la cual protege contra las complicaciones bacterianas y, junto con los alimentos picantes (*curry*, rábano picante (*horseradish*), mostaza picante, pimiento o ají rojo, salsa de Tabasco), actúa como un descongestionante al aflojar las secreciones. Un estudio reciente mostró que los productos lácteos no son tan grandes productores de moco como para evitarlos durante el resfrío,[51] así que la leche baja en grasa, el requesón (*cottage cheese*) y el yogur pueden tomarse para obtener calcio y proteínas, y también parte del hierro alimenticio que es esencial para la producción de anticuerpos.[98]

Suplementos (vea la nota en la página xii)

Bajo el estrés de una infección, el organismo consume nutrientes clave a un ritmo más rápido que al que pueden ser reemplazados por la mayoría de las dietas, y una insuficiencia de cualquier nutriente puede disminuir las defensas del sistema inmunitario. Si se evitan los productos lácteos, se aconseja tomar 1.000 miligramos de calcio más 500 miligramos de magnesio y, además de una multivitamina con minerales todos los días, los expertos en nutrición y los doctores en medicina holística recomiendan tomar los siguientes suplementos:

Vitamina A En forma de beta-caroteno, de 25.000 a 75.000 unidades internacionales *IU* hasta que se recupere, luego de 10.000 a 25.000 *IU* durante al menos un mes para prevenir que se repita.

Complejo B Una tableta que contenga todas las vitaminas B por la mañana y por la tarde, para combatir el estrés causado por la enfermedad, acelerar la curación y estimular la producción de anticuerpos.

Vitamina C con bioflavonoides De 250 a 1.000 miligramos al día para ayudar a prevenir los resfríos y gripes; de 1.000 a 24.000 miligramos en dosis diarias divididas para acelerar la recuperación. La vitamina C ha sido tema de controversia desde los años 70, cuando Linus Pauling hizo públicos sus éxitos con las megadosis.[223] Los estudios clínicos han producido resultados conflictivos, pero existe abundante evidencia anecdótica positiva. Se dice que se han evitado innumerables resfríos al tomar de 250 a 1.000 miligramos de vitamina C al comienzo de la enfermedad y al repetir la dosificación en intervalos de entre una a tres horas. En algunos casos, la vitamina C ha sido eficaz cuando se ha tomado en mitad de una infección que ya es seria. Signa S. es un ejemplo. Aunque su gripe se estaba complicando con una infección bacteriana, Signa, de 90 años, insistía en permanecer en su casa de Minnesota. Su hija Ingrid contrató a una enfermera para que la cuidara unas horas al día, hizo arreglos para que el único médico del pueblo fuera a verla dos veces al día y trató de convencer a su hermana, que vivía en la costa oeste del país, de que se estaba haciendo todo lo posible por el bienestar de su madre. Pero el estado de Signa empeoró a pesar de los antibióticos y el oxígeno, y cuando el médico recetó una dosis de 1.000 miligramos de vitamina C por hora, para tomar con medio vaso de agua y una galletita salada, la hermana de Ingrid amenazó con acudir a la justicia si no se trasladaba a Signa a un hospital de la ciudad. Tres días de un régimen de vitamina C resolvió el debate entre las dos costas del país. Cuando la próxima llamada llegó, Signa estaba parada en la cocina haciéndose un té, ¡y ella misma contestó el teléfono!

Sales de tejidos Ante el primer síntoma de un resfrío, tome una tableta de *Ferr. Phos. 6X* cada 15 minutos durante una hora, luego tres tabletas cada dos horas. Para los escalofríos y el dolor, tome *Nat. Sulph. 3X* cada 30 minutos. Para la nariz que gotea o los ojos lacrimosos, tome una de *Ferr. Phos. 3X* cada dos horas, más una de *Nat. Mur. 3X* cada hora. Si tiene la nariz tapada, tome tres dosis diarias de *Kali. Mur. 6X*; si viene acompañada de moco espeso, tome una de *Kali. Sulph. 12X* tres veces al día. Para el dolor y el cansancio durante la convalecencia, tome *Kali. Mur. 12X* y *Kali. Sulph. 12X* dos veces al día, alternadamente, más una de *Kali. Phos. 12X* al acostarse.

Zinc Una pastilla de gluconato de zinc disuelta en la boca cada dos o tres horas durante tres días, luego una cada cuatro horas durante una semana, para acortar la duración de los síntomas.[293]

Ejercicios

El descanso en la cama es importante mientras haya fiebre. Cuando la temperatura es normal, sin embargo, y el malestar del cuerpo lo permita, caminar una o dos millas todos los días puede facilitar la respiración al constreñir los vasos sanguíneos de la nariz y abrir los conductos respiratorios. Según un artículo de *The Physician and Sports Medicine* (junio de 1990), las personas que hacen ejercicios habitualmente pueden continuar con su programa durante el resfrío si todos los síntomas presentes tienen lugar por encima del nivel del cuello; pero los ejercicios intensos deben evitarse si hay síntomas por debajo del nivel del cuello, fiebre o una tos fuerte.

Remedios populares

La medicina popular utiliza las propiedades nutritivas y medicinales de los alimentos, las hierbas y las flores. La "mermelada de rosas", recetada para los resfríos en 1669, contenía vitamina C: se ponía a cocer media libra (225 g) de pétalos de rosa con azúcar morena, y luego se comía así mismo, o mezclada con leche o untada en una tostada.[275] La limonada caliente endulzada y con miel, canela (*cinnamon*) y clavos de olor (*cloves*) es tan buena hoy en día como lo fue cuando se le llamaba "grippe" en inglés a la influenza.

Alcohol La posibilidad de que los vasos sanguíneos dilatados por el alcohol aumenten la congestión nasal tiene sin cuidado a los expertos en curaciones populares. Ellos sugieren comer un bistec de carne de res y beber un vaso de brandy de albaricoque (damasco, *apricot*) o de mora negra (*blackberry*) en cuanto se sienta el primer síntoma de resfrío; también aconsejan añadir whisky de maíz (*bourbon*) o ron a un vaso de limonada; añadir tres cucharadas de brandy a una taza de té de pekoe endulzado con miel y espolvorear una pizca de nuez moscada (*nutmeg*); o mezclar mitad de whisky y mitad de miel y tomarse una cucharada de esto cada hora. La cerveza negra, calentada con una cucharadita de azúcar, es un viejo remedio alemán para la gripe. La "cura del sombrero de seda", popular en el siglo XIX, consistía en colocar un sombrero de copa de seda en el pilar de la derecha de la cama y luego acostarse tranquilamente y beber brandy a sorbos hasta que se tuviera la impresión de que había sombreros de seda en ambos pilares.

○ Para el malestar físico que acompaña a un resfrío, *Mother's Book of Daily Duties*, publicado en 1850, aconseja embotellar el ajo que se ha comprado con tres centavos junto a una taza de whisky de centeno y tomar una cucharada de la mezcla varias veces al día; otros expertos de la época sugieren brandy o vodka como el líquido a usar.

○ Uno de los remedios nocturnos para resfríos consistía en revolver $\frac{1}{2}$ taza de jerez y $\frac{1}{2}$ de leche caliente junto con una cucharada de azúcar, y sazonar esto con canela (*cinnamon*) y nuez moscada (*nutmeg*); o combinar el jugo de un limón con $\frac{1}{4}$ taza de almíbar de arce (*maple syrup*) y $\frac{1}{2}$ de agua caliente, y añadir luego dos cucharadas de brandy.

Bicarbonato de soda Un método ancestral de cortar un resfrío es beber a sorbos agua con bicarbonato de soda. Se sugiere una concentración que vaya de $\frac{1}{4}$ cucharadita a una cucharada de bicarbonato de soda por vaso de agua. El tomar una aspirina o su equivalente con el líquido aumenta los beneficios. Durante el primer día de un resfrío, se puede beber a sorbos un vaso de "limonada de soda" cada dos o tres horas. Para prepararla, agite una cucharadita de sosa en $\frac{1}{2}$ taza de agua hirviendo. Vierta el jugo de $\frac{1}{2}$ limón en $\frac{1}{2}$ taza de agua fría. Combine ambas mezclas vertiendo una dentro de la otra, y luego en un vaso.

Baños Tratar de "sudar" el resfrío o la gripe al sumergirse en una bañera de agua caliente puede debilitar el organismo y dejarlo más susceptible a infecciones secundarias.[148] Sin embargo, un baño caliente de pies de 20 minutos puede detener los escalofríos al comienzo y puede aliviar el dolor de cabeza y la congestión nasal.

Ajo Además de sus propiedades antibióticas y descongestionantes, el ajo puede detener el resfrío en sus comienzos si se ingieren de dos a cuatro dientes de ajo picados, o si se mantiene un diente de ajo entre los dientes y el interior de la mejilla, ligeramente mordido con los dientes, pero sin masticarlo ni tragarlo.

Infusiones de hierbas Una o dos tazas (o su equivalente en cápsulas) diarias de manzanilla (*chamomile*), diente de león (*dandelion*), equinácea, saúco (*elder*), fenogreco (*fenugreek*), botón de oro (hidraste, *goldenseal*), marrubio (*horehound*), hierba de limón (*lemon grass*), raíz de orozuz (*licorice*), gordolobo (verbasco, *mullein*), menta piperita (*peppermint*), escaramujo (*rose hip*), romero (*rosemary*), azafrán (*saffron*), salvia (*sage*), zarzaparrilla, ajedrea (*savory*), escutelaria (*skullcap*), olmo norteamericano (*slippery elm*) o milenrama (*yarrow*) pueden resultar beneficiosas. Para mejorar el efecto, añada a cada taza de té jugo fresco de limón o una cucharadita de cáscara de toronja (pomelo, *grapefruit*) rallada. Entre los descongestionantes de hierbas se incluyen infusiones en baja concentración de nébeda (*catnip*), de pimienta de Cayena (*Cayenne pepper*), de ma-huang (belcho) o de jengibre (*ginger*); una combinación de cantidades iguales de eupatorio (*boneset*) e hisopo (*hyssop*) también brinda alivio.

○ Una combinación que tiene fama de curar el resfrío en 24 horas se logra con la infusión de una cucharadita de hojas de laurel (*bay leaves*), una de canela (*cinnamon*) y una de salvia (*sage*) en una taza de agua herviendo.

○ Para el resfrío o la gripe que se presenta con dolor de cabeza o náuseas, ponga a hervir a fuego lento una cucharadita de semillas de cilantro (coriandro, *coriander*) y una de ajo picado, junto a $\frac{1}{2}$ cucharadita de jengibre (*ginger*) molido y una cucharada de miel, en dos tazas de agua hasta que se reduzca a una taza. Cuele y bébalo a lo largo del día.

Miel El remedio de Samuel Pepy para el resfrío, apuntado en su diario en 1660, era irse a la cama y tomar una cucharada de miel mezclada con una nuez moscada rallada. Para la congestión del pecho, el remedio es una cucharada de rábano picante (*horseradish*) mezclado con bastante miel como para hacerlo agradable al paladar. Un remedio del estado de Vermont indica revolver dos cucharadas de miel y dos de vinagre de sidra de manzana (*apple cider vinegar*) en un vaso de agua caliente o fría y beber tres vasos durante el día, además de otro antes de irse a la cama.

Hielo El remedio esquimal para el goteo de la nariz es sumergir ésta en la nieve o en agua muy fría. Los curanderos orientales amarran un pedazo de hielo debajo del dedo gordo del pie tres veces al día para activar un punto de acupuntura que cura el resfrío.

Leche A la primera señal de un resfrío o de gripe, caliente, aunque sin llegar a hervir, una taza de leche, vierta en ella una cucharada de mantequilla, espolvoree por encima pimienta negra molida, y beba esto mientras aún esté caliente. En vez de mantequilla y pimienta puede echar en la leche $\frac{1}{2}$ cucharadita de canela (*cinnamon*) o jengibre (*ginger*) molido, más miel a gusto; o una cucharada de miel, una cucharadita de mantequilla y $\frac{1}{2}$ cucharadita de ajo en polvo. Otras opciones incluyen: hervir a fuego lento seis higos picados en un litro (un cuarto de galón) de leche durante una hora, luego beber una taza del líquido tres veces al día; o combinar una taza de melaza (*blackstrap molasses*) y una de leche caliente, y dejar en reposo durante 10 minutos, antes de colar y beber la mezcla.

Gotas para la nariz e inhalaciones Un remedio para el resfrío de la nariz (con tendencia a resollar y a obstrucción) que data de 1650 consistía en aplicar en las fosas nasales hojas de salvia (*sage*) frotadas. Durante el reinado de la reina Victoria, se colocaban dentro de las fosas nasales pellejos de naranjas, afinados y enrollados con el interior hacia afuera, para aliviar los síntomas del resfrío. La medicina popular contemporánea sugiere aclarar los conductos nasales con una o dos gotas de una sencilla solución salina ($\frac{1}{4}$ cucharadita de sal en $\frac{1}{2}$ taza de agua tibia) o mezclar $\frac{1}{4}$ cucharadita de sal, $\frac{1}{4}$ de aceite de ajo y $\frac{1}{4}$ de vitamina C en polvo con el agua.

Emplastos y cataplasmas Un emplasto de mostaza es el remedio popular favorito para la congestión del pecho, pero ni éste ni los otros emplastos deben aplicarse sobre una piel irritada. Para preparar una cataplasma, forme una pasta con partes iguales de mostaza seca y harina mezcladas con agua tibia, o mezcle la mostaza con clara de huevo. Esparza la pasta entre capas de gasa y cubra el pecho con aceite de oliva antes de aplicarse el emplasto o cataplasma. En vez de la mostaza, en ambos casos, se pueden usar cebollas cocidas y aplastadas, o se puede remojar una tira de franela en agua hirviendo, se rocía con trementina (*turpentine*) y se coloca sobre el pecho todo lo caliente que se pueda soportar. Una alternativa consiste en mezclar dos cucharadas de manteca de cerdo con una de trementina, frotar la mezcla sobre el pecho y la garganta, y luego cubrirlos con una tela de lana.

Vapor Inhale vapor de agua durante 10 minutos dos veces al día; esto no sólo humedece y ayuda a limpiar los conductos respiratorios, sino que también hace que la temperatura de la nariz aumente demasiado para los virus del resfrío y la gripe, los cuales se desarrollan en temperaturas nasales normales.[118] Cúbrase la cabeza con una toalla y, con los ojos cerrados, inhale los vapores que salen de un recipiente con agua hirviendo. Para mejorar el efecto, inhale el vapor de infusiones de eucalipto, enebro (*juniper*), pino, geranio de rosa o romero (*rosemary*), solos o en combinación.

Presión sobre los nervios y masajes

Para aliviar síntomas de resfrío o gripe Presione y masajee desde la parte superior de la cabeza, y baje hasta la concavidad que está en la base del cráneo; masajee a través de ambas cejas durante un minuto; presione el centro del esternón y el punto que está a tres pulgadas directamente debajo del ombligo; presione y masajee una pulgada debajo del "hueco" de cada codo, y en los "huecos" de las partes posteriores de las rodillas; o masajee los dedos gordos de los pies y las yemas que están debajo de ellos y los dedos del medio.

Para un resfrío de cabeza Presione el extremo de la mandíbula, justo debajo del lóbulo de la oreja, y luego el centro de la mandíbula inferior, justo debajo de las esquinas exteriores de la boca.

Para la nariz que gotea Comience en el puente de la nariz y masajee bajando hasta la base de las fosas nasales. O apriete el punto donde las cejas se encontrarían, encima de la nariz.

Para los estornudos Presione el mismo punto encima de la nariz, o presione directamente debajo del centro de la nariz.

Para estimular el sistema inmunitario Use los dedos índice y medio para masajear la parte interior de cada muñeca y la parte superior de cada pie, donde éste se encuentra con el tobillo.

Control del estrés

Las investigaciones médicas han establecido una relación definitiva entre las emociones y las infecciones. Los estudios publicados en el *New England Journal of Medicine* (agosto de 1991) demuestran que un nivel alto de estrés sicológico reduce la resistencia a las infecciones virales y casi duplica las posibilidades de pescar un resfrío. Creciente evidencia indica que practicar técnicas de relajación y de imaginación positiva (vea la Introducción) puede reducir la duración de una infección viral y comenzar a disminuir su impacto en tan poco tiempo como una hora o dos, al movilizar las fuerza curativas del sistema inmunitario.[118, 186]

Fuentes (vea la Bibliografía)

2, 6, 14, 17, 20, 22, 26, 32, 42, 49, 51, 57, 59, 60, 63, 64, 65, 69, 75, 87, 98, 111, 112, 116, 118, 135, 144, 148, 150, 153, 159, 164, 168, 171, 186, 202, 203, 211, 223, 224, 244, 254, 281, 284, 285, 293, 294, 299, 300, 301, 304, 312

Retención de fluidos (hidropesía)

El agua, que es constantemente intercambiada entre la sangre y los tejidos, constituye aproximadamente tres quintas partes del peso del cuerpo. La hidropesía o edema, que a veces afecta a todo el organismo, es la retención anormal de fluidos en los tejidos. Un problema en el equilibrio de fluidos puede manifestarse sólo como un aumento de peso, hasta que el exceso de fluido en el cuerpo se hace evidente por la hinchazón. La obesidad, el embarazo o una ocupación que requiere mantenerse de pie durante largos períodos de tiempo pueden causar hinchazón en las piernas y los pies. Los tejidos saturados de agua con frecuencia afectan a las mujeres durante los ciclos menstruales debido a niveles fluctuantes de hormonas. Las alergias y ciertos medicamentos podrían ser las causas de la retención de fluidos. Las situaciones persistentes o crónicas de hidropesía podrían ser señales de trastornos del corazón, los riñones, la vejiga o el hígado, y deberían ser examinados por un médico.

El ejercicio aeróbico habitual —ciclismo, natación, caminata— ayudan a mantener el balance de fluidos al mejorar la tonicidad muscular. Llevar medias elásticas de soporte (*support hose*) y elevar los pies varias veces al día podrían ayudar a las personas con tobillos hinchados. Pese a que los diuréticos recetados podrían ser necesarios en algunos casos, remediar y aliviar el edema mediante métodos naturales siempre que sea posible podría evitar algunos de los desagradables efectos secundarios que acompañan el uso continuo de diuréticos.

Dieta

Los médicos especializados en nutrición han descubierto que la retención de fluidos que no está relacionada con dolencias físicas serias y, por lo general, puede ser rectificada con una dieta adecuada. Los mecanismos reguladores que controlan el balance del agua en el organismo pueden ser afectados por una falta de proteína, exceso de azúcar y carbohidratos procesados, o demasiado sodio (que permite a los fluidos penetrar en las células, haciendo que algunas de ellas revienten y creen edema) en relación con el potasio (que evita que el sodio ingrese en las células).[14] Debido a que una deficiencia de sodio puede ser peligrosa, muchos médicos recomiendan aumentar el consumo de potasio por medio de frutas y vegetales (especialmente albaricoques, bananas y legumbres secas) y limitar la sal, en lugar de eliminarla por completo.

Entre los alimentos con propiedades diuréticas se encuentran: manzanas, espárragos, remolacha (betabel, *beet*), zanahorias, apio, pepinos, uvas, judías verdes (chaucha, ejote, vainita, *green beans*), rábano picante (*horseradish*), lechuga y otras verduras de hojas verdes, melones, cebollas, pastinacas (*parsnips*), piña, y calabaza (*pumpkin*). El jugo de remolacha cruda (hecho de la remolacha y de sus hojas), o el jugo de pera también se cree que son benéficos, así como el jugo de un limón en una taza de agua caliente. Si se desea, se pueden combinar los jugos con el agua en la que se han cocido espárragos, apio o nabos (*turnips*). El café y el té son diuréticos suaves, pero beber más de seis o siete tazas diarias puede causar una forma de edema que desaparece cuando los productos con cafeína han sido substituidos. [4, 201]

Suplementos (vea la nota en la página xii)

La insuficiencia de calcio, de vitamina D o de vitaminas B puede causar retención de fluidos. Además de una tableta diaria de vitaminas del complejo B, con frecuencia son útiles suplementos individuales. Las deficiencias prolongadas de vitamina B-1 pueden causar edema en las piernas y los pies.[109] Los niveles de estrógeno, que se elevan durante el ciclo menstrual, el embarazo o cuando se toman anticonceptivos orales, aumentan la necesidad de vitamina B-6. La dosis requerida para aliviar el edema varía entre 25 miligramos a 200 miligramos en dosis diarias divididas, con las cantidades mayores administradas bajo supervisión médica. La vitamina C (de 500 a 5.000 miligramos en dosis diarias divididas) y de 100 a 400 unidades internacionales *IU* de vitamina E son benéficas para mantener el balance de fluidos, al ayudar a que los riñones eliminen el exceso de agua y de sodio.

Minerales Una tableta diaria de multiminerales. Se recomiendan suplementos adicionales de potasio sólo con la venia del médico y no deberían tomarse con diuréticos, los cuales tienden a conservar el potasio. Investigaciones indican que una dieta con más potasio, además de un suplemento de 800 miligramos de calcio y 500 miligramos de magnesio (que ayuda a la retención del potasio en las células), alivia la retención de fluidos;[13] otros investigadores aconsejan aumentar la proporción de magnesio a 1.600 miligramos para este propósito.

Sales de tejidos Cuatro tabletas de *Nat. Sulph. 6X* cada cuatro horas hasta que haya mejoría. Tomar dos o tres tabletas de *Silícea 6X* cada día ha ayudado en algunos casos; *Nat. Mur.* ha sido benéfico en otros.

Remedios populares

Infusión de mazorcas de maíz Cueza a fuego lento dos o tres mazorcas frescas (a las que les ha quitado los granos de maíz) en un litro de agua, durante una hora. Beba dos a tres tazas del líquido durante el día.

Ajo Tome cuatro cápsulas diarias de ajo para estimular la eliminación de fluidos.

Ginebra (*gin*) Llene un frasco con hojas molidas de menta fresca, cubra con ginebra y deje reposar un día. O combine $\frac{1}{4}$ de taza de bayas del enebro (*juniper berries*) con $\frac{1}{4}$ de taza de alcaravea (*caraway*) machacada y $\frac{1}{4}$ de semillas de hinojo (*fennel*), añada dos tazas de ginebra y $\frac{1}{2}$ taza de agua, cubra y deje reposar durante varios días. Cualquiera de las mezclas debería colarse y consumirse por cucharadas tres a cuatro veces al día. O tome tres cucharadas de ginebra (con jugo de naranja, si se desea) y repita la dosis luego de una hora. Si el problema no mejora, este tratamiento debería abandonarse. (Nota: estos remedios de ginebra no son recomendados para los alcohólicos reformados, ni para personas con problemas de azúcar en la sangre o dolencias del hígado.)

Hierbas Beba una a dos tazas diarias de infusión de alfalfa, bardana (*burdock*), manzanilla (*chamomile*), barbas de maíz (*cornsilk*), diente de león (*dandelion*), hinojo (*fennel*), cola de caballo (*horsetail*), malvavisco (*marshmallow*), escutelaria (*skullcap*) o gayuba (*uva ursi*). Para elaborar un diurético rico en potasio, que se dice alivia el edema en una hora, agregue una taza de perejil fresco picado a un cuarto de galón (un litro) de agua hirviendo, tape y deje reposar 40 minutos. Cuele y beba una taza con cada comida. Se cree que la infusión de semillas o raíz de perejil es igualmente eficaz.[150, 176]

Miel y gránulos de polen de abejas Mezclar en partes iguales y tomar por cucharadas, o mezclarlos con jugos de frutas.

Semillas de calabaza (*squash*), calabaza *pumpkin* o melón cantalupo Para lograr un remedio indígena norteamericano para combatir la hidropesía, cocine a fuego lento un puñado de semillas machacadas en un litro de agua durante media hora, luego beba varias tazas del líquido colado cada día.

Presión sobre los nervios y masajes

○ Presione o masajee el centro del esternón, luego inserte los dedos medios en la base de las costillas en ambos lados y presione la ligera entalladura aproximadamente a un tercio de la distancia hacia el extremo más bajo del esternón.

○ Presione y masajee un punto a 4 pulgadas (10 cm) más arriba del tobillo en la parte interna de cada pierna.

Fuentes (vea la Bibliografía)

4, 6, 13, 14, 15, 17, 56, 64, 65, 66, 75, 86, 87, 92, 98, 109, 135, 143, 144, 147, 148, 150, 151, 164, 173, 176, 201, 202, 203, 205, 218, 225, 229, 254, 256, 264, 265, 281, 294, 302, 304, 313, 316, 317, 320

Retortijones menstruales (dismenorrea)

Al inicio de cada período menstrual, el útero segrega sustancias parecidas a las hormonas llamadas prostaglandinas para ayudar a la contracción de los músculos uterinos a expulsar el fluido menstrual. Un
exceso de prostaglandinas obliga a los músculos a contraerse más de lo necesario, creando dolores espasmódicos que pueden ser tan intensos como
los dolores de parto. El relajar estos músculos con las técnicas de relajación
descritas en la Introducción podría ser beneficioso. Para las mujeres que no
tienen una sensibilidad especial a la aspirina, el calmante preferido de
venta libre es el ibuprofeno, que contiene inhibidores de prostaglandina;
existen estudios que han descubierto que es tres veces más eficaz que el
acetaminofeno o la aspirina para los dolores menstruales.[294, 300] Si se desea
evitar embarazos, los anticonceptivos orales alivian el dolor menstrual al
prevenir la ovulación y la producción de prostaglandinas. Por lo general,
se puede controlar la dismenorrea experimentando con los remedios caseros que las mujeres han utilizado durante siglos, pero si los períodos con
dolor son persistentes, es necesario un examen ginecológico para verificar
si hay otro trastorno subyacente en el sistema reproductivo.

Dieta

Iniciar cambios en la dieta una semana antes del período reduce la
hinchazón menstrual y los dolores, y provee hierro para compensar por la
pérdida mensual de sangre. Las grasas animales deberían evitarse; contienen una substancia que estimula la secreción de las prostaglandinas que
producen retortijones. El limitar el consumo de sal reduce la retención de
agua; el consumo de alimentos ricos en fibra previene la constipación que

puede intensificar el dolor menstrual. Los nutricionistas recomiendan una dieta baja en grasas, haciendo énfasis en frutas, legumbres, verduras (especialmente las de hojas verdes) y granos enteros.

Suplementos (vea la nota en la página xii)

Minerales y vitaminas Los cambios radicales en las hormonas femeninas hacen que los niveles de calcio bajen antes y durante la menstruación. Un estudio indica que tomar 1.000 miligramos de carbonato de calcio diariamente redujo la molestia menstrual en un 72 por ciento de las mujeres.[186] Si se producen retortijones, tomar una o dos tabletas de dolomita (calcio y magnesio) cada hora con frecuencia produce alivio; 500 miligramos de magnesio por día (con la aprobación del médico, hasta 1.800 miligramos) podría también ser benéfico.

Los dolores que no se alivian con calcio podrían responder a una tableta diaria de vitaminas del complejo B, además de vitamina B-6 adicional y 50 miligramos de niacina con cada comida. El acompañar las vitaminas B con 300 miligramos de vitamina C con bioflavonoides trajo alivio al 90 por ciento de víctimas de retortijones, según un estudio realizado en Australia.[57] En otros casos, tomar aceite de primavera o prímula (*primrose*), o 400 unidades internacionales *IU* de vitamina E al día previnieron la dismenorrea.[201, 312]

Sales de tejidos Una dosis cada hora de las sales de tejidos *Calc. Fluor. 6X* y *Mag. Phos. 6X* con frecuencia alivia los dolores menstruales. Para los dolores espasmódicos, se podría tomar una dosis adicional de tres tabletas de *Mag. Phos.* o *Kali. Phos.*, disuelta en agua caliente. Para la dismenorrea con una copiosa pérdida de sangre, se recomienda tomar tres tabletas de *Ferr. Phos. 6X* cada dos horas.

Ejercicios

Una rutina diaria de ejercicios podría reducir los dolores menstruales. Para Brenda L., este ejercicio postural, realizado cada noche durante dos meses entre sus períodos menstruales, eliminó la dismenorrea que la había obligado a permanecer en cama por lo menos un día mientras menstruaba: de pie, con los pies paralelos a una pared situada a su derecha, a unas seis pulgadas de distancia, coloque el antebrazo y la mano derechos planos contra la pared al nivel del hombro, luego acerque la cadera hasta tocar la pared tres veces. Repita con el lado izquierdo. El ejercicio vigoroso en los días que preceden a un período a veces disminuye las molestias cuando el período comienza: Nikki S. atribuye sus períodos sin dolor al hecho de jugar tenis o frontón el día en que debe iniciarse su período.

Los ejercicios suaves de estiramiento con frecuencia alivian los dolores que ya se han iniciado.

○ De pie, con los pies a 24 pulgadas (60 cm) de distancia, los brazos extendidos y las rodillas relajadas. Lentamente agáchese hasta tocar el pie izquierdo con la mano izquierda. Enderécese y respire profundamente, luego toque el pie derecho con la mano derecha. Repita tres veces de cada lado.

○ Acostada sobre la espalda con las rodillas dobladas y los pies planos sobre el suelo, coloque un libro voluminoso sobre el abdomen. Inhale para elevar el libro. Mantenga esta posición durante cinco segundos, luego contraiga los músculos del estómago y exhale lentamente para bajar el libro. O, en la misma posición, levante las rodillas hacia el pecho y acérquelas más ayudando con los brazos durante cinco segundos, luego suelte las piernas y bájelas lentamente hacia el suelo.

Remedios populares

Los calmantes con alcohol para los dolores menstruales varían entre ginebra pura o whisky, o ginebra en la que se han remojado bayas del enebro (*juniper berries*), hasta una mezcla de las montañas Ozark de whisky de maíz con jengibre (*ginger*) y un poco de agua hirviendo. Se recomienda consumirlas en dosis medicinales. La tía Ruby todavía sonríe al recordar su "fin de semana perdido" en la universidad. Agobiada por retortijones un sábado por la mañana, trató de reproducir el brandy de moras negras y agua caliente que hacía su madre, al llenar un vaso grande con brandy, y añadir algo de jugo de arándanos agrios (*cranberries*) y un poco de agua. "Cuando mi compañera de cuarto volvió el domingo y me despertó", recuerda, "los dolores habían desaparecido, por supuesto". La tía Ruby agrega, "Mamá me dio la receta correcta: ¡dos cucharadas de brandy en una taza de agua caliente!".

Los expertos en hierbas sugieren beber una taza de infusión de *squawvine* o de hojas de frambuesa roja (*red raspberry*) cada mañana y noche durante varios días antes del inicio del período para prevenir la dismenorrea. Las infusiones de hierbas que se utilizan para aliviar los dolores menstruales incluyen la cimifuga negra (*black cohosh*), la manzanilla (*chamomile*), las semillas de alcaravea (*caraway*), la nébeda (*catnip*), la consuelda (*comfrey*), el jengibre (*ginger*), el ginseng, la raíz de orozuz (regaliz, *licorice*), la menta (*mint*) y la zarzaparrilla. Añadir una cucharadita de ulmaria (*meadowsweet*) en polvo a cada taza de infusión de hojas de frambuesa roja (*red raspberry*) provee los beneficios calmantes de la aspirina.[16]

Remedios calientes y fríos

La aplicación de calor a la parte baja de la espalda o el abdomen ayuda a relajar los músculos tensos. Antes de que llegaran las almohadillas eléctricas para calentar, se recomendaban cataplasmas de sal caliente o mostaza, o toallas mojadas en agua caliente y rociadas con trementina (*turpentine*), y escurridas. El alternar el calor abdominal con diez minutos de aplicación de una bolsa de hielo en la parte inferior de la espalda, una vez cada hora, podría traer alivio. El beber infusiones de hierbas o limonada caliente durante un baño tibio de inmersión de 20 minutos, al que se ha añadido una taza de bicarbonato de soda, sal o dos tazas de infusión de manzanilla (*chamomile*) de doble concentración, colada, podría aumentar la circulación de la sangre y aliviar los dolores.

Presión sobre los nervios y masajes

○ Con un depresor de lengua, o una varilla, presione la lengua, hasta una distancia de las tres cuartas partes hacia atrás.

○ En ambas manos, presione las yemas de los pulgares e índices, presione y masajee la parte carnosa que se forma en la parte de arriba de la mano cuando el pulgar y el índice se presionan uno contra el otro, luego masajee ambos lados de las muñecas.

○ Presione o masajee una pulgada arriba y a ambos lados del ombligo.

○ En cada pie, pellizque la unión entre el dedo pulgar y el segundo, masajee el centro de la planta del pie, luego presione y masajee las depresiones detrás de los huesos del tobillo.

Fuentes (vea la Bibliografía)

6, 16, 26, 37, 57, 59, 60, 61, 64, 65, 75, 92, 98, 109, 111, 112, 116, 135, 147, 148, 151, 164, 176, 186, 201, 202, 203, 227, 252, 254, 255, 256, 265, 278, 281, 293, 294, 298, 300, 312, 313.

Rosácea y Enrojecimiento facial

La rosácea (antiguamente llamada acné rosácea debido a la piel enrojecida en la nariz, mejillas y mentón que pueden estar acompañados por pequeños granos parecidos a los del acné), telangiectasia o venas superficiales (parientes de las venas varicosas, que aparecen en la cara, con frecuencia originadas de un punto central en grupos que asemejan una tela de araña), y angiomas de cereza (manchas rojas producidas por tumores minúsculos en vasos sanguíneos dilatados) afectan al 85 por ciento de los estadounidenses mayores de 50 años.[112] Pese a que la rosácea afecta a más mujeres que hombres, muchos de los hombres afectados desarrollan una proliferación de diminutos tumores y tejido engrosado creando la nariz bulbosa y amoratada que se asocia normalmente con el alcoholismo crónico; lo cual explica el término "retoños de tragos" que se aplicaban a cualquier problema de enrojecimiento facial en tiempos antiguos.

Las fluctuaciones hormonales podrían ser en parte las causas de la presencia de rosácea en las mujeres embarazadas o menopáusicas. Provocadas o agravadas por la tensión emocional, excesivo calor o frío, medicamentos como los vasodilatadores que dilatan los vasos sanguíneos, comidas muy condimentadas y la cafeína, así como el alcohol, estas decoloraciones faciales podrían requerir de tratamiento profesional, pero generalmente responden favorablemente a un régimen de cuidados internos y externos. Sin embargo, la rosácea puede reincidir cuando es provocada por una combinación de causas.

"¡Oh, no! ¡No otra vez!", murmuró Noreen L. cuando se miró al espejo y detectó el enrojecimiento en su nariz y mejillas. "Mi piel ha estado bien durante cinco años, ¿por qué ahora?... Tal vez la tensión del viaje y el cuidado de los mellizos, Rena y el bebé... tal vez permanecer al sol ayer en la piscina... o la exótica comida tailandesa, o la maravillosa cena de anoche,

413

con comida italiana y vino tinto... Por supuesto, ¡la rosácea tenía que aparecer hoy! Por lo menos sé qué hacer y qué evitar", pensó mientras ponía sus cosméticos en la maleta en lugar de su rostro, tostaba una rodaja de pan blanco para acompañar a un huevo pasado por agua para el desayuno. En camino al aeropuerto para su vuelo de regreso a casa, compró una botella de vitaminas B.

Dieta y suplementos (vea la nota en la página xii)

El tratamiento habitual requiere de una dieta de alimentos suaves y la eliminación de las bebidas alcohólicas o con cafeína. No todos necesitan ser tan estrictos como Noreen, que para mejorar su piel, debe renunciar a los condimentos, los alimentos ácidos y los granos enteros durante por lo menos un mes. Algunos individuos encuentran que beber diariamente un vaso de jugo de papaya con piña y naranja, o de tomate con pepino y rábanos (*radishes*), ayuda a balancear la distribución del sebo, o la grasa que lubrica la piel.[305] Los médicos ortomoleculares y los dermatólogos orientados hacia la nutrición atribuyen estos enrojecimientos permanentes y venas visibles a deficiencias en la dieta, y han reportado un éxito consecuente con el consumo diario de una tableta de vitaminas del complejo B, además de una a dos cucharadas de levadura de cerveza (*brewer's yeast*) y 25 miligramos de vitamina B-2. La mejoría puede acelerarse, al añadir de 10.000 a 25.000 unidades internacionales *IU* de beta-caroteno (vitamina A no tóxica), 1.000 miligramos de vitamina C en dosis divididas, con 400 a 800 miligramos de bioflavonoides, de 100 a 400 *IU* de vitamina E, y una tableta de multivitamina con minerales que contenga por lo menos 15 miligramos de zinc.

Tratamiento externo

El cuidado externo, así como la nutrición interna, debería ser suave: ejercicios moderados sin excesiva transpiración, descanso adecuado y relajamiento, y una limpieza suave. La exposición al calor del sol, una chimenea o un horno abierto, así como el uso de vaporizadores faciales, puede romper los capilares dilatados cercanos a la superficie de la piel. Igualmente peligrosos son los fríos extremos, los astringentes o lociones para después del afeitado, los jabones ásperos o la fricción.

Remedios populares

○ Después de la limpieza, un enjuague final con el agua donde han hervido papas; o utilice una mezcla de $1/2$ taza de agua y una cucharada de vinagre de sidra de manzana (*apple cider vinegar*).

○ Aplique aceite de hígado de bacalao sobre las decoloraciones.

○ Durante cinco minutos cada noche, masajee con los dedos con aceite de oliva, en movimientos circulares hacia afuera, desde la nariz hacia las orejas.[283]

Fuentes (vea la Bibliografía)

3, 17, 42, 53, 74, 75, 77, 86, 98, 112, 190, 203, 207, 218, 233, 234, 281, 283, 304, 305

Salpullido de bebé

El amoniaco de la orina, especialmente combinado con las heces fecales, irrita la piel y provoca salpullido o escaldaduras. En casos severos, especialmente después de un tratamiento con antibióticos, el hongo *Candida albicans* se multiplica en los pliegues húmedos que cubre el área del pañal para causar aftas, que se caracterizan por un olor a "pan en el horno" y manchas blancas con escamas en el salpullido rojizo. Las aftas bucales (manchas blancas que cubren la lengua y la boca del recién nacido) se pueden adquirir en el momento de nacer, si la madre tiene una infección de hongos vaginal, pero rara vez aparece después del primer mes de vida.[17, 296]

El tratamiento casero generalmente elimina el salpullido en unos pocos días. Sin embargo, si persiste, o si se desarrolla una irritación adicional, debería consultarse con el pediatra. Seguir ciertas normas para prevenir la escaldadura sirve algunas veces para corregir el problema.

○ Cambie los pañales con frecuencia. Limpie suavemente el área, y seque completamente; una secadora de cabello, en potencia baja, es menos irritante que una toalla cuando la piel está inflamada. Empolve con talco o aplique una capa protectora de loción o vaselina (*petroleum jelly*).

○ Evite los pañales que excluyen el aire, o los calzones plásticos. La bacteria que causa el salpullido es anaeróbica, es decir que prospera en una atmósfera sin aire, y es destruida al ser expuesta al oxígeno. Deje al bebé sin pañales sobre una superficie impermeable cubierta con una sábana, siempre que sea posible.

Dieta y suplementos (vea la nota en la página xii)

Para los bebés de varios meses, beber diariamente de $\frac{1}{4}$ a $\frac{1}{3}$ de taza de jugo de arándanos agrios (*cranberries*) reduce la irritación, al dejar un residuo ácido en la orina.[293] Limitar la cantidad de carne en la dieta del bebé podría ayudar a disminuir la producción de amoniaco en la orina. Una deficiencia de las vitaminas A, B, C, D, E o K, o de ácidos grasos no saturados (*UFA* por las siglas en inglés), puede provocar escaldaduras. Las madres que amamantan pueden añadir una cucharada de aceite vegetal a sus ensaladas para los ácidos grasos no saturados, y tomar diariamente una multivitamina con minerales. Con la venia del pediatra, el infante puede recibir un suplemento líquido, pues las aftas podrían ser causadas por falta de vitamina A, o de las vitaminas del complejo B.

Las aplicaciones tópicas de suplementos dietéticos podrían reducir el dolor, acelerar la curación y evitar la reincidencia si se aplican a la primera señal de enrojecimiento. Combinar el contenido de cápsulas de vitamina A y D con aceite de vitamina E, y untar con esta mezcla el trasero del bebé ha demostrado ser eficaz en muchos casos, y es menos probable que provoque una reacción adversa en una piel delicada que la vitamina E oral extraída de una cápsula. Sin embargo, aplicar vitamina E de cápsulas de 400 unidades internacionales *IU*, o lecitina de cápsulas de 1.200 miligramos después de cada cambio de pañal ha curado escaldaduras recalcitrantes en tres días.[41, 42]

Margot F. había estado consumiendo yogur y tomando cápsulas de *acidophilus* para curarse de una infección vaginal. Cuando su bebé desarrolló un salpullido con olor a levadura un viernes por la noche, ella utilizó *Lactobacillus acidophilus* para darle alivio hasta que se abriera el consultorio de su pediatra, el lunes por la mañana. Tres veces al día, mezcló el contenido de una cápsula de *acidophilus* con el agua que bebía el bebé, y una vez al día, después de una evacuación intestinal, insertaba una cápsula en el recto del bebé, después de lubricar con vaselina (*petroleum jelly*).

Remedios populares

Cuando se laven los pañales de tela, añada dos cucharadas de vinagre a cada galón de agua para el enjuague final, pues esto reduce la irritación producida por el amoniaco de la orina. Si se sospecha la presencia de aftas, los pañales deberían ser hervidos para destruir las esporas de levadura y evitar la reaparición de la infección.

"Talco Marrón" La harina simple, tostada a fuego mediano en una olla pesada hasta que se vea marrón, puede ser espolvoreada en el área afectada en cada cambio de pañales, y es un remedio muy antiguo para el salpullido. Las abuelitas de las montañas Ozark todavía muelen y cuelan los nidos de tierra que construyen las avispas, y luego utilizan el polvo para aliviar el dolor de las escaldaduras de los bebés.

Maicena (fécula de maíz, *cornstarch*) La maicena, espolvoreada en cada cambio de pañales, ayuda a absorber el amoniaco y mantener seco al bebé. Se cree que aplicar una mezcla de dos cucharadas de manzanilla (*chamomile*) finamente molida, consuelda (*comfrey*), o botón de oro (hidraste, *goldenseal*) con $\frac{1}{4}$ taza de maicena ayuda a controlar los hongos de levadura y acelerar la curación. Otra opción es aplicar una pasta hecha con maicena y vaselina (*petroleum jelly*).

Cúrcuma (*turmeric*) en polvo Aplicada seca, o mezclada con aceite de coco, es un ungüento utilizado en los países tropicales.

Gel de áloe vera, aceite de almendras o ungüentos de hierbas Preparados con hojas de gordolobo (verbasco, *mullein*) en polvo, o de olmo norteamericano (*slippery elm*) combinado con aceite de germen de trigo (*wheat germ*), son remedios favoritos probados desde tiempos antiguos.

Ajo El ajo no solamente protege contra las infecciones bacterianas, sino que, como informan los investigadores, es muy eficaz para eliminar el *Candida albicans*.[318] Si el ajo no irrita la piel del bebé, se podría utilizar agua de ajo para lavarlo; el aceite de ajo (diluido, si se desea) puede ser aplicado directamente a la parte afectada; o para las aftas, cápsulas de ajo pueden ser insertadas en el recto del bebé.[176]

Fuentes (vea la Bibliografía)

16, 17, 28, 41, 42, 75, 98, 135, 150, 176, 192, 256, 264, 268, 281, 293, 296, 300, 312, 313, 318

Sangrado por la nariz

El lugar más común para la hemorragia nasal es la división (septum) en la parte delantera de la nariz, donde se encuentran vasos sanguíneos relativamente grandes justo debajo de una fina membrana mucosa. Estas hemorragias anteriores (epistaxis) pueden ocurrir cuando la membrana es afectada por un choque o un golpe, cuando el interior de la fosa nasal es arañado por un dedo u otro objeto, o cuando la persona se suena la nariz haciendo fuerza, mientras ésta se encuentra irritada por un resfrío o por sinusitis. Una hemorragia espontánea puede producirse por cambios repentinos de presión atmosférica, o por la extrema sequedad del aire en habitaciones con calefacción, climas áridos o cabinas de aviones. Las deficiencias en la nutrición son a veces responsables de hemorragias nasales sin causa aparente, y las personas con presión sanguínea alta que toman aspirinas u otras substancias que licúen la sangre podrían experimentar hemorragias nasales frecuentes.[300]

Las hemorragias nasales posteriores, que fluyen desde la parte más interna de la nariz hacia la garganta, cualquiera que sea la posición en que se encuentre la persona, afectan sobre todo a los ancianos, pero podrían ocurrir como resultado de una lesión. Este tipo de hemorragia es seria y necesita atención médica. También debería consultarse con el médico si ocurren con frecuencia hemorragias nasales espontáneas, o si la hemorragia ocurre después de haber recibido un golpe en la cabeza, si se sospecha que se haya fracturado la nariz, o por cualquier hemorragia que continúe sangrando después de 20 a 30 minutos de recibir cuidados caseros.

Consejos de primeros auxilios Suénese la nariz suavemente para remover cualquier coágulo de sangre. Con los dedos pulgar e índice, pellizque la parte carnosa de la nariz encima de las fosas nasales, durante 5 a 15 minutos mientras se mantiene tranquilamente sentado e inclinado hacia adelante para evitar que la sangre pase hacia la garganta. Poco a poco afloje la presión y, si continúa la hemorragia, vuelva a apretar la nariz durante otros cinco a 15 minutos. El mantener una compresa fría o bolsa de hielo contra la nariz y el rostro podría comprimir los vasos sanguíneos y retardar la hemorragia. Si la hemorragia no es resultado de un golpe que podría haber fracturado la nariz, insertar un trozo pequeño de gasa enrollada o de lienzo (tela) limpio (no de algodón absorbente ni de toallas de papel, que podrían adherirse al interior) antes de la segunda compresión podría ayudar a sellar un vaso sanguíneo roto; dejar expuesto el otro extremo del tapón facilita su extracción cuando la hemorragia haya cesado. Para evitar que el coágulo recién formado se vuelva a abrir, es recomendable mantenerse erecto y evitar sonarse la nariz durante varias horas, así como limitar cualquier actividad vigorosa durante unos días. Durante la semana o diez días que se necesitan para sellar y curar completamente la ruptura, se puede ayudar a mantener las membranas lubricadas y acelerar la curación aplicando una capa de vaselina (*petroleum jelly*) o vitamina E de una cápsula pinchada, varias veces al día. Si las hemorragias durante los viajes aéreos resultan un problema, cualquiera de estas dos substancias puede aplicarse antes del viaje.

Dieta y suplementos (vea la nota en la página xii)

Muchos casos de hemorragias nasales recurrentes pueden ser corregidos con ajustes en la dieta y suplementos diarios. Consumir abundantes cantidades de bróculi, col (repollo, *cabbage*) y vegetales de hojas de color verde oscuro, provee vitamina K que es esencial para la coagulación normal de la sangre. Si se sospecha que los medicamentos para diluir la sangre contribuyen al problema, deberían evitarse o limitarse los alimentos como almendras, albaricoques (damascos, *apricots*), pimientos dulces, bayas, cerezas, café, pepinos, uvas, melocotones (duraznos, *peaches*), ciruelas, té y tomates, los cuales tienen un alto contenido de salicilato (una substancia parecida a la aspirina). En algunos casos, eliminar los dulces azucarados detiene la reincidencia de hemorragias nasales; otros casos responden a un suplemento diario de una tableta de alta potencia de vitaminas del complejo B.

Aumentar el consumo diario de vitamina C con bioflavonoides de 500 a 5.000 miligramos, en dosis divididas, y comer frutas cítricas con su piel blanca interior, refuerza las paredes de los vasos sanguíneos, de forma que hay menos probabilidades de hemorragias nasales espontáneas. Alice T. culpaba al aire seco del desierto por sus frecuentes hemorragias nasales y la subsecuente cauterización que sufrió durante sus primeros años en una universidad de Arizona. Sin embargo, después de repetidas hemorragias nasales y de pasar un día en cama con tapones en la nariz, durante sus vacaciones de verano en la costa, Alice siguió el consejo de una amiga. Cuando le vino la siguiente hemorragia nasal, tomó dos tabletas de dos miligramos de cobre, y luego dos diariamente durante los siguientes tres días. Los resultados fueron milagrosos, y al tomar diariamente una pastilla de multivitamina con minerales y cobre (esencial para la formación de colágeno y elastina), Alice se ha mantenido sin hemorragias nasales, en cualquier lugar en que se encuentre.

Las sales de tejidos podrían ayudar a una hemorragia nasal mientras se produce. Tome tres tabletas de cada una: *Ferr. Phos. 6X* y *Kali. Phos. 6X* en intervalos de diez minutos hasta que la hemorragia cese. Si la sangre es oscura y con coágulos, substitúyalas por tres tabletas de *Kali. Mur. 6X*.[64, 65]

Remedios populares

Para calmar las hemorragias nasales, los antiguos aconsejaban aplicar ajo crudo molido en el empeine del pie; hojas de col (repollo, *cabbage*) o rodajas de cebolla en la nuca; o hacer presión sobre un pedazo de tela, papel marrón o una hoja verde fresca colocada debajo del labio inferior. A las personas aquejadas por frecuentes hemorragias nasales se les recomendaba atar una cuerda alrededor del dedo meñique justo debajo de la uña, o llevar una cinta de seda brillante alrededor de la garganta, con o sin una llave de hierro colgando entre los omóplatos. Los curanderos populares estadounidenses sugerían tomar una a dos cucharaditas de vinagre de sidra de manzana (*apple cider vinegar*) en un vaso de agua tres veces al día, o comer oreja de ratón (pamplina, *chickweed* o *Stellaric media*, una mala hierba) en forma de ensalada o cocida para evitar hemorragias nasales recurrentes. Se cree que beber diariamente una taza de infusión de milenrama (*yarrow*) reduce el tiempo de coagulación y evita las hemorragias. Se cree que aspirar infusiones calientes de bistorta, botón de oro (hidraste, *goldenseal*) o corteza de roble blanco (*white oak*), o aplicar diariamente una película de gel de áloe vera, o de vaselina (*petroleum jelly*) con ácido carbólico refuerza las membranas nasales.

Durante el siglo XIX, los curanderos populares recomendaban "taponar" una nariz sangrante con grasa de tocino (o de cerdo, cortada del tamaño adecuado), o tapones nasales de tela saturada con aceite mineral o vinagre (un suave agente cauterizante). Para alejar la sangre de la cabeza mientras la nariz está taponada o comprimida, se puede elevar uno o los dos brazos por encima de la cabeza; o sumergir los pies o las manos en agua caliente; beber una taza de infusión de pimienta de Cayena (*Cayenne pepper*); o humedecer con vinagre el cuello, nariz y sienes.

Fuentes (vea la Bibliografía)

17, 21, 28, 42, 64, 65, 75, 92, 111, 116, 135, 148, 151, 171, 176, 186, 202, 203, 216, 255, 256, 257, 262, 264, 281, 283, 284, 293, 294, 300, 311, 312, 313, 322

Síndrome de la articulación temporomandibular (*TMJ*)

Los problemas del síndrome *TMJ* ocurren cuando las articulaciones de la mandíbula (las articulaciones temporomandibulares que conectan la mandíbula con el cráneo) y los músculos y ligamentos que las controlan y sostienen no funcionan correctamente en conjunto. Los síntomas más comunes consisten en movimientos mandibulares restringidos (que podrían estar acompañados de diversos pequeños ruidos) y dolor facial. Otros problemas de *TMJ* pueden incluir dolor de oídos, de muelas y dientes, y dolor o adormecimiento en los hombros, cuello y espalda.

Frecuentemente causados por un espasmo de los músculos de la masticación, producido al cerrar los dientes con demasiada fuerza y rechinarlos (vea "Bruxismo"), los síntomas de *TMJ* podrían también ser provocados por un bostezo (que puede ser interrumpido al agachar la cabeza o presionar un puño contra la barbilla), o por artritis, lesiones físicas, maloclusión (una mordida irregular resultante de un diente perdido, o una corona u obturación desigual). El *TMJ* persistente o recurrente que no responde a remedios caseros debería ser diagnosticado por un médico, para tratar la causa subyacente de la dolencia.

Dieta

No se recomiendan las bebidas con contenido de cafeína (café, té, chocolate, bebidas gaseosas) a las víctimas de *TMJ* porque la cafeína puede aumentar la tensión muscular y la sensibilidad al dolor.[47] Los expertos en hierbas sugieren infusiones de lúpulo (*hops*), pasionaria (granadilla, parche, pasiflora, *passion flower*), escutelaria (*skullcap*) o raíz de valeriana.

423

Cuando el movimiento de la mandíbula causa dolor, la dieta de alimentos suaves no necesita ser insípida ni aburrida.

Durante el año en que Myles L. sufrió de *TMJ*, y mientras le diagnosticaban y extraían los causantes (muelas del juicio impactadas y una infección en la glándula salivar), su esposa le preparaba comidas agradables y fáciles de masticar. Ardis, una dietista innovadora, hacía sopas de puré de guisos, pimientos (chiles) o de jamón y frijoles. Para lograr ensaladas apetitosas, preparaba una "cama de verduras" mezclando ½ taza de caldo de pollo con dos cucharaditas de gelatina sin sabor y ½ cucharadita de sal y otro tanto de azúcar, hacía hervir todo y lo ponía en la licuadora con tres tazas de lechuga picada, una cucharada de mayonesa y una cucharadita de jugo de limón, licuando la mezcla hasta que estuviera homogénea, y luego la enfriaba en un recipiente playo. En lugar de tomates frescos, utilizaba ⅓ de taza de jugo de tomate con tres tomates maduros (pelados y sin semillas) para el caldo y la ensalada, y no agregaba mayonesa. Cuando Myles deseaba un cóctel de camarones, ella incorporaba una taza de camarones cocidos en la mezcla de gelatina y los servía con salsa de cóctel sobre los cubos de la gelatina de lechuga.

Para mejorar los platos principales, Ardis utilizaba el procesador de alimentos para hacer un delicioso pan de carne molida, o bistec *salisbury*. Procesaba ¼ de taza de leche en polvo, ¼ de taza de avena (*oatmeal*) de cocción rápida, ¼ taza de queso parmesano rallado y ¼ taza de harina de soja durante 30 segundos con ½ cucharadita de sal y ½ cucharadita de salvia (*sage*) deshidratada. Luego añadía ½ libra (225 g) de carne de res molida, ¼ de taza de *ketchup* y ¼ taza de cebollas picadas, un huevo, y lentamente vertía ½ taza de consomé de carne. El puré, horneado a 350° F, podía cortarse y servirse como bistecs, con salsa de *barbecue*, *ketchup*, mostaza u otros condimentos.

Suplementos (vea la nota en la página xii)

Los nutricionistas recomiendan tomar diariamente una multivitamina con minerales, para compensar por posibles deficiencias debidas a una dieta limitada. Suplementos adicionales podrían ayudar a combatir la tensión que con frecuencia acompaña al *TMJ*:

Complejo B Una tableta diaria con cada comida, además de 100 miligramos de ácido pantoténico dos veces al día.

Vitamina C De 2.000 a 8.000 miligramos, en dosis diarias divididas. Tomar 500 miligramos de vitamina C junto con 500 miligramos del aminoácido L-tirosina y 50 miligramos de vitamina B-6 a la hora de acostarse podría calmar la ansiedad y mejorar la calidad del sueño.[17]

Calcio y magnesio 2.000 miligramos de calcio y 1.500 miligramos de magnesio (algunos investigadores recomiendan 1.000 miligramos de calcio y 2.000 miligramos de magnesio) en dosis divididas con las comidas y antes de acostarse tienen un efecto calmante y ayudan a regular los movimientos musculares involuntarios.

Calor y frío

El dolor facial puede ser aliviado con aplicaciones de calor húmedo (un paño mojado en agua caliente y escurrido), o una bolsa de hielo (vea "Artículos de primeros auxilios" en la Introducción, para bolsas de hielo hechas en casa), o aplicando alternadamente el tratamiento de frío y calor con un masaje suave. El mantener una botella de agua caliente sobre una compresa húmeda la conservará tibia durante un período más largo. El hielo debería ser retirado apenas la articulación se sienta adormecida. Un tratamiento de cinco minutos que provee horas de alivio para algunos casos requiere de tres repeticiones de un ciclo de 20 segundos de hielo, un minuto de calor y 30 segundos de masaje.

Presión sobre los nervios y masajes

Para aliviar la tensión que agudiza el *TMJ*, presione y masajee ambas sienes una pulgada por encima de las orejas y una pulgada hacia el centro de la frente durante diez segundos. Suelte durante diez segundos y repita tres veces. Luego utilice la misma secuencia para aplicar un masaje circular y presionar los costados de la nuca, a medio camino entre el lóbulo de la oreja y la columna.

Postura y posición

Cualquier estímulo que saque la parte superior del cuerpo de su posición normal puede contribuir al *TMJ* e interferir con la recuperación. Para la postura ideal, sea sentado o de pie, la espalda debería estar derecha, los hombros y el pecho en una posición relajada, el mentón levantado, y los pómulos en línea con las clavículas. Extender el cuello con el mentón ladeado mientras se trabaja en el escritorio o la computadora es una causa común de problemas de *TMJ*. Ajustar el respaldo y la altura de la silla podrían resolver el problema. Los que llevan anteojos bifocales podrían necesitar cambiarlos por anteojos solamente para la lectura, a fin de evitar el esfuerzo de inclinar la cabeza hacia atrás para leer la pantalla de la computadora.

Al dormir sobre el costado, la almohada debería ser suficientemente alta como para mantener la cabeza y el cuello en un nivel horizontal. Para reducir la presión en la espalda y el cuello mientras está acostado de espaldas, coloque una toalla enrollada en lugar de la almohada debajo del cuello, y ponga la almohada debajo de sus rodillas.

Las posturas potencialmente perjudiciales que se deben evitar incluyen sostener el teléfono entre la cabeza y el hombro, llevar siempre el bolso colgado del mismo hombro, acostarse con la cabeza torcida hacia adelante en un ángulo forzado para leer o ver televisión, o pintar o realizar otros trabajos en techos y paredes altas.

Control del estrés

Incluso cuando no hay evidencia de una mordida muy fuerte, o de rechinar los dientes, el estrés o la tensión emocional puede ser un factor que predisponga al desarrollo o reaparición del *TMJ*. Con frecuencia se puede aliviar la tensión causante de espasmos musculares faciales y de molestias, al tomar el tiempo para dedicarse a actividades agradables, hacer ejercicios, y practicar algunas de las técnicas de relajamiento descritas en la Introducción, especialmente cuando la sesión incluye la creación de imágenes mentales y una afirmación como, "mi mandíbula está relajada y cómoda". Un enfoque positivo del problema también podría ser beneficioso, pues se ha descubierto que una actitud negativa puede aumentar las probabilidades de síntomas dolorosos.[111]

Fuentes (vea la Bibliografía)

17, 43, 47, 49, 75, 80, 109, 111, 186, 255, 265, 281, 283, 293, 300

Síndrome del intestino irritable

Llamada antiguamente colitis mucosa, colon nervioso o colon espástico, el síndrome del intestino (o colon) irritable (*IBS* por las siglas en inglés) es una dolencia común con una variedad de síntomas desagradables: retortijones abdominales, episodios alternados de diarrea y estreñimiento, hinchazón, flatulencia y a veces náuseas, fatiga y depresión. El *IBS* afecta a tres veces más mujeres que hombres, y se considera una anomalía funcional, no una enfermedad, porque está causado por una contracción y distensión anormal de los músculos intestinales. Este movimiento irregular interfiere con el procesamiento normal de los alimentos y los materiales de desecho en el conducto gastrointestinal, podría expandir las paredes intestinales causando dolor, y puede producir un exceso de gas y mucosidad en los intestinos. Pese a que podría haber una predisposición genética para el *IBS*, se cree que las causas primarias son la tensión emocional y la susceptibilidad a ciertos alimentos. Los síntomas también podrían ser causados por el consumo excesivo de alcohol, café o té, tabaco o laxantes. Combinando técnicas de relajamiento con estrategias alimenticias, muchos pacientes pueden controlar el problema, pero debería obtenerse un diagnóstico médico para descartar la posibilidad de complicaciones de otras enfermedades.

Dieta y suplementos (vea la nota en la página xii)

Consumir comidas pequeñas en intervalos frecuentes, y comerlas lentamente, evita el estímulo excesivo del sistema digestivo y podría ayudar a regular contracciones anormales de los intestinos.

Acidophilus Comer yogur una o dos veces por semana refuerza la flora intestinal benéfica, que ayuda a sintetizar las vitaminas B e inhibe

427

el desarrollo de bacterias putrefactivas en los intestinos. Si los síntomas de *IBS* se presentan después de unos meses de haber recibido un tratamiento antibiótico, una infección de levadura (*Candida*) podría ser la causa.[201] El yogur acidófilo (o cápsulas de *acidophilus*) ayuda a restaurar la flora benéfica de los intestinos, destruida junto con microorganismos perjudiciales. Myrna G. sospechaba que una infección vaginal de *Candida* podría ser la causa de sus síntomas de *IBS*, porque había estado hospitalizada el mes anterior y no había tomado cápsulas de *acidophilus* durante el tratamiento con antibióticos, como lo había hecho en otras ocasiones. Ansiosa por terminar con sus molestias, Myrna ensayó un ataque nutricional contra la *Candida albicans* renunciando a la leche, el azúcar y los panes de levadura, consumiendo $\frac{1}{4}$ taza de yogur tres veces al día, y añadiendo un remedio popular: una vez al día, durante dos semanas, consumió un aguacate rociado con dos cucharaditas de aceite de oliva y una de vinagre de sidra de manzana (*apple cider vinegar*). El experimento fue un éxito; los síntomas de Myrna desaparecieron y no han vuelto a manifestarse.

Bebidas Los curanderos populares recomiendan una cucharadita de melaza (*blackstrap molasses*) disuelta en una taza de agua caliente. Los expertos en hierbas sugieren infusiones de cáscara sagrada (para aumentar la peristalsis intestinal), manzanilla (*chamomile*), raíz de jengibre (*ginger*) o menta piperita (*peppermint*). Las dos bebidas alcohólicas que pueden agravar más un colon irritable son la cerveza y el vino tinto.[250]

Ácidos grasos esenciales Una deficiencia de estos ácidos (también llamados ácidos grasos no saturados), está comúnmente asociada con el *IBS*. El germen de trigo (*wheat germ*), las mantequillas de nueces y los aceites vegetales o de semillas, obtenidos por presión en frío, son fuentes excelentes. Para asegurar la absorción de los ácidos grasos y prevenir su oxidación dentro del cuerpo, muchos nutricionistas sugieren tomar un suplemento de por lo menos diez unidades internacionales *IU* de vitamina E por cada cucharada de aceite que se tome. El aceite de primavera o prímula (*primrose*), que sólo debe consumirse en cápsulas, también es una fuente rica en ácidos grasos esenciales.[17]

Fibra Una dieta suave y no picante beneficia a algunas víctimas del *IBS*, particularmente durante los accesos de diarrea, pero la mayoría de las personas pueden reducir sus síntomas y la frecuencia de los ataques, al aumentar gradualmente la cantidad de fibra y beber de seis a ocho vasos de agua diariamente. Los granos enteros, los salvados, los vegetales, las frutas y los suplementos de pectina o psilio proveen fibra, que se expande al absorber líquido para aumentar el volumen de las heces fecales y alivia los retortijones, la diarrea y el estreñimiento. En un estudio, el 50 por ciento de los pacientes con una dieta rica en fibras reportó un mejor funcionamiento de los intestinos y una reducción del dolor, y el 75 por ciento de los que producían mucosidades dejaron de producirla. En un régimen bajo en fibras o residuos, no hubo cambio en la producción de mucosidad, y sólo el 14 por ciento sintió alivio de los síntomas del *IBS*.[147]

Sensibilidad a los alimentos Numerosos estudios indican que las alergias o la sensibilidad a los alimentos causan ataques de *IBS* en la mitad, y hasta en los dos tercios, de los pacientes examinados.[44] Los alimentos más perjudiciales son las frutas cítricas, el maíz, los productos lácteos, los huevos, las nueces, las papas, los tomates y el trigo. Otros son el chocolate, el pescado, la carne de cerdo y los aditivos o colorantes de alimentos. Eliminando estos alimentos durante dos semanas, y luego volviendo a introducirlos a la dieta uno a la vez, cuando los síntomas hayan desaparecido, se podría determinar cuáles son los causas principales. Una deficiencia de lactasa (la enzima necesaria para digerir la lactosa de la leche y los productos lácteos), es una causa común de síntomas del *IBS*. Si el uso de suplementos de lactasa no remedia el trastorno, podría culparse a una alergia a la leche, y se podría encontrar alivio evitando todos los productos lácteos excepto los de cultivo, como el yogur y el kéfir. Los carbohidratos procesados y el azúcar (incluyendo el edulcorante artificial sorbitol) pueden provocar el síndrome; así como el exceso de grasas, que pueden estimular contracciones del colon y causar diarrea.[189] Limitar el consumo de alimentos que producen gases, y tomar carbón activado —*activated charcoal*— (vea "Flatulencia") ayuda a prevenir esta parte del problema.

Sales de tejidos Tomar tres tabletas de *Mag. Phos. 6X* con unos sorbos de agua caliente podría aliviar rápidamente los retortijones y los dolores espasmódicos. Para mejorar un colon espástico, tomar dos tabletas de cada uno: *Mag. Phos. 3X* y *Kali. Phos. 3X*, tres veces al día durante una semana.

Suplementos de vitaminas y minerales Los suplementos compensan la mala absorción debida a la diarrea y podrían ayudar a controlar el *IBS*. Además de una multivitamina con minerales diario, una tableta de vitaminas del complejo B, además de 50 miligramos de ácido pantoténico, mejoran la acción peristáltica y ayuda a combatir las reacciones de tensión. Con el control de su médico, tome de 800 a 1.500 miligramos de calcio, además de 500 a 1.600 miligramos de magnesio, para ayudar a calmar un colon espástico y el sistema nervioso central.

Ejercicios y control del estrés

Podría ayudarse a detener los espasmos del colon y volver a unas contracciones normales de los intestinos haciendo este ejercicio: acostado, con las rodillas dobladas y los pies apoyados en el suelo, sentarse con los brazos estirados hacia adelante. La tensión emocional puede provocar un *IBS* al desequilibrar la coordinación de los músculos intestinales; seguir un programa de actividad física ayuda a prevenir este efecto. Los ejercicios también mejoran la tonicidad de los músculos intestinales, ayudan a controlar los malestares al producir en el cerebro hormonas que calman el dolor (endorfinas), y complementan las técnicas de relajamiento descritas en la Introducción.

Calor húmedo

Un baño de asiento a la antigua podría aliviar el dolor abdominal. Para lograr una versión modernizada, llene la tina con agua caliente (de 100° a 104° F, ó 38° a 40° C) hasta la altura del ombligo, luego eleve ambos pies hacia los bordes de la tina y manténgalos colgados hacia afuera. Añadir una cucharada de vinagre de sidra de manzana (*apple cider vinegar*), bicarbonato de soda, sales de Epsom o sal de mesa al agua, podría aumentar los beneficios. Como alternativa, una taza de infusión de doble concentración de manzanilla (*chamomile*), consuelda (*comfrey*), lavanda (*lavender*) o té negro (pekoe) podría agregarse al agua del baño.

Otra opciónes saturar una toalla con agua caliente, agua salada o una fuerte solución de sales de Epsom, y aplicarla sobre el área sensible. Las aplicaciones calientes deberían repetirse durante dos o tres horas o mantenerse calientes con una almohadilla de calor, protegida con plástico.

Presión sobre los nervios y masajes

Presione y masajee justamente al frente de cada oreja en la parte alta del pómulo; presione encima de la parte carnosa de la base del pulgar, a media pulgada (1 cm) del centro de cada palma; luego masajee ambos lados de la tibia, debajo de la rodilla hasta el tobillo.

Ver también **Colitis y Diverticulosis**

Fuentes (vea la Bibliografía)

10, 17, 44, 45, 47, 51, 59, 65, 75, 98, 101, 112, 147, 151, 164, 172, 177, 186, 189, 190, 201, 202, 203, 250, 254, 255, 262, 281, 286, 293, 294, 296, 300

Síndrome premenstrual (*PMS*)

Desde que fue reconocido como un problema "real" y no una dolencia femenina imaginaria, al *PMS* (por las siglas del inglés "*premenstrual syndrome*") se han atribuido más de 150 síntomas (además de la tensión premenstrual), que son experimentados en cierto grado por el 90 por ciento de las mujeres en algún momento durante sus años reproductivos.[77] Los síntomas emocionales incluyen irritabilidad, ansiedad, depresión, y una hostilidad no provocada. Esto se agudiza por síntomas físicos como dolores abdominales, acné, hinchazón y aumento de peso, dolor e hinchazón en los senos, estreñimiento, mareos, deseos de ciertos alimentos, dolores de cabeza y falta de coordinación muscular. La anticipación del cuerpo para un embarazo es el causante principal de estas molestias. Durante la segunda mitad del ciclo menstrual, los niveles de estrógeno se elevan, el revestimiento interno del útero se hace más grueso, y se forman células adicionales en los senos para ensanchar los conductos lácteos. Las hormonas que controlan los menstruos también afectan al sistema nervioso, aumentando la susceptibilidad a la tensión, otra manifestación del *PMS*.

Pese a que no existe un método único para tratar eficazmente todos los síntomas, o para todas las víctimas del *PMS*, practicar técnicas de relajamiento (vea la Introducción) y experimentar con remedios de autoayuda con frecuencia reduce las causas bioquímicas de los problemas premenstruales. Llevar un sostén de soporte y aplicar bolsas de hielo podría aliviar las molestias en los senos. Los baños tibios, mejorados con la adición de una taza de sal o bicarbonato de soda, o con hierbas relajantes como manzanilla (*chamomile*), lavanda (*lavender*), avena loca (*oatstraw*), salvia (*sage*) o tomillo (*thyme*); o las cataplasmas de jengibre (*ginger*) o bolsas de agua caliente aplicadas al abdomen podrían aliviar la tensión muscular y el dolor. Sin embargo, los síntomas persistentes o severos necesitan una evaluación y tratamiento médicos.

Dieta

Los cambios de dieta una o dos semanas antes de que se inicie el período, con frecuencia calman o eliminan el *PMS*. Los antojos de ciertos alimentos —generalmente dulces y comidas saladas— podrían ser un mecanismo protector biológico dirigido a preparar al cuerpo para un embarazo o la pérdida de fluido menstrual, y deberían ser controlados porque el exceso de sal o azúcar causa retención de fluidos, lo cual agudiza la hinchazón en los senos. Estabilizar los niveles de azúcar en la sangre por medio de comidas pequeñas y frecuentes ayuda a prevenir la fatiga, los dolores de cabeza y las alteraciones emotivas. Restringir el consumo de cafeína (del café, el té, las colas, el chocolate o los medicamentos) reduce la molestia en los senos así como la ansiedad e irritabilidad.[108, 186]

El alcohol, las grasas animales y la lactosa de los productos lácteos pueden aumentar aún más los niveles de estrógeno y contribuir a la producción excesiva de células de los senos y a otras molestias. Los expertos en nutrición sugieren sustituir las carnes rojas por pollo, pescado y legumbres, y limitar los productos lácteos a dos porciones diarias.[17, 293] Concentrarse en consumir alimentos con fibra, como frutas, verduras y granos enteros ayuda al organismo a eliminar el exceso de estrógeno y evita el estreñimiento, el cual puede empeorar los problemas del *PMS*. Además de beber por lo menos un litro de agua al día, beber una taza o dos de estas infusiones de hierbas (o tomar el equivalente en cápsulas) podría aliviar los síntomas premenstruales: angélica (dong quai), cardo santo (*blessed thistle*), manzanilla (*chamomile*), consuelda (*comfrey*), *squawvine*, ajo, bayas del enebro (*juniper berries*), hojas de frambuesa (*raspberries*), zarzaparrilla, ginseng siberiano, menta verde (*spearmint*), milenrama (*yarrow*) o acedera bendita (*yellow dock*). Como se informó en *Natural Health* (octubre de 1992), los problemas del *PMS* pueden ser aliviados al tomar cápsulas de cimifuga negra (*black cohosh*), raíz de diente de león (*dandelion*), raíz de unicornio falso, o escutelaria (*skullcap*) diariamente los diez días antes del inicio de la menstruación y hasta tres días después de su término.

Suplementos (vea la nota en la página xii)

Muchos expertos recomiendan un suplemento dietético para aliviar el *PMS*. Pese a que se puede notar una mejoría en unos pocos días, se necesitan dos o tres ciclos menstruales para obtener los máximos beneficios. Tomar diariamente una tableta de multivitamina con minerales protege contra deficiencias límites que podrían ser acrecentadas por cambios bioquímicos antes del período. Los deseos de comer chocolate, por ejemplo, podrían resultar de la necesidad del organismo de magnesio o del aminoácido que éste contiene.

Aminoácidos La L-carnitina (2.000 miligramos diarios) actúa como diurético para aliviar la hinchazón. La L-lisina (500 miligramos diarios durante 5 días antes del período) ayuda a las personas que padecen de hipoglucemia, o de herpes frecuentes. La DL-fenilalanina (400 miligramos diarios) provee un asombroso alivio a algunas víctimas del *PMS*. La L-tirosina (500 miligramos antes de las comidas, tres veces al día) ayuda a aliviar la ansiedad premenstrual, así como la depresión y los olvidos.[17, 109, 151]

Vitamina A En forma de beta-caroteno, 25.000 unidades internacionales *IU* diarias podría calmar los síntomas del *PMS*.[98]

Complejo B Una tableta diaria con todas las vitaminas B. Existen estudios clínicos que indican que una adición de 50 a 100 miligramos de vitamina B-6 cada mañana y cada noche durante dos semanas antes de cada período, reduce o elimina el acné, el dolor de espalda y de senos, la depresión, la retención de fluidos y el aumento de peso, los dolores de cabeza, los cambios de humor, la tensión nerviosa y el deseo de consumir azúcar en la mayoría de las víctimas del *PMS*, especialmente cuando se toman en conjunción con calcio y magnesio. Dosis adicionales de vitamina B-1, colina (un ingrediente de la lecitina), ácido fólico, niacina, vitamina B-12 y/o ácido pantoténico también podrían ser beneficiosas.[75, 147, 151, 190, 201]

Vitamina C con bioflavonoides De 1.000 a 3.000 miligramos en dosis diarias divididas ayudan a calmar el dolor en los senos, las reacciones de tensión y los síntomas generales del *PMS*.

Calcio y magnesio De 1.000 a 1.500 miligramos de calcio y de 500 a 1.000 miligramos de magnesio, o de 1.000 a 2.000 miligramos de magnesio y de 500 a 1000 miligramos de calcio, en dosis diarias divididas, durante la segunda mitad del ciclo menstrual. La dosis más benéfica debería ser determinada por un médico. Una deficiencia de cualquiera de estos minerales podría ser la causa en parte de síntomas premenstruales, y estos suplementos han proporcionado un alivio significativo a muchas personas que padecen del *PMS*.

Vitamina E 400 unidades internacionales *IU* diariamente. Existen estudios recientes que indican que esta dosis reduce la hinchazón abdominal, la ansiedad, la sensibilidad en los senos, las ansias de comer dulces, la depresión y la fatiga.[46, 281]

Ácido gamma-linoleico (*GLA*, por las siglas en inglés) Dos cápsulas de aceite de prímula nocturna —*evening primrose*— (o el equivalente en aceite de semillas de grosella negra —*black currant*—) tres veces al día. Numerosos estudios demuestran que este ácido graso esencial reduce la depresión, la irritabilidad y otros síntomas del *PMS*.[17, 190, 201]

Sales de tejidos Tres tabletas de *Nat. Mur. 6X* disueltas debajo de la lengua tres o cuatro veces al día podrían aliviar la depresión, la lasitud y los dolores de cabeza matinales que preceden a la menstruación.[65]

Zinc De 15 a 50 miligramos diarios podrían ser beneficiosos para los síntomas del *PMS*. En conjunción con la vitamina B-6, niacina, vitamina C, calcio y magnesio, el zinc ayuda a regular la prolactina, que es el activador de los tejidos mamarios.[111, 151]

Ejercicios

Aumentar la actividad física durante las dos semanas antes del período podría ayudar a combatir el *PMS*, al calmar la tensión mental y muscular, reducir la retención de fluidos y aumentar la producción de endorfinas, que son las hormonas que bloquean el dolor e incrementan el placer, y estimulan la "euforia de los corredores" (*runner's high*).

Presión sobre los nervios y masajes

○ Para disipar los cambios de humor del *PMS*, aplique 30 segundos de presión y masajee el entrecejo directamente sobre la nariz y a los lados de las uñas en ambos dedos medios, en dirección del pulgar.[265]

○ Para aliviar las molestias premenstruales, presione la depresión que se encuentra debajo de la clavícula (en línea con el pezón) durante diez segundos, suelte y repita tres veces en ambos lados.[57]

Fuentes (vea la Bibliografía)

6, 14, 16, 17, 28, 29, 46, 49, 51, 53, 57, 61, 65, 75, 77, 98, 108, 109, 111, 112, 147, 151, 176, 186, 190, 201, 252, 254, 265, 281, 293, 294, 300, 312, 319

Soriasis

Causada por un mal funcionamiento del proceso de renovación de la piel, las placas de escamas blancas de la soriasis resultan cuando la velocidad con que se reemplazan las viejas células no cambia, mientras que las nuevas células empujan hacia la superficie de la piel diez veces más rápido que lo normal, y luego se acumulan formando placas rojizas y a veces acompañadas de escozor. Los lugares más comunes son los brazos, la base de la espalda o el cuero cabelludo, pero cualquier parte del cuerpo puede ser afectada. En casos severos (que requieren de atención médica), las placas podrían propagarse, las uñas podrían picarse, y en una tercera parte de los casos de soriasis, se desarrolla una forma de artritis con dolor e hinchazón en diversas articulaciones.[255]

Considerada médicamente como un trastorno crónico de origen desconocido, la soriasis podría afectar interminablemente o podría desaparecer y mantenerse en remisión durante meses o años. La herencia es un factor: uno de cada tres casos de soriasis tiene una historia familiar de esta dolencia.[51] Algunos casos podrían ser causados por un metabolismo deficiente (particularmente de las grasas) o un desequilibrio hormonal; otros podrían ser causados por casi cualquier motivo. Entre los causantes se encuentran la tensión emocional, las infecciones, las reacciones a medicamentos recetados para los males al corazón u otras enfermedades, y la piel dañada por irritación o sequedad. La soriasis es tan caprichosa que lo que da buenos resultados para una persona o para un ataque, podría no funcionar la siguiente vez. El diagnóstico profesional siempre es recomendable, pero el alivio obtenido por la mayoría de las terapias actuales están cargadas de efectos secundarios potencialmente perjudiciales.[186, 281] Los remedios caseros con frecuencia son igualmente eficaces, al minimizar las molestias y reducir la frecuencia de los ataques.

Dieta y suplementos (vea la nota en la página xii)

Una dieta baja en azúcar, con alto consumo de frutas, vegetales, pescado (especialmente salmón y macarela o caballa), y panes y cereales de granos enteros son frecuentemente recomendados. Si un exceso de producción de *Candida* está involucrado, una dieta libre de levadura podría ser lo indicado.[192] En otros casos, una dieta sin gluten (evitar la cebada, avena, centeno o trigo) da buenos resultados. Algunos nutricionistas recomiendan evitar los jugos cítricos. Los jugos de manzanas frescas, remolacha (betabel, *beet*), zanahorias, arándanos agrios (*cranberries*), pepinos y uvas son considerados particularmente provechosos. Las grasas saturadas (de origen animal o hidrogenadas) deberían ser evitadas, pero es recomendable consumir diariamente de una a dos cucharadas de aceite no saturado.

Se ha descubierto que los productos lácteos, los huevos, la carne y las aves contienen ácido araquidónico, una sustancia naturalmente inflamatoria que hace que las lesiones de la soriasis se tornen rojas y se inflamen.[17, 109]

El aceite de primavera o prímula —*primrose*— (una cápsula tres veces al día), o el aceite de pescado (*EPA*) ayudan a contrarrestar el ácido araquidónico. El uso terapéutico del aceite de pescado debería estar supervisado por un médico, ya que el aceite de pescado está lleno de vitaminas A y D, que son solubles en las grasas y en grandes cantidades pueden ser tóxicas. Numerosos estudios indican que tomar diariamente cápsulas de *EPA* (o sustituir el aceite de pescado por dos o tres onzas de grasa en la dieta) durante varios meses, reduce de manera significativa el escozor y la extensión de las placas de soriasis en el 61 por ciento de los pacientes examinados.[51, 147, 151, 294] Tomar tres cápsulas diarias de aceite de hígado de bacalao y de aceite de linaza —*flaxseed*— (disponibles en tiendas de alimentos naturales), ha eliminado completamente algunos casos de soriasis crónica en cinco meses. Si no se ve una mejoría en dos meses, sin embargo, este remedio debería ser abandonado y reemplazado por otro.[42] En numerosas situaciones se ha obtenido alivio tomando tres o cuatro cucharadas de gránulos de lecitina (o su equivalente en cápsulas) todos los días durante dos meses, y luego reduciendo la dosis a la mitad.[98, 157] Otros casos han respondido a dos o tres cápsulas de lecitina con cada comida, además de aplicaciones tópicas de lecitina extraída de cápsulas.[42]

El añadir a las comidas gránulos del alga marina *kelp* provee minerales adicionales. El tomar tres tabletas de la sal de tejidos *Kali. Sulph.* 6X tres veces al día ha aliviado la soriasis en algunos casos; añadir la misma dosis de *Calc. Phos.* ha producido mejoría en otros. Existen estudios que indican que, además de una multivitamina con minerales diario, los suplementos individuales podrían ser benéficos.[190]

Vitamina A En forma de beta-caroteno, de 30.000 a 50.000 unidades internacionales *IU* diarias durante un mes, y luego 25.000 *IU* durante tres meses. Si la soriasis no ha desaparecido, se puede repetir la secuencia o, con la venia del médico, se puede utilizar una dosis más alta de beta-caroteno o vitamina A en forma de emulsión.

Complejo B Una tableta de todas las vitaminas B, una o dos veces al día, además de las vitaminas B-6 y B-12 adicionales.

Vitamina C con bioflavonoides De 500 a 5.000 miligramos en dosis diarias divididas.

Calcio y magnesio 500 miligramos de cada uno al día. Algunos investigadores recomiendan además 500 miligramos de magnesio.

Vitamina E De 300 a 800 unidades internacionales *IU* diariamente. Cuando se combinan con aplicaciones tópicas de aceite de vitamina E, algunos casos renuentes han desaparecido por completo en seis semanas.[301]

Zinc De 50 a 75 miligramos diarios. En un estudio, el sulfato de zinc oral trajo alivio a pacientes que sufrían de artritis soriásica así como de lesiones de piel causadas por la soriasis.[151]

Remedios populares

Los científicos han descubierto que el gel de áloe vera (acíbar, zabila), el más antiguo de los remedios para todos los males y escozores de la piel, contiene una substancia de beneficios específicos para la soriasis.[29] Para un alivio momentáneo de la comezón, una bolsa de hielo o una bolsa de plástico llena de cubitos de hielo puede aplicarse sobre el área afectada. Los baños de agua tibia —reforzados con una taza de vinagre de sidra de manzana (*apple cider vinegar*) o dos cucharaditas de jengibre (*ginger*) en polvo, si se desea— reducen la soriasis, aplanando las placas y reduciendo las escamas.[17, 293] Frotar las placas con aceite de aguacate varias veces al día podría ayudar a eliminar las escamas. Otras aplicaciones provechosas incluyen el líquido donde se ha cocido la avena (*oatmeal*) o el quingombó (quimbombó, *okra*), o $\frac{1}{4}$ taza de aceite de almendras mezclado con el jugo de un limón y una lima (limón verde, *lime*).

Los expertos en hierbas sugieren beber una taza de infusión de bardana (*burdock*) antes del desayuno o de la cena, o una taza diaria de consuelda (*comfrey*), diente de león (*dandelion*), botón de oro (hidraste, *goldenseal*), zarzaparrilla o acedera bendita (*yellow dock*), y luego mojar con la misma infusión los lugares escamosos. Se pueden aplicar a las áreas afectadas cataplasmas hechos con chaparro (*chaparral*), oreja de ratón (pamplina, *chickweed*), gordolobo (verbasco, *mullein*), sasafrás u olmo norteamericano (*slippery elm*).

Agua de mar y sol

Nadar en el mar es un antiguo remedio para la soriasis. Estudios llevados a cabo en balnearios cerca del Mar Muerto, en Israel, muestran que del 85 al 95 por ciento de soriásicos que combinan un baño de mar diario con la exposición al sol, eliminan completamente los síntomas, o los reducen significativamente en cuestión de un mes.[108] Como sustituto de agua de mar, se puede disolver en el agua del baño de una a cuatro libras de sal marina (disponible en tiendas de alimentos naturales), o se puede aplicar agua de mar embotellada a las placas escamosas varias veces al día con un trozo de algodón.[6, 17]

Además de producir vitamina D en la piel, los rayos ultravioleta del sol combaten la soriasis retrasando la rápida proliferación de células de la piel. La exposición debe ser moderada para prevenir la posibilidad de quemaduras de sol (que pueden causar placas de soriasis en áreas sanas), y una loción protectora de sol puede aplicarse a la piel sana para evitar el riesgo de cáncer.[293] Las lámparas ultravioletas y las lámparas de calor infrarrojo son beneficiosas en algunos casos, pero no son tan eficaces como los rayos ultravioleta del sol.[75, 294]

Control del estrés

Existen estudios recientes que indican que el estrés o tensión emocional puede causar placas de soriasis en el 50 al 62 por ciento de las personas vulnerables a la dolencia.[112, 201] Practicar técnicas de relajamiento (vea la Introducción) durante los períodos de remisión podría combatir el estrés antes de que cause un ataque. Cuando la soriasis es activa, combinar otros remedios con relajación e imágenes mentales de una piel sana reemplazando las placas escamosas, con frecuencia reduce la molestia y acelera la curación.[137, 186]

Fuentes (vea la Bibliografía)

6, 17, 29, 42, 50, 51, 64, 65, 75, 98, 108, 109, 112, 137, 144, 147, 150, 151, 157, 176, 177, 186, 190, 192, 195, 201, 233, 254, 255, 256, 275, 281, 283, 293, 294, 301, 303, 312, 313

Tinnitus

Se calcula que 36 millones de estadounidenses padecen ocasionalmente o constantemente, en uno o ambos oídos, del sonido de zumbido, gorjeo, pitos, timbres, truenos, chirridos o silbatos producidos por el tinnitus (o tintineo).[300] A pesar de que es un síntoma más que una enfermedad, y que "está todo en la cabeza", el ruido es real en el sentido de que los nervios acústicos están transmitiendo impulsos de un estímulo interno al cerebro. El tinnitus momentáneo podría ser causado por cerumen (cera de los oídos) endurecido, o un vello del oído que se ha desprendido, o un cabello que ha quedado de un corte reciente, cualquiera de los cuales puede vibrar cerca del tímpano y crear ruidos fuertes. Por lo general, el tinnitus que desaparece cuando la causa ha sido controlada, limitada o evitada, podría estar causado por una sinusitis, o por antibióticos, barbitúricos, medicamentos con quinina, exposición a substancias químicas como el monóxido de carbono procedente de las emisiones de vapor de la bencina utilizada para lavar en seco, o por un consumo excesivo de aspirina, alcohol o cafeína. Según el *New England Journal of Medicine* (febrero de 1991), el ruido en los oídos podría resultar a consecuencia de la sacudida o golpe de ejercicios de fuerte impacto, lo cual puede afectar el funcionamiento normal del sistema auditivo. El tinnitus persistente o recurrente, con frecuencia acompañado por pérdida de la audición, podría ser causado por la exposición a ruidos fuertes de radios a gran volumen, por disparos de armas de fuego, por martillos neumáticos, por las maquinarias industriales, por los conciertos de rock u otras fuentes. Un diagnóstico profesional es recomendable porque problemas como un tímpano perforado, inflamación o infección del oído medio o interno, presión sanguínea alta, nivel de colesterol elevado u otros problemas físicos podrían ser los causantes del tinnitus. Hasta que el trastorno fuera subsanado, podría ser posible encubrir el ruido molesto escuchando radio o televisión, o una casetera con audífonos. Los encubridores del tinnitus, disponibles sin receta, se usan como un audífono que produce un sonido blanco neutral que ha aliviado a un 60 por ciento de pacientes con tinnitus severo. [300]

Dieta y suplementos (vea la nota en la página xii)

La persona puede experimentar para determinar si las reacciones alérgicas a ciertos alimentos agravan el problema. Para algunos individuos, la cafeína u otros estimulantes, el exceso de sal, o la quinina en el agua tónica, pueden provocar un acceso de ruido en el oído. Los grupos de ayuda para tinnitus han descubierto que una nutrición adecuada ayuda a reducir los sonidos dentro del oído. Una dieta alta en fibra y baja en grasas, que incluya verduras crudas y sus jugos con frecuencia mejora la circulación y disminuye los ruidos molestos.[108, 305] Aumentar el consumo en la dieta de magnesio y potasio (son buenas fuentes los albaricoques, las papas horneadas, las bananas, la remolacha, las verduras con hojas y las nueces), y tomar diariamente una multivitamina con minerales, además de suplementos separados podría, ayudar a compensar por las necesidades adicionales de nutrientes de algunas víctimas del tinnitus.

Complejo B Una tableta diaria. Tomar además 50 miligramos de vitamina B-6 dos o tres veces al día podría ayudar a estabilizar los fluidos del oído interno. La colina (en dos cápsulas de lecitina en cada comida, o dos cucharadas de levadura de cerveza o *brewer's yeast* cada día) ha eliminado los ruidos en los oídos en menos de dos semanas en algunos pacientes con presión sanguínea alta.[2] El trabajo de Della W. incluía tantos viajes aéreos que cuando comenzaban los sonidos de chirridos o golpes, los atribuía al cambio de presión y asumía que el problema era sólo momentáneo. Pero no lo era. Un examen médico no mostró ningún desorden, y un tratamiento de lavado para remover el exceso de cerumen no alivió la molestia. Durante su vuelo siguiente, Della mencionó el problema a otro pasajero, que había estado investigando remedios para el tinnitus y que compartió sus notas con ella. En cuanto llegó a su destino, Della compró un frasco de multivitamina con minerales, además de unas tabletas de vitaminas del complejo B para la tensión, y comenzó a tomarlas como le habían recomendado. Para cuando llegó a su casa, los ruidos ya estaban disminuyendo. La levadura de cerveza (*brewer's yeast*), añadida a su jugo de tomate matutino, ayudó aún más, y a pesar de que eliminar el café de su dieta fue un sacrificio, el calmante silencio que siguió valió la pena.

Sales de tejidos Se pueden tomar tres tabletas de *Kali. Sulph. 12X* cada dos horas durante la noche para aliviar el tinnitus nocturno. Otras sales de tejidos (de potencia 3X o 6X), tomadas varias veces al día podrían ayudar con sonidos específicos: *Ferr. Phos.*, para ruidos como el agua corriente; *Mag. Phos.*, para timbres con pérdida de audición; *Nat. Mur.*, para sonidos parecidos a la música.

Zinc Existen estudios que demuestran que altas dosis de sulfato de zinc pueden reducir o eliminar los sonidos que afectan a los pacientes de más edad, pero no deberían tomarse más de 80 miligramos diarios sin supervisión médica.[29, 109]

Remedios populares

Un antiguo remedio chino sugiere comer semillas de girasol y beber la infusión preparada con sus vainas.[150] Se ha reportado que beber una taza de infusión de semillas de fenogreco (*fenugreek*) cada mañana, tarde y noche elimina los ruidos en los oídos.[312] Existen estudios recientes que indican que 40 miligramos de ginkgo biloba (un antiguo remedio chino), tres veces al día, mejoró a todos los pacientes de tinnitus que se trataron.[51, 61] Otros remedios populares todavía no corroborados incluyen insertar tres o cuatro gotas de aceite de castor en cada oído una vez al día, y luego tapar con un trozo de algodón; o emplear una gota de jugo de cebolla tres veces por semana hasta sentir alivio, luego una vez cada diez días como mantenimiento.

Presión sobre los nervios y masajes

○ Varias veces por día, presione ambas orejas contra la cabeza, y utilice los dedos pulgar e índice para masajear los extremos exteriores de ambas orejas, incluyendo los lóbulos. O presione y masajee el área debajo de los dos últimos dedos en la palma de cada mano, y/o en la planta del pie, entre el dedo meñique y el medio.

○ Para el tinnitus con pérdida de audición, una vez al día presione las depresiones detrás de ambos lóbulos y la mandíbula, directamente debajo de las orejas; y/o presione las encías detrás de las muelas del juicio con un borrador de lápiz, o muerda un trozo de algodón en la misma área durante varios minutos.

Relajación e imágenes mentales

Algunas personas padecen de ruidos en los oídos solamente cuando están fatigadas o bajo presión; para otras, las situaciones tensas agravan el tinnitus ya existente, y la dolencia misma causa tensión. Practicar ejercicios de relajamiento consciente, como los descritos en la Introducción, podría ayudar a aliviar el problema. Añadir imágenes mentales de un retorno hacia algún suceso agradable anterior al ataque de tinnitus podría proveer alivio, por lo menos momentáneamente. Al volver a "vivir" las imágenes, los sonidos y las sensaciones en detalle, y dar a la experiencia original un nombre como "sosiego" antes de terminar la sesión de relajamiento, muchas víctimas pueden borrar los ruidos durante varios minutos simplemente repitiendo el nombre elegido.[186] Para los ruidos nocturnos que impiden o interfieren con el sueño, un relajamiento deliberado mientras se escucha música suave (o una grabación comercial de ayuda al sueño, o lluvia en el techo u otros sonidos calmantes), con frecuencia controla el tinnitus y en algunos casos lo elimina por completo.[294]

Fuentes (vea la Bibliografía)

2, 29, 48, 49, 51, 58, 59, 61, 64, 65, 75, 86, 87, 108, 109, 111, 135, 150, 164, 177, 186, 207, 213, 220, 234, 244, 254, 255, 281, 294, 300, 305, 312, 313

Tos

La tos es el método que utiliza el organismo para expel[...]
dañinas (un bocado que fue tragado por el "mal conducto")[...]
el exceso de mucosidad) del conducto respiratorio. Una tos produ[...]
bería ser estimulada con un expectorante. Una tos no productiva, sec[...]
aparece hacia el final de un resfrío, debería ser controlada con un antit[...]
geno (un jarabe que suprime la tos), así como todos los tipos de tos seca[...]
Esas toses secas sólo sirven para irritar las vías respiratorias y conducen a
más tos. Una tos ocasional, que puede lanzar un golpe de aire a una velocidad de 150 metros por segundo, es normal. Una tos que dura más de un
mes debería ser evaluada por un médico para descartar la posibilidad de
otro problema físico. Una tos cosquilleante sin dolor de garganta podría
estar causada por los nervios o por fumar, podría ser la indicación de una
alergia o simplemente el resultado de la falta de humedad.

Lubricar la garganta con líquido adicional, e inhalar aire tibio y húmedo no sólo ayuda a combatir la tos, sino que ayuda a desprender cualquier secreción que debería ser expulsada. Cuando se use un vaporizador,
añadir unas gotas de aceite de menta o menta piperita (*peppermint*) produce una substancia química que licúa la flema.[186] Envolver la cabeza con
una toalla y respirar los vapores de un recipiente de agua hirviendo con
una cucharadita de tintura de benzoína por cada medio litro, podría ser
igualmente provechoso. La benzoína está disponible en las farmacias, y
también es utilizada como antiséptico.

Remedios populares

Para el alivio instantáneo de una tos seca, irritante, los curanderos populares recomiendan beber a sorbos $\frac{1}{4}$ taza de agua con $\frac{1}{4}$ cucharadita de
vinagre de sidra de manzana (*apple cider vinegar*), hacer gárgaras con agua
salada o, para los intrépidos, fumar cantidades iguales de café molido y

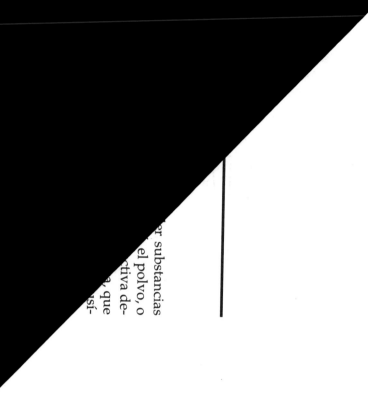

dice que comer
a mañana cura
ado de bacalao,
s nocturna. Los
ser preparados
eite de oliva, y
stituir la miel o
finamente, para

los para la tos.
a de azúcar di-
harada de man-
do, y beba este
a la tos para em-
zos de dulce de
sky; cantidades
aceite de oliva y
as con el líquido
as de agua hasta

er substancias
el polvo, o
ctiva de-
, que
sí-

Jarabe de hierbas Se prepara hirviendo a fuego lento cuatro cucharadas de infusión de frambuesa en polvo en una taza de agua, hasta que
se reduzca a la mitad, luego mezclando el líquido colado con dos cucharadas de miel y una de jugo de limón; o licuando una cucharada
de polvo de olmo norteamericano (*slippery elm*) con una cucharada de
agua hirviendo, luego mezclando con $\frac{1}{2}$ taza de miel.

Infusiones de hierbas Se cree que las infusiones de anís, eucalipto o
menta calman el centro de tos del cerebro.[118]

Jugos Utilizados para detener una tos irritante. Para un jarabe, los
jugos de cerezas o de zanahorias frescas pueden ser mezclados con
miel en partes iguales. O puede hervirse a fuego muy suave $\frac{2}{3}$ taza
de jugo de limón con $\frac{1}{2}$ libra (225 g) de azúcar morena y una cucharada de aceite de almendras. Beber a sorbos jugo de toronja (pomelo,
grapefruit) endulzado con miel es otra alternativa para calmar la tos.

Bebidas a base de leche Podrían suavizar la tos. A una taza de leche
caliente, incorpore una cucharadita de miel y otra de aceite de ajonjolí
(*sesame*). O cocine a fuego lento tres higos negros picados en una taza

de leche, deje reposar durante una hora, cuele y recaliente antes de beber. Para aliviar los accesos de tos, beba el líquido colado de partes iguales de cebada (*barley*), avena (*oats*) y centeno cocidos en leche.

Cebollas Una cura muy antigua. Unas rodajas de cebolla cruda en un plato con miel o azúcar, cubiertas y puestas a reposar durante ocho a 12 horas, producen un líquido que debe tomarse por cucharaditas cada dos horas. Para un jarabe embotellado, cocine cebollas o puerro (*leeks*) picados en vinagre de vino, cuele y combine el líquido con una cantidad igual de miel.

Expectorantes

La sopa caliente, en especial de pollo o de cebollas, ayuda a la expectoración de secreciones dañinas. El jugo fresco de limón, mezclado con un poco de miel si se desea, actúa como expectorante cuando se toma por cucharadas. Los condimentos picantes (pimienta negra, ajo, rábano picante, mostaza picante, ají rojo o chile) ingeridos con las comidas, en cantidades suficientes para causar un cosquilleo en la boca y ojos lacrimosos, son inclusive más eficaces. El comer un diente de ajo cada tres horas puede ser benéfico. Tomar $\frac{1}{2}$ cucharadita de rábano picante (*horseradish*) con dos cucharadas de miel con frecuencia alivia los accesos de tos, así como una cucharada de jarabe preparado macerando en miel dientes de ajo pelados. Los expertos en hierbas recomiendan beber infusiones de fenogreco (*fenugreek*), hojas de resina (*gumweed*), gordolobo (verbasco, *mullein*), tomillo (*thyme*) o corteza de cereza silvestre (*wild cherry*). El té de orozuz (regaliz, *licorice*) está considerado un excelente expectorante que también cura la tos del fumador.

Jarabes expectorantes Tomados por cucharadas cuando es necesario, estos jarabes suavizan las gargantas ásperas, ayudan a curar la congestión asociada con los resfríos y las gripes, y ayudan a las personas con asma y bronquitis.

○ Cocine a fuego lento una cucharadita de semillas de anís y otra de tomillo (*thyme*) seco en dos tazas de agua durante diez minutos (si se desea, se puede incluir una cucharadita de marrubio —*horehound*— y una de regaliz —*licorice*—). Cuele, luego incorpore una taza de azúcar morena en el líquido caliente.

○ Mezcle $\frac{1}{2}$ cucharadita de pimienta de Cayena (*Cayenne pepper*) con dos cucharadas de miel, $\frac{1}{4}$ taza de vinagre de sidra de manzana (*apple cider vinegar*) y otro $\frac{1}{4}$ taza de agua.

○ Cocine a fuego lento una cucharada de rábano picante (*horseradish*) y otra de semillas de mostaza en una taza de agua hirviendo durante 20 minutos. Cuele y añada suficiente miel para formar un jarabe.

Sales de tejidos Para un expectorante, disuelva tres tabletas de *Kali. Mur. 6X* debajo de la lengua cada dos horas. Si hay fiebre, substituya por *Kali. Sulph.* Tomar tres tabletas de *Ferr. Phos. 6X* cada dos horas es recomendado para una tos fuerte y seca.

Presión sobre los nervios y masajes

○ Estimule cada punto durante 30 segundos: con los dedos índices, presione hacia adentro y arriba los lados de los pómulos, justo encima de las fosas nasales; presione hacia adentro y hacia abajo la punta del esternón en la depresión de la garganta; masajee las depresiones debajo de las clavículas en ambos lados; luego presione el centro del esternón.

○ Para detener un acceso de tos, pellizque la unión más cercana a la punta del dedo medio con los dedos de la otra mano, o presione ambos lados de la uña del pulgar derecho; o presione y masajee la articulación en la base del dedo índice derecho; o presione el paladar hacia arriba.

○ Para detener una tos nerviosa, presione el labio superior debajo de la nariz.

Fuentes (vea la Bibliografía)

17, 20, 21, 32, 51, 57, 58, 64, 65, 69, 75, 84, 85, 92, 110, 111, 116, 117, 118, 135, 144, 148, 150, 159, 164, 171, 172, 186, 202, 203, 224, 254, 255, 264, 265, 281, 293, 294, 300, 312, 313

Úlceras

El dolor intenso y el agudo ardor de una úlcera péptica emanan de heridas en forma de cráter en el revestimiento interno del conducto digestivo. Las úlceras duodenales en la parte superior del intestino delgado son las más comunes, y afectan a uno de cada ocho estadounidenses. Las úlceras gástricas corroen los revestimientos del estómago en una persona de cada treinta; las úlceras del esófago (debidas al reflujo de los ácidos estomacales) son extremadamente raras. Las úlceras pépticas, que sólo atacaban a los hombres de edad mediana, están aumentando en medio millón de casos por año, según el Centro Nacional de Estadísticas de Salud, y actualmente afectan a más mujeres que hombres.[75, 186]

La herencia genética aumenta el riesgo de úlceras pépticas causadas por una excesiva secreción de jugos digestivos, revestimientos débiles del conducto digestivo o una insuficiente secreción de la mucosidad que provee la cubierta protectora, o por las bacterias *Campylobacter* o *Helicobacter pylori*, que según un informe en el número de diciembre de 1990 de *Health After 50*, podría ser una infección transmitida por contacto personal. Los factores que elevan el riesgo de que se desarrolle una úlcera y que afectan adversamente el tratamiento incluyen el uso continuo de aspirina y de medicamentos antiinflamatorios no esteroides, la terapia de cortisona, la tensión emocional, las deficiencias en la dieta o el exceso de consumo de alcohol, café o tabaco; fumar inhibe al páncreas de producir antiácidos naturales.[46]

Las úlceras pépticas podrían responder a remedios caseros combinados con la eliminación de irritantes, pero se recomienda un diagnóstico profesional si la molestia persiste durante más de tres días, y es imperativo si los síntomas incluyen náuseas y vómitos, o heces fecales negras y terrosas, porque otros problemas ocultos podrían estar involucrados. Los medicamentos recetados pueden reducir el ácido del estómago; aplicar un vendaje interno sobre las úlceras, o combinar antibióticos con una preparación de bismuto, pueden destruir las bacterias dañinas. Un control

profesional es importantes porque a veces hay efectos secundarios desagradables que impiden el alivio del dolor, e inclusive el uso excesivo de
antiácidos puede acentuar problemas cardiovasculares, desequilibrar los
hábitos intestinales, crear una desproporción de minerales, y provocar la
reincidencia de una úlcera que aparentemente estaba curada.[151, 254]

Dieta

El régimen de comidas suaves que se dictaba antiguamente ha sido
abandonado, y la leche, que era la base de todas las dietas para combatir
las úlceras, ya no se recomienda. Se ha establecido que la leche provee solamente un alivio momentáneo, y luego estimula secreciones de ácidos digestivos que retardan la curación de las úlceras.[147] Existen estudios que
indican que una dieta rica en fibras procedentes de frutas, verduras y granos enteros, ayuda a curar las úlceras y reduce su reincidencia al calmar el
ácido estomacal.[46, 312] Durante ataques severos, sería benéfico consumir
purés de frutas y verduras, o alimentos envasados para bebés, y suplir con
una fibra no irritante como el psilio.

Consumir seis comidas pequeñas durante el día, con frecuencia alivia las úlceras debido a que las cantidades moderadas de comida neutra-
lizan el ácido estomacal. Permitir que el estómago esté vacío durante
largos períodos de tiempo, o llenarlo en exceso, puede aumentar la secreción de jugos gástricos. Los alimentos extremadamente fríos o calientes
también podrían alterar las funciones digestivas. En lugar de recetar una
dieta específica para las úlceras, los gastroenterólogos aconsejan evitar
cualquier comida que provoque los síntomas en cada persona. El café
(descafeinado o normal), el té, la cerveza y el vino podrían agudizar las
úlceras al estimular la secreción de ácidos estomacales; los licores destila-
dos no tienen el mismo efecto, pero podrían irritar los tejidos delicados.[186] El chocolate, los dulces concentrados, las comidas fritas, saladas o
muy condimentadas, así como las bebidas gaseosas, son irritantes para algunas personas, inocuos para otras.

Suplementos (vea la nota en la página xii)

Una tableta diaria de multivitaminas con minerales se recomienda
para los pacientes de úlceras. Suplementos adicionales sólo se deberían
tomar con el consentimiento del médico:

Vitamina A En forma de beta-caroteno, de 25.000 a 50.000 unidades internacionales *IU* diarias durante un mes para acelerar la curación, luego de 10.000 a 25.000 *IU* al día para proteger las membranas mucosas del tracto gastrointestinal.

Complejo B Una tableta diaria además de una adición de las vitaminas B-2 y B-6 y de 50 a 100 miligramos de ácido pantoténico tres veces al día para acelerar la curación.[98]

Vitamina C con bioflavonoides De 100 a 2.000 miligramos de esta combinación en dosis diarias divididas. La vitamina C ayuda a la recuperación y los bioflavonoides refuerzan los nuevos tejidos que cubren las úlceras. Si no se toma con las comidas, $1/8$ de cucharadita de bicarbonato de soda podría ser mezclada con agua para neutralizar la acidez de la vitamina C.

Vitamina E De 400 a 800 unidades internacionales *IU* diarias para reducir la acidez y el dolor, acelerar la curación e impedir que se forme un tejido de cicatriz.

L-glutamina 500 miligramos una vez al día con el estómago vacío. Los médicos naturópatas consideran importante este aminoácido para la curación de úlceras pépticas.

Sales de tejidos Al inicio de un ataque de úlceras, tome una de cada una, *Kali. Phos.* y *Nat. Phos.* en las potencias de 3X ó 6X; repita cada 30 minutos durante varias horas hasta sentir alivio.[64]

Zinc 50 miligramos diarios, con alimentos. Existen estudios controlados que demuestran que el zinc triplica la velocidad de curación de las úlceras sin crear efectos secundarios, y en muchos casos, la curación es completa.[151]

Remedios populares

Se dice que una o dos cucharadas de jugo de áloe (acíbar, zabila), o tres cápsulas de propóleos de abeja con las comidas, o porciones de clara de huevo batidas con dos cucharadas de aceite de oliva varias veces al día, alivian y aceleran la curación de las úlceras.

Jugo de col (repollo, *cabbage***)** Como se ha documentado en el *Journal of the American Dietetic Association* (setiembre de 1950), beber diariamente de dos a cinco vasos de jugo fresco de col podría curar las úlceras en menos de un mes. Se cree que el jugo de apio (de tallos y hojas) contiene una substancia similar que cura las úlceras, y puede ser usado en lugar de ¼ del jugo de col.

Hierbas La alfalfa (disponible en tabletas, pasta o en hojas secas para infusiones) contiene vitamina K, así como otros agentes curativos. Se cree que tomar una cápsula de pimienta de Cayena (*Cayenne pepper*) con cada comida ayuda a curar las úlceras.[312] La raíz de orozuz (regaliz, *licorice*) ha sido utilizada para tratar las úlceras en China durante por lo menos 3.000 años. Otras hierbas recomendadas son la manzanilla (*chamomile*), la nébeda (*catnip*), la consuelda (*comfrey*), el malvavisco (*marshmallow*) y el olmo norteamericano (*slippery elm*).

Plátanos Conocidos como un tratamiento para las úlceras en la India, existen investigaciones recientes que indican que los plátanos grandes, verdes (no las bananas comunes) contienen un factor antiulcerativo que refuerza el revestimiento del estómago y estimula la producción de una capa protectora para sellar la superficie y prevenir un mayor daño causado por los ácidos digestivos. Los plátanos verdes pueden ser hervidos, horneados o fritos, y se pueden comer como papas, o ser utilizados en polvo concentrado.[56]

Presión sobre los nervios y masajes

○ Presione o masajee encima de la nariz, en el entrecejo.

○ Presione la parte de atrás de la lengua con un depresor (puede ser una paletita de helado).

○ Masajee la parte carnosa o pulpejo en la base de cada dedo pulgar, las membranas entre los dedos pulgar e índice, y el área debajo de cada dedo medio, luego masajee las muñecas por delante o detrás, cualquier costado que sea el más sensible.

○ Presione cuatro puntos formando un cuadrado alrededor del ombligo.

○ Masajee la base carnosa de los dedos de los pies, donde se apoya el pie.

Control del estrés e imágenes mentales

Variando según la reacción individual a una situación, la tensión emocional puede dañar las defensas naturales del revestimiento del estómago, aumentar la producción de jugos gástricos y causar o agravar una úlcera péptica. Practicar las técnicas de relajamiento descritas en la Introducción podría prevenir o aliviar la tensión que causa revolturas del estómago.[201] Resultados excelentes han sido reportados de esta serie de sesiones de tres minutos, durante tres semanas, tres veces al día, de imaginación guiada: después de respirar profundamente con los ojos cerrados, visualice un tejido sano creciendo sobre la herida abierta, o imagine un hada minúscula curando la herida con su varita mágica. Si es necesario, repita la serie después de un descanso de una semana.[186]

Fuentes (vea la Bibliografía)

6, 15, 17, 26, 28, 42, 45, 46, 50, 51, 56, 58, 59, 60, 64, 75, 98, 101, 109, 135, 147, 150, 151, 164, 171, 176, 186, 190, 201, 204, 207, 209, 244, 250, 254, 256, 293, 294, 304, 312, 313, 316, 317

Úlceras en los labios (fuegos)

Ya sea que se les llame fuegos o ampollas de fiebre (*cold sores* o *fever blisters* en inglés), estas desagradables erupciones alrededor de la boca son producidas por el virus del herpes simplex tipo 1 (*HSV-1*, por las siglas en inglés). La mayoría de las personas se infectan con este virus durante la infancia al besar a otro niño. La exposición inicial puede pasar inadvertida o puede producir una enfermedad catarral con lesiones en los labios. Después, el virus permanece latente en los nervios faciales hasta que las defensas del organismo se debilitan por una enfermedad, el estrés o la quemadura del sol; entonces, la fiebre, la luz solar o los factores del medio ambiente, tales como un viento frío o la luz ultravioleta reflejada por laderas para esquiar nevadas, la arena de la playa o la brillante agua del mar, pueden estimular la manifestación de la erupción. Las úlceras en los labios indican su llegada con una sensación cosquilleante varias horas antes de que aparezca la primera ampolla. Es posible que las glándulas del cuello se vuelvan sensibles al contacto, y en pocos días las dolorosas ampollas se revientan y se encostran, y luego se curan en cuestión de una a tres semanas. Se debe buscar la ayuda del médico si las lesiones permanecen más tiempo del indicado, o si se desarrollan cerca de los ojos.

El *HSV-1* es tan propenso a proliferarse que debe prestársele atención durante todas las etapas de su manifestación. Además de no besar, no se deben compartir los utensilios de comida o bebida, ni las toallas ni toallitas de mano; y, para autoprotegerse, se deben comprar tres cepillos nuevos de dientes: un cepillo puede alojar y transmitir el virus del herpes durante siete días.[186] El primer cepillo nuevo debe usarse durante la etapa del cosquilleo, el segundo cuando aparezca la ampolla, y el tercero después de que toda la postilla haya desaparecido.

El usar una crema de protección para los labios con un factor de protección solar *SPF* de al menos 15 evita que los factores medioambientales estimulen la manifestación del virus del herpes. Existen estudios que han señalado una relación definitiva entre el estrés y la reactivación del virus del herpes simplex.[98] Practicar las técnicas de relajación descritas en la Introducción y utilizar remedios caseros puede ayudar a acelerar la curación y evitar futuras manifestaciones.

Dieta y suplementos (vea la nota en la página xii)

El fortalecer el sistema inmunitario con una dieta nutritiva, más una multivitamina y mineral diaria, brinda una defensa contra la reactivación del virus del herpes. Durante un ataque, coma alimentos alcalinos en abundancia (bananas, vegetales crudos, leche descremada); limite los comestibles con un alto contenido de arginina (un aminoácido en el cual se desarrolla el virus del herpes), como la cerveza, el chocolate, el coco, los refrescos de cola, el maíz, la gelatina, los cereales de grano, las nueces y los guisantes (arvejas, chauchas, chícharos, *peas*); evitar las frutas cítricas y los alimentos ricos en grasas o azúcares puede reducir el número de úlceras en los labios y el período de tiempo que se mantienen activas.[109, 186] Comer yogur sin sabor una vez al día, o tomar cápsulas de *acidophilus* con cada comida, inhibe al *HSV-1*. En una encuesta, un 69 por ciento de las víctimas de úlceras en los labios informó haber tenido éxito con este tratamiento.[49] Como el *Lactobacillus acidophilus* inactiva, pero no destruye el virus, es conveniente una dosis de mantenimiento de dos a seis cápsulas diarias para aquellas personas que están propensas a erupciones frecuentes. También se ha visto que otros suplementos tienen un efecto directo sobre el virus del herpes.

Complejo B Una o dos tabletas de alta potencia al día, más vitaminas B opcionales. Tomar 500 miligramos de ácido pantoténico a la primera señal de una ampolla y cada hora o dos durante un día entero, puede detener su formación, o al menos acortar su duración.[301] Algunas úlceras en los labios responden a una combinación de ácido pantoténico más 50 miligramos de vitamina B-6 y 500 miligramos de vitamina C; otras desaparecen en un solo día, al tomar de 50 a 350 microgramos de vitamina B-12, dos veces al día.

Vitamina C De 150 a 1.000 miligramos cada hora cuando una úlcera en los labios va avisando que se acerca, luego de 2.000 a 6.000 miligramos en dosis divididas todos los días hasta que se cure por completo. Acompañar la vitamina C con una tableta de calcio o tomarla con leche evita la irritación del estómago.

Vitamina E 400 unidades internacionales *IU* al día, más aplicaciones externas de vitamina E, extraída de una cápsula que se ha pinchado. Cubra el aceite de la vitamina E con vitamina C en polvo para que sea más eficaz.

Lisina De 50 a 3.000 miligramos al primer cosquilleo, luego la misma cantidad dos veces al día, con agua o jugo, entre las comidas. Con el consentimiento del médico, las personas que tienen más de tres úlceras en los labios durante un año pueden prevenir futuras manifestaciones tomando una dosis de mantenimiento de 100 a 3.000 miligramos de este aminoácido.[293] Greta C. había padecido de úlceras en los labios desde que era niña, pero no había experimentado con lisina hasta que el cosquilleo en un labio la amenazó con causarle una enorme vergüenza pocos días antes de tener que hablar en una importante conferencia. Greta se puso pedacitos de hielo sobre el labio mientras su secretaria corría a la tienda de alimentos naturales a buscarle lisina. Se tomó 2.000 miligramos de inmediato, otros 2.000 antes de ir a la cama, y la misma cantidad dos veces al día durante los próximos dos días. La incipiente ampolla no se desarrolló. Con la aprobación de su médico, Greta evitó exitosamente futuras erupciones al tomar 400 miligramos de lisina, tres veces al día.

Sales de tejidos Tres tabletas de *Silícea 6X* cada tres horas todos los días mientras estén presenté las ampollas.

Zinc De 20 a 60 miligramos al día en forma de tableta, o una pastilla de zinc disuelta en la boca cada tres horas durante dos días, luego dos pastillas diarias. Para acelerar la curación, pulverice un suplemento de zinc y aplíquelo a la ampolla con una bolita de algodón húmeda.

Remedios populares

Consumir abundantes cantidades de papa horneada sin sal y frotarse la ampolla con ajo en tajadas son dos remedios rusos. Un popular remedio francés es pasarse por la ampolla el residuo de vino tinto evaporado en un platillo, o secado en frío en un recipiente pequeño. Los expertos populares de Estados Unidos aconsejan aplicaciones frecuentes de gel de áloe vera; o también eliminar una ampolla incipiente cubriéndola durante tres horas con una tela mojada en una solución de agua caliente y tanta sal como se pueda disolver (renovándose el emplasto cada vez que se refresque), luego aplicando brandy en el área cada una hora más o menos. Otros tratamientos de autoayuda son los siguientes:

Líquidos secadores Beba suero de leche (*buttermilk*) con cada comida y pásese un poco por la ampolla, o úntese en ella alcohol de frotar o hamamelis (olmo escocés, *witch hazel*).

Remedios de hierbas Beba de una a tres tazas diarias de infusión de trébol morado o rojo (*red clover*) para acelerar la curación. Se dice que beber una cantidad igual de infusión de salvia (*sage*) concentrada, con una cucharadita de jengibre (*ginger*) en polvo disuelta en cada taza, hace milagros cuando se unta un poquito de esa bebida sobre las ampollas tres veces al día. Tés de concentración triple de bardana (*burdock*), botón de oro (hidraste, *goldenseal*), mejorana (*marjoram*) o frambuesa (*raspberry*) pueden aplicarse sobre las ampollas. El aceite del árbol de té (usado por los aborígenes australianos y por los soldados de la Segunda Guerra Mundial como aceite de melaleuca) está ahora disponible en las tiendas de alimentos naturales (*health food stores*), así como también la tintura de mirra (*myrrh*), la cual se ha usado desde los tiempos bíblicos para detener el dolor y estimular la curación.

Capas suavizadoras y curativas Las ampollas pueden cubrirse con crema espesa bien fría o *cold cream* comercial, con una pizca del cerumen del oído de la propia persona, con vaselina (*petroleum jelly*), o con una combinación de una cucharada de miel pura y una cucharadita de vinagre de sidra de manzana (*apple cider vinegar*).

Fuentes (vea la Bibliografía)

2, 3, 6, 17, 42, 49, 53, 56, 57, 61, 65, 75, 87, 98, 109, 135, 141, 148, 150, 151, 159, 165, 176, 186, 201, 205, 207, 254, 281, 283, 293, 301, 312, 313

Uñas – problemas

Los cambios o anomalías en las uñas son con frecuencia el resultado de deficiencias en la nutrición, pero también pueden ser causados por lesiones, enfermedad o falta de cuidados externos. Compuestas casi enteramente por proteína endurecida (queratina) y azufre, las uñas reciben el mayor alimento de una dieta balanceada con cantidades adecuadas de proteínas, vitaminas y minerales. Una insuficiencia de hierro podría ser la causante de un acanalado longitudinal; de uñas débiles, pálidas, delgadas, planas o en forma de cuchara; o de uñas que se quiebran, rajan o pelan fácilmente. El hierro procedente de la dieta se asimila mejor de fuentes como carnes, aves, pescado y huevos (que son proteínas completas, y con alto contenido de azufre) que de fuentes vegetales como frutas secas, verduras con hojas, y nueces, que, así como la gelatina, son proteínas incompletas. Las coles (repollitos) de Bruselas (*brussels sprouts*), la col (repollo, *cabbage*), los frijoles (alubias, habichuelas, habas, judías) secos, el ajo y las cebollas suplen el azufre de la dieta. Se recomienda consultar con un médico antes de tomar suplementos de hierro aparte de los que provee una tableta diaria de multiminerales (vea la nota en la página xii).

Para reforzar las uñas, los expertos en hierbas sugieren beber diariamente una taza o dos de infusión de cola de caballo (*horsetail*) o avena loca (*oatstraw*), y remojar las uñas en un poco de estos líquidos durante diez minutos. Remojar las uñas por las noches en cualquier aceite vegetal tibio, o aceite de nueces, ayudará a restaurar flexibilidad a las uñas quebradizas y a corregir problemas de uñas suaves o rotas. El exceso de aceite se limpiará con una toalla de papel, y no se deben lavar las manos hasta la mañana siguiente.

Evitar inmersiones prolongadas en agua, y llevar guantes protectores cuando se utilicen detergentes o limpiadores ayuda a prevenir la fragilidad, las escamas, las roturas o el desprendimiento que puede ocurrir cuando las uñas se secan y se encogen después de suavizarse e hincharse

458

debido al líquido absorbido. Aplicar vaselina (*petroleum jelly*) u otros humectantes a las uñas y cutículas antes y después de bañarse o nadar ayuda a evitar un daño potencial. Para contrarrestar el efecto de sequedad en las uñas y las cutículas, es aconsejable añadir unas gotas de aceite de castor al líquido para retirar el esmalte de uñas, y lavarse las manos con agua y jabón inmediatamente después de utilizarlo.

Las cutículas protegen la base de las uñas de las bacterias y los hongos perjudiciales. Empujarlas hacia atrás cada vez que se aplique una loción para manos evita que se resequen o quiebren, sin los peligros de cortarlas, o de utilizar quitadores de cutículas. Se dice que frotar las cutículas con jugo fresco de limón las refuerza. Si se desarrolla un padrastro (cutícula inflamada o desgarrada), debería ser suavizado con agua o una loción antes de ser cortado con tijeras de manicurista. El aplicar en el área vitamina E de una cápsula pinchada ayuda al restablecimiento. Los padrastros frecuentes podrían indicar una deficiencia de proteínas, vitamina C y ácido fólico. Un contacto excesivo con agua o papel (que absorbe los aceites naturales de la piel) son otras posibles causas. Faye R. tuvo su primera experiencia con padrastros cuando aceptó leer y hacer el índice del manuscrito de una amiga. Después de pasar dos días entre papeles, sus manos estaban dolorosamente secas y se habían quebrado las cutículas de varias uñas. Reuelta a terminar el trabajo, Faye tomó medidas para remediar el problema. Con la ayuda de un cronómetro de cocina, se lavaba las manos cada hora y alternaba aplicaciones de gel de áloe vera (acíbar, zabila) y una crema para manos enriquecida con vitaminas. El alivio fue casi inmediato, y para cuando el trabajo estuvo terminado, las cutículas de Faye estaban suaves y flexibles.

Uñas débiles y quebradizas Pueden ser corregidas con una adición de proteínas y hierro, una tableta diaria de multivitamina con minerales, 25.000 unidades internacionales *IU* de beta-caroteno, una tableta de vitaminas del complejo B, y 800 miligramos de calcio además de 500 miligramos de magnesio (con la venia del médico, hasta 1.600 miligramos de magnesio). Existen estudios que demuestran que un suplemento diario de 2.5 miligramos de biotina, de las vitaminas B, aumenta el grosor de las uñas por lo menos en un 25 por ciento.[49] Tomar una cucharada de polvo de hígado desecado, o dos cucharadas de levadura de cerveza (*brewer's yeast*) disueltas en jugo de tomate una vez al día ha devuelto la salud a las uñas de ciertas personas; otros se han beneficiado de dos cápsulas diarias de aceite de primavera o prímula (*evening primrose oil*).

Las uñas quebradizas que se separan en capas podrían indicar una deficiencia de hierro o de las vitaminas B, y podrían mejorar con la sal de tejidos *Silícea*. Comer semillas de girasol, y tomar de 15 a 50 miligramos de zinc al día, ha evitado que las uñas se pelen y las ha hecho más flexibles en dos o tres meses.[2]

Las uñas que se rompen debido a una insuficiencia de ácidos estomacales podrían mejorar tomando con cada comida tabletas de hidrocloruro de betaína.[17] Los curanderos populares sugieren remojar las uñas en vinagre de sidra de manzana (*apple cider vinegar*) diluido, comer seis almendras crudas cada día, y consumir cantidades generosas de ajo y pepino crudo, o jugo de pepino. Los expertos en belleza recomiendan limarse las uñas desde afuera hacia el centro, y biselar las puntas para evitar que se rompan.

Las uñas que se quiebran constantemente y que no responden a remedios caseros podrían ser una indicación de mala circulación sanguínea o de mal funcionamiento de la tiroides, y requieren de atención médica.[300]

Uñas blandas y débiles El excesivo contacto con el agua o las sustancias químicas que están en los cosméticos para las uñas, o una dieta inadecuada, podrían ser los causantes de este problema. El tomar diariamente 1.000 miligramos de dolomita durante un mes, ha reforzado las uñas de las personas con deficiencias de calcio y magnesio.[301] Los remedios populares incluyen masticar semillas de girasol, consumir una zanahoria adicional cada día, y tomar una cucharadita de vinagre de sidra de manzana (*apple cider vinegar*) con cada comida. El cubrir las uñas sin esmalte con jugo fresco de limón, vinagre o yodo blanco es otra alternativa. Ocasionalmente, las uñas débiles son una señal de algún desorden en la tiroides.

Acanalado y surcos horizontales Llamados líneas de Beau, éstas se mueven hacia arriba y crecen con la uña hasta desaparecer al cabo de cinco o seis meses. Generalmente son el resultado de un episodio de enfermedad grave o de tensión, pero podrían estar causadas por una deficiencia crónica de vitamina B, o por una lesión o la presión de las herramientas de manicurista en la base de las uñas. Los surcos que vuelven durante los períodos menstruales podrían evitarse consumiendo suficiente proteína, vitamina A y levadura de cerveza.

Acanalado y surcos longitudinales Estos pueden indicar una anemia por deficiencia de hierro, o falta de vitamina A, de vitaminas B y de calcio. Sin embargo, en muchos casos las líneas longitudinales son hereditarias, o se desarrollan gradualmente después de los 40 años debido a que las células se reproducen con menos velocidad.

Uñas picadas Si son el resultado de deficiencias de proteína, calcio o azufre, pueden ser corregidas modificando la dieta. El picado puede ocurrir en conjunción con soriasis o alopecia areata (pérdida del cabello en parches); o, según un informe de *Modern Medicine* (57, 5:57), el picado podría indicar la presencia de inflamaciones musculares o artritis reumatoide.

Uñas en forma de cuchara Las uñas que tienen una depresión en el centro, y se levantan en los bordes, pueden deberse a una lesión en la uña, pero con mayor frecuencia, así como las uñas pálidas, ocurren en los niños y las mujeres de edad mediana debido a una deficiencia de hierro o anemia. Por lo general las uñas retornan a su forma normal cuando la dieta es adecuada, o cuando se trata la anemia.[75, 300]

Manchas blancas Comunes en los niños y los adolescentes, las manchas blancas en las uñas se atribuyen a toda clase de causas, desde decir mentiras hasta lesiones menores, cavidades de aire y deficiencias de minerales. El Dr. Carl Pfeiffer[228] y otros practicantes de medicina holística recomiendan suplementos diarios de calcio (800 miligramos), magnesio (500 miligramos, y con la venia del médico, hasta 1.600 miligramos), y zinc (de 15 a 50 miligramos). Un remedio popular en Vermont indica beber en cada comida un vaso de agua en el que se ha incorporado una cucharadita de vinagre de sidra de manzana (*apple cider vinegar*) y otra de miel.[172]

Hongos Los hongos, que habitan debajo y alrededor de las uñas, pueden ser causados por uñas artificiales (que pueden atrapar humedad, hongos y bacterias debajo de la uña), o por un tratamiento antibiótico que produce una insuficiencia de bacterias "buenas" en el cuerpo.[17, 111] Tomar una tableta de vitaminas del complejo B, además de 15 miligramos de zinc al día y cápsulas de *acidophilus* con cada comida, podría resolver el problema. Remojar las uñas en una fuerte solución de cristales de vitamina C con agua dos veces al día, y empujar aceite de vitamina E debajo de las uñas ha acelerado la mejoría en algunos casos.

Fuentes (vea la Bibliografía)

2, 13, 17, 42, 45, 49, 50, 53, 64, 65, 75, 82, 86, 87, 98, 111, 162, 172, 186, 226, 228, 254, 255, 256, 262, 276, 281, 293, 300, 301, 304, 312, 313, 317

Urticaria

A veces llamada salpullido de ortiga, debido a que el contacto con las plantas de ortiga (*nettle*) de la familia *Urtica* produce en la piel una reacción similar, la urticaria se manifiesta como una forma de reacción alérgica. Los granos o ronchas rojizas y con escozor aparecen cuando una alergia, o la tensión, hacen que la piel produzca histaminas, y esto provoca un filtrado de líquido desde los capilares hacia el tejido de la piel. La urticaria gigante (angiodema) es una rara dolencia que afecta capas más profundas de la piel en los párpados, los genitales, los labios, la boca u otras partes del cuerpo, produciendo una hinchazón mayor que la de la urticaria normal, que se limita a ronchas del tamaño de guisantes o nueces. La urticaria gigante requiere de cuidados médicos de emergencia, si los conductos respiratorios están obstruidos.

Con frecuencia, la urticaria es el resultado de reacciones a alimentos como las bayas o los mariscos, o a medicamentos como la aspirina o la penicilina, pero también puede ser provocada por cualquier cosa a la que el individuo sea susceptible. Los preparados cosméticos, las sustancias inhaladas, las picaduras de insectos, los trastornos emotivos, el agotamiento físico, los aditivos en los alimentos y las tinturas, inclusive los "extras" en ciertas marcas de vitaminas, son posibles motivadores. Para las personas alérgicas al calor o al frío, los súbitos cambios de clima, el consumo de helados, nadar en agua fría o tomar un baño de vapor pueden provocar una producción de histaminas.

La urticaria solar (causada por los rayos del sol) ataca generalmente después de media hora de exposición, pero la demora de horas o días para la aparición de otros tipos de urticaria podría requerir un trabajo de detective para identificar la causa, y evitarla en el futuro. Los causantes principales son alimentos que normalmente no se consumen, y recientes cambios de medicamentos. En algunos casos, una combinación de alergenos, que de otro modo pasarían inadvertidos, puede desencadenar un ataque de urticaria. Rhea S. sabía qué eran los granos con aureolas rojas que la despertaron una mañana con insoportable escozor, pero no sabía qué había comido que podría haberlos causado. Entonces se acordó de un ataque que sufrió en su infancia luego de comer frambuesas (*raspberries*) mientras las cosechaba en el jardín de su abuela, y otro ataque después de comer almejas cuando era adolescente. Rhea no había consumido ninguno de esos dos productos, pero dedujo que el pastel de fresas (frutillas, *strawberry*) que había comido en el almuerzo la víspera había unido fuerzas con la cena de langosta, produciendo la urticaria.

Los granos rojizos y hormigueantes normalmente desaparecen en unas horas o en pocos días; el uso de antihistamínicos y remedios naturales podría acortar su duración y aliviar la molestia.

Suplementos (vea la nota en la página xii)

Existen estudios que demuestran que cantidades masivas de vitamina C pueden detener los efectos dañinos de toda clase de alergenos inmediatamente después de que han ingresado en la corriente sanguínea. La dosis recomendada es de 1.000 a 2.000 miligramos cada cuatro horas por un total de 4.000 a 8.000 miligramos en 16 horas.[87] Tomar vitamina C con bioflavonoides y leche (o hasta 1.500 miligramos de gluconato de calcio) ayuda a controlar el escozor y disminuye la probabilidad de irritación estomacal por la vitamina.

Sales de tejidos Tres tabletas tres veces al día de *Kali. Phos. 6X, Mag. Phos. 6X* y *Silícea 6X*. Si la piel está reseca y con tendencia a formar escamas, tome *Kali. Sulph.* Para la urticaria que aparece después de una exposición al calor, tome *Nat. Mur. 6X*.

Remedios populares

El beber dos tazas de infusión de ortiga (*nettle*) es una antigua cura para los adultos menores de 65 años, excepto las mujeres embarazadas o lactantes. Para un alivio momentáneo, gel de áloe vera (acíbar, zabila) o hamamelis (olmo escocés, *witch hazel*) en botella, pueden ser aplicados sobre las ronchas. Si la urticaria no se debe a una reacción alérgica al frío, las bolsas de hielo o las compresas frías alivian el ardor y comezón, y constriñen los vasos sanguíneos de la superficie de la piel, disminuyendo la cantidad producida de histaminas irritantes.[16, 293]

Baños Remójese durante 20 minutos en agua fresca con uno o más de los siguientes calmantes para la piel: de $\frac{1}{2}$ a una taza de bicarbonato de soda o maicena (fécula de maíz, *cornstarch*), de $\frac{1}{2}$ a dos tazas de avena coloidal (*colloidal oatmeal*, una mezcla comercial de avena, lanolina y aceite mineral), una a dos tazas de avena normal o flores molidas de manzanilla (*chamomile*), envueltas en un fino lienzo (tela) y sumergidas en el agua de la tina.

Ungüentos y pastas Aplique leche de magnesia sobre las ronchas, o una pasta de bicarbonato de soda o crémor tártaro y agua; o maicena (fécula de maíz, *cornstarch*) y vinagre blanco. Enjuague y repita cuando la pasta se haya secado.

Presión sobre los nervios y masajes

○ En cada lado, presione y masajee un punto una pulgada hacia atrás del centro del músculo que se encuentra entre el cuello y el hombro.

○ Con el dedo pulgar izquierdo, masajee profundamente la palma derecha directamente debajo del dedo anular.

Alivio para la tensión

Si se sospecha que la tensión emocional es la causa de la urticaria, podría ser beneficioso beber a sorbos infusiones de hierbas calmantes como manzanilla (*chamomile*), nébeda (*catnip*), pasionaria (granadilla, parche, pasiflora, *passion flower*), menta, trébol morado o rojo (*red clover*) o valeriana; o tomar una combinación de lúpulo (*hops*), escutelaria (*skullcap*) y valeriana en una cápsula. Practicar las técnicas de relajamiento descritas en la Introducción, y visualizar las erupciones de la piel siendo reemplazadas por una piel saludable y suave podría también ayudar.

Fuentes (vea la Bibliografía)

16, 29, 59, 64, 65, 75, 80, 86, 87, 109, 112, 135, 137, 148, 150, 151, 176, 177, 186, 201, 224, 254, 255, 256, 281, 283, 293, 294, 312

Venas varicosas

Las várices no son un efecto secundario de la vida moderna: las venas abultadas y azules en las piernas están descritas en un papiro egipcio de 3.400 años de antigüedad. La causa es una predisposición genética para un mal funcionamiento del sistema circulatorio. La sangre es bombeada del corazón, con la ayuda de la gravedad, a través de las arterias y hasta las piernas, donde es recolectada por las venas. Luego la sangre regresa al corazón, contra la fuerza de la gravedad, por medio de contracciones de los músculos de las piernas, con la ayuda de válvulas venosas de una sola vía. Las válvulas que gotean, o las paredes debilitadas de las venas, pueden causar que las venas superficiales aparezcan abultadas, distorsionadas. Las venas internas de las piernas rara vez son afectadas porque están apoyadas en músculo y grasa. Pese a que los expertos estiman que el factor de herencia hace que la mitad de la población sea susceptible a venas varicosas, uno o más factores agravantes deben presentarse antes de que el problema se haga evidente.[18, 177]

Las fluctuaciones hormonales durante el embarazo y la menopausia podrían ser responsables de la alta proporción de várices entre las mujeres. Deficiencias en la dieta, o la pérdida de elasticidad de la piel causada por el envejecimiento son factores agravantes. Estar de pie o sentado durante largos períodos de tiempo, el estreñimiento, la ropa apretada, la falta de ejercicio, la obesidad o el levantar objetos pesados con frecuencia, pueden interferir con la circulación normal e incrementar la probabilidad de que se desarrollen venas varicosas, y pueden agudizar una varicosis ya existente. En casos crónicos, las venas distendidas pueden estar acompañadas por dolor o escozor, y si la piel distendida cede, se podrían formar heridas abiertas. Los remedios caseros podrían prevenir, demorar, aliviar, o hasta curar las venas varicosas, pero si hay dolor, si parecen contener coágulos de sangre, o hay ruptura y sangrado, debería consultarse con un médico.

Vestimenta

Las prendas de ropa apretadas pueden impedir el flujo adecuado de la sangre y dejar que se acumule en las piernas. Particularmente perjudiciales son las fajas o las medias *panty* demasiado apretadas en el área de la entrepierna, las ligas, las botas muy pegadas a las piernas, o los cinturones apretados. Sin embargo las medias elásticas de soporte ejercen una presión graduada sobre las piernas y facilitan la circulación de la sangre, retrasan el desarrollo de várices en las personas con tendencia a formarlas y proveen alivio de la molestia de venas abultadas. En casos severos, podrían ser recetadas medias elásticas hasta la rodilla, con medidas especiales.

Dieta y suplementos (vea la nota en la página xii)

Una dieta baja en grasas y carbohidratos procesados, y alta en alimentos ricos en fibra, como frutas, vegetales y granos enteros, ayuda a mantener la regularidad de los intestinos y evita el estreñimiento que contribuye al desarrollo o deterioro de las venas varicosas. Uno o dos vasos diarios de jugos de frutas frescas o vegetales —especialmente cualquier combinación de manzana, remolacha (betabel, *beet*), zanahorias, apio, frutas cítricas, perejil o piña— y suplementos alimentarios podrían ser beneficiosos en la prevención y tratamiento de las várices.

Vitamina A En forma de beta-caroteno, 25.000 unidades internacionales *IU* para reforzar la piel y acelerar la curación de las úlceras varicosas.

Complejo B Una tableta diaria además de una cucharada de levadura de cerveza (*brewer's yeast*) para ayudar a mantener fuertes los vasos sanguíneos.

Vitamina C con bioflavonoides De 1.000 a 5.000 miligramos de vitamina C y de 100 miligramos a 1.000 miligramos de bioflavonoides, en dosis diarias divididas, para ayudar a la circulación, ayudar a curar las lesiones y reforzar las paredes de las venas, evitando que se dilaten.

Vitamina E De 300 a 800 unidades internacionales *IU* en dosis gradualmente incrementadas para mejorar la circulación, reducir la susceptibilidad a las venas varicosas, aliviar el dolor y algunas veces, curar las várices. Aplicaciones tópicas de vitamina E extraída de cápsulas, con frecuencia alivian una irritación localizada y aceleran la curación de úlceras varicosas.[17, 98]

Lecitina Una cucharada diaria de gránulos (o dos cápsulas con cada comida) para emulsionar las grasas y ayudar a la circulación.

Sales de tejidos Dos tabletas de *Calc. Fluor. 6X* cada mañana y noche para mejorar la elasticidad de las paredes de los vasos sanguíneos.

Zinc 50 miligramos diarios para ayudar en la curación y la formación de colágeno, y para ayudar a mantener la adecuada concentración de vitamina E en la sangre.

Ejercicios y elevación de las piernas

Cualquier programa de ejercicios hechos con regularidad estimula la circulación, mejora la tonicidad muscular y previene las várices. Según un informe en el número de junio de 1992 del *Berkeley Wellness Letter*, sin embargo, los ejercicios aeróbicos de fuerte impacto, como el trote, el ciclismo muy vigoroso, o cualquier actividad muy intensa, pueden acentuar las venas varicosas. Caminar y nadar son considerados una excelente terapia, así como estirar suavemente los músculos de las piernas y sentarse en una silla mecedora mientras se mira televisión.

Acostarse en el suelo con el cuerpo estirado y descansar las piernas sobre el asiento de una silla, o mantenerlas derechas contra una pared durante dos minutos inmediatamente después de ponerse medias de soporte, drena la sangre de las venas abultadas. Elevar los pies más arriba de las caderas, sobre un banco o una otomana, y elevar el pie de la cama unos centímetros, ayudan a que la sangre vuelva a circular de las piernas al corazón. El movimiento muscular suave, con intervalos frecuentes, es más benéfico que las sesiones ocasionales de ejercicios vigorosos. Cuando no se puede evitar estar inmóvil, movimientos musculares discretos pueden evitar que la sangre se acumule. Si está confinado a una silla delante de la computadora, en un teatro o en un avión, presione el suelo con los pies, gire los tobillos y mueva los dedos de los pies. Si tiene que estar de pie, cambie el peso del cuerpo de una pierna a otra; balancéese entre el talón y la punta del pie; y si posible, eleve un pie sobre un bloque, barra o un cajón colocado debajo del lavadero en la cocina.

Las venas visiblemente distendidas de Mark N. no le dieron problemas hasta que se retiró de su trabajo de inspector de construcción, y se dedicó a tiempo completo a su pasatiempo de construir relojes de madera y lámparas adornadas. Acostumbrado a caminar todo el día, Mark se sorprendió cuando las várices comenzaron a palpitar, y sus pies y piernas a dolerle después de unas horas de pie frente a su mesa de trabajo. Una alfombra de goma y zapatos con plantillas ayudaron un poco, pero eventualmente resolvió el problema haciendo una caminata de dos minutos cada hora varias veces al día, y tomando "descansos reclinados" con los pies a mayor altura que la cabeza.

Remedios populares

Alternar compresas o baños de piernas helados o muy calientes, preferiblemente con dos cucharadas de sales de Epsom por cada litro de agua, durante dos minutos cada uno y por un total de diez minutos, estimula la circulación y alivia o cura las várices. Los tratamientos que se dice causan una mejoría visible en cuestión de un mes son aplicaciones de 30 minutos dos veces al día con paños saturados en vinagre de sidra de manzana (*apple cider vinegar*), y acompañados de una bebida hecha con dos cucharaditas del vinagre en un vaso de agua; o mantener las piernas vendadas toda la noche cubriéndolas con un bálsamo que se prepara mezclando dos tazas de flores y tallos de caléndula con una cantidad igual de grasa animal disuelta. Se deja reposar durante 24 horas, luego se recalienta y se cuela.[150, 172, 313] Se cree que dejar reposar flores y hojas frescas de violeta, molidas, y flores de caléndula en agua hirviendo, y aplicar compresas de este líquido, además de comer unas cuantas flores frescas de caléndula cada día, reduce las várices y nutre las venas.

Entre las infusiones de hierbas (una taza o cuatro cápsulas diarias) recomendadas para prevenir las venas varicosas se encuentran: rusco (brusco, retama *butcher's broom*), ginkgo biloba, castaña de caballo (*horse chestnut*), avena loca (*oatstraw*), perejil, cola de caballo (*shave grass*), acedera bendita (*yellow dock*) y corteza de roble blanco (*white oak*). Las aplicaciones externas de manzanilla (*chamomile*), consuelda (*comfrey*), avena loca, corteza de roble blanco (*white oak*) o hamamelis (olmo escocés, *witch hazel*) son consideradas especialmente provechosas. El gel de áloe vera (acíbar, zabila) puede ser utilizado para calmar las várices irritadas o con escozor. Para acelerar la curación de inflamaciones varicosas, los curanderos populares recomiendan cataplasmas nocturnas de hojas machacadas de col (repollo, *cabbage*), manzanas podridas, cebolla marrón picada, o una combinación de aceite de hígado de bacalao y miel natural, en partes iguales.

Presión sobre los nervios y masajes

O En la palma de la mano izquierda, presione y masajee dos centímetros más abajo de la membrana que une los dos últimos dedos;
luego un área de dos centímetros en el dorso de cada mano, desde
la muñeca hasta el centro y el límite exterior.

O Presione y masajee la articulación de la mandíbula frente a cada
oreja.

O Masajee la parte carnosa debajo del dedo meñique del pie derecho;
luego la planta de cada pie desde el talón hasta el centro del arco.

Fuentes (vea la Bibliografía)

6, 17, 18, 26, 49, 51, 57, 60, 65, 75, 92, 98, 109, 111, 135, 150, 151, 164, 172, 176,
177, 186, 218, 233, 244, 252, 254, 255, 256, 281, 293, 300, 312, 313

Vesícula biliar – problemas

La inflamación de la vesícula (colecistitis) podría ser provocada por irritación causada por enzimas digestivas, medicamentos o infección, pero por lo general es causada por cálculos (piedras) biliares, bloqueando uno de los conductos biliares que conectan a la vesícula con el hígado y el intestino delgado.[281] La bilis (compuesta básicamente por colesterol, lecitina y sales minerales biliares) se produce constantemente en el hígado para ayudar a la digestión, en especial de las grasas, en la parte superior del intestino delgado. Cuando no hay presente ningún alimento, la bilis que no ha sido utilizada se deposita y concentra en la vesícula, y luego vuelve al intestino cuando es necesario.

Un desequilibrio químico en la bilis —por lo general, exceso de colesterol— puede producir diminutos cristales alrededor de los cuales se acumulan sustancias sólidas, formando cálculos que varían en tamaño desde una punta de alfiler hasta dos centímetros de diámetro. Los factores de predisposición incluyen herencia, diabetes, altos niveles de colesterol en la sangre y la edad mediana. Las mujeres que han tenido muchos hijos, o que están tomando anticonceptivos orales o estrógeno suplementario, tienen el mayor riesgo.[177, 254] Existen estudios que indican que la obesidad (más del 30 por ciento del peso ideal) aumenta en un 600 por ciento el riesgo de desarrollar cálculos biliares.[28, 186] Sin embargo, el peso debería reducirse gradualmente; las dietas drásticas o los ayunos pueden hacer que la bilis se acumule y cree cálculos adicionales.

Los cálculos biliares pueden no presentar síntomas, o simplemente provocar náuseas o molestias abdominales después de una comida copiosa. Un ataque severo, posiblemente acompañado por vómitos, puede ser provocado por una piedra que se ha alojado en un conducto biliar, causando un dolor muy intenso que emana de la parte superior derecha del abdomen hasta debajo del hombro izquierdo, mientras que la vesícula se contrae en un esfuerzo por expeler la piedra. Si el cálculo vuelve a la vesícula, o es empujado hacia los intestinos y eliminado, el dolor desaparece. Si el bloqueo continúa y/o causa fiebre o ictericia, debería buscarse ayuda médica.

De los 25 millones de estadounidenses que padecen de cálculos biliares, sólo aproximadamente el 20 por ciento experimenta un ataque, o síntomas suficientemente severos como para hacer necesaria la extirpación quirúrgica de la vesícula.[75, 112] El hígado puede suministrar bilis directamente al intestino después que la vesícula ha sido extraída, pero la prevención y control de las dolencias vesiculares por medio de remedios caseros son una alternativa preferible si ha sido aprobada por el médico.

Dieta

A pesar de que no existe una dieta específica perfecta para cada paciente —algunas vesículas reaccionan negativamente a las comidas condimentadas o verduras que causen gas, como las coles (repollitos) de Bruselas (*brussels sprouts*) y la col (repollo, *cabbage*)— la estrategia de base pide limitar las grasas a menos del 25 por ciento del total de calorías, y concentrarse en consumir frutas, vegetales y granos enteros, que tienen un alto contenido de fibra. La fibra ayuda a evitar la formación de cálculos biliares al estimular al hígado a producir bilis, y al evitar que se vuelva a absorber. En un estudio, cantidades abundantes de salvado o afrecho no procesado, no solamente bajaron considerablemente la saturación de colesterol en la bilis, sino que también redujeron el tamaño de los cálculos ya existentes.[205, 300] Las manzanas, las peras, las hojas de remolacha (betabel, *beet*) y la soja son considerados particularmente beneficiosos. Se dice que un vaso diario de partes iguales de jugo de remolacha y lechuga (o jugo de limón diluido) reduce el tamaño de los cálculos más grandes.[306] Se cree que todos los jugos de frutas y verduras frescas protegen contra la formación de cálculos, al diluir los diminutos cristales antes de que se conviertan en cálculos biliares.[150, 305]

Pese a que una bebida alcohólica diaria tiene un valor protector,[75, 109] el alcohol en cantidades excesivas, así como los dulces o productos con harina blanca, son metabolizados como grasas y aumentan el riesgo de problemas vesiculares. Las grasas animales, que contienen colesterol, son especialmente desaconsejables. Estudios realizados con más de 700 mujeres revelaron que las vegetarianas tenían solo la mitad de probabilidades de tener problemas vesiculares, comparadas a las que comían carne.[201, 294] Los dietistas recomiendan consumir productos lácteos bajos en grasas, limitando los huevos a tres por semana, consumir sólo porciones de tres onzas de carnes magras o aves, y sazonar las ensaladas con jugo de limón y aceite de canola o de oliva.[147] Patrick N., que se había adherido a su dieta y no había tenido recaídas después de un ataque de vesícula, descubrió que la cantidad diaria de grasas consumidas debería ser distribuida entre varias pequeñas comidas durante el día. Cuando lo nombraron uno de los ganadores en el banquete anual de su empresa, donde se iba a servir bistec o frijoles, Patrick no tomó desayuno, comió una manzana al mediodía y con la conciencia limpia devoró su cena, un gran bisté con una papa horneada llena de crema agria. Sin embargo, el placer no duró mucho. Las náuseas, el dolor y los vómitos de esa noche convencieron a Patrick de que el ayuno y luego el exceso no compensaban los sufrimientos.

Suplementos (vea la nota en la página xii)

Una producción inadecuada de bilis, o el mal funcionamiento de la vesícula, reducen la absorción de las vitaminas A, D, E, y K, solubles en grasas, además de impedir que el beta-caroteno (de frutas, verduras y suplementos) se convierta en vitamina A. Además de 5.000 a 25.000 unidades internacionales *IU* de vitamina A emulsionada, 400 *IU* de vitamina D y 400 *IU* de vitamina E, los suplementos siguientes podrían ser beneficiosos para el tratamiento de las dolencias vesiculares:[17, 98]

Complejo B Una tableta diaria, además de 500 miligramos de colina y 500 de inositol para mejorar la digestión y el funcionamiento de la vesícula.

Vitamina C De 1.000 a 3.000 miligramos en dosis diarias divididas para acelerar la conversión del colesterol en ácidos biliares, y prevenir la formación de cálculos biliares.

Lecitina De una cucharadita a una cucharada de gránulos o líquido (o el equivalente en cápsulas) con cada comida. La lecitina emulsiona las grasas, y es esencial para el mantenimiento de la bilis soluble para impedir cálculos biliares, y podría ayudar a disolver las ya existentes.[2, 151]

Sales de tejidos Disuelva cuatro tabletas de *Calc. Fluor. 6X* debajo de la lengua cada dos horas durante un ataque.[55]

Remedios populares

Los curanderos populares informan sobre resultados asombrosos con remedios naturales, pero no se debería intentar ninguno de ellos sin el diagnóstico y la aprobación del médico.

Hierbas La angélica (dong quai), el agracejo (*barberry*), la manzanilla (*chamomile*), la nébeda (*catnip*), el diente de león (*dandelion*), el hinojo (*fennel*), la cola de caballo (*horsetail*), el perejil y la menta son recomendables. Se cree que beber una taza de infusión de menta una hora después de las dos principales comidas del día, estimula la producción de bilis después de una operación de vesícula.

Jugo de limón Un limpiador y estimulante de la vesícula, el jugo de limón puede diluirse con agua (tres cucharadas de jugo de limón por cada $\frac{1}{2}$ taza de agua) y consumirse antes del desayuno durante una semana; o se puede añadir el jugo de $\frac{1}{2}$ limón a cada taza de infusión de manzanilla, y beber siete tazas diarias de esta mezcla durante siete días.

Cataplasmas contra el dolor Cáscara de sandía hecha puré; o paños mojados y escurridos con aceite de castor, leche o agua caliente (con o sin la adición de una cucharadita de mostaza en polvo) pueden colocarse sobre la parte del abdomen que tiene dolor, y cubrirse para mantenerlos calientes.

Tratamientos Estos dos remedios clásicos utilizan aceite de oliva para estimular la producción de bilis y aliviar el dolor, actuando como lubricante para facilitar la eliminación de cálculos biliares. Incorporar otros líquidos ayuda a romper o disolver parcialmente los cálculos (se cree que dormir sobre el lado derecho acelera su expulsión) y se informa que en menos de un mes con cualquiera de estos regímenes, se eliminaron cálculos biliares que se habían detectado con rayos X.[42, 150, 312] (1) Comience por una cucharadita de aceite de oliva en $\frac{1}{2}$ taza de jugo de toronja (pomelo, *grapefruit*) antes del desayuno cada mañana, y gradualmente aumente las cantidades a $\frac{1}{4}$ de taza de aceite en una taza de jugo (se puede substituir el jugo de toronja —pomelo, *grapefruit*— por jugo de limón diluido o una cucharada de vinagre de sidra de manzana —*apple cider vinegar*— en $\frac{1}{2}$ taza de agua). (2) Añada dos cucharadas de nébeda (*catnip*) seca a tres tazas de una infusión de bardana (*burdock*) recién hecha, y deje reposar durante $1\frac{1}{2}$ horas antes de colarla. Dos veces al día, y antes de acostarse, añada una cucharadita de jugo de limón y otra de almíbar de arce puro (*pure maple syrup*) a una taza de la infusión, y beba lentamente. Luego, diez minutos después, tome una cucharadita de aceite de oliva.

Vegetales Para ayudar a la vesícula y ayudar a disolver los cálculos biliares, añada $\frac{1}{3}$ de taza de endibia cruda picada a tres tazas de infusión caliente de raíz de achicoria (*chicory*), deje reposar 45 minutos, cuele, y beba una taza entre comidas y dos horas antes de acostarse. O consuma dos rábanos (*radishes*) rojos al día, sea picados con aceite de oliva y jugo de limón, o licuados en una licuadora con $\frac{1}{2}$ taza de vino tinto. Un remedio del estado de Luisiana que se dice expulsa los cálculos biliares en una semana, es beber diariamente cuatro a cinco tazas de un concentrado hecho hirviendo cáscaras de papas bien lavadas.

Presión sobre los nervios y masajes

○ Presione hacia adentro y hacia arriba debajo de cada pómulo, a $1\frac{1}{2}$ pulgada (4 cm) del lóbulo de la oreja, hacia la nariz.

○ Presione hacia abajo en el centro y el extremo superior de las clavículas.

○ Presione y masajee dos pulgadas (5 cm) hacia la derecha del ombligo, a medio camino entre éste y las costillas inferiores.

○ Masajee el borde de la mano derecha justo debajo del dedo meñique, luego el borde exterior de cada pie y la parte carnosa o pulpejo debajo de cada dedo meñique del pie.

Fuentes (vea la Bibliografía)

2, 6, 10, 17, 26, 28, 42, 44, 55, 56, 59, 60, 75, 77, 98, 103, 109, 112, 135, 147, 148, 150, 151, 164, 171, 173, 176, 177, 179, 186, 193, 201, 203, 205, 207, 254, 255, 256, 264, 280, 281, 294, 300, 305, 306, 312, 313

Bibliografía

1. Abrahamson, E.M., y A.W. Pezet. *Body, Mind and Sugar*. Nueva York: Pyramid, 1971.

2. Adams, Rex. *Milagrosos alimentos curativos*. Paramus, NJ: Prentice Hall, 1999.

3. Adams, Ruth, y Frank Murray. *Complete Home Guide to Vitamins*. Nueva York: Larchmont, 1978.

4. ———. *Is Low Blood Sugar Making You a Nutritional Cripple?* Nueva York: Larchmont, 1975.

5. Airola, Paavo. *Health Secrets from Europe*. West Nyack, NY: Parker, 1970.

6. ———. *How to Get Well*. Phoenix, AZ: Health Plus, 1974.

7. ———. *Stop Hair Loss*. Phoenix, AZ: Health Plus, 1965.

8. Albright, Peter, y Elizabeth Albright. *Body, Mind and Spirit*. Lexington, MA: Stephen Greene, 1980.

9. Alexander, Dale. *Arthritis and Common Sense*. Nueva York: Simon & Schuster, 1954.

10. Allen, Oliver E., y los editores de Time-Life Books. *Secrets of Good Digestion*. Alexandria, VA: Time-Life Books, 1982.

11. Anderson, James W. *Diabetes: A Practical New Guide to Healthy Living*. Nueva York: Arco, 1981.

12. Andron, Michael. *Reflex Balance: A Foot and Hand Book for Health*. Nueva York, 1980.

13. Ashmead, DeWayne, editor. *Chelated Mineral Nutrition in Plants, Animals and Man*. Springfield, IL: Charles C. Thomas, 1982.

14. Atkins, Robert C. *Dr. Atkins' Nutrition Breakthrough*. Nueva York: Perigord, 1981.

15. Bailey, Herbert. *Vitamin E, Your Key to a Healthy Heart*. Nueva York: ARC Books, 1971.

16. Bakule, Paula Dreifus, editora. *Rodale's Book of Practical Formulas*. Emmaus, PA: Rodale, 1991.

17. Balch, James F., y Phyllis A. Balch. *Prescription for Nutritional Healing*. Garden City Park, NY: Avery, 1990.

18. Baron, Howard C., con Edward Gorin. *Varicose Veins*. Nueva York: William Morrow, 1979.

19. Bauer, Cathryn. *Acupressure for Everybody*. Nueva York: Henry Holt, 1991.

20. Beeton, Isabella. *Book of Household Management*. Londres: S.O. Beeton, 1861.

21. Benham, Jack, y Sarah Benham. *Rocky Mountains Receipts and Remedies*. Reporter Printing, 1966. Edición corregida. Ouray, CO: Bear Creek Pub.

22. Bennet, Hal Zina. *Cold Comfort*. Nueva York: Clarkson N. Potter, 1979.

23. ———. *The Doctor Within*. Nueva York: Clarkson N. Potter, 1981.

24. Benson, Herbert, con Miriam Z. Klipper. *The Relaxation Response*. Nueva York: William Morrow, 1975.

25. Benson, Herbert, Eileen Stuart, y el instituto *Associates of Mind/Body Medical Institute. The Wellness Book*. Nueva York: Birch Lane Press, 1991.

26. Bergson, Anika, y Vladimir Tuchak. *Zone Therapy*. Los Angeles: Pinnacle Books, 1974.

27. Berkley, George. *Arthritis Without Aspirin*. Englewood Cliffs, NJ: Prentice Hall, 1982.

28. Beverly, Cal, editor. *New Natural Healing Encyclopedia*. Peachtree City, GA: FC&A, 1990.

29. Beverly, Cal, y June Gunden, editores. *New Health Tips Encyclopedia*. Peachtree City, GA: FC&A, 1989.

30. Bieler, Henry G. *Food Is Your Best Medicine*. Nueva York: Random House, 1965.

31. Biermann, June, y Barbara Toohey. *The Diabetic's Book*. Boston: Houghton Mifflin, 1981.

32. Birnes, Nancy., *Cheaper and Better*. Nueva York: Harper & Row, 1987.

33. Blaine, Tom R. *Goodby Allergies*. Secaucus, NJ: Citadel, 1968.

34. Bland, Jeffery. *Your Health Under Siege*. Lexington, MA: Stephen Greene, 1981.

35. Blauer, Stephen. *Rejuvenation*. West Palm Beach, FL: Hippocrates Health Institute, 1980.

36. Blaurock-Busch, Eleanor, con Bernd W. Busch. *The No-Drugs Guide to Better Health*. West Nyack, NY: Parker, 1984.

37. Boericke, William, y Willis Dewey. *The Twelve Tissue Remedies of Schuessler*. Harjeet.

38. Brady, William. *An Eighty-Year-Old Doctor's Secrets of Positive Health*. Englewood Cliffs, NJ: Prentice Hall, 1961.

39. Brennan, R.O., con William C. Mulligan. *Nutrigenics: New Concepts for Relieving Hypoglycemia*. Nueva York: Signet, 1977.

40. Brenton, Myron. *Aging Slowly*. Emmaus, PA: Rodale, 1983.

41. Bricklin, Mark. *The Practical Encyclopedia of Natural Healing*. Emmaus, PA: Rodale, 1976.

42. ———. *Rodale's Encyclopedia of Natural Home Remedies*. Emmaus, PA: Rodale, 1982.

43. Bricklin, Mark, editor. *The Natural Healing Annual, 1986*. Emmaus, PA: Rodale, 1986.

44. ———. *The Natural Healing Annual, 1987*. Emmaus, PA: Rodale, 1987.

45. ———. *The Natural Healing and Nutrition Annual, 1988*. Emmaus, PA: Rodale, 1988.

46. Bricklin, Mark, y Sharon Stocker Ferguson, editores. *The Natural Healing and Nutrition Annual, 1989* Emmaus, PA: Rodale, 1989.

47. ———. *The Natural Healing and Nutrition Annual, 1990* Emmaus, PA: Rodale, 1990.

48. Bricklin, Mark, Mark Golin, Deborah Grandinetti, y Alexis Lieberman. *Positive Living and Health*. Emmaus, PA: Rodale, 1990.

49. Bricklin, Mark, y Matthew Hoffman, editores. *The Natural Healing and Nutrition Annual, 1993*. Emmaus, PA: Rodale, 1993.

50. Bricklin, Mark, y Heidi Rodale, editores. *The Natural Healing and Nutrition Annual, 1991*. Emmaus, PA: Rodale, 1991.

51. Bricklin, Mark, y Sharon Stocker, editores. *The Natural Healing and Nutrition Annual, 1992*. Emmaus, PA: Rodale, 1992.

52. Brody, Jane. *Jane Brody's Nutrition Book*. Nueva York: Bantam, 1982.

53. Cameron, Myra. *Mother Nature's Guide to Vibrant Beauty and Health*. Englewood Cliffs, NJ: Prentice Hall, 1990.

54. Carey, G.W. *The Biochemic System of Medicine*. Biochemic Publications.

55. ———. *The Twelve Cell Salts of the Zodiac*. Health Research.

56. Carper, Jean. *The Food Pharmacy*. Nueva York: Bantam, 1988.

57. Carroll, David. *The Complete Book of Natural Medicines*. Nueva York: Summit, 1980.

58. Carter, Mildred. *Cómo mejorar la salud con la reflexología*. Paramus, NJ: Prentice Hall, 1997.

59. ———. *Hand Reflexology: Key to Perfect Health*. West Nyack: Parker, 1975.

60. ———. *Helping Yourself with Foot Reflexology*. West Nyack: Parker, 1969.

61. Castleton, Michael. *The Healing Herbs*. Emmaus, PA: Rodale, 1992.

62. Challem, Jack Joseph. *Vitamin C Updated*. New Canaan, CT: Keats, 1982.

63. Chan, Pedro. *Finger Acupressure*. Nueva York: Ballantine, 1974.

64. Chapman, Esther. *How to Use the Twelve Tissue Salts*. Nueva York: Pyramid, 1971.

65. Chapman, J.B. y Edward L. Perry. *The Biochemic Handbook*. St. Louis, MO: Formur, Inc., 1976.

66. Chase, A.W. *Dr. Chase's Recipes or Information for Everybody*. Ann Arbor, MI: Publicado por el autor. 1866.

67. Cheraskin, E., W.M. Ringsdorf, y Arline Brecher. *Psychodietics*. Nueva York: Stein & Day, 1974.

68. Cheraskin, E., W.M. Ringsdorf, y Emily L. Sisley. *The Vitamin C Connection*. Nueva York: Harper & Row, 1983.

69. Child, Sra. Lydia Marie. *The American Frugal Housewife*. Vigésima edición. Boston: American Stationers' Co., 1836. Edición facsimile. Nueva York: Harper & Row, 1972.

70. Cilentro, Lady. *You Don't Have to Live with Chronic Ill Health*. Australia: Whitcombe & Tombs, 1977.

71. Clark, Linda. *Get Well Naturally*. Nueva York: Arco, 1968.

72. ———. *Handbook of Natural Remedies for Common Ailments*. Old Greenwich, CT: Devin-Adir, 1976.

73. ———. *How to Improve Your Health*. New Canaan, CT: Keats, 1977.

74. ———. *Secrets of Health & Beauty*. Nueva York: Pyramid, 1974.

75. Clayman, Charles B., editor. *The AMA Home Medical Encyclopedia*. Nueva York: Random House, 1989.

76. ———. *The AMA Home Medical Library, Know Your Drugs and Medications*. Pleasantville, NY: Reader's Digest Association, 1991.

77. ———. *The AMA Home Medical Library, Monitoring Your Health*. Pleasantville, NY: Reader's Digest, 1991.

78. ———. *The AMA Home Medical Library, Your Heart*. Pleasantville, NY: Reader's Digest, 1989.

79. Cleave, T.L. *The Saccharine Disease*. New Canaan, CT: Keats, 1978.

80. Coleman, Lester D. *All Your Medical Questions Answered*. Nueva York: Good Housekeeping Books, 1977.

81. Collins, R. Douglas. *What Every Patient Should Know about His Health and His Doctor*. Smithtown, NY: Exposition Press, 1973.

82. Cooley, Donald G. *After-Forty Health and Medical Guide*. Nueva York: Meredith, 1980.

83. Coon, Nelson. *Using Plants for Healing*. Edición corregida. Emmaus, PA: Rodale, 1979.

84. Crane, Eva. *A Book of Honey*. Nueva York: Charles Scribner's Sons, 1980.

85. Cross, Jean. *In Grandmother's Day*. Englewood Cliffs, NJ: Prentice Hall, 1980.

86. Davis, Adelle. *Let's Eat Right to Keep Fit*. Nueva York: Signet, 1970.

87. ———. *Let's Get Well*. Nueva York: Signet, 1972.

88. ———. *Let's Stay Healthy*. Nueva York: Harcourt Brace Jovanovich, 1981.

89. ———. *You Can Get Well*. Nueva York: Benedict Lust, 1975.

90. Davis, Francyne. *The Low Blood Sugar Cookbook*. Nueva York: Grosset & Dunlap, 1973.

91. Dawson, Adele. *Health, Happiness and the Pursuit of Herbs*. Lexington, MA: Stephen Greene, 1980.

92. Dick, William B. *Dick's Encyclopedia of Practical Receipts and Processes; or, How They Did It in the 1870's*. Nueva York: Funk & Wagnalls.

93. Di Cyan, Erwin. *Vitamins in Your Life*. Nueva York: Simon & Schuster, 1972.

94. Dolinar, Richard O., y Betty Page Brackenridge. *Diabetes 101*. Wayzota, MN: DCI, 1989.

95. Dong, Collin H., y Jane Banks. *New Hope for the Arthritic*. Nueva York: Thomas Y. Crowell, 1975.

96. Donsbach, Kurt W. *Menopause*. Huntington Beach, CA: International Institute of Natural Health Sciences, 1977.

97. Duffy, William. *Sugar Blues*. Nueva York: Warner Books, 1976.

98. Dunne, Lavon J. *Nutrition Almanac*. Tercera edición. Nueva York: McGraw-Hill, 1990.

99. Dychtwald, Ken, y Joe Flower. *Age Wave*. Los Angeles: Jeremy P. Tarcher, 1988.

100. Ehret, Charles F., y Lynn Waller Scanlon. *Overcoming Jet Lag*. Nueva York: Berkley Books, 1983.

101. Ehrlich, David con George Wolf. *The Bowel Book*. Nueva York: Schocken Books, 1981.

102. Ehrmantraut, Harry C. *Headaches: The Drugless Way to Lasting Relief*. Nueva York: Autumn Press, 1977.

103. Eichenlaub, John E. *A Minnesota Doctor's Home Remedies for Common and Uncommon Ailments*. Englewood Cliffs, NJ: Prentice Hall, 1980.

104. Emery, Carla. *Old-Fashioned Recipe Book*. Nueva York: Bantam, 1977.

105. Evans, William, y Irwin H. Rosenberg, con Jacqueline Thompson. *Biomarkers*. Nueva York: Simon & Schuster, 1991.

106. Faelton, Sharon y la revista *Prevention*, editores. *The Complete Book of Minerals for Health*. Emmaus, PA: Rodale, 1981.

107. ———. *Vitamins for Better Health*. Emmaus, PA: Rodale, 1982.

108. Failes, Janice McCall, y Frank W. Cawood. *Encyclopedia of Natural Health Secrets and Cures*. Peachtree City, GA: FC&A, 1987.

109. ———. *Natural Healing Encyclopedia*. Peachtree City, GA: FC&A, 1987.

110. Farb, Stanley M. *The Ear, Nose, and Throat Book: A Doctor's Guide to Better Health*. Nueva York: Appleton-Century Crofts, 1980.

111. Feinstein, Alice, editora. *The Visual Encyclopedia of Natural Healing*. Emmaus, PA: Rodale, 1991.

112. Feltman, John, editor. *Giant Book of Health Facts*. Emmaus, PA: Rodale, 1991.

113. ———. *The Prevention How-To Dictionary of Healing Remedies and Techniques*. Emmaus, PA: Rodale, 1992.

114. Finley K. Thomas. *Mental Dynamics* Englewood Cliffs, NJ: Prentice Hall, 1991.

115. Finneson, Bernard E., y Arthur S. Freese. *Dr. Finneson on Low Back Pain*. Nueva York: Putnam's Sons, 1975.

116. Fisher, M.F.K. *A Cordiall Water*. San Francisco: North Point Press, 1981.

117. Flaxman, Ruth. *Home Remedies for Common Ailments*. Nueva York: Putnam's Sons, 1982.

118. Ford, Norman D. *Eighteen Natural Ways to Beat the Common Cold*. New Canaan, CT: Keats, 1987.

119. Fredericks, Carlton. *Arthritis: Don't Learn to Live with It*. Nueva York: Grosset & Dunlap, 1981.

120. ———. *Eat Well, Get Well, Stay Well*. Nueva York: Grosset & Dunlap, 1980.

121. ———. *Look Younger, Feel Healthier*. Nueva York: Simon & Schuster, 1982.

122. Fredericks, Carlton, y Hebert Bailey. *Food Fat and Fallacies*. Nueva York: Arco, 1965.

123. Fredericks, Carlton y Herman Goodman. *Low Blood Sugar and You*. Nueva York: Constellation International, 1969.

124. Friedlaender, Mitchell H., y Stef Donev. *20/20: A Total Guide to Improving Your Vision and Preventing Eye Disease*. Emmaus, PA: Rodale, 1991.

125. Gach, Michael Reed. *Acupressure's Potent Points: A Guide to Self-care for Common Ailments*. Nueva York: Bantam, 1990.

126. Galton, Lawrence. *The Disguised Disease: Anemia*. Nueva York: Crown, 1975.

127. ———. *The Silent Disease: Hypertension*. Nueva York: Crown, 1973.

128. Garten, M.O. *The Health Secrets of a Naturopathic Doctor*. West Nyack, NY: Parker, 1967.

129. Gaylean, Dorothy. *Grandma's Remedies*. Springdale, UT: Press Publishing, 1987.

130. Gebhardt, Susan F., y Ruth H. Matthews. *Nutritive Value of Foods (Bulletin #72)*. Washington D.C.: U.S. Dept. of Agriculture, 1981.

131. Gibbons, Euell. *Feast on a Diabetic Diet*. Nueva York: McKay, 1969.

132. Gillespie, Larrian. *You Don't Have to Live with Cystitis*. Nueva York: Rawson, 1986.

133. Gilmore, C.P. y Time-Life, editores. *Exercising for Fitness*. Alexandria, VA: Time-Life Books, 1981.

134. Goldberg, Phillip, y Daniel Kaufman. *Natural Sleep: How to Get Your Share*. Emmaus, PA: Rodale, 1978.

135. Goodenough, Josephus. *Dr. Goodenough's Home Cures and Herbal Remedies of 1904*. Edición corregida. Nueva York: Crown, 1982.

136. Green, Bernard y Ted Schwarz. *Goodbye Blues*. Nueva York: McGraw-Hill, 1981.

137. Grossbart, Ted, y Carl Sherman. *Skin Deep: A Mind/Body Program for Healthy Skin*. Nueva York: William Morrow, 1985.

138. Haggard, Howard D. *Devils, Drugs and Doctors*. Nueva York: Harper & Brothers, 1929.

139. Hales. Dianne. *The Complete Book of Sleep*. Reading, MA: Addison-Wesley, 1981.

140. Hall, Dorothy. *The Herb Tea Book*. New Canaan, CT: Keats, 1980.

141. Hamilton, Richard, *The Herpes Book*. Nueva York: St. Martin's Press, 1980.

142. *Handbook for Home Growing and History of the Ornamental and Exotic Aloe Vera Plant*. Nurserymen's Exchange, 1977.

143. Harris, Ben Charles. *The Compleat Herbal*. Nueva York: Larchmont, 1972.

144. ———. *Kitchen Medicines*. Nueva York: Weathervane Books, 1968.

145. Hauri, Peter, y Shirley Linde. *No More Sleepless Nights: The Complete Program for Ending Insomnia*. Nueva York: John Wiley, 1990.

146. Hauser, Gayelord. *Gayelord Hauser's Treasury of Secrets*. Nueva York: Farrar-Straus, 1963.

147. Hausman, Patricia, y Judith Benn Hurley. *The Healing Foods*. Nueva York: Dell, 1989.

148. Heimlich, Henry J., con Lawrence Galton. *Home Guide to Emergency Situations*. Nueva York: Simon & Schuster, 1980.

149. Heinerman, John. *First Aid with Herbs*. New Canaan, CT: Keats, 1983.

150. ———. *Enciclopedia de frutas, vegetales y hierbas*. Paramus, NJ: Prentice Hall, 1998

151. Hendler, Sheldon Saul. *The Doctors' Vitamin and Mineral Encyclopedia*. Nueva York: Simon & Schuster, 1990.

152. Herter, George Leonard, y Berthe E. Herter. *Bull Cook and Authentic Historical Recipes and Practices, vol. 2*. Waseca, MN: Herter's, 1973.

153. ———. *Bull Cook and Authentic Historical Recipes and Practices, vol. 3*. Waseca, MN: Herter's, 1974.

154. Hess, Mary Abbott, y Anne Elise Hunt. *Pickles and Ice Cream*. Nueva York: McGraw-Hill, 1982.

155. Hewitt, Edward R. *Lecithin and Health*. San Francisco: Health Publishing, 1977.

156. Hill, Ann, editora. *Visual Encyclopedia of Unconventional Medicine*. Nueva York: Crown, 1979.

157. Hill, Howard E. *Introduction to Lecithin*. Nueva York: Pyramid, 1972.

158. Hills, Hilda Cherry. *Good Food to Fight Migraine*. New Canaan, CT: Keats, 1978.

159. Hirschhorn, Howard H. *Pain-Free Living: How to Prevent and Eliminate Pain All Over the Body*. West Nyack, NY: Parker, 1977.

160. Hochschuler, Stephen. *Back in Shape*. Nueva York: Houghton Mifflin, 1991.

161. Hoehn, Gustave. *Acne Can Be Cured*. Nueva York: Arco, 1977.

162. Hoffer, Abram, y Morton Walker. *Orthomolecular Nutrition: New Lifestyle for Super Good Health*. New Canaan, CT: Keats, 1978.

163. Hoffman, Joyce, y la revista *Prevention*, editores. *Here's to Your Good Health*. Emmaus, PA: Rodale, 1980.

164. Houston, F.M. *The Healing Benefits of Acupressure*. New Canaan, CT: Keats, 1974.

165. Hupping, Carol, Cheryl Winters Tetreau, y Roger B. Yepson, Jr. *Hints, Tips, and Everyday Wisdom*. Emmaus, PA: Rodale, 1985.

166. Hurdle, J. Frank. *A Country Doctor's Common Sense Health Manual*. West Nyack, NY: Parker, 1975.

167. ———. *Low Blood Sugar: A Doctor's Guide to Its Effective Control*. West Nyack, NY: Parker, 1969.

168. Hutchinson, E. *Ladies' Indispensable Assistant*. Nueva York: Publicado por la autora, 1852.

169. Huxley, Alyson, y Philippa Back. *The Two-in-One Herb Book*. New Canaan, CT: Keats, 1982.

170. Jacobson, E. *Progressive Relaxation*. Chicago: University of Chicago Press, 1938.

171. Jarvis, D.C. *Arthritis and Folk Medicine*. Greenwich, CT: Fawcett, 1960.

172. ———. *Folk Medicine*. Nueva York: Holt, Rinehart & Winston, 1958.

173. Kadans, Joseph M. *Encyclopedia of Fruits, Vegetables, Nuts and Seeds for Healthful Living*. West Nyack, NY: Parker, 1973.

174. Kantrowitz, Fred G. *Taking Control of Arthritis*. Nueva York: Harper-Collins, 1990.

175. Keim, Hugo A. *How to Care for Your Back*. Englewood Cliffs, NJ: Prentice Hall, 1981.

176. Keith, Velma J., y Monteen Gordon. *The How To Herb Book*. Pleasant Grove, UT: Mayfield, 1991.

177. Keough, Carol, editora. *Future Youth*. Emmaus, Pa: Rodale, 1987.

178. Kindler, Herbert K., y Marilyn C. Ginsburn. *Stress Training for Life*. Nueva York: Nichols, 1990.

179. Kloss, Jethro. *Back to Eden*. Santa Barbara, CA: Woodbridge Press, 1975.

180. Kordel, Lelord. *Natural Folk Remedies*. Nueva York: Putnam's Sons, 1974.

181. Kumin, Richard. *Mega-Nutrition*. Nueva York: McGraw-Hill, 1980.

182. Lang, George. *Lang's Compendium of Culinary Nonsense and Trivia*. Nueva York: Crown, 1980.

183. Law, Donald. *A Guide to Alternative Medicine*. Nueva York: Doubleday Dolphin, 1976.

184. Lawson, Donna. *Looking Fit & Fabulous at Forty Plus*. Emmaus, PA: Rodale, 1987.

185. Lee, William. *Bee Pollen: Nature's Energizer*. New Canaan, CT: Keats, 1983.

186. LeGro, William, editor. *High-Speed Healing*. Emmaus, PA: Rodale, 1991.

187. Lehner, Ernst, y Johanna Lehner. *Folklore and Odysseys of Food and Medicinal Plants*. Nueva York: Tudor, 1962.

188. Lenz, Frederick P. *Total Relaxation*. Nueva York: Bobbs-Merrill, 1980.

189. Lesser, Gershon M. *Growing Younger*. Los Angeles: Jeremy P. Tarcher, 1987.

190. Lieberman, Shari, y Nancy Bruning. *The Real Vitamin and Mineral Book*. Garden City Park, NY: Avery, 1990.

191. Light, Marilyn. *Hypoglycemia: One of Man's Most Widespread and Misdiagnosed Diseases*. New Canaan, Ct: Keats, 1983.

192. Lorenzani, Shirley S. *Candida: A Twentieth Century Disease*. New Canaan, CT: Keats, 1986.

193. Lowenfeld, Claire, y Philippa Back. *Herbs, Health and Cookery*. Nueva York: Gramercy, 1965.

194. Lubowe, Irwin I. *A Teenage Guide to Healthy Skin and Hair*. Nueva York: E.P. Dutton, 1979.

195. Lucas, Richard. *The Magic of Herbs in Daily Living*. West Nyack, NY: Parker, 1972.

196. ———. *Nature's Medicines*. West Nyack, NY: Parker, 1966.

197. Maltz, Maxwell. *Psycho-Cybernetics*. Englewood Cliffs, NJ: Prentice Hall, 1960.

198. Margo. *Growing New Hair*. Nueva York: Autumn Press, 1980.

199. McGuire, Thomas L. *The Tooth Trip*. Nueva York: Random House/Bookworks, 1972.

200. McIlwain, Harris H., Joel C. Silverfield, Michael C. Burnette, y Debra Fulghum Bruce. *Winning with Arthritis*. Nueva York: John Wiley & Sons, 1991.

201. Melville, Arabella, y Colin Johnson. *Health Without Drugs*. Nueva York: Fireside/Simon & Schuster, 1990.

202. Meyer, Clarence. *American Folk Medicine*. Nueva York: New American Library, 1973.

203. ———. *Vegetarian Medicines*. Glenwood, IL: Meyerbooks, 1980.

204. Michaud, Ellen, Alice Feinstein, y la revista *Prevention*, editores. *Fighting Disease*. Emmaus, Pa: Rodale, 1989.

205. Mindell, Earl *Earl Mindell's Quick and Easy Guide to Better Health*. New Canaan, CT: Keats, 1982.

206. ———. *Earl Mindell's Shaping Up with Vitamins*. Nueva York: Warner Books, 1985.

207. ———. *Earl Mindell's Vitamin Bible*. Nueva York: Warner Books, 1979.

208. Mirsky, Stanley, y Joan Rattner Heilman. *Diabetes: Controlling It The Easy Way*. Nueva York: Random House, 1981.

209. Morales, Betty Lee *Aloe Vera: The Miracle Plant*. Health in Mind & Body, 1977.

210. Murphy, Joseph. *The Power of Your Subconscious Mind*. Nueva York: Bantam, 1982.

211. Murphy, Wendy. *Coping with the Common Cold*. Alexandria, VA: Time-Life Books, 1981.

212. ———. *Dealing with Headaches*. Alexandria, VA: Time-Life Books, 1981.

213. ———. *Touch, Taste, Smell, Sight and Hearing*. Alexandria, VA: Time-Life Books, 1982.

214. Mylander, Maureen. *The Great American Stomach Book*. Nueva York: Ticknor & Fields, 1982.

215. Newbold, H.L. *Mega-Nutrients for Your Nerves*. Nueva York: Berkley, 1978.

216. Norfolk, Donald. *The Habits of Health*. Nueva York: St. Martin's Press, 1976.

217. Notelovitz, Morris. *Stand Tall: The Informed Woman's Guide to Preventing Osteoporosis*. Gainesville, FL: Triad, 1982.

218. Null, Gary y Steve Null. *Complete Handbook of Nutrition*. Nueva York: Dell, 1972.

219. Padus, Emrika. *Woman's Encyclopedia of Health and Natural Healing*. Emmaus, PA: Rodale, 1981.

220. Page, Robin. *Cures and Remedies the Country Way*. Nueva York: Summit Books, 1978.

221. Passwater, Richard A. *Selenium as Food and Medicine*. New Canaan, CT: Keats, 1980.

222. ———. *Super-Nutrition*. Nueva York: Simon & Schuster/Pocket Books, 1975.

223. Pauling, Linus. *Vitamin C, the Common Cold and the Flu*. Nueva York: W.H. Freeman, 1970.

224. Pearson, Durk, y Sandy Shaw. *Life Extension*. Nueva York: Warner Books, 1983.

225. Pelletier, Kenneth R. *Holistic Medicine: From Stress to Optimum Health*. Nueva York: Delecorte/Seymour, 1979.

226. Pelstring, Linda, y Jo Ann Hauck. *Food to Improve Your Health*. Nueva York: Walker, 1974.

227. Pfieffer, Carl C. *Mental and Elemental Nutrients*. New Canaan, CT: Keats, 1975.

228. ———. *Zinc and Other Micro-Nutrients*. New Canaan, CT: Keats, 1978.

229. Pfeiffer, Carl, y Jane Banks. *Total Nutrition*. Nueva York: Simon & Schuster, 1980.

230. Plaut, Martin E. *The Doctor's Guide to You and Your Colon*. Nueva York: Harper & Row, 1982.

231. *Prevention*, revista, editores. *Lifespan-Plus*. Emmaus, PA: Rodale, 1990.

232. ———. *Natural Pain Relief*. Emmaus, PA: Rodale, 1979.

233. *Prevention*, redacción de la revista. *The Complete Book of Vitamins*. Emmaus, PA: Rodale, 1977, 1984.

234. ———. *The Encyclopedia of Common Diseases*. Emmaus, PA: Rodale, 1976.

235. ———. *No More Headaches*. Emmaus, PA: Rodale, 1982.

236. ———. *Rub Your Headache Away*. Emmaus, PA: Rodale, 1979.

237. Pritikin, Nathan, y Patrick McGrady, Jr. *The Pritikin Program*. Nueva York: Grosset & Dunlap, 1978.

238. Rapoport, Alan, y Fred Sheftel. *Headache Relief*. Nueva York: Simon & Schuster, 1990.

239. Rapp, Doris. *Allergies and Your Family*. Nueva York: Sterling, 1981.

240. Reader's Digest. *Eat Better, Live Better*. Pleasantville, NY: Reader's Digest, 1982.

241. Reilly, Harold H., y Ruth Hagy Brod. *The Edgar Cayce Handbook for Health Through Drugless Therapy*. Nueva York: Macmillan, 1975.

242. Reuben, David. *Everything You Always Wanted to Know About Nutrition*. Nueva York: Simon & Schuster, 1978.

243. Revell, Dorothy. *Hypoglycemia Control Cookery*. Nueva York: Berkley, 1973.

244. Rick, Stephanie. *The Reflexology Workout*. Nueva York: Harmony Books, 1986.

245. Riedman, Sarah. *The Good Looks Skin Book*. Nueva York: Julian Messner, 1983.

246. Riker, Tom, y Richard Robert. *Directory of Natural and Health Foods*. Nueva York: Paragon, 1979.

247. Rinzler, Carol Ann. *The Dictionary of Medical Folklore*. Nueva York: Ballantine, 1975.

248. Rodale, J.I., y redacción de la revista *Prevention*. *Complete Book of Minerals for Health*. Emmaus, PA: Rodale, 1972.

249. Rodale Press, editores. *The Fiber Revolution*. Emmaus, PA: Rodale, 1990.

250. ———. *Guide to Instant Pain Relief*. Emmaus, PA: Rodale, 1990.

251. ———. *Vitamins, Your Memory and Your Mental Attitude*. Emmaus, PA: Rodale, 1977.

252. Rose, Jeanne. *Herbs and Things*. Nueva York: Grosset & Dunlap, 1972.

253. Rose, Louisa. *The Menopause Book*. Nueva York: Hawthorn/E.P. Dutton, 1977.

254. Rosenfeld, Isadore. *The Best Treatment*. Nueva York: Simon & Schuster, 1991.

255. ———. *Symptoms*. Nueva York: Simon & Schuster, 1989.

256. Royal, Penny C. *Herbally Yours*. Payson, UT: Sound Nutrition, 1982.

257. Schneider, L.L., con Robert B. Stone. *Old-Fashioned Health Remedies That Work Best*. West Nyack, NY: Parker, 1977.

258. Schoen, Linda Allen, editora. *AMA Book of Skin and Hair Care*. Filadelfia, PA: J.B. Lippincott, 1976.

259. Schulman, Brian, y Bruce Smoller. *Pain Control*. Nueva York: Doubleday, 1982.

260. Schultz, William. *Shiatsu*. Nueva York: Bell Publishing, 1976.

261. Schwartz, Alice Kuhn, y Norma S. Aaron. *Somniquest*. Nueva York: Harmony Books, 1979.

262. Scott, Cyril. *Cider Vinegar, Nature's Great Health-Promoter*. Edición corregida. Inglaterra: Athene, 1982.

263. Seegmiller, J.P. *Gout*. Filadelfia, PA: Grune & Stratton, 1967.

264. Sehnert, Keith W., con Howard Eisenberg. *How to Be Your Own Doctor (Sometimes)*. Nueva York: Grosset & Dunlap, 1981.

265. Shaw, Eva. *60-Second Shiatzu*. Bedford, MA: Mills & Sanderson, 1986.

266. Shute, Evan V. *Common Questions on Vitamin E and Their Answers*. New Canaan, CT: Keats, 1979.

267. Shute, Wilfrid E. *Health Preserver*. Emmaus, PA: Rodale, 1977.

268. ———. *Vitamin E Book*. New Canaan, CT: Keats, 1978.

269. Siegel, Bernie S. *Love, Medicine and Miracles*. Nueva York: Harper & Row, 1986.

270. ———. *Peace, Love & Healing*. Nueva York: Harper & Row, 1989.

271. Silva, José, y Robert B. Stone. *You the Healer*. Nueva York: Instant Improvement, 1991.

272. Sobel, Dava, y Arthur C. Klein. *Arthritis: What Works*. Nueva York: St. Martin's Press, 1989.

273. Stone, Irwin. *The Healing Factor: Vitamin C Against Disease*. Nueva York: Grosset & Dunlap, 1972.

274. Stoppard, Miriam. *Healthcare*. Londres: Weidenfeld & Nicolson, 1980.

275. Svensson, Jon-Erik. *Folk Remedies, Receipts and Advice*. Nueva York: Berkley, 1977.

276. Swarth, Judith. *Skin, Hair, Nails, and Nutrition*. San Diego, CA: Health Media of America, 1986.

277. ———. *Stress and Nutrition*. San Diego, CA: Health Media of America, 1986.

278. Swartout, Hubert O. *Modern Medical Counselor*. Takoma Park, Washington, D.C.: Review & Herald, 1943.

279. Swartz, Harry. *Intelligent Layman's Medical Dictionary*. Nueva York: Frederick Ungar, 1955.

280. Tanner, Ogden. *The Prudent Use of Medicines*. Alexandria, VA: Time-Life Books, 1981.

281. Tapley, Donald F., Robert J. Weiss, y Thomas Q. Morris, editores. *Complete Home Medical Guide*. Nueva York: Crown, 1985.

282. Taylor, Robert B. *Dr. Taylor's Self-help Medical Guide*. New Rochelle, NY: Arlington House, 1977.

283. Thomas, Clayton L., editor. *Taber's Cyclopedic Medical Dictionary*. Filadelfia, PA: F.A. Davis, 1977.

284. Thomas, Mai. *Grannies' Remedies*. Nueva York: Gramercy, 1965.

285. Thompson, William A.R. *Herbs That Heal*. Nueva York: Charles Scribner's Sons, 1976.

286. Tierra, Michael. *The Way of Herbs*. Nueva York: Simon & Schuster/Pocket Books, 1990.

287. Tilden, J.H. *The Pocket Dietitian*. Denver, CO: Brock-Haffner Press, 1918.

288. Time-Life, asesores. *Eating Right*. Alexandria, VA: Time-Life Books, 1987.

289. ———. *The Fit Body*. Alexandria, VA: Time-Life Books, 1987.

290. ———. *Managing Stress*. Alexandria, VA: Time-Life Books, 1987.

291. ———. *Restoring the Body*. Alexandria, VA: Time-Life Books, 1987.

292. ———. *Staying Flexible*. Alexandria, VA: Time-Life Books, 1987.

293. Tkac, Debora, editora. *The Doctors Book of Home Remedies*. Emmaus, PA: Rodale, 1990.

294. ———. *Everyday Health Tips*. Emmaus, PA: Rodale, 1988.

295. Tobias, Maxine, y Mary Stewart. *Stretch and Relax*. Tucson, AZ: Body Press/HP Books, 1985.

296. Trowbridge, John Parks, y Morton Walker. *The Yeast Syndrome*. Nueva York: Bantam, 1986.

297. Turin, Alan C. *No More Headaches*. Boston: Houghton Mifflin, 1981.

298. Tyler, Varro E. *The New Honest Herbal*. Filadelfia, PA: J.B. Lippincott, 1987.

299. Tyree, Marion Cabell, editora. *Housekeeping in Old Virginia*. Louisville, KY: John P. Morton, 1879.

300. *University of California, Berkeley, Wellness Letter*, editores. *The Wellness Encyclopedia*. Boston: Houghton Mifflin, 1991.

301. Van Fleet, James K. *Extraordinary Healing Secrets from a Doctor's Private Files*. West Nyack, NY: Parker, 1977.

302. Wade, Carlson. *Bee Pollen and Your Health*. New Canaan, CT: Keats, 1978.

303. ———. *Carlson Wade's Lecithin Book*. New Canaan, CT: Keats, 1980.

304. ———. *Health Secrets from the Orient*. West Nyack, NY: Parker, 1973.

305. ———. *Helping Yourself with New Enzyme Catalyst Health Secrets*. West Nyack, NY: Parker, 1981.

306. ———. *Natural Folk Remedies*. Greenwich, CT: Globe, 1979.

307. Warner, Rebecca, Sidney M. Wolfe, y Rebecca Rich. *Off Diabetes Pills*. Washington, D.C.: Public Citizens Health Research Group, 1978.

308. Weil, Andrew. *Natural Health, Natural Medicine*. Boston: Houghton Mifflin, 1990.

309. Wentzler, Rich. *The Vitamin Book*. Nueva York: Gramercy, 1980.

310. White, Ellen G. *Healthful Living*. Medical Missionary Board, 1898.

311. Wigginton, Elliot, editor. *The Foxfire Book*. Nueva York: Doubleday/Anchor Books, 1972.

312. Wilen, Joan, y Lydia Wilen. *Live and Be Well*. Nueva York: HarperCollins, 1992.

313. ———. *More Chicken Soup and Other Folk Remedies*. Nueva York: Fawcett-Columbine, 1986.

314. Williams, Roger J. *Nutrition Against Disease*. Nueva York: Pitman, 1971.

315. ———. *Nutrition in a Nutshell*. Nueva York: Doubleday, 1962.

316. Williams, Roger J., y Dwight K Kalita. *Physician's Handbook on Ortho-Molecular Medicine*. New Canaan, CT: Keats, 1977.

317. Wright, Jonathan V. *Dr. Wright's Book of Nutritional Therapy*. Emmaus, PA: Rodale, 1979.

318. Wunderlich, Ray C., Jr., y Dwight K. Kalita. *Candida Albicans*. New Canaan, CT: Keats, 1984.

319. Wurtman, Judith J. *Managing Your Mind and Mood Through Food*. Nueva York: Rawson Associates, 1986.

320. Yudkin, John. *Sweet and Dangerous*. Nueva York: Bantam, 1973

321. Zi, Nancy. *The Art of Breathing*. Nueva York: Bantam, 1986.

322. Zydlo, Stanley M., Jr., y James A. Hill, editores. *Handbook of First Aid & Emergency Care*. Nueva York: Random House, 1990.

ÍNDICE

A

abdomen. *Véase también* estómago
  calambres en, 81–82
abejas, 362–365. *Véase también* polen de abeja
aceite
  colesterol y, 96–97
  de castor, 208
    compresas de, 238
    para estreñimiento, 189
    para la piel, 26
  de especias, 162
  de hígado de bacalao, 91, 208, 437
  de linaza, 91, 437
  de oliva
    para estreñimiento, 190
    para indigestión, 261
  de pescado, 437
  de primavera (prímula), 437
  de vegetales, de extracción en frío, 236
  para bursitis, 65
  para caspa, 85
  para labios cuarteados o doloridos, 279, 281
  para piel seca, 371, 373
  para rosácea/enrojecimiento facial, 415
acidez estomacal, 1–4. *Véanse también* indigestión; náuseas; vómito
ácido bórico, para olor en los pies, 345
ácido gamma-linoleico, 435
acidophilus
  enfermedad periodontal y, 178
  para acné, 7
  para alergias, 16
  para diarrea, 132
  para diarrea del viajero, 139
  para diverticulosis, 139
  para estreñimiento, 188
  para flatulencia, 213
  para gastroenteritis aguda, 223

  para halitosis, 286
  para indigestión, 258
  para infecciones vaginales, 265
  para inflamación intestinal, 102
  para pie de atleta, 368
  para prevenir intoxicación alimentaria, 276
  para salpullido de bebé, 417
  para síndrome del intestino irritable, 427–428
  para vértigo, 294–295
ácidos alfahidróxidos, 26
ácidos grasos esenciales, xv, 428
ácidos grasos no saturados, 238
acné, 5–7
afirmaciones positivas (introducción), xxii
aftas, 10–13
agotamiento por calor, 82
agua
  inflamación intestinal y, 102
  para estreñimiento, 187
  para hemorroides, 230
  para hiedra, roble y zumaque venenosos, 247
  para indigestión, 261
  para labios cuarteados o doloridos, 279
  para quemaduras de sol, 394
  para prevenir diarrea del viajero, 138
agua de mar
  para bursitis, 65
  para cataratas, 91
  para soriasis, 439
agua oxigenada
  para aftas, 13
  para herpes zoster, 242
  para llagas por decúbito, 284
aguamala, 366–367

ahogo, 248–249
ajo
  halitosis y, 285
  náuseas del embarazo y, 334
  olor en los pies y, 345
  para acné, 8–9
  para artritis, 40
  para asma y enfisema, 46
  para bronquitis, 55
  para diarrea, 134
  para diarrea del viajero, 138
  para dolor de garganta, 157
  para gota, 227
  para hipertensión, 380
  para infecciones vaginales, 267
  para insomnio, 272
  para pie de atleta, 369
  para resfríos y gripe, 400
  para retención de fluidos, 406
  para salpullido de bebé, 418
alcohólicas, bebidas
  acidez estomacal y, 3
  acné y, 6
  arterioesclerosis/ateroesclerosis y, 31
  colesterol y, 95
  dolor de cabeza y, 145, 146
  estreñimiento y, 187
  hepatitis y, 236
  insomnio y, 270, 272
  para diarrea, 134–135
  para gota, 227
  para resfríos y gripe, 399
  para retención de fluidos, 406
  para retortijones menstruales, 410
  para tos, 446
  PMS y, 433
  problemas de vesícula biliar y, 471
  rosácea y, 414